Inhaltsverzeichnis

Teil I – Start up!

Teil II – Take that!

Teil III – Go ahead!

Online-Kapitel unter www.nitty-gritty.de

Teil I

Nitty Gritty

Start up!

1 Warum Perl?

Sie programmieren in C, awk, Java oder einer anderen Programmiersprache und sind eigentlich ganz zufrieden damit? Lassen Sie sich in diesem Kapitel von den Vorzügen von Perl überzeugen. Es zeigt Ihnen, was Perl ist, wo es eingesetzt werden kann und welche Vorteile es bietet.

1.1 Was ist Perl?

Seit ihrem Debüt 1987 verbreitet sich die Programmiersprache Perl rasant und ist inzwischen eine der beliebtesten Programmiersprachen etwa unter Windows, Linux und anderen UNIXderivaten.

Perl ist eine sehr mächtige Skriptsprache, die im UNIX-Umfeld durch die Übernahme und Anpassung von bestehenden Eigenschaften bewährter Tools entstanden ist. Außerdem hat Perl Ähnlichkeiten mit C. Perl ist die Abkürzung für *Practical Extraction and Reporting Language*. Der Erfinder von Perl selbst spricht auch von *Pathologically Eclectic Rubbish Lister*. Für eine kleine Gruppe von Minimalisten bedeutet Perl *Pointless Exercise in Redundancy*. Allerdings haben diese Minimalisten bei ihrer Interpretation den Namens *Perl* wohl auch das l in Perl wegoptimiert.

Es gibt Tools für die Textverarbeitung und es gibt die Programmiersprache C, die häufig zum Schreiben komplexer Programme verwendet wird. Nachteil von C: Die Verarbeitung von Texten erfordert aufwändiges Programmieren. Was der Computerwelt vor Erfindung von Perl fehlte, war eine Kombination der besten Tools und der besten Eigenschaften von C.

Einer, der sich über die vermeintliche Unvereinbarkeit dieser beiden Sprachwelten ärgerte, war Larry Wall. Als der System- und Programmierchef einer US-Firma die Aufgabe bekam, innerhalb kurzer Zeit ein Datenablagesystem zu schaffen, beschloss er eine Allzweckwaffe zu entwickeln, die auch die Lösung weiterer Probleme sein sollte.

Er setzte sich hin und entwickelte eine Sprache zur Textmanipulation. Diese Sprache komplettierte er mit der Fähigkeit, formatierte Berichte zu erstellen. So war Perl geboren und startete seinen Siegeszug durch das weltweite Netz.

Durch die gemeinsame Weiterentwicklung der Sprache von Wall und zahlreichen Anwendern ist Perl heute ein universell einsetzbares Werkzeug, mit dem sich Probleme aus verschiedenen Bereichen lösen lassen, zum Beispiel CGI-Programmierung, Systemadministration und Datenbankanbindung. Bei der Anwendung zeigt sich schnell, dass mit Perl mehrere Wege zur Problemlösung führen – gemäß des Perl-Mottos „There is more than one way to do it“.

Ein kleines Beispielprogramm soll die Mächtigkeit dieser Programmiersprache verdeutlichen:

```
#!/usr/bin/perl -w
print sort { (split /:/,$a)[2] <=> (split /:/,$b)[2] } <>;
```

Diesem Programm kann von der Standardeingabe eine UNIX-Passwortdatei übergeben werden (`/etc/passwd`). Das Programm sortiert mit einer einzigen Zeile Programmcode diese Datei `/etc/passwd` nach der uid (Userid) aufsteigend und gibt diese aus. Ähnliche Funktionalität lässt sich in C oder anderen Programmiersprachen nur mit einem deutlich längeren Code erreichen.

1.2 Einsatzgebiete von Perl

Mit Ausnahme einiger hochspezialisierter Anwendungen kann Perl als Universalwerkzeug eingesetzt werden. Die folgenden Beispiele geben einen Einblick:

- Komfortable Analyse und Veränderung von Texten: Häufig wird Perl für die Analyse von Daten, also das Heraussuchen und Präsentieren von Informationen eingesetzt, zum Beispiel bei der Systemverwaltung. Obwohl die Textverarbeitung ein wesentliches Einsatzgebiet von Perl ist, würde es dieser komplexen Sprache nicht gerecht werden, ihre Anwendung darauf zu beschränken.
- Neben Funktionen zur Interprocesscommunication (IPC) bietet Perl Schnittstellen zur Socketprogrammierung, so dass die Implementation von Client/Serverprogrammen mit einfachen Mitteln realisierbar ist.

- CGI-Programmierung: Die CGI-Programmierung fürs World Wide Web ist eine der bedeutendsten Einsatzmöglichkeiten von Perl. CGI-Programme produzieren Webseiten nach Bedarf und bearbeiten von Browsernutzern eingegebene Daten. Da es sich dabei vor allem um die Bearbeitung von Textdaten handelt, ist Perl dafür besonders geeignet.
- Viele bestehende Module erleichtern dem Anwender die Realisierung von Programmen, für die es normalerweise hunderter Programmzeilen bedarf. Mit Modulen für Datenbankzugriffe können Programme, die Daten in Datenbanken manipulieren, in nur wenigen Zeilen entwickelt werden.
- Auch mit sehr wenigen Mitteln können graphische Benutzeroberflächen programmiert werden. Hier helfen auch wieder bereits bestehende Module.
- Dass Perl vielseitig einsetzbar ist und auch bei komplexen Anwendungen verlässlich und effizient arbeitet, hat die Programmiersprache zum Beispiel bei der Bergung der Kursk bewiesen: Das russische, nukleargetriebene U-Boot sank nach mehreren Explosionen am 12. August 2000. Über ein Jahr lag das U-Boot in 108 Meter Tiefe in der Barentssee.

  Da es bis zu diesem Zeitpunkt an Erfahrung im Bergen solch großer Wracks mangelte, waren die Anforderungen an die Simulationssoftware im Vorfeld der Bergung groß – zumal ein enormer Zeitdruck bestand. Für die Kommunikation zwischen dem Simulationsrechner und dem Steuerungsleitrechner wurde ein Perl-basierter Kommunikationsserver geschrieben.

  Auch während der Bergung des U-Bootes stand der Leitrechner in ununterbrochenem Kontakt über den Perl-Server mit der Simulation. Die für die Simulationssoftware verantwortlichen Ingenieure betonten, dass Perl für ihre Aufgabe geradezu prädestiniert gewesen sei, da es eine rasche Entwicklung und hohe Flexibilität ermöglicht und zudem verblüffend effizient ist.

1.3 Vor- und Nachteile von Perl

Wie jede andere Programmiersprache auch besitzt Perl Vor- und Nachteile.

1.3.1 Vorteile

Die Entwicklung eines Programms nimmt unter Perl weniger Zeit in Anspruch als unter anderen Programmiersprachen – hauptsächlich aus den folgenden drei Gründen:

1. Perl ist eine sehr mächtige Sprache: Da Projekte in Perl einen um bis zu Faktor zehn geringeren Zeitaufwand benötigen und Zeit bekanntlich Geld ist, bietet sich die Verwendung von Perl allein aus diesem Grund an. Der reduzierte Programmcode – wenige Zeilen anstelle mehrerer Seiten – ermöglicht eine schnellere Problemlösung. Perl unterstützt durch seine kurze Ausdrucksweise auch die Tippfaulheit des Programmierers :-)
2. Ein bedeutender Vorteil von Perl sind die offenen Schnittstellen. Mit dem CPAN[1] existiert bereits eine umfangreiche Bibliothek von verschiedenen Modulen, die sich schnell und bequem einsetzen lassen, fast alle Bereiche, die das Programmiererherz begehrt, abdecken und zudem von Programmierern fortlaufend weiterentwickelt werden.
3. Perl erlaubt ein rasantes Rapid Application Prototyping/Development. Es ist eine interpretierte Sprache. Dadurch ist die Zeit vom Kompilierlauf bis zum Programmlauf quasi nahe bei 0. Sprich: schnell was hingeschrieben, so lange versuchen, bis es geht, und fertig! Mit dem Unterschied, dass der Prototyp bereits voll einsetzbar ist. So schnell geht das mit C bei weitem nicht.

Freie Verfügbarkeit für viele Plattformen:

Perl ist von FTP-Servern im Internet verfügbar. Die Programmiersprache unterliegt der General Public Licence beziehungsweise der Artistic Licence und ist damit – unter bestimmten Bedingungen – frei verfügbar. Weder für den Interpreter noch für die zahlreichen Module muss gezahlt werden.

1. Comprehensive Perl Archive Network (*http://www.cpan.org*)

- UNIX: Perl kommt – wie zu Beginn des Kapitels beschrieben – aus der UNIX-Welt. Entsprechend des so genannten Borg'schen Prinzips hat Perl zahlreiche nützliche UNIX-Tools assimiliert und es gibt Portierungen für alle gängigen UNIX-Derivate.
- Windows: Auch Microsoft Windows wird unterstützt. ActivePerl ist eine sehr beliebte Version von Perl unter anderem für Windows und wird von der Firma ActiveState bereitgestellt. Im CPAN unter *http://www.cpan.org/ports/win32/* ist eine Perl-Binärdistribution für Windows zu finden. Auch auf einem MS-DOS-PC kann Perl eingesetzt werden (im CPAN unter ports/msdos).
- Macintosh: System-7-Anwender werden ebenfalls unterstützt. MacPerl ist im CPAN im ports/mac/-Verzeichnis zu finden.

Portabilität:

Programme, die auf einer Plattform, etwa Windows, erstellt wurden, können im Allgemeinen ohne große Mühe unter UNIX zum Laufen gebracht werden. Voraussetzung allerdings ist, dass keine betriebssystemspezifischen Bibliotheken und Systemcalls verwendet werden. Natürlich stellt sich die Frage nach dem Sinn, ein Programm, das zum Beispiel die Windows32-Registrierungsdatei verändert, nach UNIX zu portieren. Er geht gegen Null.

Einfaches Lernen:

Bei Perl benötigt man nur wenige Kenntnisse, um bereits lauffähige Programme zu schreiben. Zudem sind die Datenstrukturen leicht zu verstehen. Auch wenn die regulären Ausdrücke anfangs noch wie Hieroglyphen scheinen, bieten sie nach kurzer Einarbeitungszeit ein sehr mächtiges Mittel zur Textmanipulation.

Wer schon Erfahrungen mit UNIX-Tools gesammelt hat, wird immer wieder auf Bekanntes stoßen, wer dagegen eine imperative Sprache wie C kennt, wird Perl ebenfalls schnell lesen und verstehen können.

Auch ein absoluter Programmieranfänger kann Perl schnell lernen. Wenn er dann auch auf andere Programmiersprachen trifft, werden ihm diese umständlich und langatmig erscheinen. Mit zunehmendem Wissensstand können die Programme wegen des Prinzips „There is more than one way to do it" anders formuliert und optimiert werden.

Das heißt, Perl holt jeden Programmierer von seinem Kenntnisstand ab.

Effizienz:

Obwohl Perl interpretiert ist, muss der Anwender nicht auf eine hohe Geschwindigkeit verzichten. Dafür sorgt eine spezielle Technik, bei der der Quellcode – ähnlich wie bei der Java Virtual Machine – in einen Bytecode übersetzt und dann optimiert ausgeführt wird.

Zusammenspiel mit anderen Programmiersprachen:

Perl kann in andere Programmiersprachen eingebunden werden und andere Programmiersprachen in Perl. Auf Grund des knapp bemessenen Platzes des Buchs kann darauf leider nicht näher eingegangen werden. Informationen zu diesen Techniken finden Sie in `perldoc perlxstut` und in `perldoc perlembed`.

Objektorientierung:

Seit dem Erscheinen von Perl5 kann auch rein objektorientiert programmiert werden. So können große Projekte logisch strukturiert werden. Im Gegensatz zu anderen Programmiersprachen müssen jedoch keine Klassen verwendet werden. So können Skripte auf Wunsch auch ohne objektorientierte Features bleiben.

Dynamische Code-Erzeugung:

Viele Programmiersprachen sind nur in der Lage, einen nicht dynamischen Quellcode zu übersetzen und auszuführen. Im Unterschied dazu kann Perl zur Laufzeit des Programms dynamischen Code generieren und ausführen.

Perlcc:

Ein echter Perlcompiler, der jedoch noch nicht ausgereift ist.

1.3.2 Nachteile

- Perl fehlt ein geheimer Quellcode. Anders als im Falle kompilierter Sprachen, bei denen der übersetzte Code an Kunden ausgegeben wird, muss der Interpreter lesbaren Perlquellcode ausführen, weshalb der Quellcode unverschlüsselt zur Verfügung gestellt werden muss.

Das heißt, der Quellcode ist nicht sonderlich gut geschützt. Natürlich hat der Programmierer begrenzt Möglichkeiten, den Quellcode selbst zu schützen.

Beispiel: Der für jeden lesbare Quelltext

```
#!/usr/bin/perl
print "Hello World\n";
```

kann mit Hilfe des Modules `Acme::Eyedrops` in diesen unleserlichen Quellcode verwandelt werden – nämlich in das Wappentier der Perl-Gemeinde:

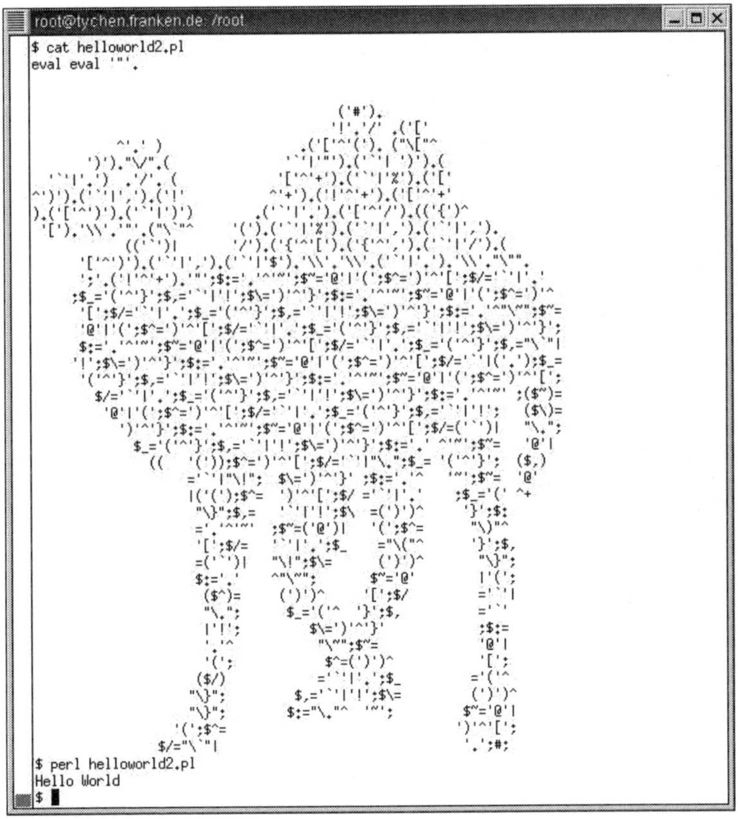

Bild 1.1: Verschleierter Perlcode

Der unleserliche Code besitzt weiterhin die gleiche Funktionalität wie der ursprüngliche Quellcode. Entwickler übergeben das Programm ihrem Kunden in unleserlichem Quellcode, der problemlos auszuführen ist. Hat der Kunde einen Änderungswunsch, bearbeitet der Entwickler den ursprünglichen Quellcode und verschlüsselt ihn anschließend erneut.

- Man kann – muss aber nicht – sehr kryptisch programmieren, so dass nach ein paar Monaten niemand mehr den Code versteht, möglicherweise nicht einmal mehr der Entwickler.
- Perl ist – wie jede interpretierte Sprache – auf dem Zielrechner erforderlich.

2 Quellen, Installation und Dokumentation

Will man in Perl programmieren, muss ein entsprechender Interpreter auf dem Computer verfügbar sein. Dieser Abschnitt zeigt Ihnen, wie Sie überprüfen können, ob und in welcher Version Perl bei Ihnen vorhanden ist, wo Sie Perl Sourcen oder Binaries finden und wie Sie diese installieren. Zudem bekommen Sie einen Überblick, welche Dokumentation von Perl mitgeliefert wird, wie Sie diese effizient nutzen können und wo sich weitere Informationsquellen im Internet befinden.

2.1 Woher bekomme ich Perl?

Da Perl der GNU General Public License und der Artistic License unterliegt, können Sie sowohl Quellcode, neudeutsch Sourcen genannt, als auch Binaries frei aus dem Internet herunterladen. Der Einstieg erfolgt dabei über *http://www.perl.com* und den dort befindlichen Button *Downloads*. Der eigentliche Download kann dann entweder über http mit einem Webbrowser erfolgen, oder, sollte Ihnen nur ftp zur Verfügung stehen, auch vom ftp-Server `ftp.perl.org` aus dem Verzeichnis `/pub/CPAN/src/`.

Die angegebenen Quellen befinden sich auf dem so genannten CPAN, dem `Comprehensive Perl Archive Network`, dem wohl umfassendsten Sammelsurium von allem, was mit Perl zu tun hat. Dort befinden sich nicht nur Perlinterpreter in Source- und Binaryform, sondern auch viele Perlmodule, die Ihnen die Programmierung deutlich erleichtern können.

Diverse Anbieter veräußern auch CDs mit Perldistributionen. Beim Kauf sollten Sie aber darauf achten, dass der Abzug des CPAN nicht zu alt und vor allem vollständig ist.

2.1.1 UNIX

Unter UNIX genießen Sie das Privileg, dass Perl bei den meisten Herstellern standardmäßig mitgeliefert wird. Ob dies bei Ihnen der Fall ist, können Sie einfach überprüfen:

```
linux:~ # perl -v

This is perl, v5.6.0 built for i586-linux

Copyright 1987-2000, Larry Wall

Perl may be copied only under the terms of either
the Artistic License or the GNU General Public
License, which may be found in the Perl 5.0 source
kit.

Complete documentation for Perl, including FAQ lists,
should be found on this system using 'man perl' or
'perldoc perl'.  If you have access to the Internet,
point your browser at http://www.perl.com/, the Perl
Home Page.
```


`perl -v` liefert Ihnen die Versionsinformationen Ihrer Perlinstallation. Bekommen Sie eine Fehlermeldung `perl: command not found`, haben Sie entweder Perl nicht in Ihrem Suchpfad oder es ist kein Perl installiert. Meldet sich Perl in einer Vorkriegsversion (Version 5.6.0 oder neuer sollten Sie aus Sicherheitsgründen schon benutzen), bleibt Ihnen oder Ihrem Systemadministrator wohl nicht anderes übrig, als sich mit der Neuinstallation von Perl auseinander zu setzen.

Die Neuinstallation kann auf verschiedene Arten erfolgen. Die bequemste ist, so lange Ihren Systemadministrator zu beknien, bis er das für Sie erledigt. Sind Sie selbst der Systemadministrator, scheidet die erste Möglichkeit aus und Sie haben die Wahl, entweder Perl selbst zu kompilieren oder eine Binarydistribution zu verwenden.

Jarkko Hietaniemi, der Maintainer von *http://www.perl.com/CPAN/ports/*, empfiehlt wärmstens Perl unter UNIX nicht als Binarydistribution zu installieren, sondern Perl aus dem Quellcode selbst zu kompilieren. Das Kompilieren von Perl ist zwar an sich nicht schwer, jedoch langwierig und für Unerfahrene nur dann problemlos zu bewerkstelligen, wenn bei der Standardkonfiguration keine Fehler auftreten.

Sourcedistribution

Entscheiden Sie sich für die Kompilierung der Sourcen, so finden Sie die letzte stabile Version von Perl unter *http://www.perl.com/CPAN/src/stable.tar.gz.*

Binarydistributionen

http://www.perl.com/CPAN/ports/ bietet einen Überblick über alle verfügbaren Portierungen und Binarydistributionen von Perl. Wenn für Ihr Betriebssystem eine Portiertung exisitert, finden Sie auf dieser Seite Verlinkungen zu den entsprechenden Paketen beziehungsweise Hinweise zum Kompilieren der Sourcen.

2.1.2 Windows32

Auch unter Windows besteht die Möglichkeit Perl sowohl aus den Sourcen zu kompilieren als auch eine Binarydistribution zu verwenden. Die Firma ActiveState bietet unter *http://www.activestate.com/Products/ActivePerl/* eine Binarydistribution an, deren Installation sich sehr einfach gestaltet und normalerweise völlig ausreicht.

Muss man Perl selbst kompilieren, so ist dies mit der auch unter UNIX verwendbaren normalen Sourcedistribution möglich: *http://www.perl.com/CPAN/src/stable.tar.gz.*

2.1.3 Andere Betriebssysteme

Wenn Sie ein anderes Betriebssystem als UNIX oder Windows32 haben, können Sie sich unter *http://www.perl.com/CPAN/ports/* informieren, ob Ihre Plattform aktuell unterstützt wird. Welche Betriebssysteme dies sind, zeigt Abbildung 2.1.[1]

1. Falls jemand das Betriebssystem *Japanese* nicht kennt: Es ist keines :-) Es gibt für den japanischen Sprachraum spezielle Patches, die japanische Zeichenenkodierungen unterstützen.

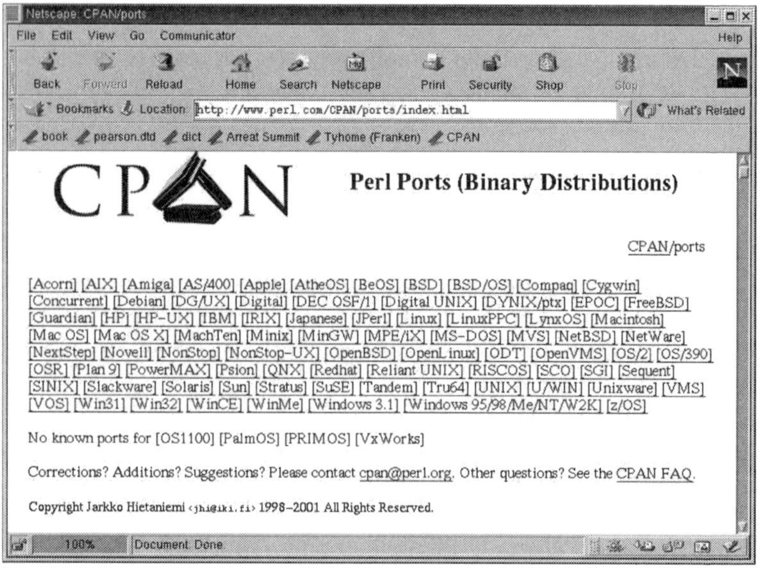

Bild 2.1: Perlportierungen

2.2 Die Installation

2.2.1 UNIX

Sourcedistribution

Haben Sie die Sourcedistribution auf Ihrer Festplatte abgelegt, so müssen Sie diese zunächst entpacken:

```
$ gzip -cd stable.tar.gz | tar xf -
```

Perl liegt nun inklusive Dokumentation in einem neu erzeugten Verzeichnis, welches zum Beispiel `perl-5.6.1` heißt. Nach dem Wechseln in dieses Verzeichnis sollten Sie unbedingt folgende Dokumentation lesen:

```
less README
less README.ihr_betriebssystem (so vorhanden)
less INSTALL
```

Ob Sie nun `less`, `more`, `pod2text`, `vi` oder was ganz anderes nehmen, ist eigentlich egal. Aus eigener Erfahrung weiß ich jedoch, dass man den Griff zur Dokumentation tendenziell so weit wie möglich aufschiebt. *Mann* kann ja schließlich diesem neuen Videorekorder erklären, dass er am Sonntag die Lieblingsserie aufnimmt, also wozu Handbuch lesen? Nachdem man das zweite Mal eine Folge verpasst hat, sucht man zähneknirschend nach dieser Bedienungsanleitung und schlägt nach. Und dabei wäre es so einfach gewesen, das Ding zu programmieren.

Verständlicherweise werden Sie nicht die zirka 50-seitige INSTALL-Datei auf einmal durchlesen, aber sollte die Installation der Sourcedistribution aus irgendeinem Grund scheitern: Greifen Sie zur Dokumentation. Bei vielen Problemen können speziell die betriebssystemspezifischen README-Dateien wertvolle Hinweise zur Lösung geben.

Die große Vielfalt der UNIXsysteme bedingt sehr viele Konfigurationsmöglichkeiten und Plattformspezifika, darum muss hier auf die betriebssystemspezifischen README-Dateien verwiesen werden.

Die Hilfedatei mit dem Namen `INSTALL` bescheibt als einfache Installationsmöglichkeit folgende Befehlsfolge:

```
rm -f config.sh Policy.sh
sh Configure -de
make
make test
make install
```

Die Optionen `-de` beim `sh Configure` weist die Installationsroutine an, für alle Fragen, die sie an Sie zur Klärung einzelner Parameter stellen würde, die voreingestellen Antworten zu nehmen. Geben Sie `-de` nicht an, stellt Ihnen das `Configure`-Skript bei der aktuellen Perldistribution in etwa 70 Fragen, die Sie nach bestem Wissen und Gewissen beantworten müssen. Keine Angst, Sie müssen sich nicht alle Antworten aus den Fingern saugen. Es werden auch hier betriebssystemabhängig bestimmte Anworten vorgeschlagen und können durch Drücken der Returntaste beantwortet werden.

Beschwert sich das `Configure`-Skript nicht über fehlende Compiler oder andere Komponenten, werden die Sourcen mittels `make` übersetzt. Treten hier Probleme auf, müssen Sie so viel Know-how mitbringen, dass Sie erkennen können, warum das Kompilieren nicht erfolgreich war, und das `Configure`-Skript mit veränderten Parametern versorgen. Speziell, wenn Sie ein exotisches Betriebssystem haben, kann die Anpassung sehr zeitintensiv werden. Hier hilft dann nur noch die Lektüre der Dokumentation oder die Recherche in Newsgruppen beziehungsweise im WWW.

Wurde erfolgreich übersetzt, testet `make test` das zu installierende Perl auf Integrität.

Nur wenn es beim `make test` keinerlei Probleme gab, sollten Sie als User root `make install` aufrufen. Dies vervollständigt die Installation und kopiert den Perlinterpreter, diverse Skripten, Module und Manpages an die für sie vorgesehenen Stellen im Dateisystem.

Es hat alles geklappt? Ihre Platte ist durch die Installation nicht vollgelaufen? Es gab auch sonst keine obskuren Fehlermeldungen? Gut. Dann ist es an der Zeit, mit `perl -v` zu überprüfen, ob sich Perl in der Version meldet, die Sie installiert haben. Sollten Sie die Meldung bekommen, das Kommando `perl` könne nicht gefunden werden, oder Perl meldet sich mit einer falschen Versionsnummer, stimmt eventuell Ihre `PATH`-Variable nicht, die die Suchreihenfolge der ausführbaren Befehle festlegt.

Binarydistribution

Unter *http://www.perl.com/CPAN/ports/* finden Sie Verweise auf Binarydistributionen von Perl. Normalerweise haben verschiedene Betriebssysteme auch verschiedene Arten, wie sie Ihre Softwarepakete schnüren und später wieder entpacken.

So verwendet HPUX beispielsweise so genannte `depot`-Dateien, die mit dem Kommando `swinstall` installiert werden können, Linux benutzt häufig `rpm`-Dateien, deren Installation mithilfe des Befehls `rpm` erfolgt, und Solaris kann Softwarepakete im `pkgadd`-Format verarbeiten.

Auch diese Vielfalt an Möglichkeiten erlaubt keine allgemeingültige Beschreibung der Installation unter verschiedenen UNIXderivaten. Die

Webseiten hinter den Links auf *http://www.perl.com/CPAN/ports/* geben aber nützliche Hinweise, wie man bei der Installation der Binarydistribution für das jeweilige Betriebssystem vorzugehen hat.

2.2.2 Windows32

Auf die Installation der Sourcedistribution möchte ich an dieser Stelle nicht näher eingehen, da es zum einen nur äußerst selten wirklich notwendig ist und Sie zum anderen einen C-Compiler unter Windows benötigen. Die Datei `README.win32` der normalen Sourcecodedistribution beschreibt die genaue Vorgehensweise. Einer der folgenden Compiler ist in Perl 5.6.1 gefordert:

- Borland C++ in der Version 5.02 oder neuer
- Microsoft Visual C++ in der Version 4.2 oder neuer
- Mingw32 mit GCC in der Version 2.95.2 oder neuer

Bedenken Sie, dass Sie alle windowsspezifischen Module, speziell die Win32-Module, nachinstallieren müssen, wenn Sie nicht die ActiveState-Version von Perl benutzen.

Die Binaryinstallation unter Windows ist sehr einfach. Leider gibt es jedoch in dem Installationsmenü keinerlei Hilfefunktion zu den einzelnen Optionen. Die Installation besteht im Wesentlichen aus diesen Schritten:

- Überprüfen Sie anhand der Checkliste auf der Webseite von ActivePerl (*http://www.activestate.com/ActivePerl/download.htm*), ob Sie bereits den MSI 1.1+ (Windows Installer in der Version 1.1 oder höher) installiert haben. Wenn nicht, sollten Sie dies zuerst nachholen. Sie finden einen Link zum Download des MSI auf der Webseite von ActivePerl.

  ActiveState bietet neben dem MSI Paket von Perl auch ein AS-Paket an, welches allerdings keinen Mechanismus zur Deinstallation hat und deshalb eigentlich nicht verwendet werden sollte.

- Wenn Sie das Perl MSI-Paket (zum Beispiel die Datei `ActivePerl-5.6.1.630-MSWin32-x86-multi-thread.msi`) auf Ihrer lokalen Platte abgelegt haben, starten Sie durch einen Doppelklick im Explorer auf das Paket die Installation. Erscheint an dieser Stelle der „Öffnen mit"-Dialog, so haben Sie keinen MSI installiert, oder bei dessen Installation ist etwas schief gelaufen.

Ein Dialog fordert Sie zur Zustimmung zur Lizenzvereinbarung auf, ohne die die Installation nicht mehr so richtig fortfahren will.

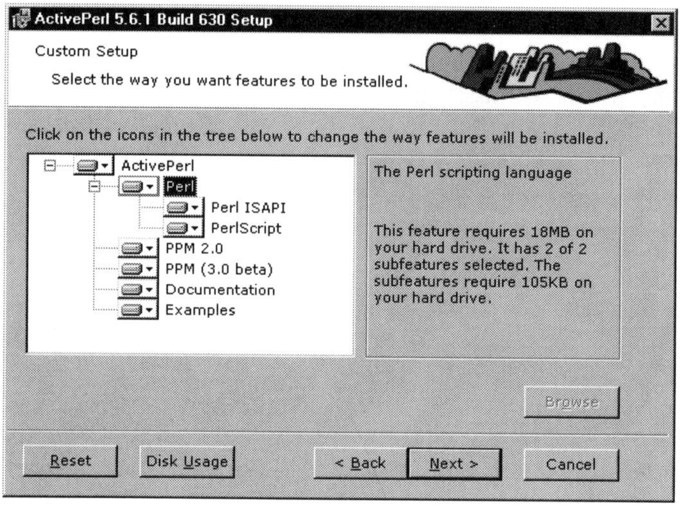

Bild 2.2: ActivePerl Paketauswahl

- Die danach folgende Paketauswahl offeriert Ihnen die Möglichkeit den Umfang der Installation festzulegen. Bei einer Vollinstallation werden in der aktuellen Version zirka 50 MB Festplattenspeicher belegt. Die Selektion der einzelnen Installationsoptionen gibt Ihnen eine kurze Beschreibung, was sich hinter den installierbaren Teilen verbirgt. Eine Vollinstallation ist durchaus sinnvoll, es sei denn man kann die Verwendung bestimmter Teile definitiv ausschließen. Installiert man nicht alles, kann man dies jedoch problemlos später über das Softwaremenü in der Systemsteuerung nachholen.

  In diesem Menü kann zusätzlich festgelegt werden, in welchem Verzeichnis Perl installiert wird. Die Standardeinstellung ist `C:\Perl`.

- Wenn Sie den Perl Packet Manager 3 (PPM 3) zur Installation nicht abgewählt haben, werden Sie gefragt, ob Sie damit einverstanden sind, dass die Details Ihrer Perlinstallation an ActiveState gesendet werden. Dies erlaubt das einfache Management von Perlmodulen, es kann jederzeit nachträglich aktiviert oder deaktiviert werden.
- Im nächsten Schritt wird gefragt, ob Sie Perl in Ihrem Pfad aufnehmen möchten und ob es eine Verknüpfung zwischen den Perl-Dateiextensions und Perl geben soll. Ich empfehle beides zu aktivieren.
- Haben Sie auf Ihrem System einen Microsoft Internet Information Server (IIS) installiert, können Sie zusätzlich angeben, ob in diesem Unterstützung für Perl und die Perl ISAPI integriert werden soll.
- Nach Bestätigung des Finishbuttons startet die Installation. Nach dem obligatorischen Reboot steht Ihnen Perl zur Verfügung.
- Neben dem Perlbinary wurden nun Package Manager, diverse andere Binaries und Module auf Ihrer Festplatte abgelegt. Zusätzlich wurde im Startmenü ein Ordner mit Shortcuts zu Dokumentation und Package Manager hinterlegt.
- Wenn Sie nun eine MS DOS-Eingabeaufforderung öffnen und dort `perl -v` eingeben, sollten Sie in etwa Folgendes sehen:

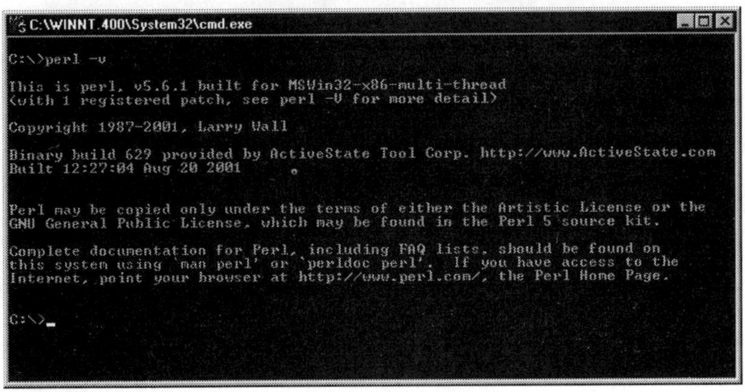

Bild 2.3: perl -v

2.3 Wo finde ich Dokumentation?

Na ja, ein bisschen Dokumentation zu Perl halten Sie gerade in Händen. Allerdings ist es wirklich nicht viel, verglichen mit den zirka 1500 Seiten an Dokumentation, die Sie nach der Installation von Perl auf Ihrer Festplatte haben. Dieser Abschnitt zeigt Ihnen die Einstiegspunkte in die Dokumentation und wie Sie darin suchen können.

2.3.1 Mitgelieferte Dokumentation

Ruft man unter UNIX oder ActivePerl in der Kommandozeile[2] den Befehl `perldoc perl` auf, so sieht man einen Überblick über die verschiedenen Hilfeseiten zu Perl. Einen Teil der in Tabelle 2.1 aufgelisteten Hilfeseiten werden Sie sich, wenn Sie tiefer in Perl einsteigen wollen, früher oder später zu Gemüte führen müssen.

Manpage	Beschreibung
`perl`	Die Übersicht über alle Perlmanpages
`perldelta`	Die Änderungen in Perl seit der letzten Version
`perl5005delta`	Die Änderungen seit der Version 5.005
`perl5004delta`	Die Änderungen seit der Version 5.004
`perlfaq`	Frequently Asked Questions. Häufig gestellte Fragen (und deren Beantwortung). Diese Seite gibt eine Übersicht über `perlfaq1` - `perlfaq9`.
`perltoc`	Table of contents: Eine *ausführlichere* Übersicht über die vorhandene Dokumentation
`perldata`	Datenstrukturen
`perlsyn`	Syntax
`perlop`	Perl-Operatoren und deren Vorrang
`perlre`	Reguläre Ausdrücke
`perlrun`	Der Aufruf von Perl einschließlich aller Kommandozeilenoptionen
`perlfunc`	Eingebaute Funktionen

2. bzw. der MS DOS-Eingabeaufforderung. Ich werde diese Begriffe von nun an synonym benutzen

Manpage	Beschreibung
`perlopentut`	Eine Einführung zur `open()`-Funktion
`perlvar`	In Perl vordefinierte Variablen
`perlsub`	Subroutinen
`perlmod`	Die Funktionsweise von Perlmodulen
`perlmodlib`	Wie benutze und schreibe ich Perlmodule?
`perlmodinstall`	Wie installiere ich Module vom CPAN?
`perlform`	Formate
`perlunicode`	Perl und Unicode
`perllocale`	Locale Unterstützung
`perlreftut`	Ein kurze Einführung in Referenzen
`perlref`	Referenzen. Nun detailliert
`perldsc`	Einführung in Datenstrukturen
`perllol`	Listen von Listen
`perlboot`	Eine Einführung in die objektorientierte Programmierung für Anfänger
`perltoot`	Einführung in die objektorientierte Programmierung Teil 1
`perltootc`	Einführung in die objektorientierte Programmierung Teil 2
`perlobj`	Objekte
`perltie`	Wie verstecke ich ein Objekt hinter einer einfachen Variablen?
`perlbot`	Tipps, Tricks und Beispiele zur objektorientierten Programmierung
`perlipc`	Interprozesskommunikation
`perlfork`	Informationen zur `fork()`-Funktion
`perlthrtut`	Einführung in Threads
`perllexwarn`	Lexikalische Warnungen, die Perl auf Verlangen des Programmierers ausgibt
`perlfilter`	Perl Source Filter
`perldbmfilter`	Perl DBM Filter

Manpage	Beschreibung
perlcompile	Eine Einführung in den Perl Compiler
perldebug	Fehlersuche in Perl
perldiag	Diagnosemeldungen
perlnumber	Beschreibt, wie Perl numerische Werte intern handhabt
perlsec	Wie mache ich meine Programme sicher?
perltrap	Fallen für Ahnungslose
perlport	Was sollte ich zum Thema Portierung beachten?
perlstyle	Perl style guide. Der Knigge für den Perlprogrammierer
perlpod	Perl plain old documentation. Die gute, alte Dokumentation
perlbook	Buchinformationen
perlembed	Wie bette ich C oder C++ in mein Perlprogramm ein?
perlapio	Perls interne IO-Abstraktionsschnittstelle
perldebguts	Einführung in das Perl API sowie einige grundlegende Dinge über die Funktionsweise der Perl-Kerns
perlxs	Perl Extensions
perlxstut	Eine Einführung in Perl XS
perlguts	Interne Perlfunktionen. Wird benötigt, wenn man zum Beispiel XS-Programmierung betreibt.
perlcall	Aufrufkonventionen von C aus
perlapi	Auflistung der der Perl API zugehörigen Funktionen, Macros, Flags und Variablen. Diese Manpage wird beim Aufruf selbstständig generiert.
perlintern	Perlinterne Funktionen
perltodo	Eine Wunschliste für Perl
perlhack	Perl hacker's guide
perlhist	Perl Geschichte
perlamiga	Bemerkungen zu Perl für den Amiga
perlcygwin	Bemerkungen zu Perl für Cygwin

Manpage	Beschreibung
perldos	Bemerkungen zu Perl für DOS
perlhpux	Bemerkungen zu Perl für HP-UX
perlmachten	Bemerkungen zu Perl für Power MachTen
perlos2	Bemerkungen zu Perl auf OS/2
perlos390	Bemerkungen zu Perl unter OS/390
perlvms	Bemerkungen zu Perl unter VMS
perlwin32	Auch auf Windows gibt es Perl

Tabelle 2.1: Perl Manpages

Der Zugriff auf die einzelnen Hilfethemen funktioniert immer mit dem Befehl `perldoc`:

```
$ perldoc perlsyn

PERLSYN(1) User Contributed Perl Documentation  PERLSYN(1)

NAME
   perlsyn - Perl syntax

DESCRIPTION
   A Perl script consists of a sequence of declarations
   and statements. The sequence of statements is executed
   just once, unlike in sed and awk scripts, where the
   sequence of statements is executed for each input line.
```

Unter UNIX können die Hilfeseiten auch mittels `man manpage` aufgerufen werden, jedoch sollte auf den meisten Plattformen bei neueren Perlversionen `perldoc` die gleiche Syntax und Funktionalität haben.

Neben der *Einstiegsliteratur* gibt es noch eine Unmenge von Hilfeseiten zu installierten Modulen und den in Perl eingebauten Funktionen, die einzeln mit `perldoc` aufgerufen werden können:

```
H:\>perldoc B::Debug
NAME
    B::Debug - Walk Perl syntax tree, printing debug
               info about ops
SYNOPSIS
            perl -MO=Debug[,OPTIONS] foo.pl
```

Für die Anzeige einer Hilfeseite zu einer in Perl eingebauten Funktion muss perldoc der Schalter -f übergeben werden:

```
$ perldoc -f split
       split /PATTERN/,EXPR,LIMIT
```

Wie zu fast allen Themen, die einen breiten Nutzerkreis tangieren, gibt es auch zu Perl FAQs, also Frequently Asked Questions. FAQs sind Fragen, die von Anwendern immer wieder gestellt werden. In Usenet-Newsgruppen (Diskussionsforen) sind es manche Teilnehmer irgendwann leid, immer wieder die gleichen Fragen beantworten zu müssen. Deshalb entscheidet man sich früher oder später dazu, diese Fragen, und vor allem die passenden Antworten dazu, in einer Liste zusammenzustellen und an einer elektronisch öffentlich zugänglichen Stelle zur Verfügung zu stellen.

Auch für Perl gibt es FAQs und diese werden unter anderem mit den Perldistributionen mitgeliefert. Da es zu Perl aber, wohl wegen seiner Komplexität, sehr viele FAQs gibt, hat man sich irgendwann entschlossen, diese auf verschiedene Hilfedateien aufzuteilen. Mit perldoc perldfaq sehen Sie alle Fragen, die in den Hilfetexten perlfaq1 - perlfaq9 beantwortet werden. Die einzelnen Dateien sind thematisch geordnet:

Manpage	Beschreibung
perlfaq1	Allgemeine Fragen zu Perl
perlfaq2	Verfügbarkeit und Unterstützung zu Perl
perlfaq3	Programmierwerkzeuge
perlfaq4	Manipulation von Daten
perlfaq5	Dateihandling und Formate
perlfaq6	Reguläre Ausdrücke
perlfaq7	Fragen, die in keinen anderen Teil so richtig passen
perlfaq8	Interprozesskommunikation (IPC)
perlfaq9	Netzwerkprogrammierung

Tabelle 2.2: PerlFAQ

Man kann sich diese Hilfetexte mit `perldoc` anzeigen lassen, man kann aber auch in ihnen suchen. Gibt man `perldoc` den Schalter `-q` mit, so sucht es in den FAQs nach dem mitübergebenen Suchbegriff:

```
perldoc -q HTML
perldoc -q 'output filehandle'
perldoc -q "integer|float"
perldoc -q "\d+"
```

Dabei können sowohl einfache Strings als auch reguläre Ausdrücke als Suchbegriff übergeben werden. So sucht `"integer|float"` nach Fragen, in denen entweder die Zeichenkette `integer` oder die Zeichenkette `float` vorkommt. `"\d+"` ermittelt FAQs, bei denen eine beliebige Zahl in der Frage vorkommt. Sie werden über reguläre Ausdrücke noch einiges hören, so dass Sie sich keine Gedanken zu machen brauchen, wenn Sie die letzten beiden Suchanfragen noch nicht im Detail verstanden haben. Generell gilt bei der Suche mit der `-q` Option, dass die Suche nur in den Fragen durchgeführt wird, nicht aber in den Antworten.

Zusätzlich zur `perldoc`-Funktion steht Ihnen natürlich bei ActivePerl unter Windows die Nutzung der im ActivePerl-Startmenü befindlichen Online-Dokumentation zur Verfügung.

2.3.2 Andere Quellen

Im WWW gibt es einige Onlinedokumentationen zu Perl. Eine der wichtigsten ist *http://www.perldoc.com*. Dort finden Sie neben Dokumentationen zu Modulen und Paketen sowohl Hilfe zur aktuellen Perl-Version als auch zu älteren Perldistributionen, zurückreichend bis zur Version 5.004_05.

Die Perlseite ist jedoch *http://www.perl.com*. Neben den angesprochenen Downloadmöglichkeiten von Source- und Binarydistributionen beinhaltet sie verschiedene Dokumentationen, Neuigkeiten rund um Perl, Artikel zum Einsatz von Perl und vieles andere mehr.

Während Webseiten eher einen informierenden Charakter haben, bietet das Usenet mit seinen Newsgruppen dem Anwender die Möglichkeit, seine Frage in Foren einem großen Publikum zu stellen. Aufgrund der großen Benutzerzahl der Newsgruppen ist die Wahrscheinlichkeit sehr hoch, dass jemand das gleiche Problem, das Sie gerade beschäftigt, schon einmal gelöst hat und Ihnen innerhalb einer kurzen Zeitspanne eine Lösung präsentiert oder Ihnen zumindestens einen Hinweis gibt, wo Sie Informationen zu dem Thema bekommen.

Derzeit gibt es knapp 20 Newsgruppen zum Thema Perl. Die für Sie am bedeutendsten dürften jedoch die beiden deutschsprachigen und die vier in der `comp`-Hierarchie angesiedelten englischsprachigen Gruppen sein:

```
de.comp.lang.perl.cgi       # CGI Programmierung
de.comp.lang.perl.misc      # Allgemeines zu Perl
comp.lang.perl.announce     # Ankündigungen zu Perl
comp.lang.perl.misc         # Allgemeines zu Perl
comp.lang.perl.tk           # Perl/Tk
comp.lang.perl.modules      # Perl Module
```

Lesen Sie *http://groups.google.com/googlegroups/basics.html* um eine generelle Einführung in Usenet Newsgroups zu erhalten.

3 Ein Überblick

In diesem Kapitel bekommen Sie einen Überblick über die grundlegenden Eigenschaften der Sprache. Es werden alle wichtigen Konstrukte, Datentypen und Datenmanipulationen angeschnitten. Vielleicht werden Sie nicht alles bis ins Letzte verstehen, jedoch werden in den nächsten Kapiteln alle hier angesprochenen Themen vertieft.

Ich werde versuchen, Ihnen Perl anhand eines Beispiels, welches sich durch das Kapitel zieht, näher zu bringen. Da Sie sicher, wie fast jeder vernünftige Mensch[1], Whisky sammeln, werden wir im Lauf des Kapitels sehen, wie Sie all Ihre leckeren Fläschchen elektronisch erfassen, anzeigen und verwalten können. Sie sammeln keinen Whisky? Sie mögen nicht mal Whisky? Wenn dem so ist, ist dies zwar schade, aber es fällt Ihnen sicher leicht, die Beispielprogramme für Ihre Briefmarken-, Käthe-Kruse-Puppen- oder Kinderüberraschungseiersammlung oder vielleicht auch nur für eine einfache Adressverwaltung abzuändern.

3.1 Der Aufruf von Perl

Es gibt verschiedene Arten Perlprogrammcode ausführen zu lassen. Detaillierte Informationen zum Aufruf von Perl mit möglichen Optionen erhalten Sie mit `perldoc perlrun`.

3.1.1 Codeeingabe von STDIN

Eine der einfachsten Möglichkeiten ist der Aufruf des Perlinterpreters ohne weitere Argumente in einer MS DOS-Eingabeaufforderung oder in einer UNIXshell. Danach erwartet der Interpreter die Eingabe von Programmzeilen auf `STDIN`, also von der Standardeingabe, welche normalerweise die Tastatur ist. Diese Programmzeilen werden vom Perlinterpreter dann ausgeführt:

```
> perl
print "Willkommen bei meiner Whiskysammlung!\n";
```

1. Selbst der schon verstorbene Börsenguru André Costolani soll Whisky als Wertanlage gesammelt haben :-)

Nachdem Sie die print-Anweisung eingegeben haben, müssen Sie dem Interpreter mitteilen, dass dies die letzte und damit einzige Zeile Code ist. Unter UNIX tun Sie dies durch <Strg>-D, unter Windows durch <Strg>-C.[2] Danach überprüft Perl den von Ihnen eingegebenen Code auf Korrektheit, übersetzt ihn in eine Art Bytecode, dessen Abarbeitung deutlich schneller geht als das Interpretieren des Perlcodes, der aber dafür von Normalsterblichen nicht mehr lesbar ist. Dieser Bytecode wird schließlich vom Perlinterpreter ausgeführt und Sie bekommen die Ausgabe Ihres Programmes auf den Bildschirm.

Wenn Sie sich nicht vertippt haben, sollten Sie den Willkommensgruß sehen. Bevor ich auf die Funktionsweise der print-Anweisung eingehe, möchte ich Ihnen noch die anderen Möglichkeiten zeigen, wie Sie Perlprogramme schreiben, speichern und ausführen können.

3.1.2 Ausführung in der Kommandozeile

Übergeben Sie Perl den Schalter -e , so erwartet der Perlinterpreter den auszuführenden Code in der Kommandozeile:

```
perl -e "$a = 6*7;print $a;"
```


Der Code muss dabei in Hochkommata eingeschlossen werden. Unter UNIX können dies entweder einfache oder doppelte Hochkommata sein[3], Perl unter Windows akzeptiert nur doppelte. Beachten Sie bitte, wenn Sie im Code doppelte Hochkommata verwenden und Ihren Code selbst durch doppelte Hochkommata einschließen, müssen die Hochkommata im Code durch \ gequotet werden. Das klingt komplizierter, als es letzten Endes ist. Sehen Sie sich einfach dieses Beispiel an und probieren Sie damit herum. Perl meldet Ihnen sofort, wenn etwas an der Syntax nicht stimmt.

```
perl -e "print \"Hello world\n\";"
```

Der Vorteil bei dieser Art des Aufrufes ist, dass man sehr schnell und einfach kleine Codeabschnitte ausprobieren kann. Viele Shells unter UNIX (bash oder tcsh) sowie die MS DOS-Eingabeaufforderung erlauben zudem die Wiederholung des zuletzt eingegebenen Befehls über

---

2. Auf einer englischen Tastatur trägt die Strg-Taste die Beschriftung Ctrl.
3. Vorsicht bei doppelten Hochkommata unter UNIX! Das Beispiel funktioniert nur unter Windows. Unter UNIX wird $a von der Shell ersetzt.

die `Cursor-oben`-Taste. Dadurch ist es sehr einfach, den gleichen oder einen leicht modifizierten Code noch mal auszuführen, was sehr viel Tipparbeit spart.

3.1.3 Perlcode in einer eigenen Datei

Perlcode ist nichts anderes als ASCII-Text. Sie können mit einem beliebigen Editor, der keine Steuerinformationen in den Text einfügt, Perlcode erzeugen und in einer Datei abspeichern. Welcher Editor verwendet wird, ist Geschmackssache und bleibt Ihnen überlassen. Ich persönlich empfinde Notepad unter Windows als relativ unkomfortabel. Es bieten sich zum Editieren Ihrer Perldateien die frei verfügbaren Windows-Varianten von `vim` (*http://www.vim.org*) oder von `emacs` (*http://www.gnu.org/software/emacs/windows/ntemacs.html*) an. Beide Editoren sind auch für UNIX verfügbar.[4]

Angenommen Sie erzeugen eine Datei mit dem Namen `test.pl`:

```
print "Willkommen bei meiner Whiskysammlung!\n";
```

Sie können dann Perl den Dateinamen als Parameter übergeben. Perl wird die Datei im Dateisystem suchen und ihren Inhalt ausführen:

```
E:\>perl test.pl
```

Alternativ können Sie Ihr Perlprogramm auch direkt aufrufen:

UNIX

Sie haben eine Datei `test_unix.pl` erzeugt und wollen diese direkt aufrufen.

```
$ ./test_unix.pl
Willkommen bei meiner Whiskysammlung!
```

Damit dies funktioniert, müssen Sie unter UNIX in Ihre Datei jedoch noch die so genannte Shebang-Zeile einfügen. Shebang ist eine beliebte Abkürzung für Sharp (#) und Bang (!) und beinhaltet neben diesen beiden Zeichen den Namen des Interpreters, der aufgerufen werden soll.

4. Es gibt auch eine Reihe von größtenteils kostenpflichtigen Entwicklungsumgebungen, auf die in diesem Buch aber nicht weiter eingegangen wird.

```
#!/usr/bin/perl
print "Willkommen bei meiner Whiskysammlung!\n";
```

Namen sind Schall und Rauch. Zumindest unter UNIX. Windows-User sind es gewöhnt, dass es eine direkte Zuordnung zwischen Dateiextension und Dateityp gibt. Dies ist unter UNIX nicht so. Mit der Shebang-Zeile erkennt der Kernel, dass es sich nicht um eine Binärdatei handelt. Er versucht den in der Zeile angegebenen Interpreter zu starten. Auch wenn Sie in Ihrer Shell Perl im Suchpfad haben, müssen Sie hier den vollständigen Pfad zu Perl angeben.

Neben dem Einfügen der Shebang-Zeile müssen Sie unter UNIX dem Programm zusätzlich Ausführungsrechte geben:

```
chmod u+x test_unix.pl
```

Windows

Für Windows legen Sie eine Datei `test_dos.pl` an.

```
E:\>test_dos.pl
Willkommen bei meiner Whiskysammlung!
```

Auch unter Windows sollten Sie die Shebang-Zeile einfügen.

```
#!perl -w
print "Willkommen bei meiner Whiskysammlung!\n";
```

Unter Windows erfolgt die Auswahl des Interpreters anhand der Dateiextension, in diesem Falle also `.pl`. Eigentlich benötigen Sie nicht unbedingt die Shebang-Zeile, sie können aber mit ihr sowohl unter UNIX als auch unter Windows Perl zusätzliche Parameter übergeben. In unserem Beispielprogramm wird Perl mit dem Schalter `-w` aufgerufen, was Perl veranlasst, Warnungen auszugeben, wenn der Interpreter während der Laufzeit Fehler im Programm vermutet. Sie können in der Shebang-Zeile Perl sowohl mit als auch ohne Pfadangabe schreiben.

3.2 Der Programmaufbau

```
--- <sammlung1.pl> -----------------------------------
#!/usr/bin/perl -w
# Programm: sammlung1.pl
# Datum:    27.12.2001

print "Wie ist Ihr Name? ";    # Gibt die Frage aus
$name = <STDIN>;chomp($name); # Liest von der Tastatur
                               # und schneidet
                               # Newlinezeichen ab
print "\n";                    # Ausgabe einer Leerzeile
print "Hallo $name, dies ist meine Whiskysammlung:\n";
print <<TEXTENDE;
----------------------------------------
MacAllan 1861 replica
Scapa, 1966
Lagavulin, 16 Jahre (6 Flaschen)
TEXTENDE
--- </sammlung1.pl> ----------------------------------
```

Anhand dieses kleinen Programmes `sammlung1.pl` möchte ich Ihnen den grundsätzlichen Aufbau von Perlprogrammen und einige Basisfunktionen näher bringen.

- Perlprogramme sollten grundsätzlich mit der Shebang-Zeile beginnen. Das Aussehen der Shebang-Zeile hängt zum einen von Ihrem Betriebssystem und zum anderen vom Pfad, in dem der Perlinterpreter liegt, ab. Alle Programme in diesem Buch laufen sowohl unter UNIX als auch unter Windows, es sei denn, es ist ausdrücklich anders erwähnt. Da ich eher aus dem UNIXlager komme, werde ich zumeist `#!/usr/bin/perl -w` verwenden. Nutzen Sie Windows, müssen Sie diese Zeile durch `#!perl -w` ersetzen. Bitte nutzen Sie auch immer den Schalter `-w`. Perl liefert Ihnen bei Verwendung von `-w` wertvolle Hinweise, wo sich eventuell Probleme in Ihrem Programm verstecken.
- Ein Perl-Programm ist normalerweise ein ASCII-Text, der mit jedem Editor erstellt werden kann. Sie können Ihre Perlprogramme in 7-bit ASCII-Code notieren, aber auch 8-bit-, 16-bit-Zeichensätze sowie Unicode verwenden. Dabei werden mehrere Befehle durch Semiko-

lon (;) voneinander abgetrennt. Jede Zeile sollte der Lesbarkeit halber einen Befehl beinhalten, Sie können aber auch mehrere Befehle in eine Zeile schreiben.

- Perl interessiert sich im Allgemeinen nicht für Leerzeichen, die Sie in Ihren Quellcode einfügen. Leerzeichen, Tabstobs und Newlines, auch Whitespaces genannt, sind überall da erlaubt, wo sie nicht verboten sind. Verboten sind sie zum Beispiel mitten in einem Token (ein Schlüsselwort oder ein Variablenbezeichner), und wenn Whitespaces in Strings verwendet werden, verändert dies natürlich den Wert der Strings. Es ist gleich, ob Sie `$a = 4;` oder `$ a=4 ;` schreiben. Finden Sie für sich eine einheitliche Schreibweise heraus, die gut lesbar ist. Wichtige Hinweise liefert hier auch das Kapitel *Styleguide*.
- Kommentare beginnen in Perl mit dem Doppelkreuz-Zeichen (#). Ab der Stelle, an der das # in einer Zeile steht, wertet Perl alles als Kommentar. Dies gilt nicht, wenn das # Teil eines Strings ist:
  `$str = "Dies (#) ist ein Hashzeichen";`
- Wenn Sie bereits C kennen, wissen Sie, dass man dort mit `/* ... */` größere Codeteile auskommentieren kann. `/* ... */` können Sie in Perl leider nicht benutzen und es gibt auch keine elegante Möglichkeit größere Blöcke auszukommentieren. Man wollte sich beim Design von Perl aus Performancegründen nicht auf das Problem verschachtelter Kommentare einlassen. Möchten Sie dennoch größere Teile auskommentieren, finden Sie unter `perldoc -q "large block"` eine Lösung mit so genannten POD-Direktiven (plain old dokumentation).
- Die `print()`-Funktion kann Zeichenketten, also Strings, auf die Standardausgabe (normalerweise der Bildschirm) ausgeben.
- Es gibt drei grundlegende Variablentypen in Perl: Skalare, Arrays und Hashes. Von welchem Typ eine Variable ist, kann man anhand des Zeichens erkennen, das dem Variablennamen vorangestellt ist. Zusätzlich zu den den drei Variablentypen vorangestellten Zeichen gibt es noch Kennzeichnungen von so genannten Typeglobs und Unterroutinen. Filedeskriptoren ist kein Zeichen vorangestellt.

Zeichen	Beispiel	Typ	Beschreibung
$	$number	Skalar	Zahl, String oder Referenz
@	@friends	Array	Liste von Werten
%	%zipcodes	Hash	Liste von Wertepaaren
&	&myfunc	Unter-routine	Ausführbarer Code
kein	FD	Filede-skriptor	Ein Filedeskriptor für Ein- und Ausgabeoperationen
*	*variable	Typeglob	Alle Datentypen mit dem Namen variable

Tabelle 3.1: Variablentypen

In Zeile 6 des Programmes wird eine Variable vom Typ Skalar benutzt: $name. Skalare können Zahlen und Strings beinhalten, aber auch Referenzen.

Der Bezeichner (Identifier) einer Variablen, also das, was hinter $, @ oder % folgt, kann keine beliebige Zeichenkette sein, sondern muss mit einem Unterstrich oder Buchstaben beginnen, dem beliebig viele Buchstaben, Zahlen oder Unterstriche folgen.

- Die Zuweisung von Werten an Variablen erfolgt über das = Zeichen. Dabei müssen links des Zuweisungszeichens so genannte lvalues stehen. Rechts davon steht ein beliebiger Ausdruck, dessen Ergebnis der Variablen zugewiesen wird.
- Mit dem <STDIN>-Operator können Sie von der Standardeingabe (also zum Beispiel von der Tastatur) eine Zeile einlesen. Das Eingelesene wird in Zeile 6 unseres Programmes an die Variable $name übergeben. Die Variable enthält dann alle Zeichen, die der Benutzer eingegeben hat, einschließlich des newline-Zeichens, das durch Drücken der [↵]-Taste erzeugt wurde.

  Da uns das newline-Zeichen aber nicht interessiert, schneiden wir es mit der chomp-Funktion in der Variablen $name ab.
- \n in einer Zeichenkette steht für newline. Mit der Anweisung print "\n\n\n"; werden also drei Leerzeilen ausgegeben.

- Zeichenketten, also Strings, werden in einfache oder doppelte Hochkommata eingeschlossen. Befinden sich innerhalb einer in doppelte Hochkommata eingeschlossenen Zeichenkette Variablennamen, so werden diese Variablen expandiert, das heißt der Wert der Variablen wird an dieser Stelle in die Zeichenkette eingefügt. Häufig spricht man auch von Variableninterpolation.

  Ist eine Zeichenkette in einfache Hochkommata eingeschlossen, findet keine Expansion der darin befindlichen Variablen statt. Auch Escapesequenzen wie beispielsweise `\n` werden nicht umgewandelt. Anstelle eines Zeilumbruchs würde hier einfach `\n` gedruckt:

  ```
  #!/usr/bin/perl -w

  $a = 6;

  print "The $a Classic Malts\n";
  # druckt: The 6 Classic Malts<newline>

  print 'The $a Classic Malts\n';
  # druckt: The $a Classic Malts\n
  ```

- Größere Textpassagen können mit so genannten *Here-Dokumenten* ausgegeben werden, ohne dass man um jede Textzeile eine `print`-Anweisung kleben muss. Der <<-Operator übergibt an die aufrufende Funktion (in diesem Fall `print`) alle Textzeilen ab der aktuellen Position im Quellcode bis zu der Stelle, wo der rechts neben dem <<-Operator stehende Identifier wieder auftaucht. Im einführenden Programm ist in Zeile 11 der Identifier die Zeichenkette `TEXTENDE`, der in Zeile 16 wieder auftaucht.

  Hier dürfen keine Leerzeichen zwischen dem Operator und dem Identifier stehen, da Perl ansonsten als Identifier einen Leerstring annimmt und dies zu falschen Ergebnissen führen würde.

Wie zu erwarten war, werden wir vom Programm `sammlung1.pl` zunächst nach unserem Namen gefragt, dann persönlich begrüßt und im Anschluss wird uns eine Liste von Sammelstücken präsentiert:

```
$ ./sammlung1.pl
Wie ist Ihr Name? Hans
```

```
Hallo Hans, dies ist meine Whiskysammlung:
-------------------------------------------
MacAllan 1861 replica
Scapa, 1966
Lagavulin, 16 Jahre (6 Flaschen)
```

3.3 Von Zahlen und Strings

```
$theanswer = 42;  # Integer
$pi = 3.14;       # Float

# Operationen auf Zahlen
$mult = 6*9;                # 54
$add = $theanswer + $pi;  # 45.14
$bitshift = 3 << 2;        # Bitshift, 2 Stellen nach links

# String$favourite = "Glendronach";

# String mit Interpolation
$sentence  = "$favourite kommt aus Schottland\n";
$answer    = "Die Antwort lautet: $theanswer.";

# String ohne Interpolation
$sentence2 = 'Das kostet Sie $45.23';
$sentence3 = 'Newline: \n';

# Konkatenation
$artikel = 'Die ';
$mkt = '3 Musketiere';
$satz = $artikel . $mkt; # $satz = 'Die 3 Musketiere';
print $theanswer . $mkt; # '423 Musketiere'

# auf Teile von Strings zugreifen
print substr($artikel,0,1);  # 'D'
print substr($satz,11);      # 'tiere'

# Teile von Strings verändern
$mkt = '3 Musketiere';
substr($mkt,0,1) = '4';     # $mkt = '4 Musketiere';
$artikel = 'Die';substr($artikel,1) = 'as'; # $artikel = 'Das';
```

Einige wichtige Eigenschaften von Skalaren und Operationen auf Zahlen und Strings:

- Skalare sind typfrei. In Skalaren können Sie neben Referenzen auch Strings und Zahlen speichern. Man kann in einem Skalar jedoch immer nur einen Wert hinterlegen. Die Zuweisung von Werten zu einem Skalar, wie auch zu anderen Datentypen, erfolgt über den =-Operator.
- Weisen Sie einem Skalar einen `float`-Wert zu, so wird dieser im Speicher auch als Fließkommazahl abgelegt. Wird ein `Integer`, also eine ganze Zahl zugewiesen, so wird tatsächlich auch nur ein Integer abgelegt. Interessant ist hierbei, dass sich der abgelegte Datentyp ändern kann. Bei den Anweisungen `$a = 2;$a = "String";` wird zunächst ein Integer zugewiesen und dann der gleichen Variable ein String übergeben. Perl wird bei diesen Zuweisungen kein Bauchweh bekommen, wenngleich Sie aus Gründen der Lesbarkeit so etwas eher vermeiden sollten.
- Die Addition der beiden Variablen `$theanswer` und `$pi` aus dem obigen Beispiel funktioniert problemlos, obwohl `$theanswer` einen Ganzzahlwert und `$pi` einen Fließkommawert zugewiesen bekommen hatten. Perl erkennt aus dem Kontext, dass `$theanswer` in einen Fließkommawert umgewandelt werden muss um die Addition durchzuführen. Das Ergebnis der Addition wird als Fließkommawert abgelegt.
- Die Länge von Strings ist in Perl nur durch Ihre Systemressourcen beschränkt. Sie werden intern als Bytesequenzen abgelegt.[5] Sie sind nicht wie in C ein Array von Einzelzeichen, auf das über einen Index zugegriffen werden kann.
- Die Konkatenation zweier Strings erfolgt über den `.`-Operator. Ist ein Operant kein String, so wird er in einen String umgewandelt.

5. Mit der Perlversion 5.6 wurde ein Support für Unicode implementiert. Die Entwickler stufen diese Implementierung in der aktuellen Version jedoch als unvollständig und experimentell ein, weshalb ich nicht weiter auf Unicode eingehen werde. Weitere Informationen zu Unicode finden Sie unter `perldoc perlunicode`.

- Der Zugriff auf Teile des Strings (und somit auf einzelne Zeichen) ist über die Funktion `substr` möglich. Dies kann sowohl lesend als auch verändernd geschehen. Möchte man Teile des Strings verändern, so steht die `substr`-Anweisung auf der linken Seite des `=`-Operators.

3.4 Kontrollstrukturen

```
--- <distilleries.pl> ------------------------------------
#!/usr/bin/perl -w

$the_end_is_near = 0;
while(not $the_end_is_near) {
  print "Welche Destillerie suchen Sie? (e für Ende): ";
  $distillery = <STDIN>;
  chomp($distillery);

  if($distillery eq "e") {
    $the_end_is_near = 1;
  } elsif(lc($distillery) eq "macallan") {
    print
      "The Macallan Distillers Ltd., Easter Elchies,\n",
      "Craigellachie, Scotland, AB38 9RX\n",
      "URL: http://www.macallan.com\n\n";
  } elsif((lc($distillery) eq "highland park") or
         (lc($distillery) eq "highlandpark")) {
    print "Highland Park, The Hosh, Crieff, Scotland\n",
          "URL: http://www.highlandpark.co.uk\n\n";
  } else {
    print "Diese Destillerie ist mir nicht bekannt.\n\n";
  }
}
--- </distilleries.pl> -----------------------------------
```

Wenn Sie C oder ähnliche Programmiersprachen kennen, werden Ihnen die Kontrollstrukturen in Perl sehr bekannt vorkommen. In unserem ersten Beispiel wurden die Befehle der Reihenfolge ihres Auftretens nach, also sequenziell, abgearbeitet. Kontrollstrukturen erlauben den Ausbruch aus der sequenziellen Abarbeitung von Befehlen. Neben den Sequenzen bieten sie so genannte Alternativen und Schleifen.

Alle vorgestellten Formen von Kontrollstrukturen werden im Kapitel 5 genauer besprochen.

3.4.1 Alternativen

- Die Anweisung `if(expression) { statement1; statement2; }` berechnet den ihr übergebenen Ausdruck. Wird der Ausdruck für wahr (`true`) befunden, so wird ein Codeblock ausgeführt. Ein Codeblock sind ein oder mehrere Befehle, die von geschweiften Klammern umgeben sind. Im Gegensatz zu C können die geschweiften Klammern bei Blöcken, die nur einen Befehl beinhalten, nicht weggelassen werden.
- Neben der einfachen `if`-Anweisung kann `if` noch in folgenden Formen vorkommen:

```
if(expression) {
 statements;
} else {
 statements;
}

if(expression) {
 statements;
} elsif(expression2) {
  ... # Beliebig viele elsif
} else {
 statements;
}
```

- `unless(expression) { statements; }` führt den Codeblock dann aus, wenn `expression` `false` ist, ist also equivalent zu `if(not expression) { ....`

3.4.2 Schleifen

- Die `while(expression)`-Schleife wird so lange ausgeführt, wie `expression` `wahr` ist.
- Zwar lassen sich theoretisch mit der `while`-Schleife alle möglichen Anwendungsfälle von Schleifen implementieren, jedoch wird dies zuweilen sehr umständlich. Perl bietet Ihnen eine Reihe von ande-

ren Schleifen, die Ihnen das Leben erleichtern: `foreach`, `for`, `until` und `do`.

- `last` erlaubt das frühzeitige Verlassen von Schleifen.
- `next` und `redo` bewirken, dass der Schleifenrumpf erneut ausgeführt wird.

Das Programm `distilleries.pl` erwartet nach der Eingabeaufforderung, dass Sie entweder den Namen einer Distillerie angeben oder „e" für Ende. Die `while`-Schleife wird so lange durchlaufen, bis Sie „e" eingegeben haben. Andernfalls sucht das Programm im `if`-Konstrukt nach dem eingebenen Namen und gibt die dazugehörigen Daten aus.

```
$ ./distillieries.pl
Welche Destillerie suchen Sie? (e für Ende): McAllan
Diese Destillerie ist mir nicht bekannt.

Welche Destillerie suchen Sie? (e für Ende): MacAllan
The Macallan Distillers Ltd., Easter Elchies,
Craigellachie, Scotland, AB38 9RX
URL: http://www.macallan.com

Welche Destillerie suchen Sie? (e für Ende): Highland Park
Highland Park, The Hosh, Crieff, Scotland
URL: http://www.highlandpark.co.uk

Welche Destillerie suchen Sie? (e für Ende): e
```

3.5 Listen und Arrays

```
--- <bottlers.pl> ---------------------------------------
#!/usr/bin/perl -w

@bottlers = ("Signatory","Gordon & MacPhail",
              "The bottlers");
print "Abfüller:\n";
foreach $bottler (@bottlers) {
  print "- $bottler\n";
}
print "\nUnd nun das Ganze alphabetisch sortiert:\n";
@sorted = sort @bottlers;
$number_of_elements = @sorted;
```

```
for($i=0;$i < $number_of_elements;$i++) {
  print "- " . $sorted[$i] ."\n";
}
--- </bottlers.pl> ---------------------------------------
```

Diese kleine Beispiel zeigt die Verwendung und Iteration über Listen und Arrays. Es gibt eine Liste von Abfüllern sowohl unsortiert als auch alphabetisch sortiert aus:

```
$ ./bottlers.pl
Abfüller
- Signatory
- Gordon & MacPhail
- The bottlers
Und nun das Ganze alphabetisch sortiert:
- Gordon & MacPhail
- Signatory
- The bottlers
```


Eine Liste ist ein Datentyp, der aus mehreren Skalaren besteht. In diesem Fall besteht die Liste aus drei Strings: `("Signatory","Gordon & MacPhail","The bottlers")`. Diese Notation wird als Listenliteral bezeichnet und besteht aus öffnenden und schließenden runden Klammern, zwischen denen, durch Kommata getrennt, Skalare stehen. Dabei müssen die Skalare nicht vom gleichen Typ sein. Es ist durchaus erlaubt, Strings, Zahlen und Referenzen zu mischen.

- Perl unterscheidet Listen und Arrays. Als Array wird eine Variable bezeichnet, die eine Liste speichert. Eine Arrayvariable ist an dem führenden @-Zeichen zu erkennen. Durch die Anweisung `@bottlers=("Signatory","Gordon & MacPhail","The bottlers");` wird also der Arrayvariablen `@bottlers` eine dreielementige Liste zugewiesen.
- Eine sehr elegante Art Listen oder Arrays zu traversieren besteht in der Verwendung der `foreach $element (@list)`-Schleife. Dabei wird die Schleife so häufig durchlaufen, wie die Liste `@list` Elemente hat. Jedes dieser Elemente wird an eine Art Laufvariable, in diesem Fall `$element` übergeben, die im Schleifenrumpf zu Ausgaben oder Berechnungen verwendet werden kann.
- Kennen Sie Bubblesort, Quicksort oder andere Sortierverfahren? Sie standen schon einmal vor der Aufgabe, eine Sortierroutine im-

plementieren zu müssen, damit Ihre Arrays von Strings oder Zahlen sortiert ausgegeben werden konnten?

Perl erspart Ihnen diesen mühevollen Weg: Die Funktion `sort` sortiert bereitwillig alle Listen und Arrays, derer sie habhaft werden kann. Im konkreten Beispiel wurde das Array `@bottlers` intern sortiert und das Ergebnis an das Array `@sorted` übergeben. `@bottlers` bleibt dabei unsortiert.

```
$number_of_elements = @sorted;
```

Weist man einem Skalar ein Array zu, so wird an den Skalar die Anzahl der Elemente in dem Array übergeben.

```
for($i=0;$i < $number_of_elements;$i++){
```

Eine andere Möglichkeit ein Array zu traversieren bietet die `for`-Schleife. Der Zugriff auf einzelne Elemente in Arrays und Listen kann, genauso wie in C, auch über so genannte Indizes passieren. Dabei spezifiziert man, auf das wievielte Element der Liste man zugreifen will. Um ein bisschen Verwirrung zu stiften, hat jedoch das erste Element der Liste nicht etwa den Index 1, sondern 0.

Die `for`-Schleife weist der Laufvariablen `$i` zunächst den Wert 0 zu. Die Schleife wird so lange durchlaufen, wie `$i < $number_of_elements;` gilt. Nach jedem Schleifendurchlauf wird `$i` inkrementiert, das heißt um 1 erhöht.

```
print "- " . $sorted[$i] . "\n";
```

Das `$i`-te Element des Arrays `@sorted` wird ausgegeben. Sicher werden Sie sich fragen, warum der Zugriff nicht `@sorted[$i]` lautet, wo doch Arrays mit dem @-Zeichen bezeichnet werden. Dies ist ein beliebter Fallstrick. Beachten Sie, dass Sie hier nicht auf ein Array als Ganzes zugreifen, sondern nur auf ein Element des Arrays. Ein Element eines Arrays ist immer ein Skalar, weshalb hier auch das `$`-Zeichen in Verbindung mit dem dem Variablennamen nachgestellten `[$i]` verwendet werden muss.

3.6 Hashes

```
--- <bottlers2.pl> -----------------------------------
#!/usr/bin/perl -w

%founded = ("Gordon & MacPhail" => 1895,
            "Signatory"         => 1988,
            "Cadenhead"         => 1842);

print "Signatory besteht seit ".
      $founded{"Signatory"}.".\n";
print "\nAlle Einträge des Hashes \%founded:\n";
while(($dist,$when) = each %founded) {
  print "$dist: $when\n";
}
--- </bottlers2.pl> ----------------------------------
```

```
Gibt folgenden Output:
$ ./bottlers2.pl
Signatory besteht seit 1988.

Alle Einträge des Hashes %founded:
Cadenhead: 1842
Gordon & MacPhail: 1895
Signatory: 1988
```

Hashes, auch assoziative Arrays genannt, sind wohl eine der mächtigsten Datenstrukturen, die Perl zu bieten hat. Sie bestehen aus Schlüssel/Werte-Paaren, die intern in einem so genannten Hash abgelegt werden. Dies erlaubt den schnellen Zugriff auf bestimmte Schlüssel/Werte-Paare.

- Ein Hash ist durch das `%`-Zeichen vor dem Variablennamen gekennzeichnet.
- An eine Hashvariable können Schlüssel/Werte-Paare mithilfe von Hashliteralen übergeben werden. Diese können in der Form `($schluessel1 => $wert1,$schluessel2 => $wert2)` notiert werden. Schlüssel und Wert bilden also immer eine Einheit.
- Möchte man den Wert zu einem Schlüssel haben, so erfolgt der Zugriff über die Syntax `$hash{"Schluessel"}`.

- `$founded{"Signatory"}` sucht im Hash `%founded` nach dem Schlüssel `"Signatory"`. Ist die Position gefunden, wird der zugehörige Wert zurückgeliefert.
- `($dist,$when) = each %founded`

  Die Funktion `each` liefert eine zweielementige Liste zurück: einen Schlüssel und einen dazugehörigen Wert. Auf der linken Seite der Zuweisung steht eine Liste, deren Elemente Skalarvariablen sind. Da `each` eine zweielementige Liste zurückliefert, wird `$dist` der erste Wert der Liste und `$when` der zweite Wert der Liste zugewiesen.
- Wiederholter Aufruf der `each`-Funktion liefert letztendlich alle Schlüssel/Werte-Paare des Hashes. Sind alle Elemente des Hashes durchlaufen, liefert `each` den Wert `undef` (nicht definiert -> falsch oder false), so dass die `while`-Schleife abbricht.

Hashes sind unsortiert. Sie werden bemerkt haben, dass die Elemente nicht in der Reihenfolge ausgegeben werden, in der sie in den Hash eingefügt wurden. Hashes sind unsortiert, das heißt, die Elemente kommen beim Traversieren eines Hashes normalerweise nicht in der Reihenfolge heraus, wie sie hineingesteckt wurden.

3.7 IO

```
--- <sammlung2.pl> ------------------------------------
#!/usr/bin/perl -w

open(IN, "bottles.data")  or
  die "Cannot open bottles.data for input: $!";
open(OUT,">bottles.nice") or
  die "Cannot open bottles.nice for output: $!";
while($line = <IN>) {
  chomp($line);
  ($name,$dist,$number) = split(/,/,$line);
  printf OUT "%-23s: Destilliert: %4d, Anzahl: %3d\n",
             $name,$dist,$number;
}
close(IN);
close(OUT);
--- </sammlung2.pl> -----------------------------------
```

Das Programm sammlung2.pl liest die Datei bottles.data ein und schreibt die etwas aufpolierten Rohdaten in eine Datei namens bottles.nice.

```
$ cat bottles.data
MacAllan 1861 replica,1975,3
Scapa,1966,1
Lagavulin,1984,12
$ ./sammlung2.pl
$ cat bottles.nice
MacAllan 1861 replica  : Destilliert: 1975, Anzahl:   3
Scapa                  : Destilliert: 1966, Anzahl:   1
Lagavulin              : Destilliert: 1984, Anzahl:  12
```

Perl bietet sehr einfache Möglichkeiten aus Dateien zu lesen oder in sie zu schreiben. Das Lesen und Schreiben erfolgt über so genannte Filedeskriptoren.

- Die Funktion open benötigt üblicherweise zwei Parameter: den Filedeskriptor, den Sie später zum Lesen oder zum Schreiben verwenden wollen, und die Datei, die bearbeitet werden soll. Filedeskriptoren sollten grundsätzlich in Großbuchstaben notiert werden.

  open(IN,"file") versucht die Datei namens file zum Lesen zu öffnen. Konnte Ihr Programm die Datei öffnen, können Sie später über den Filedeskriptor IN darauf zugreifen.

  Nun kann es passieren, dass Sie nicht auf file zugreifen können, weil die Datei z. B. in einem vor Ihnen geschützten Verzeichnis liegt oder gar nicht existent ist. Leseversuche würden dann zu unerwarteten Programmfehlern führen. open liefert zurück, ob das Öffnen der Datei erfolgreich war oder nicht. Diese Information können Sie mit der nachgefügten Anweisung or die "Konnte nicht öffnen. Grund: $!" auswerten. Führte das open zu einem Fehler, wird das Programm unter Ausgabe der Fehlermeldung mit Hilfe der Funktion die abnormal beendet.

- Die Spezifikation des Dateinamens bei open legt fest, ob Sie die Datei zum Lesen, Schreiben oder Anhängen öffnen wollen. Wird der Dateiname ohne vorangestellte Zeichen angegeben, lesen Sie aus der Datei. Ein vorangestelltes >-Zeichen erzeugt die Datei neu und

Sie können in sie schreiben; >> erlaubt das Anhängen von Daten an bereits bestehende Dateien.

- `while($line = <IN>) {`

  Wird einem Skalar ein in Größer- und Kleinerzeichen eingeschlossener Filedeskriptor zugewiesen, so wird eine Zeile aus der Datenquelle gelesen. Wurde bereits vorher die letzte Zeile gelesen, so wird `undef` zurückgeliefert und die `while`-Schleife bricht ab.

- Die `split`-Anweisung in Zeile 9 untersucht die ihr übergebene Zeile auf Kommata und liefert eine Liste zurück, die aus den Teilen besteht, die zwischen den Kommata stehen.
- Wird `print` oder `printf` als erster Parameter ein Filedeskriptor übergeben, so versuchen die Funktionen in die Datei, die mit dem Filedeskriptor verknüpft ist, zu schreiben. `printf` verhält sich sehr ähnlich der `printf`-Funktion aus C.
- Zwar schließt Perl mit Beendigung des Programmes alle noch offenen Filedeskriptoren selbstständig, aber Sie sollten sich angewöhnen, dies im Programm selbst zu tun. `close(FILEDESC);` schließt `FILEDESC`.

3.8 Reguläre Ausdrücke

```
--- <sammlung3.pl> ---------------------------------------
#!/usr/bin/perl -w

while($line = <DATA>) {
  if($line =~ /^Glen Mhor,\d+,(\d+),(\d+\.\d+)$/) {
    $bottles += $1;
    $price   += $1*$2;
  }
}
print "Sie besitzen insgesamt $bottles Flaschen ".
      "Glen Mhor.\n";
print "Die Flaschen sind heute EUR $price wert.\n";
__DATA__
MacAllan 1861 replica,1975,3,167.67
Glen Mhor,1977,4,131.83
Glen Mhor,1973,1,211.30
```

```
Scapa,1966,1,152.00
Glen Mhor,1978,1,175.04
Lagavulin 16,1984,12,30.47
--- </sammlung3.pl> -----------------------------------
```

Textverarbeitung ist seit jeher eine Domäne von Perl. Texte können sowohl auf bestimmte Muster untersucht als auch bestimmte Teile des Textes verändert werden. Dieses Beispiel extrahiert aus den Daten, die nach dem Schlüsselwort `__DATA__` an den Programmcode angefügt wurden, alle Zeilen, die mit "`Glen Mhor`" beginnen. Aus der dritten und der vierten Spalte werden Flaschenzahl sowie Preis ermittelt. Letztendlich wird der Wert all der Glen Mhors ausgegeben:

```
$ ./sammlung3.pl
Sie besitzen insgesamt 6 Flaschen Glen Mhor.
Die Flaschen sind heute EUR 913.66 wert.
```

- Ob ein String einem bestimmten Muster entspricht, kann mit dem Musterbindungsoperator `=~` ermittelt werden. Üblicherweise findet er folgendermaßen Verwendung: `if($var =~ /MUSTER/) { ...`

  Das Muster ist ein regulärer Ausdruck, welcher sehr kompliziert werden kann. Friedl stellte in [FRIE98] einen regulären Ausdruck vor, der überprüfen soll, ob ein String eine syntaktisch gültige Emailadresse darstellt. Dieser reguläre Ausdruck hat 6598 Zeichen.

  Glücklicherweise sind derartige Monster nicht an der Tagesordnung, vermutlich werden Sie nie solche Riesen benötigen. In aller Regel lassen sich komplexe Probleme in kleinere zerlegen, für die es leicht fällt, reguläre Ausdrücke zu notieren.

  In unserem speziellen Fall wird getestet, ob die aktuelle Zeile mit „Glen Mhor“ beginnt und dieser, durch Kommata getrennt, drei Zahlen folgen, von denen die letzte einen Punkt enthält.

- Neben dem reinen Vergleich extrahiert unser Beispiel zudem die zweite und dritte Zahl, die Flaschenzahl und den Einzelpreis. Über Paare von runden Klammern befüllt Perl die Variablen `$1`, `$2` usw. Den Variablen `$1` und `$2` werden gefundene Zeichenketten, die den in den runden Klammern angegebenen Teilmustern entsprechen, übergeben. Zu kompliziert? Das macht nichts. Das Kapitel *Reguläre Ausdrücke* führt Sie behutsam an die vielen Möglichkeiten der Hieroglyphen von Perl heran.

3.9 Referenzen und komplexe Datenstrukturen

```
--- <sammlung4.pl> -----------------------------------------
#!/usr/bin/perl -w

@bottles = (
            ['MacAllan',  '1975','167.67'],
            ['Glen Mouse','1990','26.00'],
            ['Scapa',     '1966','152.00'],
            ['Glen Mhor', '1978','131.88'],
           );

foreach $ref (@bottles) {
  print "Name        : ${$ref}[0]\n";
  print "Distilled   : ${$ref}[1]\n";
  print "Price       : ${$ref}[2]\n";
  print "\n";
}
--- </sammlung4.pl> ----------------------------------------
```

C-Programmierer unter Ihnen werden sich schon gefragt haben, ob es denn auch Pointer in Perl gibt. Pointer, mit denen man all die schönen Dinge wie komplexe Datenstrukturen oder Funktionsdispatcher basteln kann. In Perl heißen diese Pointer Referenzen und sie haben ein bisschen mehr Funktionalität als simple Pointer. Was *Referenzen* genau können, erfahren Sie im gleichnamigen Kapitel.

```
$ ./sammlung4.pl
Name        : MacAllan
Distilled   : 1975
Price       : 167.67

Name        : Glen Mouse
Distilled   : 1990
Price       : 26.00

Name        : Scapa
Distilled   : 1966
Price       : 152.00

Name        : Glen Mhor
Distilled   : 1978
Price       : 131.88
```

In diesem Beispiel werden Referenzen dazu verwendet, komplexe Datenstrukturen aufzubauen.

- In älteren Perlversionen war es relativ schwierig, zum Beispiel Arrays von Arrays aufzubauen, da Perl ein so genanntes Listflattening betreibt. Ein Array `(1,2,("Hund","Katze","Maus"))` wird von Perl nicht als ein Array von drei Elementen angesehen, bei dem das dritte Element wieder eine Liste von drei Elementen ist. Es erfolgt eine Interpolation, die aus dem ursprünglichen Konstrukt eine Liste aus fünf Elementen erstellt: `(1,2,"Hund","Katze","Maus")`. Der Grund ist, dass eine Liste per Definition immer nur Skalare als Elemente besitzen darf.
- Glücklicherweise sind Referenzen Skalare. Mit ihnen lassen sich wunderbar anonyme Datenstrukturen aufbauen, die ineinander geschachelt und vermischt werden können. Bezeichnete `('a','b','c')` eine Liste von drei Elementen, so ist `['a','b','c']` eine Referenz (Skalar!) auf eine Liste mit drei Elementen. Das obige Beispiel lässt sich also so notieren:
`(1,2,["Hund","Katze","Maus"])`.
- Unser Programm definiert ein Array `@bottles` mit drei Elementen: drei Referenzen auf Arrays.
- Die `foreach`-Schleife wird also genau dreimal durchlaufen. Der Laufvariable `$ref` wird eine Referenz auf ein anonymes Array zugewiesen.

  Die Dereferenzierung ist eigentlich ganz einfach, auch wenn die vielen kleinen voran- und nachgestellten Zeichen zuweilen ordentlich für Verwirrung sorgen. Anstelle des Arraynamens wird in geschweiften Klammern die Referenz angegeben. Greift man auf das zweite Element eines normalen Arrays `@a` mittels `$a[1]` zu, so lautet der Zugriff auf das zweite Element eines anonymen Arrays mittels einer Referenz `$ref`: `${$ref}[1]`.

3.10 Subroutinen

```
--- <sammlung5.pl> -----------------------------------
#!/usr/bin/perl -w

while($line = <DATA>) {
  chomp($line);
  ($bottle,$number,$price) = split(/,/,$line);
  print "$bottle: EUR: ",
        totalprice($number,$price),"\n";
}

sub totalprice {
  my($nu,$pr) = @_;
  return $nu * $pr;
}
__DATA__
MacAllan 1861 replica,3,167.67
Glen Mhor,4,131.83
Scapa,1,152.01
Lagavulin 16,12,30.47
--- </sammlung5.pl> ----------------------------------
```

Häufig müssen Sie gleich bleibenden Code auf unterschiedlichen Daten ausführen. Je nach Komplexität des Codes können Sie diese Codeabschnitte entweder wieder und wieder im Sourcecode notieren oder sie einmal hinschreiben und von verschiedenen Stellen aus benutzen. Solche wiederverwendbaren Codeabschnitte werden als Subroutinen bezeichnet. Andere Programmiersprachen verwenden hierfür auch die Begriffe Prozedur oder Funktion.

Das Beispiel liest aus dem Bereich nach `__DATA__` alle Datensätze und extrahiert Namen, Anzahl und Einzelpreis. Zur Berechnung des Gesamtpreises einer Flaschensorte wird die Subroutine `totalprice` aufgerufen, die zwei Argumente nimmt (Anzahl und Einzelpreis) und das Produkt beider Zahlen zurückliefert.

```
$ ./sammlung5.pl
MacAllan 1861 replica: EUR: 503.01
Glen Mhor: EUR: 527.32
Scapa: EUR: 152.01
Lagavulin 16: EUR: 365.64
```

Grundlegende Eigenschaften von Subroutinen:

- Subroutinen kann eine beliebige Anzahl von Parametern übergeben werden. Auf die übergebenen Parameter kann in der Subroutine über ein spezielles Array mit dem Namen `@_` zugegriffen werden. Werden beispielsweise zwei Skalare übergeben, so findet sich der erste Skalar an Index 0 des Arrays `@_`, also in `$_[0]`. Der zweite Parameter kann über `$_[1]` referenziert werden.
- `my($nu,$pr) = @_;`

  Das Schlüsselwort `my` beschränkt den Gültigkeitsbereich der in Klammern stehenden Variablen `$nu` und `$pr`. Beide Variablen sind nur im aktuellen Codeblock, also innerhalb der Subroutine, sichtbar. Außerhalb der Subroutine kann auf `$nu` und `$pr` nicht zugegriffen werden.
- Das Schlüsselwort `return` bewirkt den Rücksprung aus der Subroutine. Subroutinen können eine beliebige Anzahl von Rückgabewerten zurückliefern. Im konkreten Fall wird jedoch nur ein Wert, nämlich das Produkt, zurückgeliefert.
- Subroutinen können an beliebiger Stelle im Code stehen und bedürfen keiner Forwarddeklaration.

3.11 Module, CGIs und Datenbanken

Bei Perl ist eine Vielzahl von Modulen mit im Lieferumfang enthalten. Module erleichtern häufig sehr erheblich die Arbeit, da man nicht viele, viele Codezeilen selbst schreiben muss um eine bestimmte Funktionalität zu erreichen. Für fast alle Lebenslagen gibt es auf dem CPAN Module, die in der Regel einfach zu installieren und vor allem auch einfach zu benutzen sind.

Das nachfolgende Beispiel implementiert ein CGI-Skript und setzt voraus, dass auf Ihrer Maschine eine MySQL-Datenbank installiert ist, auf der eine befüllte Tabelle mit dem Namen `whisky` vorhanden ist.

```
--- <db.pl> ----------------------------------------
#!/usr/bin/perl -w

use DBI;
```

```
use CGI qw/:standard/;
use CGI::Carp qw(fatalsToBrowser);

use strict;

our($dbh,$sth,@all_rows);

# Datenbankabfrage
$dbh = DBI->connect("dbi:mysql:whisky",
                    'username', 'passwd',
                   { RaiseError => 1,
                     AutoCommit => 0 });
$sth = $dbh->prepare("SELECT * FROM bottles");
$sth->execute();

while ( my @row = $sth->fetchrow_array ) {
  $row[4] = sprintf "%7.2f",$row[4];
  push @all_rows,\@row;
}
$dbh->disconnect;

# CGI Ausgabe
print header(),
      start_html(-title   => 'Meine Whiskyliste',
                 -bgcolor => 'white'),
      h1('Whiskyliste'),
      table({-border=>1},
            Tr({-align=>'CENTER',-valign=>'TOP'},
               [
                th(['Nummer', 'Beschreibung',
                    'Gebrannt', 'Abgefüllt','Preis']),
                map td($_), @all_rows
               ])
            ),
      end_html();
--- </db.pl> --------------------------------------------
```

Das Programm benötigt zusätzlich einen konfigurierten Webserver, auf dem es ablaufen kann. Welcher Typ von Webserver das konkret ist, ist eigentlich egal. Er sollte nur in der Lage sein, CGI-Skripte ablaufen zu lassen.

Ist das Programm korrekt installiert[6], kann mit einem Webbrowser darauf zugegriffen werden:

Nummer	Beschreibung	Gebrannt	Abgefüllt	Preis
1	MacAllan 1861 Replica	1975	2000	175.00
2	Brora - Rare Malt Selection	1977	1998	117.00
3	Balblair - Single Cask Bottling	1965	2000	122.54
4	Talisker - Cask Strength	1975	2000	151.50
5	Port Ellen - Annual Release	1979	2001	194.00
6	Lagavulin - Double Matured	1981	2000	64.90
7	Port Ellen - Rare Malt Selection	1978	1998	170.00
8	Scapa	1966	1990	149.00
9	MacAllan - Hart Bros.	1972	1998	115.00

Bild 3.1: Datenbankzugriff und CGI-Modul

In der Beispielanwendung haben wir drei verschiedene Module benutzt. Die Benutzung von Modulen setzt voraus, dass sie auch auf unserer Perl-Installation verfügbar sind. Ist ein Modul nicht verfügbar, muss es aus dem Internet geholt und installiert werden. Wie das geht, sehen Sie im Kapitel *Module*.

Das Benutzen von Modulen bedeutet, dass wir die Module zunächst einmal in unser Perlprogramm einbinden müssen. Üblicherweise funktioniert dies mit dem Befehl `use Modulname;`. Ist ein Modul nicht vorhanden, bekommen Sie während der Kompilierzeit eine Fehlermeldung und das Programm startet erst gar nicht.

Konnte das Modul erfolgreich integriert werden, so können Sie dessen Funktionalitäten nutzen. Generell teilen sich Module in solche

6. Eine Anleitung, wie zum Beispiel ein Apache-Webserver installiert werden kann und was zu tun ist, damit CGI-Skripte laufen, finden Sie in den Kapiteln *Der Apache-Webserver* und *CGI*.

auf, die ausschließlich eine funktionsorientierte Schnittstelle bieten, in andere, die rein objektorientiert benutzbar sind, und in eine dritte Gruppe von Hybriden, die beides anbieten. Das Modul `CGI.pm` ist ein solcher Hybrid und es bleibt Ihrem Gusto überlassen, ob Sie lieber traditionell oder objektorientiert programmieren.

Ein kurzer Überblick über die verwendeten Module:

- `DBI`: Dieses Modul bezeichnet sich selbst als die datenbankunabhängige Schnittstelle für Perl. In der Tat bietet das Modul eine von der darunter liegenden Datenbank weitgehend unabhängige Schnittstelle, deren Programmierung für verschiedene Datenbanken sehr ähnlich verläuft.

  Der erste Schritt ist das Verbinden mit der Datenbank. Dies geschieht in Zeile 12 unter Angabe verschiedener Parameter. Dem Modul `DBI` wird mitgeteilt, dass es sich um eine Datenbank vom Typ MySQL handelt, die den Namen `whisky` trägt. Zusätzlich werden der für den Zugriff benötigte Datenbankusername und dessen Passwort an den Datenbankconnect übergeben.

  Damit verbindet sich das Modul `DBI` mit der Datenbank und liefert einen Datenbankhandle zurück, der es uns erlaubt, später auf der Datenbank Operationen auszuführen. Schlägt der Connect fehl, sorgt der Parameter `RaiseError` dafür, dass das Programm mit einer Fehlermeldung beendet wird.

  Die Zeilen 16 und 17 setzen ein SQL-Statement an die Datenbank ab. Dessen Ergebnis wird in den Zeilen 19-22 satzweise eingelesen und in ein temporäres Array geschrieben (`@all_rows` ist übrigens ein Array of Arrays).

  Nachdem alle Datenbankzeilen gelesen wurden, wird in Zeile 23 die Verbindung zur Datenbank beendet.

- `CGI`: Das CGI-Modul hat ein so breites Spektrum an Einsatzmöglichkeiten, so dass es hier sicher zu viel wäre, alle aufzuzählen. Grundsätzlich gibt es aber zwei Gebiete, in denen es hauptsächlich eingesetzt wird: die Generierung von HTML-Seiten und das Parsen von Formulardaten aus HTML-Formularen. Beides werden Sie im Kapitel *CGI* ausführlich lesen.

Der Einsatz im Beispielprogramm hier beschränkt sich auf die Generierung der HTML-Ausgabe für den Browser.

Die CGI-Spezifikation legt Folgendes fest: Wenn ein CGI-Skript Daten an den Webbrowser liefern soll, hat dies über die Standardausgabe zu geschehen. Deshalb beginnt die CGI-Ausgabe auch mit einem simplen `print`, welches an `STDOUT` schreibt.

`print` werden eine Reihe von Funktionen aus dem Modul `CGI` übergeben. Deren Aufgabe ist es, wohlformatierten HTML-Code zurückzuliefern.

Da sich Browser und Webserver über das HTTP-Protokoll unterhalten, müssen sich beide an die Spielregeln halten, die dieses Protokoll vorschreibt. Unter anderem fordert es vom Webserver, dass er verschiedene Metainformationen zu dem zu überliefernden Dokument mitschickt. Diese Metainformationen werden zum Teil vom Webserver generiert, zum Teil aber auch vom CGI-Skript gefordert. Die in Zeile 26 aufgerufene Funktion `header()` erledigt dies für uns.

`start_html()` (Zeile 27) stellt zusammen mit `end_html()` (Zeile 38) das Gerippe einer HTML-Seite dar. Sie liefern Tags wie `<HTML><HEAD>` ... bis zu `</BODY></HTML>`, die den Abschluss einer HTML-Seite definieren.

Viele Funktionen im `CGI`-Modul heißen genauso wie die entsprechenden HTML-Tags. Die Zeilen 29-37 füllen das Gerippe mit Leben, indem eine Überschrift und eine Tabelle mit den Daten aus `@all_rows` ausgegeben wird.

- `CGI::Carp`: Wird es in der Form benutzt, wie das Programm es tut, liefert es wertvolle Dienste im Hinblick auf das Debugging. Alle Fehler des CGI-Skriptes werden nicht nach `STDERR`, sondern an den Browser gesandt, so dass man nicht immer in irgendwelchen versteckten Webserver-Logdateien nach Fehlermeldungen suchen muss.

Teil II

Nitty Gritty

Take that!

4 Einfache Datenstrukturen

Mit einem Perlprogramm wollen Sie wie bei anderen Programmiersprachen auch normalerweise bestimmte Datenobjekte manipulieren. Dazu verwenden Sie als Grundbausteine Variablen, die Sie mit Operatoren zu Ausdrücken verknüpfen, die ein berechnetes Ergebnis zurückliefern. Die Variablen können Sie mit Werten von einem bestimmten Typ befüllen. Bei Perl gibt es einfache skalare Datenstrukturen, nämlich Strings, Zahlen, Referenzen und Dateihandles. Diese enthalten nur einen einzelnen Wert. Einfache vektorielle bzw. plurale Werte werden als geordnete und ungeordnete Listen, das heißt in Arrays und Hashes von Skalaren, gespeichert. Außerdem gibt es noch komplexe Datenstrukturen, die aus beliebigen Kombinationen der Grundtypen zusammengesetzt sein können, also zum Beispiel Arrays von Arrays. Daneben kann man im Rahmen der objektorientierten Programmierung auch andere, individuelle Datenstrukturen schaffen.

In diesem Kapitel erwerben Sie das Grundwissen in Bezug auf Operationen mit den Grundtypen von Variablen und Konstanten. Sie lernen Strings, Zahlen, Listen und Arrays, Hashes und spezielle reservierte Variablen und ihre jeweiligen Operatoren genauer kennen. Referenzen werden im Kapitel 9, Dateihandles im Kapitel 7 behandelt. Auch mit komplexen Datenstrukturen werden Sie sich erst später im entsprechenden Kapitel auseinander setzen.

4.1 Gebrauch von Variablen, Konstanten und Ausdrücken

4.1.1 Grundbegriffe

Ein Perlprogramm besteht aus einer Folge von Anweisungen an den Computer, bestimmte Operationen auszuführen. Die Objekte, mit denen man Operationen durchführen kann, nennt man Operanden. Die wichtigsten Operanden sind Variablen, Konstanten und Ausdrücke.

- In Variablen werden Eingabedaten gespeichert, damit das Programm sie verarbeiten kann.

- Konstanten haben die gleichen Eigenschaften wie Variablen, außer dass sie einen festen, durch das Programm unveränderbaren Wert haben.
- Ausdrücke sind Anweisungen, deren Ausführung einen Wert zurückliefert. Sie entstehen, indem man Operanden mit Operatoren verknüpft. Ein Operator ist ein Funktionszeichen für eine Operation, zum Beispiel das +-Zeichen für die Addition: `1 + 2; $1 + 1; $1 + $2.`

4.1.2 Basiswissen über Variablen

Eine Variable ist ein logischer Speicherplatz für einen Wert, auf den man mit dem Variablennamen oder über eine Referenz zugreifen kann. Jede Variable hat einen bestimmten Variablentyp, das heißt sie kann nur Werte eines bestimmten Typs aufnehmen. Man nennt dies auch den Datentyp oder Wertetyp.

Man kann sich eine Variable als Behälter vorstellen, in den man Dinge steckt. Beispielsweise gibt es für die Golfschläger ein Golfbag. Da passt auch mit viel Mühe kein Fußball hinein. Genauso gibt es bei Variablen in Bezug darauf Einschränkungen, welche Arten von Werten sie beinhalten können. Und so wie man mit dem Inhalt des Bags, nämlich dem Golfschläger, bestimmte Aktionen ausführen kann — er eignet sich nun mal nicht zum Fussball spielen — bestimmt der Datentyp, mit welchen Operatoren man eine Variable verknüpfen kann.

4.1.3 Literale

Während Variablen also einen Wert repräsentieren, nennt man Tokens, die einen konkreten aktuellen Wert darstellen, Literale, zum Beispiel Zahlen oder Stringwerte. Bei `$variable = 3;` ist die `3` ein Zahlenliteral.

4.1.4 Variablen und Datentypen bei Perl

Bei Perl ist die Unterscheidung zwischen skalaren und vektoriellen Werten am wichtigsten. Skalare Werte sind einzelne – singuläre – Werte wie zum Beispiel Zahlen. Vektorielle Werte sind eine Ansammlung von mehreren Werten. Man spricht auch von pluralen Werten. Dies sind geordnete oder ungeordnete Listen. Entsprechend sind die bei Perl integrierten Variablentypen Skalare, Arrays von Skalaren und

Hashes von Skalaren. Hashes nennt man auch assoziative Arrays, weil Hashes aus Skalarwerten bestehen, die mit Stringschlüsseln verknüpft — assoziiert — sind. Es gibt keine gesonderten Variablentypen für Skalarvariablen wie in anderen Programmiersprachen wie zum Beispiel Integer oder Float in C(++). Dennoch gibt es verschiedene Arten von Skalarwerten: Eine Skalarvariable kann ein String, eine Zahl, Referenz oder ein Dateihandle sein. Der konkrete skalare Wertetyp muss aber nicht extra vorher deklariert werden, sondern ergibt sich direkt aus dem aktuell zugewiesenen Wert oder aus dem Kontext, in dem die Variable verwendet wird.

Ist eine Variable beim ersten Gebrauch noch uninitialisiert, ist ihr Wert undefiniert (`undef`). Wird die Variable in einem Term verwendet, ohne dass ihr zuvor ein gültiger Wert zugewiesen wurde, wird sie so behandelt, als ob sie einen möglichst neutralen Defaultwert im jeweiligen Kontext hätte. Bei einem Skalar entspräche das der Zahl `0`, im Stringkontext dem leeren String `''` und bei Arrays und Hashes der leeren Liste `()`. Darum funktioniert das folgende Programm, jedoch wird eine Warnung ausgegeben:

```
#!/usr/bin/perl -w

$c = $d + 5;
# $d ist uninitialisiert.
# Der "+"-Operator behandelt $d, als ob ihr Wert 0 wäre.
# Wegen der Option -w wird eine Warnung ausgegeben:
# Use of uninitialized value [...]

print "$c\n";
# $c hat den Wert 5.

if (defined($d)) {
  # Wäre $d mit 0 initialisiert
  # worden, würde hier 0 ausgegeben.
  print "$d\n";
} else {
  print "$d ist undef!\n";
}
```

Ob eine Variable definiert ist oder nicht, können Sie mit der Funktion `undef` ermitteln.

Dass bei Perl die Variablen nicht deklariert werden müssen, erleichtert es ungemein, zum Beispiel schnell ein kleines Skript zu schreiben. Kaum wird das Programm aber etwas größer, kann ein zu sorgloser Umgang mit den Variablen zu großen Problemen führen, wie im Kapitel *Fehlersuche* gezeigt wird. Darum sollte man sich am besten selbst disziplinieren und wie dort empfohlen durch die Verwendung des Compiler-Hinweises (das heißt Pragmas) `use strict;` eine Variablendeklaration erzwingen.

4.1.5 Variablennamen

Variablennamen bestehen bei Perl aus einem Variablensymbol gefolgt von einem String, der gewisse Kriterien erfüllt. Diesen Stringteil nennt man Bezeichner (*Identifier*). Im Zusammenhang mit Packages und Namensräumen können auch Ketten von Bezeichnern nach dem Variablensymbol stehen, beispielsweise `$package::var_in_package`.

- Die Variablensymbole sind *funny characters*, die sofort auffallen, nämlich "`$`" für Skalare, "`@`" für Arrays, "`%`" für Hashes, "`&`" für Subroutinen und "`*`" für Typeglobs.[1]
- Ein gültiger Bezeichner beginnt mit einem Buchstaben oder einem Unterstrich, wonach Buchstaben, Unterstriche und Ziffern stehen können. Die Namen der bei Perl vordefinierten speziellen Variablen entsprechen diesen Kriterien nicht immer, gerade damit es keine Namenskollision mit selbst definierten Variablen geben kann. Für die Namensgebung gibt es Empfehlungen, die man aus Gründen der besseren Lesbarkeit und Verständlichkeit berücksichtigen sollte. Sie finden diese in der Referenz im Kapitel *Styleguide*.

HINWEIS *Perl unterscheidet Groß- und Kleinschreibung bei den Bezeichnern!*

Perl verarbeitet den Variablenwert immer entsprechend dem Variablensymbol. Die Variable `$bezeichner` zum Beispiel behandelt Perl immer als Skalarvariable. `$bezeichner` hat somit immer einen skalaren

1. Subroutinen und Typeglobs werden in gesonderten Kapiteln behandelt.

Wert. Durch das Variablensymbol sieht man also sofort, ob ein Variablenwert ein Skalar oder ein Listenwert ist.

Die folgende Tabelle gibt einen Überblick über die bei Perl vorkommenden Variablensymbole:

Symbol	Variablentyp	Bedeutung	Beispiel
$	Skalar	Ein einzelner Zahlenwert oder String	`$name = 'Bond';` `$number = 7;`
@	Array	Eine durch Zahlen indizierte Werteliste	`@bond_movies = ('Dr. No', 'From Russia With Love', ...);`
%	Hash	Eine durch Strings indizierte (ungeordnete) Werteliste	`%dr_no = (Bond => 'Sean Connery', Q => 'Desmond Lleweyn', ...);`
&	Subroutine	Eine Subroutine	`&subroutine`
*	Typeglob	Ein Typeglob	`*typeglob`

Tabelle 4.1: Variablensymbole

Die Symbole sind leicht verständlich und gut zu merken: Das $-Zeichen für Skalare enthält den Buchstaben „S“, das @-Zeichen für Arrays ein „a“, also die jeweiligen Anfangsbuchstaben. Das %-Zeichen sieht aus, wie etwas Zerschnittenes, also ein „hash“, ein Haschee bzw. Durcheinander.

Der Hobbylinguist Wall hat die Variablennamen wie bei einer natürlichen Sprache konzipiert. Dies trägt zur guten Lesbarkeit von Perlprogrammen und zum leichten Verständnis beim Umgang mit Variablen und Operatoren bei. Die Variablen werden durch die Variablensymbole hervorgehoben, wie Hauptwörter im Deutschen durch die Großschreibung. Allerdings haben sie nicht die Bedeutung von einfachen Vorsilben, sondern funktionieren wie bestimmte Artikel. Das "$"-Zeichen kann man sich immer wie einen bestimmten Singularartikel denken.

```
$name = 'Bond';
```

kann man also in Gedanken so lesen: *Der Name ist Bond.*[2] Das "@"-Zeichen ist wie diese bzw. als bestimmter Pluralartikel zu denken: `@bond_movies` sind immer *diese Bondfilme*, also eine Liste von mehreren Objekten. Folglich bezeichnet man einen bestimmten einzelnen Bondfilm in einem Array mit

```
$bond_movies[0] = 'Dr. No';
```

Als Eselsbrücke kann man es so lesen: Der erste[3] der Bondfilme ist 'Dr. No'. Genauso funktioniert es bei Hashes. Ein Variablennamen mit %-Zeichen bezieht sich immer auf mehrere Objekte. Will man auf den einzelnen Namen des Bond-Darstellers in 'Dr. No' referenzieren, muss man das mit

```
$dr_no{Bond} = 'Sean Connery';
```

tun. Die Klammern bei Arrays und Hashes kann man in Gedanken entweder mit Genitiv oder mit einem *von* lesen, also zum Beispiel: *Der Bond von „Dr. No" ist Sean Connery* bzw. *„Dr. No's" Bond ist Sean Connery.*

Dieses linguistische Konzept ist gleichzeitig eine Hilfe für Programmierer, die einen anderen Umgang mit Array-Variablen-Bezeichnungen gewöhnt sind, insbesondere C-Programmierer.

4.1.6 Mögliche Kollisionen von Variablennamen

Wie gerade gesehen, ist genau genommen der Variablenname inklusive Variablensymbol der Bezeichner, der eine Variable eindeutig identifiziert. Für ein Perlprogramm sind darum `$name`, `@name` und `%name` drei gänzlich verschiedene Variablen, die nichts miteinander zu tun haben. Auch wenn man auf die skalaren Elemente von `@name` oder `%name` zugreift, besteht für Perl keine Verwechslungsgefahr, da dabei immer der Schlüssel angegeben werden muss:

2. Als traditioneller Informatiker natürlich so: Die Skalarvariable $name wird ersetzt durch den String 'Bond'.
3. Auch in Perl wird die erste Stelle eines Arrays mit 0, die zweite mit 1 usw. indiziert.

```
$name = 'Bond';
@name = ('Dr. No', 'From Russia With Love');
%name = (Bond => 'Sean Connery', Q => 'Desmond Lleweyn');

print $name;                      # Gibt Bond aus.
print $name[0];                   # Gibt Dr. No aus.
print $name{Bond};                # Gibt Sean Connery aus.
```

Allerdings kann man sich selbst sehr leicht vertun, wenn man verschiedenen Variablen den gleichen Bezeichnerstring gibt. Darum sollte man dies besser vermeiden.

Verwendet man in einem Perlprogramm eine Variable, ist sie fast im ganzen Programm gültig und sichtbar, das heißt sie ist quasi global. Man kann aber auch lokale Variablen definieren, die nur für bestimmte Programmteile gelten. Haben diese den gleichen Namen wie eine globale Variable, stellt sich die Frage, ob Operationen in Programmblöcken die lokale oder die globale Variable betreffen. Wie das genau funktioniert, lernen Sie im Kapitel *Sichtbarkeits- und Gültigkeitsbereich von Variablen*.

4.1.7 Konstanten

Konstanten haben dieselben Eigenschaften wie Variablen, nur dass sie feste Werte haben. Bei Perl kann man Konstanten mittels des Pragmas `use constant CONST => Wert;` selbst definieren. Konstanten sollten Sie immer einen Namen in Großbuchstaben geben, so, wie dies im Kapitel *Styleguide* empfohlen wird.

HINWEIS *Konstantennamen werden im Zusammenhang mit* `print` *nicht interpoliert!*

```
use constant ONE_THIRD => 0.33; # Knapp daneben
use constant ONE_THIRD2 => 1/3; # Besser

print ONE_THIRD2 . "\n";

print "ONE_THIRD2\n";
  # Wird nicht interpoliert! print gibt den String aus.
```

```
# ONE_THIRD = 1/3;
  # Würde diese Zeile einkommentiert, gäbe es
  # bereits zur Kompilierzeit einen Fehler.
```

4.2 Handhabung von Operatoren und Operanden

4.2.1 Grundwissen: Operatoren, Operanden, Terme und Funktionen

Ausdrücke sind Rechneranweisungen, die einen Wert zurückliefern. Sie bestehen aus Operatoren und Operanden. Operanden können insbesondere Variablen, Konstanten und wieder Ausdrücke sein.

Da bei Perlprogrammierern und auch in der mitgelieferten Perldokumentation häufig das Wort Term verwendet wird, eine kurze Erklärung dazu: Man kann Rechneranweisungen auch als Syntaxbaum darstellen. Dabei notiert man die Operatoren an einen Knoten, von dem die Äste zu den Operanden abzweigen. Die Spitzen der Äste, von denen es keine weiteren Abzweigungen mehr gibt, nennt man Terminale oder auch kurz Term. Ein Term ist also eine syntaktische kleinste Einheit, die mit Operatoren manipuliert werden kann. Mathematiker verwenden die Bezeichnung Term für Ausdruck. Da ein Ausdruck wieder einen Wert liefert, kann man ihn auch wieder durch Operatoren mit anderen Operanden verknüpfen, das heißt er kann wiederum ein Term sein. Ein Term ist also ein Term ist also ein Term ...? Man darf es einfach nicht zu eng sehen.

In der Dokumentation wird häufig auch nicht streng zwischen Operatoren, Funktionen, Prozeduren bzw. Subroutinen unterschieden. Aber manchmal eben doch. Dann ist es nützlich, wenigstens ein bisschen darüber zu wissen. Eine Funktion ist abstrakt formuliert eine Vorschrift, mit der man Eingabedaten eindeutig auf Ausgabewerte abbildet. Man kann Funktionen also Werte übergeben und welche von ihnen zurückgeliefert bekommen. Man muss es aber nicht unbedingt.

Als Unterroutinen oder Subroutinen bezeichnet man benutzerdefinierte Funktionsblöcke.[4] In die Sprache integrierte Funktionen (*builtin functions*) nennt man demgegenüber Operatoren oder auch

4. Genauer wird auf Subroutinen im entsprechenden Kapitel und auf Blöcke im Kapitel *Kontrollstrukturen* eingegangen.

benannte Operatoren. Man kann es auch umgekehrt formulieren: Funktionen wie `sin($x);` wirken wie unäre Operatoren, wenn sie ohne Klammern geschrieben werden. Ansonsten sehen sie aus wie normale Funktionen und werden von Perl auch wie solche behandelt.[5] Außerdem gibt es noch Funktionssymbole wie das +- oder das =-Zeichen, die wir bisher ganz selbstverständlich als Operatoren gesehen und benützt haben.

4.2.2 Einfacher Zuweisungsoperator und Vergleichsoperator

Der einfache Zuweisungsoperator ist wohl der am häufigsten benutzte Operator in Programmen, da man mit ihm Variablen Daten zuordnen kann, die das Programm auswerten und manipulieren soll. Die einfache Zuweisung erfolgt mit dem =-Zeichen. Das Beispiel

```
$i = 2;
```

zeigt den Gebrauch von Variablen und Operatoren in einem Ausdruck: Auf der linken Seite vom Zuweisungsoperator `=` steht die Skalarvariable `$i`. Ihr bzw. dem durch sie repräsentierten Speicherplatz wird der Zahlenwert `2` zugeordnet. Nachdem die Zeile abgearbeitet ist, wurde also der Wert von `$i` verändert. Man kann das =-Zeichen in Gedanken so lesen: Der Wert vom Ausdruck auf der linken Seite wird gesetzt auf den Wert auf der rechten Seite.

ACHTUNG *Das Beispiel ist nicht zu lesen wie eine mathematische Gleichung! Es wird also nicht überprüft, ob `$i` den Wert `2` hat. Dafür müsste man den Vergleichsoperator `==` verwenden, zum Beispiel:*

```
if (2 == $i) {
    print '$i hat den Wert 2';
  }
```

5. Dies ist zum Beispiel beim Operatorenvorrang von Bedeutung; Genaueres siehe dort.

HINWEIS

Wenn Sie einen aktuellen Variablenwert mit einem tatsächlichen Wert (also zum Beispiel einem Literal) vergleichen wollen, schreiben Sie das Literal wie im letzten Beispiel auf die linke Seite der Zuweisung! Sie ersparen sich so viel Zeit für die Fehlersuche, falls Sie das zweite =-Zeichen vergessen haben. Dann kommt schon beim Kompilieren eine Fehlermeldung. Steht die Variable auf der linken Seite, könnte ihr ansonsten versehentlich der Vergleichswert zugewiesen werden.

4.2.3 Lvalue und Rvalue

Bei der Dokumentation von Operatoren (und Funktionen) ist häufig mit angegeben, ob sie einen Lvalue erwarten und ob sie einen Lvalue als Resultat liefern. Lvalues sind Ausdrücke, die einen benannten Speicherplatz bezeichnen. Typisches Beispiel sind also Variablen(namen). Einfach formuliert sind Lvalues Speicherplätze, denen man einen Wert zuweisen kann. Dies können auch Funktionen oder Ausdrücke sein. Man nennt sie dann (englisch) *lvaluable*. Man sagt auch: Lvalue ist alles, was auf der linken Seite einer Zuweisung stehen darf.

Folglich können alle tatsächlichen und unveränderlichen Werte nicht ein Lvalue sein. Dies sind zum Beispiel Konstanten oder Zahlenliterale:

```
#Beispiele, die nicht Lvalue sein können:

use constant G => 6,672;
  # Die Gravitationskonstante G hat den Wert 6,672.
G = 8,314;
  # Geht nicht! (Auch ein Perlprogramm lässt Sie nicht
  # einfach die Gesetze der Schwerkraft ändern...)
2 = $i;
  # Geht nicht!
```

Der Name Lvalue (oder auch L-Wert) kommt wahrscheinlich davon, dass bei der Zuweisung eines Wertes der Ausdruck, dem der Wert zugewiesen wird, links steht. Zum Beispiel oben bei `$i = 2;` steht die Variable `$i` links vom Zuweisungsoperator. Sie ist also ein L(inks)-Wert, ein Lvalue. Entsprechend nennt man den Wert auf der rechten Seite Rvalue.

Warum ist die Unterscheidung von Lvalues und Rvalues nun eigentlich interessant? Ganz einfach: Bei einem Ausdruck dürfen nur Lvalues auf der linken Seite stehen. Das klingt erst einmal trivial. Ist es ja eigentlich auch. Bei komplizierteren Ausdrücken, Funktionen oder Kurzschreibweisen kann man aber leicht durcheinander kommen, wenn man nichts über Lvalues weiß. Gehen wir von dem einfachen Zuweisungsbeispiel oben aus:

```
$i = 2;         # $i steht als Lvalue links vom
                # Zuweisungsoperator.
                # $i kann aber auch rechts stehen:
$j = $i;        # $j bekommt den Wert von $i, also
                # den Wert 2 zugewiesen.

$k = $i + 3; # Der Wert von $i wird zu 3 addiert und
                # $k bekommt darum den Wert 5 zugewiesen.

$i = $i + 5; # Und sogar dieselbe Variable kann in
                # einer Zuweisung links und rechts stehen...
```

Eine Variable kann also sowohl Lvalue als auch Rvalue sein. Allerdings hat sie jeweils auch eine andere Bedeutung: Gebraucht man sie als Rvalue, meint man ihren Wert. Auf der linken Seite hingegen wird in ihren logischen Speicherplatz der neu berechnete Wert eingetragen.[6]

Ist also alles ganz einfach, wenn man es einfach nimmt.

Das Erste, wo es komplizierter werden kann, sind Funktionen. Aber auch hier hilft die Faustformel weiter, dass Lvalue nur etwas sein kann, dem man einen Wert zuweisen kann. Gebraucht man noch seinen gesunden Menschenverstand, hat man schon gewonnen. So macht es einfach keinen Sinn, einer Funktion wie `print` in einem Ausdruck wie `print "Output" = Bloedsinn;` einen Wert zuweisen zu wollen. Ein gutes Beispiel für eine Funktion, die man als Lvalue einsetzen kann, ist `substr()`:[7]

6. Das Beispiel `$i = $i + 5;` bedarf noch genauerer Betrachtung. Lassen Sie sich überraschen! :-)
7. Die Funktion wird in der Referenz genau erläutert.

```
$s = "cd-player";
substr ($s,0,1) = "dv";
  # Ersetzt an der nullten Stelle einen Buchstaben im
  # String $s durch den Wert auf der rechten Seite.
print $s;
  # Schon hat man einen "dvd-player".
```

Im Beispiel wird der Substring, den die Funktion `substr()` entsprechend den übergebenen Parametern bildet, durch der Wert auf der rechten Seite ersetzt, also an den benannten Speicherplatz geschrieben.

Und besonders schwierig wird es mit den Lvalues da, wo gewisse Leute (wie insbesondere C-Programmierer) eine Anweisung möglichst kurz und einfach schreiben wollen. Um zu erfahren, wieviel 20°C in Fahrenheit sind, müssen sie nämlich zum Beispiel nur Folgendes auf ihrer Kommandozeile eingeben:

```
perl -e '$grad = 20;($grad *= 9/5.0) += 32; print $grad;'
```

Alles klar, oder? Auch wenn es kein schönes Perl ist, weil es nicht gut lesbar ist, schauen wir uns die zweite Anweisung einmal genauer an. Um die Anweisung zu verstehen, brauchen Sie aber erst noch mehr Handwerkszeug.

4.2.4 Mehr über Zuweisungsoperatoren

Einen Ausdruck, bei dem ein und dieselbe Variable links und rechts von der Zuweisung steht, kann man auch mit zusammengesetzten Operatoren darstellen. Zum Beispiel kann man statt `$i = $i + 5;` schreiben: `$i += 5;`

Man kann dies mit fast allen dyadischen Operatoren[8] nach dem gleichen Schema machen: `Lvalue-Variable = Lvalue-Variable Operator Ausdruck;` wird zu `Lvalue-Variable Operator= Ausdruck;`.

Bei Perl wird der Wert, den eine Lvalue-Variable tatsächlich zugewiesen bekommt, gleichzeitig als Ergebnis der Zuweisungsoperation zurückgeliefert. Dieser Ergebniswert ist auch wieder ein Lvalue. Darum kann eine Zuweisungsoperation wieder links von einer Zuweisung

8. Ein dyadischer Operator hat zwei Operanden. Man sagt auch binärer Operator.

stehen und so fort. Das funktioniert so ähnlich wie beim Spiel »Stille Post«. Deshalb kann man in einer Anweisung vielen Variablen gleichzeitig den gleichen Wert zuweisen, indem man mehrere Anweisungen miteinander verkettet. Oder man kann sogar dieselbe Variable innerhalb einer Anweisung mehrmals modifizieren.

Und schon verstehen wir obiges Fahrenheitsbeispiel. Man könnte es auch so schreiben:

```
#!/usr/bin/perl -w
$grad = 20;
print "$grad°C entsprechen ";
$grad = $grad * 9 / 5.0;
$grad = $grad + 32;
print "$grad°F.\n";

# Ergibt: 20°C entsprechen 68°F.
```

Die kleine Anweisung `$i = $i + 5;` birgt noch mehr Bemerkenswertes, nämlich wann und wie oft die Variable `$i` ausgewertet wird. Kaum fügt man einen weiteren Operator hinzu, wird dies plötzlich sehr wichtig:

```
$i = 1;
$i = $i + 5;
  # $i wird der Wert 6 zugewiesen.

$i = $i++ + 5;
  # Man würde also als Ergebnis 12 erwarten. Aber:

print 'Interessant, $i hat den Wert ' .  "$i!\n";
  # $i hat nur den Wert 11!

$i = ++$i + 5;
  # Mit der Inkrementation als Präfix
  # kommen wir der Erklärung auf die Spur.
  # (11 + 1) + 5 = 17

print 'Jetzt hat $i wie erwartet den Wert ' . "$i.\n";
```

Wie kommt es zu diesen Ergebnissen? Dies hängt damit zusammen, wann auf den Wert der Variablen `$i` referenziert wird. Der so genannte Inkrementoperator ++ kann als Präfix oder als Postfix zu einer

Variablen verwendet werden. Schreibt man ihn davor, wird der Wert einer Variablen um 1 erhöht, bevor sie in einem Ausdruck verwendet wird. Hängt man den Operator an, wird ihr Wert erst nach der Auswertung des Ausdrucks erhöht. Wenn man den Post-Inkrementoperator[9] kennt, ist das Beispiel also keine große Sache mehr?

Nein. Denn das Beispiel in Zeile 5 wird jetzt erst richtig interessant: Die Variable auf der linken und auf der rechten Seite ist identisch. Warum also wird ihr Wert nicht einfach nach der Auswertung erhöht? Wird er ja, nur hat das für den Wert von `$i` nach der Zeile 5 keine Bedeutung. Wie wird die Anweisung ausgewertet? `$i` hat ursprünglich den Wert `6`. Dann wird 5 hinzugezählt. Danach wird `$i` um `1` erhöht. Und dann? Dann wird der einfache Zuweisungsoperator abgearbeitet. Darum wird `$i` das Ergebnis von `6 + 5` zugewiesen. Der Wert von `$i++` wird also einfach überschrieben. Das ganze Problem ist demnach letztendlich eine Frage des so genannten Operatorenvorrangs.

4.2.5 Operatorenvorrang und Assoziativität

Operatorenvorrang ? Was ist das? Punkt vor Strich in der Mathematik ist eine der ersten Präzedenzen, mit denen wir in unserer schulischen Laufbahn konfrontiert werden.

Was heißt das nun konkret? Wenn wir einen komplexen Ausdruck haben, müssen wir wissen, in welcher Reihenfolge die Operatoren in diesem Ausdruck abgearbeitet werden. So wird bei `$x = 4 + 3 * $b;` zunächst die Multiplikation und dann die Addition durchgeführt. Punkt vor Strich eben.

Wie sieht es aber bei `$uebung -= -1 * sin 1 / 3;` oder `@lottozahlen = (3, 6, 25, 35, sort 41, 27, 36);` aus? Wo sind hier Operatoren? Wann wird welche Operation durchgeführt?

Wann welche Operation durchgeführt wird, ergibt sich daraus, welcher Operator einem anderen vorgeht. Darum nennt man dies auch Präzedenz.[10] In der Schule sagt man häufig Priorität dazu, also Rangfolge. Glücklicherweise haben es Operatoren nicht nötig, ihre Rang-

9. Auto-Inkrement und -Dekrement werden noch ausführlicher bei den Skalaroperatoren besprochen.
10. Abgeleitet vom Lateinischen praecedere, das heißt vorangehen.

folge wie Schulkinder in der Klasse immer wieder neu auszumachen. Operatoren richten sich einfach nach ihrer Präzedenz und warten, bis sie an der Reihe sind.

Haben mehrere Operatoren die gleiche Präzedenz, hängt die Verarbeitungsreihenfolge von ihrer Assoziativität ab. Die Präzedenz und Assoziativität von Operatoren werden in `perldoc perlop` detailliert beschrieben. Die wichtigsten Operatoren können Sie auch einfach in der Tabelle am Abschnittsende nachschlagen.

Nehmen wir ein einfaches Beispiel mit arithmetischen Operatoren, wie wir es aus der Schule kennen: `$x = $r + $s - $x;`

Additions- und Subtraktionsoperatoren haben die gleiche Präzedenz und sind in der Tabelle als linksassoziativ angegeben. Das bedeutet, dass die Zeile von links nach rechts abgearbeitet wird.

Bei Perl haben Terme die höchste Präzedenz. Dies sind insbesondere

- Variablen,
- Quoting-Operatoren,
- Ausdrücke, die in runden Klammern stehen, und
- Funktionen, deren Argumente in runden Klammern stehen.[11]

Darum gilt als erste Regel: Wenn Sie sich unsicher sind, welche Operatoren höhere Priorität haben — setzen Sie runde Klammern!

Dann können Sie explizit kontrollieren, welche Ausdrücke wann ausgewertet werden. Einfaches Beispiel ist 'Punkt vor Strich bei Klammer nicht': `$x = $r * ($s - $y);`

Benannte Operatoren können ihre Präzedenz ändern, wenn sie mit runden Klammern unmittelbar links vom Bezeichner stehen. Denn dann sehen sie für Perl aus wie Funktionen und werden darum auch wie solche behandelt. Das bedeutet: Sie haben dann auch höchste Priorität.

11. Aber auch Subroutinen- und Methodenaufrufe, `sub {}`, Konstrukte wie `eval {}` und auch anonyme Arrays und Hashes mit `[]` bzw. `{}`.

Entsprechend der Unterscheidung von singulären und pluralen Werten kann man Funktionen bzw. Operatoren bei Perl als

- unäre Operatoren und
- Listenoperatoren

kategorisieren. Alle diese Operatoren können mit und ohne runde Klammern rechts stehen, also zum Beispiel `sin 1;` und `sin (1);` bzw. `sort 41, 27, 36;` und `sort (41, 27, 36)`. Daraus ergibt sich eine gewisse Zwitterstellung bezüglich der Präzedenz von benannten Operatoren. Die Grundregel hierzu lautet: Wenn es wie ein *Funktionsaufruf* aussieht, dann ist es auch ein *Funktionsaufruf*. Das heißt, steht unmittelbar rechts von einem benannten unären Operator oder von einem Listenoperator eine linke runde Klammer in derselben Zeile, bekommt der Operator höchste Priorität (genauso wie eine Funktion bzw. ein Ausdruck in Klammern):

```
$a = sin 1 * 5;   # entspricht sin (1 * 5);
$b = sin (1) * 5; # entspricht (sin 1) * 5;

# Problem:
$c = sin ($a + 1) * 5;

# Gemeint ist:
$d = sin (($a + 1) * 5);
# Dies ist auch die erste Lösungsmöglichkeit.
# Ansonsten geht auch dies:

$e = sin +($a + 1) * 5;
```

Der Plusoperator steht zwischen dem Operatornamen und der linken runden Klammer und entwertet sie darum sozusagen. Man kann es auch so sehen: Der unäre +-Operator hat eine höhere Priorität als der benannte unäre Operator `sin`.

Auch ein String kann als Argument dienen[12], wie beispielsweise bei `ucfirst +(lc 'TAUSEND' . ' UND EINE ') . 'Nacht';`.

12. Ohne in einen numerischen Wert umgewandelt zu werden.

In der Tabelle unten gibt es Listenoperatoren nach links bzw. nach rechts. Damit ist gemeint, ob die Ausdrücke rechts und links von einem Listenoperator[13] vor oder nach ihm ausgewertet werden. Was heißt das nun konkret, dass ein Listenoperator nach links betrachtet höchste und nach rechts eine relativ niedrige Präzedenz hat? Am besten sieht man das an einem Beispiel:

```
@lottozahlen = (3, 6, 25, 35, sort 41, 27, 36);
```
[14]

Und? Werden die Lottozahlen richtig sortiert? Überlegen Sie sich, was alles für Operatoren in der Anweisung stecken. Auch die Kommata sind Operatoren! Ihre Präzedenz steht in der Tabelle zwischen Listenoperatoren nach rechts und Listenoperatoren nach links. `sort` ist ein solcher Operator. Die Komma-Operatoren rechts werden vor dem `sort` ausgewertet. Das bedeutet, dass vom Listenoperator nach rechts alles als durch Kommata getrennte Liste gewertet wird, bis eine schließende runde Klammer, ein Semikolon oder ein Anweisungsmodifier kommt. Im Verhältnis zu den Kommata links hat `sort` höhere Priorität. Darum verarbeitet es erst die Listenargumente rechts. Dann werden die linken Kommata evaluiert. Das Array `@lottozahlen` hat also welchen Wert?[15]

Versuchen Sie zur Übung jetzt `$uebung = 5; $uebung -= -1 * sin 1 / 3;` mithilfe der Tabelle unten auszuwerten!

Die folgende Tabelle bietet eine Übersicht über die wichtigsten Operatoren und ihre Assoziativität. Die Operatoren sind absteigend nach ihrer Präzedenz geordnet:[16]

---

13. Ein Listenoperator verarbeitet eine Liste als Argument. Das heißt er evaluiert im Listenkontext. Es hat nichts damit zu tun, ob ein Operator selbst im Listenkontext (siehe dort) steht.
14. Die Zuweisung von Listen zu Arrayvariablen haben Sie schon im Startup kennen gelernt. Wenn Sie sich bezüglich Arrays und Listen noch unsicher sind, merken Sie sich das Beispiel und durchdenken Sie es später, nachdem Sie den Abschnitt über Arrays durchgearbeitet haben.
15. Wenn Sie mogeln oder Ihr Ergebnis überprüfen wollen, geben Sie einfach das Array aus: `perl -e '@lottozahlen = (3, 6, 25, 35, sort 41, 27, 36); print "@lottozahlen";'`
16. Nich alle aufgelisteten Operatoren werden im Buch erklärt. Genaueres finden Sie dann in `perldoc perlop`.

Operatoren	Assoziativität	Bedeutung
Terme und Listenoperatoren (nach links)	links	
->	links	Dereferenzierungsoperator
++ --	keine	In- und Dekrementation
**	rechts	Exponent
! ~ \ unäres + unäres -	rechts	Negation (logisch und bitweise), Referenzen, unäre Operatoren
=~ !~	links	Musterbindungsoperatoren
* / % x	links	Multiplikative Operatoren
+ - .	links	Additive Operatoren
<< >>	links	Bitshiftoperatoren
benannte unäre Operatoren	keine	beispielsweise sin oder Dateitestoperatoren
< > <= >= lt gt le ge	keine	Vergleichsoperatoren
== != <=> eq ne cmp	keine	Vergleichsoperatoren
&	links	AND (bitweise)
| ^	links	OR, XOR (bitweise)
&&	links	AND (logisch)
||	links	OR (logisch)
.. ...	keine	Bereichsoperatoren
?:	rechts	ternärer Bedingungsoperator
= += -= *= usw.	rechts	Zuweisungen
, =>	links	Kommaoperatoren
Listenoperatoren (nach rechts)	keine	
not	rechts	NOT (logisch)
and	links	AND (logisch)
or xor	links	OR und XOR (logisch)

Tabelle 4.2: Vordefinierte Zeichenklassenoperatorenpräzedenz

4.2.6 Kontext und Datentypanpassung

Damit Perlprogramme möglichst leicht zu schreiben und zu handhaben sind, versucht Perl dem Programmierer möglichst viel Arbeit abzunehmen. Deshalb muss man bei Perl normalerweise nicht extra einen Datentyp angeben oder extra darauf achten, welche Operationen mit welchen Variablentypen vorgenommen werden. Perl erledigt dies grundsätzlich automatisch und versucht jede Anweisung sinnvoll zu interpretieren und umzusetzen.

Perl evaluiert jeden Ausdruck, also jede Anweisung, die einen Wert zurückliefert, jeweils in dem Kontext, in dem er steht. Korrespondierend zur Hauptunterscheidung von Variablenwerten in singuläre und plurale Werte beziehungsweise Variablentypen kann man Operatoren danach unterscheiden, ob sie einen skalaren oder einen Listenoperanden verarbeiten, also ob sie einen Skalar oder eine Liste erwarten. Insofern muss man singulären und pluralen Kontext unterscheiden. Man sagt auch: Perl hat die zwei Hauptkontexte:

- Skalarkontext und
- Listenkontext.

Konkret heißt dies, dass zum Beispiel die rechte Seite einer Zuweisung an eine Skalarvariable, also eine Variable, die einen singulären Wert erwartet, auch als Skalarwert evaluiert wird. Entsprechendes gilt für die Zuweisung an plurale Variablen, also Arrays und Hashes. Ein typisches Beispiel ist dies:

```
@array = ("zero","uno","due");
$skalar = @array;
  # Ein Listenwert wird einem Skalar zugewiesen.

print $skalar;
  # Gibt die Anzahl der Listenelemente aus.
```

Viele Operatoren sind bezüglich des Typs, den eine Operation zurückliefern soll, überladen. Wenn also der Kontext einen singulären Wert erwartet, liefert der Ausdruck einen Skalarwert. Wird ein pluraler Wert erwartet, wird ein Listenwert zurückgegeben.

An sich ist es sehr hilfreich, dass sich die Operatoren von alleine darum kümmern, in welchem Kontext sie stehen und welche Werte sie darum zurückliefern sollen. Manchmal kann dies aber auch zu Verwirrung führen. Ein häufiger Flüchtigkeitsfehler ist, dass man vergisst, dass zum Beispiel `print` ein Listenoperator ist. Gut illustriert dies das folgende Listing:

```
--- <Listen_problem.pl> --------------------------------
#!/usr/bin/perl -w
# Problembeispiel für Skalar- und Listenkontext

  # print verarbeitet Listen, das heißt,
  # alles rechts von print ist im Listenkontext.
  # Die Listenelemente werde durch Kommata getrennt
  # und können zwischen runden Klammern stehen.

$ferrari = "2fast4u\n";
print $ferrari,"\n";    # ist identisch mit:
print ($ferrari,"\n");
  # und gibt jeweils 2fast4u und zwei Zeilenumbrüche aus.

  # reverse kehrt im Skalarkontext die Buchstaben eines
  # einzelnen Strings um, im Listenkontext sortiert es
  # mehrere Listenargumente als Ganzes.

print 'Dieser String wird deshalb nicht umgekehrt: ';
print reverse $ferrari;
  # reverse steht im Listenkontext von print und will
  # Listenargumente sortieren.

  # Wie man hier besser sieht:
print reverse $ferrari, "My Ferrari is ";
  # Gibt aus: "My Ferrari is 2fast4u\n"

print "So wird der String umgekehrt ausgegeben: ";
$rev = reverse ($ferrari);
print "$rev\n";          # Zeilenumbruch und u4tsaf2
--- </Listen_problem.pl> -------------------------------
```

Man kann Skalarkontexte auch noch in einen String-Kontext und einen numerischen Kontext untergliedern. Dabei liefern Skalarausdrücke einfach eine Zahl oder einen String zurück, egal ob sie im numerischen oder String-Kontext stehen, und Perl wandelt falls nötig den Datentyp automatisch um.

Eine Zahl wird im Stringkontext einfach als Zeichenfolge gesehen, die aus den Ziffern und bei einer reellen Zahl dem Punkt besteht. Die Zahl wird quasi als Ganzes quotiert. Umgekehrt prüft der Compiler einen String im numerischen Kontext von links nach rechts darauf hin, ob Zeichen vorkommen, die eine Zahl darstellen könnten. Stößt er auf das erste Zeichen, das keine Zahl darstellen kann, interpretiert er alles ab diesem Zeichen als nicht zur Zahl gehörig.

Häufig ist der konkrete Skalarkontext aber schlichtweg egal. Dies wird auch als *Don't Care*-Kontext bezeichnet. Dann findet auch keine Wertetypumwandlung statt, wie zum Beispiel bei Zuweisung an eine andere Variable oder im booleschen Kontext.

```
#!/usr/bin/perl -w
# Skalare Kontexte und Datentypanpassung

$ferrari = "2fast4u";
# $ferrari hat einen Stringwert.

$var = $ferrari + 1;
  # Zuweisung im numerischen Kontext
  # + ist ein numerischer Operator.
  # Das heißt, der String von $ferrari wird im
  # numerischen Kontext verwendet.
  # (Dies gibt eine Warnung wegen -w.)

  # $ferrari wird bestmöglich als Zahlenwert
  # interpretiert.
  # $ferrari entspricht der Zahl 2.
  # $var ist darum 3.

if (2 == $ferrari) {
  # boolescher Kontext, das heißt Skalarkontext
  # $ferrari entspricht der Zahl 2.
  # Die Bedingung ist also wahr.
  print "$var\n";  # Gibt 3 aus.

  $var = $ferrari; # $var ist jetzt ein String!
  print "$var\n";  # Gibt 2fast4u aus.
}
```

Wird ein Ausdruck verwendet, ohne dass er einen Wert zurückliefern soll und ohne Seiteneffekte zu haben, nennt man das Void-Kontext. Man bekommt dann bei -w eine Warnung vom Compiler, da es zumeist unbeabsichtigt passiert.

```
--- <Kontext_void.pl> ----------------------------------
#!/usr/bin/perl -w

# Void-Kontext

'Dieser String bewirkt nix!';  # Void-Kontext! Darum
                               # Warnung vom Compiler.

print (2+4)*7;    # Operatorenvorrang des Klammerausdrucks
                  # Evaluierung von * 7 im Void-Kontext,
                  # d. h., 6 und nicht 42 wird ausgegeben!
                  # Der Compiler warnt wegen -w.
--- </Kontext_void.pl> ---------------------------------
```

Bei Strings unterscheidet man noch, ob sie interpolativen Kontext haben oder nicht. Wenn ja, dann werden Variablen und Metazeichen im String ausgewertet. Typisches Beispiel ist die Quotierung mit doppelten Anführungszeichen oder mit einfachen Hochkommata.

```
$var = 3 * 5;
$a = '$var = ';        # Kein interpolativer Kontext
$b = "$var";           # Interpolativer Kontext

print $a . $b . "\n"; # Gibt aus: $var = 15 und neue Zeile
```

In der folgenden Tabelle finden Sie Stringoperatoren, bei denen es auf den interpolativen Kontext ankommt:

Symbole	Alternative Schreibweise	Interpolation	Operation
''	q	-	Quotierung
""	qq	+	Quotierung
''	qx//	+	Shellkommando
()	qw//	-	Liste
//	m//	+	Mustervergleich
s///	s///	+	Substitution
y///	tr///	-	Translation

Tabelle 4.3: Interpolation

4.3 Strings

Strings sind ein Grunddatentyp von Perl. String heißt auf Deutsch einfach Kette oder Zeichenkette. Und genau das sind Strings auch: Sie sind eine Folge von ASCII-Zeichen. Somit können in Strings beliebige binäre Daten vorkommen. Es gibt grundsätzlich keine Beschränkung, wie lange eine solche Zeichenfolge werden kann. Nur die Größe des virtuellen Speichers limitiert die potenzielle Stringlänge. Darum können sehr große Datenmengen mit nur einer Variablen und direkt im Speicher bearbeitet werden. Sie passen sich von selbst der Länge einer Zeichenfolge an. Strings verwendet man hauptsächlich für die Verarbeitung von Texten. Mit dem Begriff String meint man zumeist einen Textstring.

4.3.1 Stringliterale

Stringliterale sind die konkreten Zeichenfolgen, die einer Stringvariablen zugewiesen werden (können). Sie sind eine Folge von ASCII-Zeichen aus dem Wertebereich von 0 bis 255. Die meisten druckbaren Zeichen wie zum Beispiel die großen und kleinen Zeichen des Alphabets kann man einfach durch sich selbst darstellen. Andere Zeichen, wie zum Beispiel den Zeilenumbruch `\n`, muss man anders eingeben.

Damit der Compiler die Zeichenketten nicht mit Identifiern, insbesondere Namen von Builtin Functions oder Konstanten verwechseln kann, muss man sie immer quotieren.

4.3.2 Quoting

Nein, Quoting heißt in diesem Fall nicht in der Übersetzung *zitieren*. Aber genauso wie man ein Zitat in Anführungszeichen setzt, kann man auch Stringliterale mit einfachen und doppelten Hochkommata kennzeichnen. Auch eigene Quotierungszeichen kann man definieren. Daneben gibt es noch das Quotieren mit Backticks und das Verwenden so genannter *Here*-Dokumente. Man kann zwar die Quotierung in eindeutigen Fällen auch weglassen, das sind dann so genannte *barewords*, aber es wird hiermit dringend davon abgeraten. Die folgende Tabelle gibt einen Überblick über die Quotierungszeichen und ihre Bedeutung.

Zeichen	Bedeutung	Beispiel
''	String, wie er ist, keine Interpolation	print '$x hat den Wert:';
""	String mit Interpolation	print "$a\n";
q oder qq	q wie ' und qq wie ", Definition eigener Quote-Zeichen	qq/<BODY BGCOLOR = "#ffffff">/;
`String`	Backtick: Interpolierung und Übergabe des Strings an die Systemshell	$wer = `finger $user`;
<<TOKEN [...] TOKEN	Definition längerer Strings bzw. Texte in der Datei, standardmäßig mit Interpolation, Definition eigener TOKEN	print <<MY_TOKEN; *Stringtext* MY_TOKEN

Tabelle 4.4: Quoting

Single-Quotes

Wenn man Strings mit Single-Quotes kennzeichnet, wird die Zeichenkette direkt so verwendet, wie sie da steht. Variablen und Sonderzeichen werden also nicht interpretiert bzw. interpoliert wie bei den Double-Quotes.

```
$freundschaft = "unbezahlbar.\n";
print 'Der Wert von $freundschaft ist ' , $freundschaft;

# Gibt aus: Der Wert von $freundschaft ist unbezahlbar.
```

Es kann hauptsächlich in zwei Fällen zu Problemen kommen:

- Escape-Sequenzen und Variablen werden aus Versehen nicht interpoliert. Diesen Fehler findet man meistens leicht: `print $a, '\n';`. Schwieriger wird es, wenn man weiter oben im Programm einer Variablen einen String in Single-Quotes zuweist und sich dann wundert, warum die Escape-Sequenz nicht interpoliert wird:

  ```
  $freundschaft = 'unbezahlbar.\n';
  print 'Der Wert von $freundschaft ist ' , $freundschaft;

  # Gibt aus: Der Wert von $freundschaft ist unbezahlbar.\n
  ```

- Wenn in einem mit `''` quotierten String einfache Hochkommata vorkommen, müssen sie durch die Escape-Sequenz ersetzt werden, weil sonst der Compiler das Auslassungszeichen im folgenden Beispiel als schließendes Single-Quote interpretiert. In der ersten Zeile sieht er nur `Sprach` als String.

  ```
  print 'Sprach's  und verschwand'; # Compiler-Fehler!
  print 'Sprach\'s und verschwand'; # richtig
  ```

Double-Quotes

Setzt man einen String in (doppelte) Anführungszeichen, überprüft der Compiler, ob Wörter vorkommen, die mit `\`, `$` oder `@` beginnen, und wertet solche Wörter aus. Es werden also die Sonderzeichen und Skalar- und Listenwerte aus Variablen interpoliert. Komplette Hashes werden demnach nicht erkannt und ausgewertet, sondern nur Teilmengen, die mit `$` oder `@` beginnen.

```
$freundschaft = "unbezahlbar.\n";
print "Der Wert von $freundschaft ist $freundschaft";

# Gibt aus: Der Wert von unbezahlbar.
# ist unbezahlbar.
```

Steht ein Array in doppelten Anführungszeichen, so werden die Listenelemente über das Trennsymbol, das in der Variable $" steht, verbunden. Normalerweise ist das das Leerzeichen.

```
@array = ("Donau", "Dampf", "Schiffahrt");
print "@array \n";
```

Alternative Quotierung mit q und qq

Wie bei dem Beispiel eben kann es sein, dass man sehr viele Zeichen mit einem \ entwerten muss. Typisches Beispiel sind HTML-Quelltexte, bei denen viele Parameter in Double-Quotes stehen.[17] Da bietet es sich an, zum Beispiel ein anderes Quotierungszeichen zu wählen. Dies kann man bei Perl leicht mit q bzw. qq tun. Wählen Sie einfach ein Zeichen, das nicht alphanumerisch und nicht Whitespace ist. Allerdings sollten Sie gut überlegen, welches Alternativzeichen Sie nehmen, nicht dass Sie vom Regen in die Traufe kommen:

```
print "<img src=img/map.png width=\"50\" alt=\"map\">\n";
print qq/<img src=img\/map.png width="50" alt="map">\n/;
print qq|<img src=img/map.png width="50" alt="map">\n|;
```


In der zweiten Zeile muss der Schrägstrich beim Dateinamen quotiert werden, weil als Quotierungszeichen / gewählt wurde. Gerade bei HTML-Dateien hat man also durch das neue Zeichen kaum etwas gewonnen, weil die Verzeichnisse unter UNIX mit / gekennzeichnet sind. Eine bessere Wahl könnte beispielsweise das Zeichen | sein, weil es nicht so oft vorkommt.

Backticks

In Backticks `` eingeschlossene Strings werden interpoliert und dann als Befehl an die Shell des Betriebssystems übergeben. Dies funktioniert so ähnlich wie zum Beispiel ESC ! beim Vi, wo man quasi aus dem Editor herausspringen und ganz normal Shell-Kommandos ausführen lassen kann. Der zurückgelieferte Wert ist eine Liste, die einer Arrayvariablen zugewiesen werden kann. Der Array beinhaltet dann die Ausgabe des aufgerufenen Kommandos.

17. Auch wenn sie immer öfter weggelassen werden.

Bei Zuweisung an einen Skalar werden die Zeilen zu einem String zusammengehängt.

HERE-Dokumente

Wenn man längere Texte bzw. Stringliterale in einem Programm verarbeiten will, sollte man sie mithilfe von HERE-Dokumenten quotieren. Dies sind keine externen Dateien, sondern eine bequeme Möglichkeit, um mehrzeilige Strings zu quotieren und mit Operatoren zu verknüpfen.

Das HERE-Dokument-Quoting hat folgende Form:

```
<<TOKEN;
Zei-
   chen-
       ket-
          te
TOKEN
```

Stellen Sie sich ein HERE-Dokument ganz normal wie einen String mit Quotierungszeichen vor, nur dass die Quotierung und der String nicht in eine Zeile geschrieben werden, sondern vertikal Zeile für Zeile. Diese Quotingart ist also zeilenorientiert.

Zwischen `<<` und dem `TOKEN` darf kein Leerzeichen stehen. Der `TOKEN` kann aus Zeichen bestehen wie ein gültiger Identifier. Der String fängt erst ab der nächsten Zeile nach dem Anfangstoken an. Wenn nach dem Anfangstoken noch andere Zeichen in derselben Zeile stehen, gehören diese nicht zum String. Der zweite, schließende Token gehört ebenfalls nicht zum String. Er muss ganz allein in einer Zeile stehen, damit er erkannt wird. Es darf also auch kein Whitespace vorkommen!

Ein HERE-Dokument-String wird normalerweise genauso behandelt wie ein String mit Double Quotes. Man kann aber die Stringart genau steuern, indem man den Anfangstoken quotiert. Dann verhält sich der String entsprechend der Art des verwendeten Quotierungszeichens, also z.B. bei `print <<'NO_INTERPOL'` wird der String zwischen den Tokens nicht interpoliert. Genauso kann man mehrere Befehlszeilen mit Backticks quotieren.

Ein HERE-Dokument steht normalerweise nicht unverbunden einfach so in einem Programm-Code, sondern innerhalb von einer Anweisung. Diese Anweisung muss normalerweise mit dem ;-Zeichen nach dem Token abgeschlossen werden. Will man noch weitere Operatoren mit dem String verknüpfen, kann man dies nach dem Anfangstoken tun oder aber auch nach dem String als ganzem:

```
--- <HERE_anweisung.pl> -----------------------------
#!/usr/bin/perl -w
print <<HINWEIS x 5; # Gibt den String 5x  aus.
Wichtig!
HINWEIS

$zahl =  <<ZAHLEN
123
456
789
ZAHLEN
+ 5;           # Numerische Addition mit String,
               # darum eine Warnung wegen -w

print $zahl; # Gibt 123 aus, weil die
               # Stringumwandlung beim \n abbricht.
--- </HERE_anweisung.pl> ----------------------------
```

Vergessen Sie nicht einen Strichpunkt vor der nächsten Anweisung zu setzen!

Man kann auch mehrere Stringtokens nach dem << als Liste schreiben, wie sonst auch z.B. beim Print-Operator. Der korrespondierende String wird einfach in die nächste Zeile nach dem Token des ersten Strings geschrieben.

```
print <<"ABSTAND", "\n";
Wir wollen mehr Abstand
und fügen einen extra
Zeilenvorschub ein.
ABSTAND

# Gibt den String und \n aus.
```

```
print <<"TOKEN1", <<"TOKEN2";
1111EINS1111
TOKEN1
2222ZWEI2222
TOKEN2


# Gibt aus:
# 1111EINS1111
# 2222ZWEI2222
```

Vorteile dieser Quotierungsart

- Mehrzeilige Strings können bequem formatiert und quotiert werden, weil die Formatierung unmittelbar erhalten bleibt.

  Der String muss genauso im Programm-Code stehen, wie er ausgegeben werden soll, das heißt, Sie dürfen keine Einrückungungen im Rahmen der Code-Formatierung machen! Dafür können Sie aber auch übersichtlich dieses Gedicht von Christian Morgenstern ausgeben:

```
#!/usr/bin/perl -w

print <<TRICHTER;
            Die Trichter

Zwei Trichter wandeln durch die Nacht.
 Durch ihres Rumpfs verengten Schacht
       fließt weißes Mondlicht
           still und heiter
              auf ihren
               Waldweg
                u. s.
                  w.
TRICHTER
```

- Mehrzeilige Strings können bequem mit Operatoren verknüpft werden. So kann zum Beispiel in Verbindung mit dem x-Operator ein längerer String einfach mehrfach ausgegeben werden.

4.3.3 Darstellung von Zeichenliteralen

Bei Perl wird eigentlich nicht zwischen Bit und Zeichen unterschieden. Dementsprechend kann man Stringzeichen auf mehrere Arten angeben. Die Schreibmaschinenzeichen, also die druckbaren Zeichen, kann man fast alle einfach direkt in den String schreiben. Andere Zeichen werden durch ein \-Zeichen gekennzeichnet. Wenn der String im interpolativen Kontext steht, signalisiert dies dem Compiler, dass ein Sonderzeichen folgt. Darum muss der Backslash (das ist das \-Zeichen) selber dann wiederum als Sonderzeichen dargestellt werden. Man bezeichnet die so dargestellten Zeichen auch als *Escapesequenzen*, weil man mit dem Backslash der normalen Interpretation der folgenden Zeichen entflieht (englisch: to escape).

Zeichen	Bedeutung	Beispiel
\\	Backslash	print "\\home\\$user";
\"	Double Quote, doppelte Anführungszeichen	print "<input type=submit value=\"ja\" name=ja>";
\'	Single Quote, einfaches Hochkomma	print "Robin\'s nest";
\$	Dollarzeichen	print "Das kostet \$3.75";
\a	Alarmton	
\b	Backspace	print "hidden\b\b \b\b\b\bstring\n";
\cn	Kontrollzeichen: Strg (= Control) + n	\cC
\e	Escapezeichen	
\E	beendet \l, \L, \Q, \u und \U	
\f	Form-Feed, Seitenvorschub	print "Hier die neue Seite:\f";
\l	nächstes Zeichen klein	
\L	alle folgenden Zeichen klein	
\n	Newline, Zeilenvorschub	print "Neue Zeile mit \n";
\ooo	Oktaldarstellung von Zeichen	\033
\Q	Allen folgenden nicht-alphanumerischen Zeichen wird ein \ vorangestellt.	

Zeichen	Bedeutung	Beispiel
`\r`	Wagenrücklauf (Carriage Return)	`print "DOS-Zeilen enden so: \r\n";`
`\t`	Tabulator	`@db = split(/\t/,$line);`
`\u`	nächstes Zeichen groß	
`\U`	alle folgenden Zeichen groß	
`\xhh`	Hexadezimaldarstellung	`\x4E`

Tabelle 4.5: Escape-Sequenzen

Beachten Sie, dass die Escape-Sequenzen nur ein einzelnes ASCII-Zeichen darstellen! Die Zeichenfolge `\a` repräsentiert zum Beispiel das einzelne ASCII-Zeichen mit dem Wert `13`.

```
print length("12345\n");
```

gibt darum den Wert `6` aus.

4.4 Zahlen

Zahlen sind ein skalarer Grunddatentyp von Perl. Sie werden in Skalarvariablen gespeichert. Numerische Werte, das heißt Zahlenliterale, können in vielen Repräsentationen angegeben werden. Die folgende Tabelle zeigt eine Reihe von Beispielen für Zahlenliterale

Literal	Beschreibung
`1234`	Integer
`-3345.53`	Fließkommazahl (Float)

`2.99792458E8`
`2.99792458e8`
`2.99792458e-8`
	wissenschaftliche Repräsentation

`0x1234`	Hexadezimale Repräsentation
`01234`	Oktale Repräsentation
`100_000_000_000`	Bill Gates' Vermögen besser lesbar

Tabelle 4.6: Zahlen

Die interne Darstellung des gleichen Zahlenwertes muss nicht unbedingt dasselbe Bitmuster haben. So ist zum Beispiel Folgendes zu erklären:

```
print 0.5 == 0.1 * 5; # Gibt 1 aus.
print 0.6 == 0.1 * 6; # Gibt 0 aus.
```

Wollen Sie explizit mit Integerwerten rechnen, können Sie dies mit dem Pragma `use integer` erreichen.

Bei Perl gibt es Module, die Berechnungen mit sehr großen Zahlen ermöglichen, indem sie die Zahlen in Strings umwandeln. Allerdings sind Berechnungen auf diese Art sehr langsam. Genauere Informationen dazu finden Sie in `perldoc Math::BigFloat`, `perldoc Math::BigInt` und `perldoc Math::Complex`. `Math::BigFloat` erlaubt die genaue Angabe von Dezimalstellen bei Fließkommazahlen.

4.5 Operationen mit Skalaren

4.5.1 Numerische Operatoren und Funktionen

Numerische Operatoren

Die folgende Tabelle zeigt die wichtigsten numerischen Operatoren. Sie sind nach Operatorenvorrang absteigend geordnet.

Operator	Beschreibung
`$x ** $y`	Exponentzeichen
`+$y`	positives Vorzeichen, unärer Plusoperator
`-$y`	negatives Vorzeichen, unärer Minusoperator
`$x * $y`	Multiplikation
`$x / $y`	Division
`$i1 % $i2`	Modulo-Operation, Rest der Divsion der Integer `$i1` durch `$i2`
`$x + $y`	Addition
`$x - $y`	Subtraktion

Tabelle 4.7: Numerische Operationen

Alle diese Operatoren können auch in der Kurzform für die Zuweisung an dieselbe Variable verwendet werden, also zum Beispiel `$i += 5;` statt `$i = $i + 5;` wie Sie oben im Abschnitt über Lvalues schon gesehen haben.

Beachten Sie auch, dass reelle Zahlen nur mit einer beschränkten Genauigkeit repräsentiert werden. Für möglichst genaue Rechenergebnisse sollten Sie eine Berechnung darum möglichst mit Integern, also Ganzzahlenwerten, darstellen und spätmöglichst eine Operation durchführen, deren Resultat ein reeller Wert ist.

Wenn Sie numerische Operatoren mit Strings verwenden, so versucht Perl den String möglichst sinnvoll als Zahl zu interpretieren, weil der String dann im *numerischen Kontext* steht. Der Compiler prüft von links nach rechts, ob Zahlen im String vorkommen. Stößt er auf das erste Zeichen, das keine Zahl darstellen kann, interpretiert er alles ab diesem Zeichen als nicht zur Zahl gehörig.

Eingebaute mathematische Funktionen

Perl stellt die wichtigsten mathematischen Funktionen zur Verfügung. Sie sind in dieser Tabelle aufgelistet:

Funktion	Name
`abs ($x)`	Betrag
`atan2 ($x, $y)`	Arcustangens
`cos ($x)`	Kosinus
`exp ($x)`	Exponentialfunktion
`log ($x)`	Natürlicher Logarithmus
`sin ($x)`	Sinus
`sqrt ($x)`	Quadratwurzel

Tabelle 4.8: Mathematische Funktionen

HINWEIS

Benötigen Sie weitere Funktionen, überprüfen Sie mit `perldoc POSIX` *und* `perldoc Math::Trig`, *ob diese im Modul* `POSIX` *oder* `Math::Trig` *vorhanden sind.*

4.5.2 Vergleich von skalaren Werten

Wenn Sie skalare Werte ordnen wollen oder wenn Sie zum Beispiel einen Vergleich als Bedingung bei einer Kontrollstruktur verwenden, brauchen Sie Vergleichsoperatoren. Konkret vergleichen können Sie immer nur skalare Werte. Es gibt für Zahlen und für Strings verschiedene Operatoren. Wird ein Zahlenwert mit einem String-Vergleichsoperator verknüpft, wird er als String behandelt. Umgekehrtes passiert bei einem Stringvergleich mit einem numerischen Operator. Als Ergebnis des Vergleichs wird `1` zurückgegeben, wenn der Vergleich wahr ist, und `0`, wenn nicht.

In dieser Tabelle sind die Vergleichsoperatoren und ihre Rückgabewerte nebeneinander gestellt:

Zahlen	Strings	Rückgabewert und Bedeutung
`<`	`lt`	1, wenn $x kleiner als $y
`<=`	`le`	1, wenn $x kleiner oder gleich $y
`==`	`eq`	1, wenn $x gleich $y
`>=`	`ge`	1, wenn $x größer oder gleich $y
`>`	`gt`	1, wenn $x größer als $y
`!=`	`ne`	1, wenn $x ungleich $y
`<=>`	`cmp`	-1, wenn $x kleiner als $y, 0, wenn $x gleich $y, 1, wenn $x größer als $y

Tabelle 4.9: Vergleichsoperatoren

Ein numerischer und ein Stringvergleich unterscheiden sich nicht nur in der Verschiedenheit ihrer Token. Strings werden Zeichen für Zeichen entsprechend ihrem ASCII-Zeichensatz-Wert verglichen. Deshalb ist `10` im folgenden Beispiel kleiner als `2` und `0` kleiner als `0.0`.

```
print "10" lt "2", "\n";    # Gibt 1 aus.
print "0" lt "0.00", "\n"; # Gibt 1 aus.
```

Zufälligerweise ist aber folgender Vergleich wahr, weil nur überprüft wird, ob der String mit Zahlen beginnt oder nicht. Der String `"Null"` hat keine Ziffern am Anfang und entspricht darum dem Zahlenwert `0`.

```
print "0" == "Null", "\n"; # Gibt 1 aus.
```

Der Unterschied zwischen numerischem und Stringvergleich kommt besonders dann zum Tragen, wenn Sie Daten sortieren wollen. Dann müssen Sie besonders darauf achten, dass die Sortierfunktion nicht unbemerkt Strings vergleicht statt Zahlenwerte. Denn dies kann zu eigenartigen Ergebnissen führen, wie wir gerade gesehen haben. Vergessen Sie darum nie bei `sort` die Sortierroutine für den numerischen Vergleich mit anzugeben!

4.5.3 Operationen auf Strings

In vielen Beispielen haben Sie nun bereits die meisten der Stringoperatoren beziehungsweise die Funktionen, die auf Strings operieren, kennen gelernt. Die nachfolgende Tabelle soll Ihnen helfen, einen Überblick über einen Großteil der Perlfunktionen (und teilweise -operatoren) zu gewinnen, die mit Strings arbeiten. Mit den geschaffenen Grundlagen wird es Ihnen ein Leichtes sein, sich die entsprechende Funktion oder den Operator im Detail zu erarbeiten. Neben den Informationen hier finden Sie Informationen zu den Funktionen unter `perldoc FUNKTIONSNAME`, Operatoren sind in `perldoc perlop` erklärt und natürlich sind auch einige der hier aufgeführten Funktionen im Kapitel *Sprachreferenz* aufgelistet und erklärt.

Funktion/ Operator	Beschreibung
.	Zwei Strings werden miteinander verbunden und zurückgeliefert.
++	Stringinkrementierungsoperator. `"a"++;` gibt `"b"`. `"z"++;` liefert den Wert `"aa"`. Der Bereichsoperator verwendet diese Funktionalität, wenn die Operanden Strings sind.
`chomp`	Entfernt den Wert von `$/`, wenn er am Ende des übergebenen Strings ist. Der Wert von `$/` ist zumeist das `newline`-Zeichen.
`chop`	Entfernung des letzten Zeichens aus einem String.
`chr`	`chr` wird eine Zahl übergeben. `chr` ermittelt das Zeichen, das dem ASCII-Code der übergebenen Zahl entspricht.
`index`	Sucht eine Teilzeichenkette in Strings (von vorne).
`m//`	Pattern-Matching-Operator (siehe Kapitel *Reguläre Ausdrücke*).

Funktion/ Operator	Beschreibung
`lc`	Liefert den übergebenen String in Kleinbuchstaben konvertiert zurück.
`lcfirst`	Der übergebene String wird zurückgeliefert, wobei der erste Buchstabe des Strings in einen Kleinbuchstaben konvertiert wurde.
`length`	Liefert die Länge des übergebenen Strings.
`ord`	Vom übergebenen Ausdruck wird der numerische ASCII-Wert des ersten Zeichens vermittelt und zurückgeliefert.
`pack`	Ähnlich wie bei `sprintf` wird anhand eines Formatstrings eine Liste von Argumenten in einen String gepackt. Hilfreich bei der Erzeugung von Binärdaten.
`reverse`	Im Skalarkontext werden die übergebenen Strings konkateniert und dann der gesamte String umgedreht. Im Listenkontext werden die Listenelemente in ihrer Reihenfolge umgedreht und zurückgeliefert.
`rindex`	Sucht eine Teilzeichenkette in Strings (von hinten).
`s///`	Ersetzungsoperator (siehe Kapitel *Reguläre Ausdrücke*).
`sprintf`	Erzeugt aus einem Formatstring und einer Liste von Argumenten eine formatierte Ausgabe (siehe Kapitel *IO*).
`substr`	Extrahiert aus einem String einen Teilstring. Kann als Lvalue verwendet werden und damit Teile von Strings ersetzen. (Siehe Kapitel *Sprachreferenz*)
`tr///`	Transliterationsoperator (Siehe Kapitel *Sprachreferenz*)
`uc`	Liefert den übergebenen String in Großbuchstaben konvertiert zurück.
`ucfirst`	Der übergebene String wird zurückgeliefert, wobei der erste Buchstabe des Strings in einen Großbuchstaben konvertiert wurde.
`x`	Wiederholungsoperator. `"wet" x 3` liefert dreimal den String `"wet"` zurück.
`y///`	Transliterationsoperator, wie `tr///`.

Tabelle 4.10: Stringoperatoren und -funktionen

4.6 Listen

Listen sind eine Reihe von Elementen. Die Anzahl der Elemente ist nur durch die Systemkapazität begrenzt. Die Elemente werden durch den Kommata getrennt. Eine Liste kann man kennzeichnen, indem man sie in runde Klammern setzt:

```
(ITEM1, ITEM2, ITEM3, ..., ITEMn,).
```

Das Komma nach dem letzten Element ist nicht notwendig, weshalb man es normalerweise weglässt.

Manchmal kann man auch die Klammern weglassen. Dies tun Sie wahrscheinlich intuitiv schon längst zum Beispiel bei der Ausgabe mit `print`. Beispielsweise verarbeitet `print` bei der Anweisung

```
print "Dies ist ein String als Listenelement!", "\n";
```

eine Liste mit zwei Strings als Elementen. Dieses Beispiel veranschaulicht auch noch einmal gut, was es heißt, dass alles rechts von `print` im Listenkontext steht. Zur Verdeutlichung ist hier die gleiche Anweisung noch mal mit gesetzten runden Klammern:

```
print ("Dies ist ein String als Listenelement!", "\n");
```

4.6.1 Zuweisung

Listen können sowohl Rvalue als auch Lvalue sein. Das heißt, sie können sowohl links als auch rechts der Zuweisung stehen:

```
# Liste als Lvalue
($sec,$min,$hour,$mday,$mon,$year,$wday,$yday,$isdst) =
  localtime(time);

($x, $y, $z) = @array;
      # $x, $y, $z werden mit Werten aus @array befüllt.
      # Hat @array weniger als drei Elemente, werden die
      # korrespondierenden Variablen auf undef gesetzt.
      # Überzählige Elemente werden ignoriert

($x, $y, $z) = (1, 2); # $z ist undef
($x, $y) = (1, $c, 3); # Die 3 wird ignoriert

@b = (1,2,3);
```

```
(@a,$c) = @b;            # @a enthält (1,2,3), $c ist leer
($d,$e,$f) = (7,@b);     # $d: 7, $e: 1, $f: 2

# Liste als Rvalue
@array = (1, sin(3), "Bärchen");

# Liste als Rvalue und Liste als Lvalue
# Vertauscht $x und $y
($x, $y) = ($y, $x);
```

Wird eine Liste einem Array zugewiesen, so wird dieses mit den Elementen der Liste befüllt. Wird ein Array einer Liste zugewiesen, so werden die Elemente der Liste, die Variablencontainer sein müssen, den entsprechenden Elementen des Arrays zugewiesen. Ist ein Variablencontainer ein Array, frisst er alle weiter zugewiesenen Elemente auf.

Listen, in denen Skalarliterale vorkommen, können nur rechts eines Zuweisungsoperator stehen. Man könnte diese als Listenliterale bezeichnen. Darum ist auch sofort klar, warum Folgendes nicht geht:

```
(1, $c, $d) = @array; # Falsch!!!
```

4.6.2 Zugriff

Es kann sowohl auf einzelne Elemente als auch auf Sublisten zugegriffen werden. Der Zugriff erfolgt dabei über einen numerischen Index, dessen Zählung bei 0 beginnt.

```
# Einzelelemente
# Der Wonnemonat
$monat = ("jan", "feb", "mar", "apr", "may", "jun",
          "jul", "aug", "sep", "oct", "nov", "dec")[4];

# Der Tag im aktuellen Monat. Die runden Klammern um
# localtime dürfen nicht fehlen!
$day = (localtime(time))[3];

# Slice
($sec,$min,$hour) = (localtime(time))[0,1,2];

# Slice mit beliebiger Elementenauswahl
@karpfenzeit =
```

```
  ("jan", "feb", "mar", "apr",
   "may", "jun", "jul", "aug",
   "sep", "oct", "nov", "dec")[8,9,10,11,0,1];
# @karpfenzeit enthält sep oct nov dec jan feb

# Slice mit Bereichsoperator (siehe unten)
@karpfenzeit =
  ("jan", "feb", "mar", "apr", "may", "jun",
   "jul", "aug", "sep", "oct", "nov", "dec")[8..11,0,1];
```

Soll auf Einzelelemente zugegriffen werden, so wird der Liste der Index des betreffenden Elementes in eckigen Klammern nachgestellt. Dabei kann der Index natürlich ein Ausdruck sein, der beim Zugriff auf ein Element einen Skalar liefern sollte. Daneben können gleichzeitig auch mehrere Elemente der Liste referenziert werden, wenn in den eckigen Klammern eine Liste von Indizes steht. Die Reihenfolge der Indizes ist beliebig, es kann auch der Bereichsoperator verwendet werden (siehe weiter unten). Beim Zugriff auf mehrere Listenelemente gleichzeitig spricht man von so genannten Slices .

4.6.3 Listenflattening

Eine Liste enthält immer nur skalare Werte, sie ist also flach. Dennoch können Sie in einer Liste auch Listen und Arrays angeben. Jedoch werden diese sofort interpoliert, das heißt, deren Werte werden eingefügt. Die Liste enthält dann wieder nur Skalare. Man nennt diese Listeninterpolation Listenflattening[18], weil die Liste sozusagen automatisch flach gedrückt wird.

```
@a = (1,2);
print (3,@a,(5,6)); # Gibt 31256 aus.

@b = (3,@a,(5,6));  # Entspricht der Anweisung
                    # @b = (3, 1, 2, 5, 6);
```

4.6.4 Bereichsoperator

Eine Liste von aufeinander folgenden ganzen Zahlen können Sie bequem mit dem Bereichsoperator `..` erzeugen. `(2 .. 6)` ergibt die

18. (Englisch) flattening: Flachdrücken.

Liste (2, 3, 4, 5, 6). Man kann aber keine bestimmten Folgen von Zahlen mit dem Bereichsoperator erzeugen: (2, 4, 8 .. 64) wird also zu (2, 4, 8, 9, 10, usw. bis 62, 63, 64) ergänzt. Auch absteigende Listen kann man so nicht generieren, (10 .. 0) ergibt nur eine leere Liste.

HINWEIS

Eine absteigende Liste können Sie aber mit `reverse` *generieren:*

```
foreach (reverse 1..10) {
  print "$_\n";
  sleep(1);
}
print "Liftoff!\n";
```

Der Bereichsoperator wird häufig auch als Kurzform verwendet, wenn man eine Laufvariable für eine Schleife braucht:

```
for (1 .. 10) { print "$_. Durchlauf der Schleife\n"; };
```

Steht der Bereichsoperator im Listenkontext, können Sie auch Listen von Strings automatisch erzeugen. Dabei wird der (magische) Autoinkrementoperator für Strings verwendet. Siehe auch `perldoc perlop`.

Man kann sich auf diese Weise zum Beispiel schnell alle Buchstaben des Alphabets ausgeben lassen oder Zahlen, bei denen Sie eine führende Null brauchen.

```
@abc = ('a' .. 'z'); # Vorsicht: $abc = ('a','b', ... ,'z');
                     # ergibt NICHT das ABC!
@kw = ('01' .. '52');
```

4.6.5 Wortliste mit qw//

Eine Wortliste können Sie mit dem Operator `qw//` erstellen. Damit generieren Sie eine Liste von Strings, die durch Leerzeichen (Blanks) getrennt sind. Eine Wortliste hat also die Form

```
qw/ITEM1 ITEM2 ITEM3 ... ITEMn/.
```

HINWEIS

Da der Trenner das Leerzeichen ist, würden Kommata nicht als Trenner erkannt, sondern als zum String gehörig interpretiert. Die Liste `qw/1, 2, 3/` *hätte also die Listenelemente* "1," "2," *und* "3". *Und das ist zumeist nicht das, was man beabsichtigte. Aus demselben Grund funktioniert der Bereichsoperator so nicht:* `qw/1 .. 6/` *(Dies ist eine Wortliste mit den drei Elementen* "1", ".." *und* "6"*).*

4.7 Arrays

Arrays sind Variablen, die Listen beinhalten können. Die Listenelemente können heterogen sein, das heißt, sie müssen nicht alle denselben Datentyp haben. Ein Array kann also eine gemischte Liste von Skalaren verschiedenen Typs enthalten. Arraynamen bestehen aus @ gefolgt von einem gültigen Bezeichner und beziehen sich immer auf die gesamte Liste, wie oben im Abschnitt Variablennamen schon erklärt wurde.

4.7.1 Zuweisung

Die offensichtlichste Art, ein Array mit Elementen zu füllen, ist die Zuweisung einer Liste. Dabenen können Arrays andere Arrays oder Teile von ihnen (Arrayslices) zugewiesen werden. Auch Arrayslices können Arrays, Arrayslices, Listen oder Listenslices zugewiesen werden. Im Prinzip kann alles, was einen Listenkontext liefert, in eine Arrayvariable gesteckt werden.

```
# Zuweisung von Listen
@zahlen = (1, 2, 3);
@string = ("ab", "cd");
@mix_it = ("ef", 4, "gh");
@wortliste = qw/uno due tre/;

# Zuweisung von Arrays
@array_a = @array_b;

# Zuweisung von Rückgabewerten von Funktionen
# oder Operatoren
@words = split; # Alle Worte, die im String $_ waren, sind
                # nun Elemente von @words
```

```
@lines = <>;    # Alle Zeilen von STDIN sind nun in @lines

# Für alle nachfolgenden Beispiele sei
@a = ('a','b','c','d');

# Zuweisung von Slices
@b = @a[1,3];    # @b ist dann ('b','d');

# Zuweisung an Slices
@a[0,3] = ('y','z');        # @a: ('y','b','c','z');
@a[0,3] = ('y','z','x'); # @a: ('y','b','c','z');
@a[0..2] = ('y','z');     # @a: ('y','z',undef,'d');
@a[0,1] = ('y','z','x'); # @a: ('y','z','c','d');

# Zuweisung von Slices an Slices
@a[0,3] = @a[3,0];        # @a: ('d','b','c','a');
```

Die Indizierung von Arrayslices funktioniert bei Arrays genauso wie bei Listenslices, ebenso wie der Zugriff auf einzelne Elemente identisch ist, was wir aber gleich sehen werden.

4

Weder bei der Zuweisung, noch beim Einfügen oder Löschen von Elementen müssen Sie sich um Speicherallokation kümmern. Perl übernimmt diese Aufgabe für Sie.

4.7.2 Zugriff

Wie bereits erwähnt, funktioniert der Zugriff auf Listen und Array gleich. Auf einzelne Elemente wird über einen numerischen Index in eckigen Klammern nach dem Variablennamen zugegriffen. Beispiele für Arrayslices haben Sie ja schon im letzten Abschnitt zur Genüge vorgefunden.

```
# Lesender Zugriff
@alpha = 'A'..'Z';
$n = 15;
print "Der $n. Buchstabe im Alphabet ist ",
      $alpha[$n-1],".\n";

# Modizifizierender Zugriff
@bands = qw /Beatles Queen Igels BAP/;
# Modifiziert das 3. Element in @bands
$bands[2] = 'Eagles';
```

4.7.3 Einfügen von Elementen

Es gibt verschiedene Möglichkeiten Daten in ein Array zu bekommen. Eine haben wir bereits gesehen: Die Zuweisung. Was passiert, wenn wir bei der Zuweisung in der Form `$array[1000]` einen Index angeben, der im Array noch gar nicht existiert? Dazu wäre es interessant erst einmal zu erfahren, wie viele Elemente ein Array eigentlich hat.

Anzahl der Elemente

Wird ein Array in den skalaren Kontext gebracht, liefert es die Anzahl der Elemente zurück. Erfolgt dies nicht während einer Zuweisung an einen Skalar, kann dies explizit mit der Funktion `scalar` erreicht werden:

```
@alpha = 'A'..'Z';

$letters = @alpha;
print "Das Array \@alpha hat $letters Elemente.\n";

# Probe
print 'Das Array @alpha hat ',
      scalar @alpha,
      " Elemente.\n";
```

Der Index des letzten Elementes eines Arrays mit dem Namen `@array` ist in der speziellen Variablen `$#array` gespeichert. Warum diese Redundanz? Die Anzahl der Elemente scheint doch immer eines mehr zu sein als der letzte Index. Dem ist historisch bedingt leider nicht so. Man erachtete es früher als eine gute Sache, den Index des ersten Elementes über die spezielle Variable `$[` festlegen zu können, da ein Array, welches beispielsweise drei Elemente beinhaltet, die auf den Indizes 60000, 60001 und 60002 liegen, ein Array von 60003 Elementen allokiert. Setzt man den Index des ersten Elements auf 60000, kann man über die drei Indizes 60000, 60001 und 60002 auf die drei Elemente zugreifen, aber das Array beinhaltet trotzdem nur drei Elemente. Hier wäre `3 == scalar @array` aber `60002 == $#array`.

Benutzen Sie `$[` *nicht. In* `perldoc perlvars` *wird strikt davon abgeraten! Zu Risiken und Nebenwirkungen befragen Sie bitte Ihre Perlnewsgruppe oder Ihren lokalen Perlwizard.*

Um auf der sicheren Seite zu sein, sollten Sie `$#array` anstelle von `@array - 1` benutzen.

Indexzugriff

Ein Element kann in ein Array eingefügt werden, indem man einen Index bei der Zuweisung eines Wertes an ein Arrayelement angibt, der mindestens `$#array + 1` betragen muss.

```
@a = qw /a b c d e/;
$a[$#a + 1] = 'f'; # @a: qw/a b c d e f/;
print "@a\n";
$a[9999] = 'h';     # @a hat nun 10000 Elemente, von denen
                    # die meisten undef sind
$#a = 19999;        # @a hat jetzt 20000 Elemente
print scalar @a;    # 20000
```

War ein Array vor der Zuweisung `$a[99]="string";` leer, so hat es nun 99 Elemente mit dem Wert `undef` und das letzte Element hat den Wert `"string"`.

Wird `$#a` als Lvalue benutzt, kann die Größe des Arrays verändert werden, sowohl um ihn zu vergrößern als auch um das Array zu verkürzen.

push

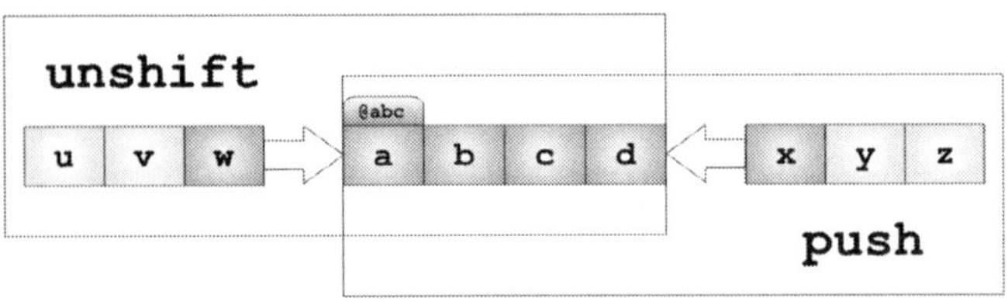

Bild 4.1: push und unshift

Rechts an das Array fügen Sie Elemente mit der Funktion `push` an. Dabei können sowohl einzelne Elemente als auch Listen von Elementen übergeben werden:

```
@greek = ('Zeus','Aphrodite');
@roman = ('Jupiter');
push @roman,'Mars';   # @roman: ('Jupiter','Mars')
push @roman,@greek;

# @roman: ('Jupiter','Mars','Zeus','Aphrodite')
```

unshift

Was push auf der rechten Seite macht, erledigt unshift auf der linken Seite des Arrays:

```
@peoples = ('Inka');
unshift @peoples,'Kelten';
# @peoples: ('Kelten','Inka')

unshift @peoples,'Babylonier','Nubier';
# @peoples: ('Babylonier','Nubier','Kelten','Inka')
```

4.7.4 Löschen von Elementen

Wie bereits im vorgehenden Abschnitt gesehen haben, können durch Setzen von $#array auf einen kleineren Index als den letzten rechts im Array Elemente abgeschnitten werden. Durch $#array = -1 kann der String geleert werden, jedoch ist aus Lesbarkeitsgründen @array = (); vorzuziehen. Daneben gibt es noch vier andere Funktionen, um Daten aus Arrays zu löschen: delete, pop, shift und splice. Jede hat aber außer dem Löschen noch Zusatzfunktionalität.

delete

delete setzt das durch einen Index angegebene Element auf den Wert undef und liefert dessen Wert zurück. Wurde der Index des letzten Elementes im Array angegeben, wird das Array verkürzt.

```
@a='a'..'z';
$buchstabe = delete($a[25]);
print "$buchstabe\n";  # z
print @a,"\n";         # abcdefghijklmnopqrstuvwxy
```

pop

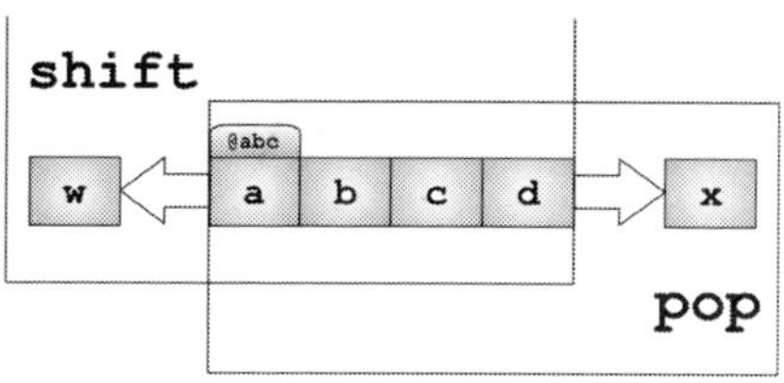

Bild 4.2: pop und shift

pop entfernt auf der rechten Seite des Arrays ein Element (also das mit dem Index $#array) und liefert es zurück. Häufig wird dieser Wert einem Skalar zugewiesen:

```
@enterprise = ('TOS','DS9','Voyager','TNG');

$next2watch = pop(@enterprise);
# $next2watch: 'TNG'
# @enterprise: ('TOS','DS9','Voyager');

while($series = pop(@enterprise)) {
  print "$series\n"; # Voyager, DS9, TOS
                     # da TNG bereits entfernt wurde
}

# @enterprise: ()
```

Ist kein Element mehr im Array vorhanden, liefert pop den Wert undef. push und pop implementieren quasi einen Stack auf Arrays.

shift

Entfernt links ein Element aus dem Array und liefert es zurück. Ist kein Element mehr im Array vorhanden, liefert shift den Wert undef.

```
@gestein = ('Basalt','Marmor');
$var = shift(@gestein);
# $var:     'Basalt'
# @gestein: ('Marmor');
```

Häufig wird shift in Subroutinen verwendet um die übergebene Parameterliste aus @_ zu extrahieren oder im Hauptprogramm zur Analyse der übergebenen Kommandozeilenparameter aus @ARGV.

splice

Die Funktion splice löscht in einem Array Elemente. Bei Bedarf fügt es für die gelöschten Elemente neue ein. Dabei muss die Anzahl der gelöschten Elemente nicht mit der Anzahl der neu eingefügten Elemente übereinstimmen. splice akzeptiert bis zu vier Argumente, die bis auf das übergebene Array von hinten her optional sind.

```
@abc = qw/a b c d e/;
splice @a,0,2;          # @abc: ('c','d','e');
```

```
@xyz = qw/x y z/;
@abc = qw/a b c d e/;

$offset = 1;
$length = 2;
splice(@abc, $offset, $length, @xyz);

                        # @abc: ('a','x','y','z','d','e');
```

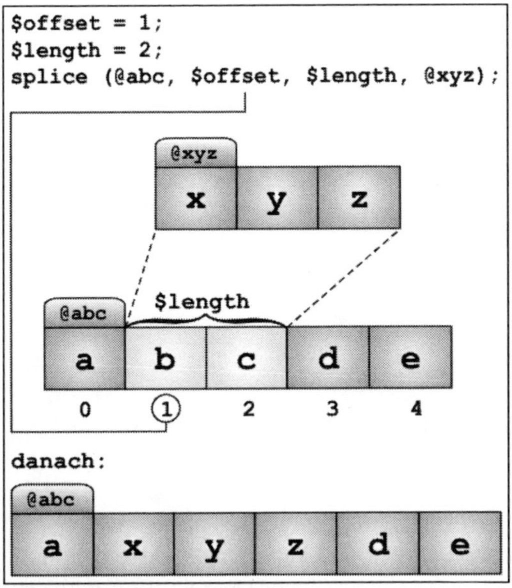

Bild 4.3: Die Funktion splice

Generell übergeben werden muss das Array, auf dem die Operation ausgeführt werden soll. Folgen sonst keine Parameter, wird das gesamte Array geleert. Folgt ein Offset, wird das Array ab der Position des Offsets (Index) gelöscht. Folgt dem Offset eine Länge *n*, werden ab dem Offset *n* Elemente gelöscht. Ist die Parameterliste vollständig und wird ein Array oder eine Liste als Abschlussparameter angegeben, wird der gelöschte Teil durch die Elemente des vierten Arguments ersetzt.

4.7.5 Ausgabe mit print

Wenn Sie ein Array mit `print @array;` ausgeben, werden alle Elemente des Arrays ohne Zwischenräume an die Standardausgabe geschickt. Im interpolativen Stringkontext dagegen werden die einzelnen Werte des Arrays durch ein Leerzeichen getrennt in den String interpoliert: `print "\@array: @array\n";`. Beachten Sie: Wenn das @-Zeichen selbst im inpolativen Kontext ausgegeben werden soll, muss es mit \ entwertet werden.

4.7.6 Traversieren

Zuweilen will man alle Elemente eines Hashes in einer Schleife durchlaufen. Dazu kann man entweder `for` oder `foreach` nutzen:

```
@sports = ('Golf','Tauchen','Baseball','Hallenhalma');

for($i=0;$i <= $#sports;$i++) {
  print "$sports[$i]\n";
}

foreach $fun (@sports) {
  print "$fun\n";
}
```

Beide Kontrollstrukturen werden ausführlich im gleichnamigen Kapitel erläutert.

map

Die Funktion `map` wird dazu benutzt, aus einer Eingabeliste eine neue Liste zu generieren und auf jedem Element eine Operation auszuführen.

```
@real = (3.1415,42.546,1000.007);
@integer = map { $_ = int($_); } @real;
print "@real\n"; # 3 42 1000
# ------------------------------------
@things = ('my house','my car','my boat');
@nomen = map {
              substr($_,0,3) = "";
              $_ = ucfirst($_);
            } @things;
print "@nomen\n"; # House Car Boat
# -------------------------------------
```

```
@computer = ('H','A','L');
@bigblue = map { $_++; $_;} @computer;
print @bigblue,"\n"; # IBM
```

`map` benötigt einen Block, in dem festgelegt wird, was mit den einzelnen Elementen geschehen soll. Jedes einzelne Element wird in die spezielle Variable `$_` gesteckt, auf der dann Operationen durchgeführt werden können. Der Rückgabewert des Blockes wird in das neue Array oder den Listenkontext eingefügt. Achten Sie darauf, dass auch wirklich der richtige Wert den Block verlässt. Selbst wenn der Wert von `$_` mit der letzten Operation modifiziert wurde, muss das noch nicht bedeuten, dass dies auch der Rückgabewert der Blockes ist. Der Rückgabewert eines Blockes ist immer das Ergebnis der letzten Anweisung im Block.

Hinter dem Block steht dann die Liste (oder das Array), die (das) traversiert wird.

```
@a = map { ($_,$_*2)} 1..5;

print "@a\n"; # 1 2 2 4 3 6 4 8 5 10
```

Normalerweise hat die Ergebnisliste genauso viele Elemente wie die Liste, die `map` übergeben wird. Es können aber aus dem Block eine beliebige Anzahl von Elementen zurückgeliefert werden.

grep

Syntaktisch sind sich `map` und `grep` sehr ähnlich. Auch nach `grep` wird ein Block definiert, dem eine Eingabeliste folgt. Innerhalb des Blockes wird dann aber entschieden, ob ein Element in die Ausgabeliste soll oder ob nicht. Dazu muss anhand der speziellen Variablen `$_` entschieden werden, ob das Element aufgenommen werden soll oder ob nicht. Soll das Element aufgenommen werden, so muss der Block `true` liefern, ansonsten `false`.

```
@numbers = (1000, 85, 700, 1230, 5000);
@bignumbers = grep { $_ >= 1000 } @numbers;
print "@bignumbers\n";
# 1000 1230 5000

@foo = grep (!/^#/, @bar);  # Kommentare entfernen
@foo = grep {!/^#/} @bar;   # Äquivalent
```

Häufig wird grep mit regulären Ausdrücken verwendet. Die Eingabeliste wird dabei zumeist nach textuellen Kriterien gefiltert.

4.7.7 Sortieren

Mit sort können Sie sowohl eine Liste von Strings als auch eine Liste von Zahlen sortieren. Standardmäßig interpretiert sort die Argumente als Strings und arbeitet darum mit dem Stringvergleichsoperator cmp. Sie können aber auch andere Sortierkriterien angeben. Dies ist das Haupteinsatzgebiet des Sortieroperators <=>. Wenn Sie $a und $b vertauschen, können Sie die Liste nach abnehmenden Werte sortieren.

```
@strings   = sort (56, 1, 234);
@zahlen    = sort { $a <=> $b } (56, 1, 234);
@countdown = sort { $b <=> $a } (5, 6, 1, 2, 3, 4, 0);

print "Dies ist die Standardsortierung: @strings\n";
# 1 234 56

print "Und dies die numerische Sortierung: @zahlen\n";
# 1 56 234

print "Hier kommt der Countdown: @countdown\n";
# 6 5 4 3 2 1 0
```

Die Funktion sort steckt nach und nach paarweise die Elemente der zu sortierenden Liste in die Variablen $a und $b. Mit diesen Variablen können Sie beliebige Operationen durchführen, ihnen Werte zuweisen sollten Sie jedoch nicht. Sie modifizieren damit die zu sortierende Liste.

ACHTUNG *Benutzen Sie in Ihren Programmen nach Möglichkeit außerhalb von* sort *nicht die Variablen* $a *und* $b*. Sie sollten für die* sort*-Funktion reserviert bleiben.*

Ist die Inline-Sortiersubroutine zwischen den geschweiften Klammern so klein wie in den obigen Beispielen, so kann sie auch in dieser Form stehen bleiben. Werden über komplexere Verfahren die Variablen $a und $b verglichen, so bietet sich die Verwendung einer Sortiersubroutine an. Ihr Aufruf wird syntaktisch zwischen dem Schlüsselwort `sort` und der zu sortierenden Liste positioniert: `sort mysortfunc @array`. Die Definition dieser Subroutine kann an beliebigen Stellen im Code erfolgen. Ihr werden nach und nach alle Elemente der Liste übergeben. Sie muss drei verschiedene Werte zurückliefern:

- `-1`, wenn `$a` *kleiner* ist als `$b`. Den Begriff *kleiner* definieren hier Sie! So ist es beispielsweise denkbar, dass Sie eine Liste von Elementen vom Typ `"Vorname Namename"` haben, diese aber nach dem Nachnamen zuerst sortieren möchten. Dann ist `$a` genau dann *kleiner* als `$b`, wenn `"NachnameA VornameA"` alphabethisch kleiner als `"NachnameB VornameB"` ist.
- `0`, wenn `$a` gleich `$b` ist.
- `1`, wenn `$a` *größer* als `$b`.

Wie Sie ja wissen, liefern die beiden Vergleichsoperatoren `cmp` und `<=>` diese Rückgabewerte.

ACHTUNG *Häufig werden diese Operatoren nicht richtig eingesetzt. `cmp` vergleicht Strings und `<=>` ist für den numerischen Vergleich da. Vergleichen Sie Daten mit den falschen Operatoren, werden Sie sich wundern, warum die Sortierroutine Mist liefert.*

Sie müssen nicht notwendigerweise in der Sortierroutine irgendwo `return -1`, `return 0` und `return 1` stehen haben, wenn Sie den letztendlichen Vergleich mit den Vergleichsoperatoren `cmp` oder `<=>` abbilden können.

```
while(<>) {
  chomp;
  push @wordlist,$_;
}

print "Die Wortliste nach Reimfaktor sortiert:\n\n";
print map { "$_\n" } sort mysortfunc @wordlist;

sub mysortfunc {
  return reverse($a) cmp reverse($b);
}
```

```
# Gibt:
vordefinierten, kopierten, deklarierten, separierten,
unnummerierten, integrierten, wohlstrukturierten,
standardisierten, lokalisierten, formatierten, exitierten,
funktionsorientierten, objektorientierten, repäsentierten,
quotierten, exportierten, evaluierten
```

Das Programm definiert eine Sortierroutine, in der der `cmp`-Vergleichsoperator das Zurückliefern der `-1`, `0` beziehungsweise `1` übernimmt. Verglichen werden jeweils die `reverse`-Werte zweier Worte. Sie sollten natürlich auf beiden Seiten des Vergleichsoperators die gleichen Ausdrücke stehen haben (einmal mit `$a` und einmal mit `$b`), da ansonsten die Sortierung auch nicht funktioniert.

4.7.8 Aufteilen und Zusammenfügen von Strings

Wie die Überschrift schon sagt, gehört dieser Abschnitt eigentlich zu Strings. Aber ohne das Wissen von Listen macht er dort keinen Sinn. Eigentlich macht er ohne das Wissen von regulären Ausdrücken auch nicht so wahnsinnig viel Sinn, aber letztendlich ist er bei einem nach Themengebieten aufgeteilten Buch an dieser Stelle am ehesten gut aufgehoben.

split

Mit `split` kann ein String anhand bestimmter Merkmale aufgeteilt werden. Die einzelnen Teile werden dann in einer Liste zurückgeliefert. Einen Satz kann man beispielsweise anhand der Leerzeichen in Worte unterteilen, aber auch durch die im Satz vorhandenen Kommata. Diese Merkmale werden bei `split` durch einen regulären Ausdruck beschrieben, der `split` als erstes Argument übergeben wird. Als zweites Argument nimmt `split` den String, der aufgeteilt werden soll. Die aufgeteilten Fragmente der Strings (Worte oder Haupt- und Nebensätze oder wie der reguläre Ausdruck den String auch immer unterteilen mag) werden in einer Liste zurückgeliefert.

```
# Der Standard: Aufteilung in Worte, also Leerzeichen
# am Anfang der Zeile ignorieren, ein Wort entspricht
# all dem, was zwischen Whitespaces liegt.
while(<>) {
  @fields = split; # Alle Worte der Zeile sind in @fields
}
```

```
# Aufteilung nach Kommata, Zuweisung an Liste
$str="OO Progr. mit Perl,D. Conway,3-82731-812-2,44.95";
($title,$author,$isbn,$price) = split(/,/,$str);

# Allseits beliebtes Beispiel: Einlesen einer
# UNIXpasswortdatei und Aufteilung der Felder;
open(IN,"/etc/passwd") or die "Cannot open: $!";
while($line=<IN>) {
  ($user,$uid,$gid) = (split /:/,$line)[0,2,3];
  print "$user,$uid,$gid\n";
}
close(IN);
```

Die Zeichen, die durch den regulären Ausdruck erkannt werden, sind nicht mehr Bestandteil der zurückgelieferten Liste.

join

Die Funktion `join` setzt Listen zu einem String zusammen. Dabei kann als erstes Argument angegeben werden, welche Zeichenkette zwischen den Elementen der übergebenen Liste stehen soll.

```
print join("\t",@array);
# Alle Elemente werden durch Tabulator getrennt ausgegeben

$zahlen = join(", ",1..10);
# $zahlen: '1, 2, 3, 4, 5, 6, 7, 8, 9, 10'

$str="OO Progr. mit Perl,D. Conway,3-82731-812-2,44.95";
print join("|",split(/,/,$str));
# OO Progr. mit Perl|D. Conway|3-82731-812-2|44.95
```

4.8 Hashes

Ein großer Nachteil von Arrays ist, dass man immer genau wissen muss, an welcher Stelle im Array ein spezifisches Datum steht, da das Referenzieren der Werte immer über einen Index geht, der die Stelle im Array markiert, wo das Datum zu finden ist. Will man also beispielsweise mit Arrays verwalten, wie häufig welche Worte in einer Wortliste vorkommen, so ist dies relativ aufwändig, da man in der Regel die Hälfte der Liste sequentiell durcharbeitet muss um festzustellen, an welcher Position, an welchem Index ein Wort in dem Wortlistenarray abgespeichert ist.[19]

Folgender Code illustriert eine mögliche Vorgehensweise mittels Arrays:

```
#!/usr/bin/perl -w

our @wl = ();   # Wortliste
our @wc = ();   # Häufigkeit der Worte

while(<>) {
  chomp;
  foreach my $word (split) {
    my $found = 0;
    for(my $c = 0;$c < @wl;$c++) {
      if($wl[$c] eq $word) {   # Wort in Liste gefunden ?
        $found = 1;
        $wc[$c]++;             # Wordcounter erhöhen
        last;
      }
    }
    unless($found) {
      push @wl, $word; # Wort einfügen
      push @wc, 1;     # Wordcounter auf 1 setzen
    }
  }
}

# Ausgabe der Worte samt deren Häufigkeit
for(my $c = 0;$c < @wl;$c++) {
  print "$wl[$c] $wc[$c]\n";
}
```

Dies mag für kleine Datenmengen noch praktikabel sein, bringt aber bei größeren Datenmengen deutliche Laufzeitprobleme des Programmes mit sich, weil ja im Schnitt immer das halbe Wortlistenarray durchlaufen werden muss, es sei denn Sie verwenden die binäre Suche.

19. Es sei denn, Sie halten die Liste sortiert und verwenden binäres Suchen, was aber den Programmieraufwand deutlich erhöht.

Um derartige Probleme eleganter lösen zu können definiert Perl einen sehr mächtigen Datentyp: Hashes. Das gleiche Beispiel nun mit Hashes:

```
#!/usr/bin/perl -w

%words = ();    # Hash mit dem Namen words
                # Schlüssel = Wort
                # Häufigkeit = Wert

while(<>) {
  chomp;
  foreach my $word (split) {
    $words{$word}++;
  }
}

# Ausgabe
foreach my $word (sort keys %words) {
  print "$word $words{$word}\n";
}
```

Wie Sie sehen, ist das zweite Beispiel deutlich kürzer und außerdem wesentlich weniger fehleranfällig, da Sie nicht mit zwei Arrays hantieren müssen.

4.8.1 Was sind Hashes?

Hashes sind Datenstrukturen, in denen mit einfachen Handgriffen sehr effizient Daten abgelegt und auch wieder gefunden werden können. Wie Sie sehen, ist das Beispiel mit Hashes deutlich kürzer und zudem werden die Worte mit ihren zugehörigen Häufigkeiten auch noch sortiert ausgegeben. Bei dem Beispiel mit Arrays hätten wir damit unsere liebe Not.

Hashes, oder assoziative Arrays, wie sie auch manchmal genannt werden, beinhalten grundsätzlich immer Wertepaare. Diese Wertepaare bestehen aus einem so genannten Schlüssel und einem dazugehörigen Wert. Wie bei Arrays können in Hashes nur Skalare abgelegt werden. Schlüssel und zugehöriger Wert sind also beides Skalare.

4.8.2 Eigenschaften

Hashes unterscheiden sich grundsätzlich von Arrays. Eigenschaften von Hashes:

- Innerhalb eines Hashes haben die Wertepaare keine Beziehung zueinander, es besteht lediglich eine Beziehung zwischen einem Schlüssel und dem zugehörigen Wert.
- Der gleiche Hashschlüssel kann nicht mehrfach im Hash vorkommen. Gleiche Werte zu verschiedenen Schlüsseln jedoch schon. Ein einfaches Beispiel: Postleitzahlen. Jeder Postleitzahl ist ein Ort zugeordnet. Zwei Postleitzahlen können auf den gleichen Ort verweisen. In diesem Fall würde man den Hash so aufbauen, dass die Postleitzahl dem Schlüssel entspricht und der zugehörige Wert wäre dann der Ort.

  Würde man den Hash anders herum aufbauen, so hätte man ein Problem. Wäre der Ort der Schlüssel und die zugehörige Postleitzahl der Wert, so ginge dies bei kleinen Orten mit nur einer Postleitzahl gut. Größere Orte hingegen könnten im Hash nicht so einfach gespeichert werden, da ihnen mehrere Postleitzahlen zugeordnet sind und zu einem Schlüssel immer nur ein Wert vorhanden sein kann.[20]
- Hashes sind grundsätzlich unsortiert.[21] Traversiert man ein Hash, kommen die Wertepaare nicht in der Reihefolge aus dem Hash, in der sie in das Hash vorher eingefügt wurden.
- Intern werden Hashes auch als Hashtabellen abgespeichert, was den Zugriff sehr effizient macht.
- Obwohl Arrays Hashes zugewiesen werden können und umgekehrt, kann auf Hashes kein `push` oder `pop` ausgeführt werden. Da Hashes unsortiert sind und keinen Anfang und kein Ende haben, würde dies auch keinen Sinn machen.
- Hashes werden durch das Prozentzeichen `%` gekennzeichnet: `%hash`.

20. Es sei denn man benutzt komplexe Datenstrukturen und legt als Schlüssel eine Referenz auf ein Array ab. Aber auch dann ist der Wert ein Skalar, hinter dem sich jedoch wieder andere Datenstrukturen verbergen können. Siehe Kapitel 10.
21. Na ja, fast grundsätzlich. Das Perlmodul `Tie::IxHash` erlaubt das Traversieren von Hashes in der Reihenfolge, in der die Elemente hineingekommen sind. Darunter leidet aber die Performanz des Programmes.

4.8.3 Zuweisung

Wir werden die weiteren Beispiele anhand von Postleitzahlen und Orten aufzeigen. Zugegeben, ein nicht unbedingt aufregendes Anwendungsgebiet, aber daran lassen sich fast alle Möglichkeiten der Verwendung von Hashes erklären.

Die Initialisierung von Hashes sieht fast genauso aus wie die Initialisierung von Arrays:

```
# Leerer Hash
%plz = ();

# Hash mit Daten
%plz = (
        '90763','Fürth',
        '91052','Erlangen',
        '90768','Fürth',
        '84056','Rottenburg'
       );
```

Die einzelnen Schlüssel/Werte-Paare werden also einfach als eine Liste von Werten geschrieben, um die runde Klammern gesetzt sind. Würde man die Liste genauso nummerieren wie die Indizes in Arrays (beginnend mit 0), so wären die geraden Elemente die Schlüssel und die ungeraden die dazugehörigen Werte.

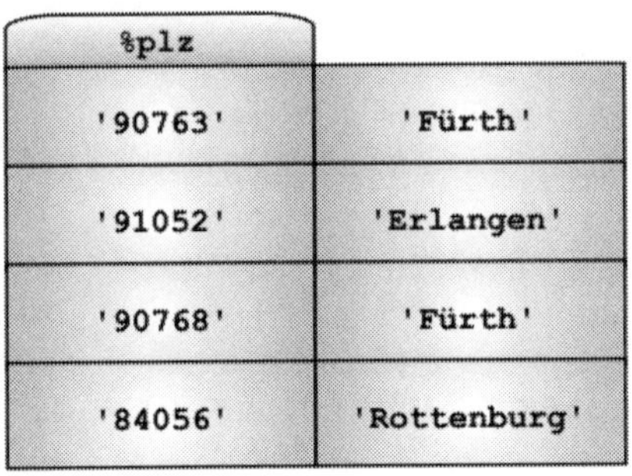

Bild 4.4: Der Hash %plz

Da dies nicht sonderlich lesbar ist, wenn mehrere Schlüssel/Werte-Paare in einer Zeile stehen, gibt es in Perl den =>-Operator, der zwischen Schlüssel und Wert eingefügt werden kann:

```
%plz = (
        '90763' => 'Fürth',
        '91052' => 'Erlangen',
        '90768' => 'Fürth',
        '84056' => 'Rottenburg'
       );
```

Auch wenn nun mehrere Paare in einer Zeile stehen, ist immer klar, was der Schlüssel und was der Wert ist. Der `=>`-Operator hat noch einen weiteren Vorteil: Er erlaubt die relativ gefahrlose Benutzung von Barewords als Schlüssel. Häufig werden in Hashes `struct`-ähnliche Datenstrukturen abgebildet, wie sie aus C bekannt sind:

```
%myprinter = (
              model  => 'HP Laserjet',
              trays  => 2,
              print  => 'enabled',
              sort   => 'not available'
             );
```

Mit dem `=>`-Operator funktioniert dies problemlos. Setzen Sie hier das Komma als Trenner, bekommen Sie Fehlermeldungen, da `print` und `sort` als Funktionen interpretiert werden.

Wird ein Hash einem Array zugewiesen `@array = %hash;`, so beinhaltet das Array danach an den geradzahligen Indizes die Schlüssel und an den ungeradzahligen Indizes die Werte.

Wird umgekehrt einem Hash ein Array zugewiesen `%hash = @array;`, so verwendet das Hash die geradzahligen Indizes als Schlüssel und die ungeradzahligen Indizes als Werte.

4.8.4 Zugriff

Ganzer Hash

Der Zugriff auf den ganzen Hash ist einfach:

```
%neueplz = %alteplz;
```

Einem Hash kann ein anderer Hash ganz einfach mit dem =-Zeichen zugewiesen werden. Dabei werden alle Werte aus dem Hash rechts der Zuweisung in den Hash links davon kopiert.

Einzelne Elemente

Der Zugriff auf einzelne Elemente ist anders als bei Arrays. Arrays haben für den Zugriff auf einzelne Elemente einen numerischen Index: `$array[17]`. Um den Wert zu einem zugehörigen Schlüssel in einem Hash zu ermitteln, benutzt man den Schlüssel als Index. Im Gegensatz zu Arrays wird der Index aber in geschweifte Klammern gesetzt:

```
$ort = $plz{'90763'};  # $ort == 'Fürth'

$p = '84056';
print "Die Postleitzahl $p gehört zum Ort ", $plz{$p},".\n";
```

Als Index verwendet ein Hash immer einen String, über den Sie auf den entsprechenden Wert zugreifen können. Ist der verwendete Ausdruck für den Schlüssel (Index) kein String, so wird er in einen String konvertiert.[22] Wir hätten also auch schreiben können `$ort = $plz{90763};` und hätten das gleiche Ergebnis bekommen.

Hashslices

Ähnlich wie bei Listen- oder Arrayslices kann man auch mehrere Werte eines Hashes referenzieren. Dies wird als Hashslice bezeichnet.

```
%plz = ('84056' => 'Rottenburg',
        '90768' => 'Führt',
        '91052' => 'Bamberg');

@plz{'90768','91052'} = ('Fürth','Erlangen');
#% plz hat nun drei korrekte Schlüssel/Werte-Paare

print "@plz{'84056','91052'}\n";
# Rottenburg Erlangen
```

Beachten Sie, dass vorne wieder das @-Zeichen steht, da der referenzierte Wert eine Liste ist.

In die geschweiften Klammern werden die referenzierten Hashschlüssel gestellt. Die entsprechenden Werte zu den Schlüsseln können wie im ersten Beispiel gesetzt oder aber referenziert werden (zweites Beispiel).

22. Verwenden Sie nie Referenzen als Schlüssel. Sie können ansonsten nicht mehr über die Referenz auf den zugehörigen Wert zugreifen. Siehe auch Kapitel *Referenzen*.

4.8.5 Einfügen von Elementen

Das Einfügen von Elementen in Hashes ist trivial:

```
%plz = ();

# Einfügen eines einzelnen Elementes:
$plz{'91054'} = 'Erlangen';

# Einfügen über ein Hashslice
@plz{'90768','91052'} = ('Fürth','Erlangen');
```

Ein neuer Schlüssel und der dazugehörige Wert werden einfach durch Zuweisung in das Hash gebracht. Dies funktioniert sowohl mit Einzelwerten, als auch mit Hashslices.

Bitte beachten Sie: Wenn ein Schlüssel bereits existiert, wird kein neuer Schlüssel eingefügt (Hashes haben ja keine doppelt vorkommenden Schlüssel), sondern der Wert des bereits vorhandenen Schlüssels wird modifiziert.

```
1 # Aus dem Programm zur Zählung der Worthäufigkeit
2 while(<>) {
3   chomp;
4   foreach my $word (split) {
5     $words{$word}++;
6   }
7 }
```

Zeile 5 liest sich dabei so: Ist der Schlüssel `$word` im Hash `%words` noch nicht vorhanden, lege ihn neu an und setze den zugehörige Wert auf 0. Inkrementiere den Wert von `$words{$word}`.

Das Neuanlegen bei Nichtexistenz wird Autovivikation genannt.

4.8.6 Löschen von Elementen

```
delete $plz{'91054'};
```

Aus dem Hash wird wie aus Arrays mit der `delete`-Funktion das entsprechende Schlüssel/Werte-Paar gelöscht und der Schlüssel zurückgeliefert. Existierte das Element nicht, liefert `delete` den Wert `undef`. `delete` kann auch ein Hashslice übergeben werden.

Sie können mit der Funktion `exists` überprüfen, ob ein bestimmter Schlüssel überhaupt im Hash existiert:

```
print "Existiert\n" if exists $hash{$key};
print "Definiert\n" if defined $hash{$key};
print "True\n"      if $hash{$key};
```

Überprüfen Sie nicht mit `defined`*, ob ein Schlüssel vorhanden ist. In einem Hash kann zwar ein Schlüssel vorhanden, der zugehörige Wert aber* `undef` *sein.* `defined` *würde dann* `false` *liefern.*

Um ein ganzes Hash zu löschen ist es am effizientesten, das Hash auf den Wert einer leeren Liste zu setzen: `%hash=();`

4.8.7 Traversieren

Wie durchläuft man ein Hash, wenn es doch keinen Anfang und kein Ende hat und die Schlüssel nicht bekannt sind? Die Indizierung wie bei Arrays schlägt damit fehl. Glücklicherweise bietet Perl Methoden an, um Hashes, die ja ansonsten nutzlos wären, zu traversieren.

each

Wird die Funktion `each` im Listenkontext aufgerufen, liefert sie aus einem Hash das nächste Paar von Schlüssel und Wert. Auch diese Werte werden meistens nicht in der Reihenfolge zurückgeliefert, in der sie in das Array gesteckt wurden. Ist das Ende der Liste erreicht, liefert `each` die leere Liste, die im booleschen Kontext mit `false` interpretiert wird. Häufig wird `each` in einer `while`-Schleife aufgerufen:

```
%plz = (
        '90763','Fürth',
        '91052','Erlangen',
        '90768','Fürth',
        '84056','Rottenburg'
       );

while(($postleitzahl,$ort) = each %plz) {
  print "$postleitzahl => $ort\n";
}
# Gibt:
# 84056 => Rottenburg
```

```
# 90763 => Fürth
# 91052 => Erlangen
# 90768 => Fürth
```

Im Skalarkontext wird nur der Schlüssel zurückgeliefert:

```
%plz = (
        '90763','Fürth',
        '91052','Erlangen',
        '90768','Fürth',
        '84056','Rottenburg'
       );

while($postleitzahl = each %plz) {
  print "$postleitzahl => $plz{$postleitzahl}\n";
}
# Gibt auch:
# 84056 => Rottenburg
# 90763 => Fürth
# 91052 => Erlangen
# 90768 => Fürth
```

4

keys

Die Funktion `keys` liefert eine Liste der Schlüssel des übergebenen Hashes zurück. Auch sie ist unsortiert. Mit der Kontrollstruktur `foreach` kann man dann aber bequem über das Hash traversieren:

```
%plz = (
        '90763','Fürth',
        '91052','Erlangen',
        '90768','Fürth',
        '84056','Rottenburg'
       );

foreach $postleitzahl (keys %plz) {
  print "$postleitzahl => $plz{$postleitzahl}\n";
}
# Gleicher Output wie oben
```

Natürlich können Sie während des Traversierens nicht nur die Schlüssel und Werte anzeigen lassen, sondern auch durch eine Zuweisung den Wert des entsprechenden Elementes ändern.

values

Während keys die Schlüssel eines Hashes liefert, liefert values die Werte des Hashes.

```
%verkaufspreis =  (
                   'BMW 316'  => 10500,
                   'A4 1.8'   => 18900,
                   'VW Käfer' =>  9999
                  );
$summe = 0;
foreach $preis (values %verkaufspreis) {
  $summe += $preis;
}
print "Gesamtsumme: $summe\n"; # Gesamtsumme: 39399
```

Zu einem Wert kann aber nicht so einfach der zugehörige Schlüssel herausgefunden werden. Prinzipiell macht das auch keinen Sinn, weil Werte mehrfach vorkommen können, Schlüssel aber nur einfach.

Die Werte können in der Schleife modifiziert werden.

```
%verkaufspreis = (
                   'BMW 316'  => 10500,
                   'A4 1.8'   => 18900,
                   'VW Käfer' =>  9999
                 );

foreach $preis (values %verkaufspreis) {
  $preis -= 500;
}

foreach $auto (keys %verkaufspreis) {
  print "$auto => $verkaufspreis{$auto}\n";
}
# Gibt:
# A4 1.8 => 18400
# BMW 316 => 10000
# VW Käfer => 9499
```

4.8.8 Anzahl der Elemente

Die Zuweisung eines Hashes an einen Skalar bringt nicht die Anzahl der Elemente des Hashes ans Tageslicht (siehe auch `perldoc perldata`). Verwenden Sie hierzu `$anzahl = keys %hash;`

4.8.9 Sortieren

Während Sie mit den Hashes arbeiten, also Daten einfügen, löschen oder modifizieren, ist es normalerweise nicht notwendig, den Hash zu sortieren. Interessant wird dies erst bei der Ausgabe. Üblicherweise werden einfache Hashes entweder nach den Schlüsseln oder nach den Werten sortiert.

Die Sortierung nach den Schlüsseln funktioniert über die `keys`-Funktion. In die Sortierroutine wird einfach die Liste aller Schlüssel gesteckt.

```
%verkaufspreis =  (
                    'BMW 316'   => 10500,
                    'A4 1.8'    => 18900,
                    'VW Käfer' =>  9999
                  );

foreach $auto (sort keys %verkaufspreis) {
  print "$auto $verkaufspreis{$auto}\n";
}
# Gibt:
# A4 1.8 18900
# BMW 316 10500
# VW Käfer 9999
```

Soll aber nach den Werten sortiert werden, wird es etwas komplizierter. Hierzu benötigen wir wieder eine eigene Sortierroutine. Diese kann inline sein oder explizit notiert werden.

```
%verkaufspreis =  (
                    'BMW 316'   => 10500,
                    'A4 1.8'    => 18900,
                    'VW Käfer' =>  9999
                  );
```

```
foreach $auto (sort pricesort keys %verkaufspreis) {
  print "$auto $verkaufspreis{$auto}\n";
}

sub pricesort {
  return $verkaufspreis{$a} <=> $verkaufspreis{$b};
}
# Gibt:
# VW Käfer 9999
# BMW 316 10500
# A4 1.8 18900
```

Der Sortierroutine werden wieder die Schlüssel des Hashes übergeben. Der Vergleich, welches Element nun als kleiner oder größer zu betrachten ist, was ja letztendlich die Sortierung beeinflusst, soll aber der jeweils zum Schlüssel zugehörige Wert sein. Deshalb greift man in der Sortierroutine mit den Variablen `$a` und `$b` auf die jeweiligen Werte zu. `$a` und `$b` beinhalten ja Schlüssel und damit ist der Ausdruck `$verkaufspreis{$a}` zum einen gültig und liefert zum anderen den Wert zum Schlüssel `$a`. Die beiden so zu `$a` und `$b` gewonnenen Werte können dann ganz einfach mit `<=>` numerisch verglichen werden.

Soll die Liste nach Verkaufspreis absteigend verglichen werden, vertauschen Sie einfach `$a` und `$b`.

5 Kontrollstrukturen

Gäbe es neben der Sequenz keine anderen Kontrollstrukturen, so gäbe es wohl auch nicht sonderlich viele sinnvolle Programme. Erst Alternativen und Schleifen geben Ihnen die Möglichkeit, aus der linearen Abarbeitung von Befehlen auszubrechen, aus verschiedenen Möglichkeiten auszuwählen und die gleichen Befehle mehrfach aufzurufen, ohne sie auch wirklich mehrfach notieren zu müssen.

Sicher sind Ihnen die Kontrollstrukturen von anderen imperativen[1] Programmiersprachen vertraut. Sie werden in diesem Kapitel vieles sehen, was in C sehr ähnlich notiert wird. Dieses Kapitel zeigt, wie in Perl Sequenzen notiert werden, welche Wahrheitauffassung Perl hat und wie man mit diesen Wahrheiten Alternativen und Schleifen steuert. Neben Gültigkeitsbereichen von Variablen lernen Sie kennen, wie man mit `eval` dynamisch erzeugten Code ablaufen lässt und welche Möglichkeiten es gibt, das Programm zu beenden.

5.1 Sequenzen

Eine Folge von Anweisungen, die nacheinander ausgeführt werden, ist die einfachste Kontrollstruktur in Perl: die Sequenz .

```
$the_answer = 42;
$the_question = "Nicht klar formuliert";
```

Natürlich wird zuerst die erste Anweisung und dann die zweite ausgeführt.[2] Die einzelnen Anweisungen werden hier durch das Semikolon getrennt. Eine Reihe von Anweisungen, die einen Subroutinenaufruf beinhalten, wird auch als Sequenz bezeichnet.

1. Bei imperativen Programmiersprachen werden Regeln, wie Daten zu verarbeiten sind, grundsätzlich in Anweisungen definiert. Beispiele für imperative Programmiersprachen sind Perl, C(++), Pascal oder ADA.
2. *Natürlich* nur deshalb, weil Perl eben eine imperative Programmiersprache ist. Dies sieht bei funktionellen (Beispiel: Haskell) und prädikativen (Beispiel: Prolog) Programmiersprachen ganz anders aus

Im skalaren Kontext gibt es zusätzlich den Kommaoperator (,), welcher hier als Trennzeichen von Anweisungen fungiert. Auch diese Anweisungen werden der Reihe nach abgearbeitet.

```
$n = 6, $m = 9, $the_answer = $n*$m;
                        # $the_answer == 42 oder so
print "Test",$b=2;  # $b ist zwar danach 2, aber es wird
                        # Test2 ausgegeben.
```

Ein Fallstrick ist der Listenkontext. Übersieht man, dass man sich im Listenkontext befindet, wirkt das Komma nicht als Trenner von Anweisungen, sondern als Listenseparator.

5.2 Blöcke

Als einen Block bezeichnet man alle Deklarationen und Anweisungen, die von zusammengehörigen geschweiften Klammern umgeben sind. Perl fasst einen Block als eine spezielle Anweisung auf, welche die Blockschachtelung ermöglicht, also das Ineinanderschachteln verschiedener Blöcke.


```
# einfacher Block
{
  $a=5;
  $b=6;
}
# geschachtelte Blöcke
while($var>4) {
  foreach (@array) {
    do_sth();
  }
}
```


Einem Block kann auch ein Label vorangestellt werden:

```
LABEL BLOCK
LABEL BLOCK continue BLOCK
```

Später mehr dazu.

5.3 True oder false?

Alternativen und Schleifen steuern den Programmfluss. Die Entscheidung, ob eine Schleife noch einmal durchlaufen wird oder ob der `if`- oder der `else`-Zweig einer Alternative abgearbeitet wird, entscheidet Perl anhand von Wahrheitswerten. Ist eine Bedingung wahr, so wird beispielsweise eine `while`-Schleife durchlaufen. Andernfalls wird sie nicht mehr ausgeführt.

Was ist nun wahr, was ist falsch? Eine große und ehrwürdige Fragestellung der Philosophie. Die Einstellung von Perl zur Wahrheit ist glücklicherweise viel entspannter.

Wahrheit wird nicht untersucht, Perl legt einfach fest, was unter *wahr* und *falsch* zu verstehen ist.

Wichtig ist nur, dass wir (und Perl!) genau wissen, wie diese Werte zu interpretieren sind und wie wir sie verknüpfen können.

Aber bleiben wir der Einfachheit halber bei *wahr* und *falsch*.

Logische Operatoren wie `and`, `||` oder `<=` liefern Werte, die von Perl als `wahr (true)` oder `falsch (false)` interpretiert werden.[3] Ausdrücke wie `($a < 5) and ($b eq "Hund")` tun dies natürlich auch.

Auch das Ergebnis eines komplexeren Ausdrucks, der nicht nur logische Operatoren beinhaltet, kann als wahr oder falsch interpretiert werden. Dies passiert immer dann, wenn der boolesche Kontext gefordert ist, also wenn eine Kontrollstruktur entscheiden muss, ob *der* Block oder *jener* ausgeführt werden soll.

Wahr definiert sich in diesem Fall einfach als *nicht falsch*. Vielleicht werden Sie denken: komische Definition. Aber für *falsch* gibt es einfache Regeln, für *wahr* müsste eine ziemlich große Menge von Möglichkeiten aufgezählt werden. Um exakt zu sein, sind per Perlweltdefinition genau fünf Ergebnisse von Ausdrücken wie `$a*4711-42*$b`

3. Eigentlich müssten wir hier gar nicht von *wahr* oder *falsch* sprechen, genauso gut könnten wir von *1* und *0*, von *gut* und *böse* oder von *Gurke* und *Kohlrabi* sprechen.

oder `$c . "A string"` oder `@a = @b[6,9,42,54];` als `falsch` zu interpretieren. *Wahr* hingegen ist der ganze Rest, überabzählbar[4] viele. Die fünf *falschen* Ergebnisse:

- Die Zahl 0.
- Der leere String.
- Der String `"0"` (null).
- Die leere Liste.
- `undef`.

`"00"` ist wahr. Zwar wird `"00"` im numerischen Kontext die Zahl 0, aber nicht im booleschen Kontext.

5.4 if

Die `if`-Anweisung kennt verschiedene Ausprägungen:

```
if(AUSDRUCK) BLOCK
if(AUSDRUCK) BLOCK else BLOCK
if(AUSDRUCK) BLOCK elsif (AUSDRUCK) BLOCK ... else BLOCK

ANWEISUNG if(AUSDRUCK);
ANWEISUNG1,ANWEISUNG2,... if(AUSDRUCK);
do BLOCK if(AUSDRUCK);
```

Die einfachste Form einer `if`-Anweisung:

```
if($the_answer == 42) {
  print "Die Antwort wird euch sicher nicht gefallen!\n";
}
```


4. Professoren für theoretische Informatik jonglieren gerne mit Begriffen wie *unendlich* oder *8 mal unendlich + 1*. Für uns reicht es, wenn wir wissen, dass es ziemlich viele sind. Jedenfalls mehr, als das Buch Seiten hätte um sie alle aufzuzählen.

C-Programmierer tappen hier gern mal in die Falle: Ein Block ist ein Block ist ein Block. Und ein Block wird per Definition in Perl generell von geschweiften Klammern umgeben. In C geht: `if(i>5) j++;`*. In Perl müssen die geschweiften Klammern notiert werden, auch wenn nur eine Anweisung folgt.*

Wenn der evaluierte Ausdruck wahr ist, wird der Block durchlaufen. Ist er falsch, wird der Block übersprungen.

```
if(wheather_is_nice()) {
  goto_swim();
} else {
  program_in_perl();
}
```

Wird `if` in dieser Form benutzt, wird die Bedingung evaluiert. Ist sie wahr, wird der erste Block ausgeführt. Andernfalls wird der Block nach `else` abgearbeitet.

```
if($money < -10000) {
  print "Gehen Sie zur Schuldnerberatung!\n";
} elsif ($money < -2000) {
  print "Möchten Sie einen super Sofortkredit?\n";
} elsif ($money < 4000) {
  print "Sie sind im grünen Bereich.\n";
} else {
  print "Können Sie mir Geld leihen?\n";
}
```

Bei der `if/elsif/.../elsif/else`-Konstruktion wird der erste Block ausgeführt, bei dem die Bedingung wahr ist. Ist keine Bedingung wahr, wird der `else`-Block durchlaufen. Stark verschachtelte Konstrukte dieser Art sind meistens schlecht lesbar und sollten, wenn möglich vermieden werden.

```
print "DEBUG: \$var = $var"  if($debug);
$i++, $j = 4 + $i  if($i < 10);
do { $i++; $j = 4 + $i; }  if($i < 10);
```

Bei einzelnen Anweisungen kann `if` auch nach hinten gestellt werden. Es sind dann keine geschweiften Klammern um die Anweisung notwendig. Dies kann lesbarer sein, wenn die Anweisung sehr kurz ist, bei langen Anweisungen kann die Lesbarkeit deutlich erschwert sein. Verwenden Sie diese Möglichkeit mit Bedacht.

Die gleiche Syntax kann auch bei mehreren durch Kommata getrennten Anweisungen benutzt werden, was die Lesbarkeit abermals erschwert und bei Anweisungen, die den Listenkontext erwarten, zu Problemen führen kann, wenn Klammern weggelassen werden.

`do` erlaubt es, einen Block als eine Anweisung erscheinen zu lassen, so dass auch hier das `if` nachgestellt werden kann. Es ist aber dann besser, die Form `if(AUSDRUCK) BLOCK` zu wählen.[5]

5.5 unless

`unless` weist syntaktisch genau die gleiche Struktur auf wie `if`. Der `unless`-Block wird jedoch nur dann ausgeführt, wenn die Bedingung nicht wahr ist:

```
print "\$i ist kleiner als 5!\n" unless($i >= 5);
```

Benutzen Sie `unless(AUSDRUCK)`, wenn Sie stattdessen schreiben müssten: `if(not AUSDRUCK)`.

5.6 Der Konditionaloperator

Die Überschrift sagt es bereits. Das ternäre `AUSDRUCK1 ? AUSDRUCK2 : AUSDRUCK3` ist eigentlich ein Operator. Da der Konditionaloperator aber den Programmfluss durch eine Alternative wie `if` beeinflusst, wird er hier erklärt.

Er ähnelt in der Funktionalität stark einer `if-else`-Anweisung: `AUSDRUCK1` wird auf wahr oder falsch untersucht. Ist `AUSDRUCK1` wahr, so wird der Ausdruck nach dem Fragezeichen evaluiert und dessen Wert (hier `AUSDRUCK2`) zurückgeliefert. Ist `AUSDRUCK1` falsch, so wird `AUSDRUCK3`

5. `do` erlaubt diese Form des Vorstellens eines Blockes vor eine Kontrollstruktur auch für `for`, `foreach`, `while` und `until`. Dabei wird der Block in dem Fall einmal durchlaufen. Allerdings funktionieren Schleifensteuerungsbefehle wie `last` oder `next` nur mit syntaktischen Mühen. Wegen dieser Unschönheiten wird auf `do` nicht weiter eingegangen. Siehe `perldoc -f do` und `perldoc perlsyn`.

evaluiert und dessen Wert zurückgeliefert. Der Konditionaloperator kann gut in andere Operationen eingebettet werden. Ein Beispiel:

```
print("Sie besitzen $zahl Auto",
      ($zahl != 1) ? "s" : "",
      ".");
```

Die Funktion `print` wird mit drei Argumenten aufgerufen:

1. `"Sie besitzen $zahl Auto"`
2. `($zahl != 1) ? "s" : ""`
3. `"."`

Argumente 1 und 3 bedürfen keiner weiteren Erläuterung. Argument 2 ist der Konditionaloperator. Der Ausdruck vor dem Fragezeichen wird auf wahr oder falsch überprüft. Um das Ganze eindeutig zu machen wurden runde Klammern um den Ausdruck gesetzt, was aber nicht unbedingt notwendig ist. Ist `$zahl != 1`, so liefert der Konditionaloperator das, was nach dem Fragezeichen und vor dem Doppelpunkt steht, also `"s"`, andernfalls das, was nach dem Doppelpunkt folgt (""). Es wird also, abhängig davon, ob es null oder mehrere Autos sind, das Plural-s an `"Auto"` angefügt.

5.7 switch

Es gibt in Perl keine offizielle `switch`-Anweisung. `perldoc perlsyn` schlägt verschiedene Möglichkeiten vor, mithilfe von Blöcken ein `switch`, wie es aus C bekannt ist, zu simulieren. Eines der Beispiele:

```
SWITCH: {
  if (/^abc/) { $abc = 1; last SWITCH; }
  if (/^def/) { $def = 1; last SWITCH; }
  if (/^xyz/) { $xyz = 1; last SWITCH; }
  $nothing = 1;
}
```

Mit perl 5.7.x wird auch das Modul `Switch` mitgeliefert, welches Sie, wenn Sie keine Entwicklungsversion von Perl einsetzen möchten (was 5.7.3 und höher zum Zeitpunkt der Entstehung dieses Kapitels noch ist), dennoch nutzen können. Dazu müssen Sie das Modul `Switch` von CPAN herunterladen und installieren. Wie das funktioniert, lesen Sie bitte im Kapitel 13 nach.

```
#!/usr/bin/perl -w

use Switch;

my %gods = ("Amun"=>1,"Anubis"=>1,"Ptah"=>1,"Seth"=>1);

print "Geben Sie eine Zeichenkette ein: ";
my $str = <STDIN>;
chomp($str);

switch ($str) {
  case 0       { print "Die Zahl 0.\n"; }
  case 42      { print "Antwort auf die Frage aller ".
                         "Fragen.\n"; }
  case [1..8]  { print "Eine Zahl zwischen 1 und 8.\n"; }
  case /^\d+$/ { print "Eine Zahl.\n"; }
  case "Pele"  { print "Brasilianischer Volksheld.\n"; }
  case (%gods) { print "Ein ägyptischer Gott.\n"; }
  else         { print "Unklassifizierbar!\n"; }
}
```


Switch.pm implementiert einen switch-case-Mechanismus, der viele Möglichkeiten bietet. Dem switch wurde im obigen Beispiel nur ein einfacher Skalar (String) übergeben, switch kann aber auch Referenzen auf Objekte, Subroutinen, Hashes und Arrays behandeln.

Nach dem Schlüsselwort case steht der zu überprüfende Ausdruck. Dieser Ausdruck kann ein einfacher Skalar sein, ein regulärer Ausdruck oder wie im Beispiel ein Hash, bei dem überprüft wird, ob die Variable in den keys des Hashes vorkommt. Damian Conway, der Autor des Moduls, beschreibt, dass es derzeit 31 Kombinationen des Datentyps in der switch-Anweisung mit den Ausdrücken nach case gibt, die wir hier natürlich nicht alle auflisten können. Lesen Sie einfach perldoc Switch um alle Möglichkeiten kennen zu lernen, die das Modul bietet.

Im Unterschied zum switch aus C wird, wenn eine case-Anweisung zutrifft, lediglich der nachfolgende Block abgearbeitet (der keine break-Anweisung oder Ähnliches beinhaltet). Der Wert wird also nicht zum nächsten case weitergereicht. Falls Sie diese Funktionalität benötigen, kann dies durch ein next des case folgenden Blockes erreicht werden:

```
#!/usr/bin/perl -w
use Switch;
print "Geben Sie eine Zahl ein: ";
my $zahl = <STDIN>;
chomp($zahl);
switch ($zahl) {
  case /^[1-9]\d*$/ {
    print "$zahl gehört den natürlichen Zahlen.\n";
    next;
  }
  case /^(0|-?\d+)$/ {
    print "$zahl gehört den ganzen Zahlen an.\n";
    next;
  }
  case /^-?\d+\.?\d*$/ {
    print "$zahl gehört den reellen Zahlen an.\n";
    next;
  }
  else {
    print "$zahl ist keine Zahl!\n";
  }
}
```

Das Beispiel benutzt reguläre Ausdrücke um festzustellen, um welchen Zahlentyp es sich handelt. Informationen zu regulären Ausdrücken finden Sie im gleichnamigen Kapitel.

5.8 while

```
LABEL while (AUSDRUCK) BLOCK
LABEL while (AUSDRUCK) BLOCK continue BLOCK
LABEL until (AUSDRUCK) BLOCK
LABEL until (AUSDRUCK) BLOCK continue BLOCK
```

`LABEL` und `continue BLOCK` sind jeweils optional. Wir gehen auf beide im Abschnitt *Schleifensteuerungsbefehle* ein.

`while(AUSDRUCK) BLOCK` führt den Block so lange aus, bis der Ausdruck falsch ist. Sehr gerne wird `while` beim Einlesen von Daten zum Beispiel von `<STDIN>` verwendet:

```
$summe = 0;
while($line = <STDIN>) {
  chomp($line);
  $summe += $line;
}
print "Summe: $summe\n";
```

Alle Zahlen, die das Programm von der Standardeingabe liest, werden aufsummiert und am Schluss deren Summe ausgegeben.

`until` durchläuft den Block, solange die Bedingung falsch ist. Der Block wird nicht durchlaufen, wenn die Bedingung bereits beim ersten Test wahr ist!

5.9 for

`LABEL for(AUSDRUCK;AUSDRUCK;AUSDRUCK) BLOCK`

Die `for`-Schleife ist der von C sehr ähnlich. `for` ist eine Verallgemeinerung der `while`-Schleife. Bis auf kleine Ausnahmen bleibt es Ihnen überlassen, ob Sie an der speziellen Stelle im Quelltext `while` oder `for` benutzen.

`for` erwartet drei durch Semikolon getrennte Ausdrücke zwischen den runden Klammern:

1. Initialisierungsteil: In diesem Ausdruck werden üblicherweise Laufvariablen initialisiert. Er wird einmalig vor den Schleifendurchläufen abgearbeitet. Der Initialisierungsteil kann weggelassen werden.
2. Bedingungsteil: Vor jedem Schleifendurchlauf wird überprüft, ob der Ausdruck wahr ist. Ist das der Fall, wird die Schleife ausgeführt. Wird der Ausdruck weggelassen, wird der Bedingungsteil automatisch als wahr angenommen.
3. Reinitialisierungsteil: Dieser Ausdruck wird immer nach Abarbeitung des Blockes ausgeführt. Hier werden normalerweise Laufvariablen erhöht oder erniedrigt. Auch dieser Teil kann weggelassen werden.

Ein einfaches Beispiel:

```
for($c=-30; $c <= 40; $c += 5) {
  printf "%3d°C = %5.1f°F\n",$c,$c*9/5.0+32;
}
```

Es soll eine Tabelle zur Umrechnung von Celsius in Fahrenheit ausgegeben werden. `$c`, die Laufvariable der Schleife, wird mit -30 vorbesetzt. Solange `$c <= 40` ist, wird die Schleife durchlaufen. Nach jedem Schleifendurchlauf wird `$c` um 5 erhöht. Das Programm liefert eine Tabelle, die bei `-30°C` beginnt und die Temperaturumrechnung in `5°C`-Schritten bis 40 Grad ausgibt.

```
#!/usr/bin/perl -w

my $z = 2;
while(1) {
  my $z2 = $z*$z;
  for(my $y=1;$y < $z;$y++) {
    my $erg = $z2-$y*$y;
    for(my $x=1;$x < $y;$x++) {
      print "$x² + $y² = $z²\n" if($x*$x == $erg);
    }
  }
  $z++;
}
```

Natürlich sind auch geschachtelte `for`- oder `while`-Schleifen möglich. Das Beispiel berechnet alle ganzzahligen Lösungen, die der Form $x^2+y^2=z^2$ genügen.[6]

5.10 foreach

`for` und `foreach` sind Synonyme für die gleiche Kontrollstruktur. Überall, wo Sie `for` geschrieben haben, können Sie auch `foreach` schreiben. Man hat `foreach` in den Sprachumfang von Perl aufgenommen, damit es sich im Englischen schöner liest, wenn man alle Elemente einer Liste traversiert:

```
LABEL foreach VARIABLE (LISTE) BLOCK
LABEL foreach VARIABLE (LISTE) BLOCK continue BLOCK
```

Mithilfe einer Laufvariablen läuft die foreach-Schleife Element für Element über eine Liste. Diese Laufvariable zeigt dann auf das aktuelle Element und es kann zum Beispiel ausgegeben werden:

```
@nephews = ("tick", "trick", "track");
foreach $nephew (@nephews) {
  print "$nephew\n";
}
```

$newphew wird mit jedem Schleifendurchlauf ein Element des Arrays @nephews zugewiesen.

Wird die Laufvariable weggelassen, übernimmt diesen Part die $_-Variable.

```
@nephews = ("tick", "trick", "track");
foreach (@nephews) {
  print "$_\n";
}
```

Zwischen den runden Klammern darf alles stehen, was einen Listenkontext liefert:

```
# Durchlauf einer Liste von 1 bis 20
foreach $i (1..20) {
  print "$i\n";
}
```

6. Die Form wird Ihnen sicher bekannt vorkommen. Richtig: der Satz des Pythagoras. Wenn Sie das Programm ausprobieren, werden Sie feststellen, dass es sehr viele Zahlentripel liefert. Lassen Sie es unendlich lange laufen, werden Sie feststellen, dass es unendlich viele Tripel findet. Erweitern Sie das Programm auf die Form $x^3 + y^3 = z^3$, werden Sie keine Tripel mehr finden. Auch für größere Potenzen als drei wird Ihr Programm nichts mehr ausgeben. Dies ist übrigens als *Fermats letzter Satz* bekannt geworden. Pierre Fermat behauptete 1637, dass es für Potenzen größergleich 3 keine ganzzahligen Lösungen mehr gäbe und dass er den Beweis dafür gefunden habe. Fermats Beweis wurde nie aufgefunden. Über die Jahrhunderte bissen sich ganze Heerscharen von Mathematikern an diesem Beweis die Zähne aus, manch einen trieb es sogar in den Selbstmord. Es dauerte bis 1993, als Andrew Wiles das größte Rätsel der Mathematik löste und den Beweis der Öffentlichkeit präsentierte. Grämen Sie sich also nicht, wenn Ihr Programm dann nichts mehr ausgibt. Es liegt nicht an Ihnen oder Ihrem Computer :-)

```
# Traversierung der sortierten Schlüssel eines Hashes
foreach $key (sort keys %myHash) {
  print "Schlüssel: $key  Wert: $myHash{$key}\n";
}

# Extraktion aller Worte einer Zeile:
foreach $word (split(/\s+/,$line)) {
  print "$word\n";
}
```

Auch die Modifikation des jeweiligen Listenelementes ist möglich:

```
@nephews = ("tick", "trick", "track");
foreach $nephew (@nephews) {
  substr($nephew,0,1) =~ tr/a-z/A-Z/;
}

print "@nephews\n";  # Gibt: Tick Trick Track
```

Wird der Laufvariablen ein neuer Wert zugewiesen, so ändert dies den Wert im Array selbst. Im Beispiel wird der erste Buchstabe jedes Elements (`substr($nephew,0,1)`) in einen Großbuchstaben umgewandelt (`=~ tr/a-z/A-Z/`). Diese Änderung wird direkt im verwendeten Array `@nephews` gültig.

5.11 Der continue-Block

`while`, `until` und `foreach` können von einem `continue`-Block gefolgt werden. Auch ein einfacher Block kann einen `continue`-Block haben, jedoch findet man `continue` hauptsächlich bei Schleifen.

Der `continue`-Block wird jedes Mal durchlaufen, nachdem der eigentliche Schleifenblock abgearbeitet wurde und bevor die Überprüfung der Abbruchbedingung der Schleife ansteht:

```
$i = 1;
while($i <= 10) {
  print "$i\n";
} continue {
  $i++;
}
```

Natürlich können Sie sagen, man hätte das `$i++;` auch in die `while`-Schleife mit hineinziehen können. Richtig. Dies geht aber nicht mehr so einfach, wenn mit Schleifensteuerungsbefehlen vorzeitig eine neue Iteration durchgeführt werden soll.

5.12 Schleifensteuerungsbefehle

Manchmal ist es notwendig, eine Schleife vorzeitig zu verlassen, vor der Zeit eine neue Schleifeniteration zu veranlassen oder sie mit exakt den gleichen Parametern noch einmal zu durchlaufen. Für diese Zwecke gibt es die Schleifensteuerungsbefehle `last`, `next` und `redo`.

5.12.1 last

`last` ermöglicht das vorzeitige Verlassen einer Schleife unabhängig von der Abbruchbedingung der Schleife.[7]

```
while(<>) {
  print "$.: $_";
  last if(/THE END/ or ($. >= 10));
}
```


Das Beispiel liest Daten von der Standardeingabe. Jede Zeile wird mit ihrer Zeilennummer ausgegeben. Die Spezialvariable `$.` enthält die aktuell eingelesene Zeilennummer.

Die Schleife wird verlassen, wenn im Eingabedatenstrom die Zeichenkette `THE END` vorkommt oder keine Daten mehr von der Standardeingabe gelesen werden können. Spätestens nach zehn Schleifendurchläufen wird die `while`-Schleife verlassen.

Ist ein `continue`-Block vorhanden, wird dieser nicht mehr durchlaufen.

5.12.2 next

`next` überspringt der Rest der aktuellen Schleife und fährt mit der nächsten Iteration fort.[8] Dabei wird ein eventuell vorhandener `continue`-Block ausgeführt.

7. Entspricht `break` in C.
8. Entspricht `continue` in C.

```
$program_lines = 0;
$non_comment_lines = 0;
while(<>) {
  next if(/^\s*#/);
  $non_comment_lines++;
} continue {
  $programlines++;
}

print "Das übergebene Programm hat insgesamt ".
      "$programlines Zeilen.\n",
      "Davon sind ",$programlines - $non_comment_lines,
      " reine Kommentarzeilen.\n";
```

Das Programm zählt Zeilen. Es nimmt ein Perlprogramm, welches als Kommandozeilenargument übergeben wurde, und ermittelt, wie viele Zeilen es insgesamt hat und wie viele davon reine Kommentarzeilen sind. Beginnt die aktuelle Zeile mit beliebig vielen Leerzeichen (also auch keinem) und folgt danach das #-Zeichen, so wird mit der nächsten Iteration fortgefahren und die Variable `$non_comment_lines` nicht inkrementiert. Nach jedem Schleifendurchlauf wird der `continue`-Block durchlaufen, unabhängig davon, ob der `while`-Block wegen `next` vorzeitig neu durchlaufen wurde oder ob nicht.

5.12.3 redo

`redo` führt die Schleife erneut aus, ohne den Bedingungsteil neu auszuwerten. Auch ein eventuell vorhandener `continue`-Block wird nicht ausgeführt.

```
while(<>) {
  ...
  redo if(s/MYVAR/$myvar/);
  ...
}
```

Das Beispiel liest eine Zeile von der Standardeingabe. Wird in der eingelesenen Zeile der String `MYVAR` gefunden, so wird dieser durch den Inhalt der Variablen `$myvar` ersetzt und die Zeile erneut in der Schleife bearbeitet.

5.13 Labels

Durch ein Label lässt sich ein Block mit einem Namen versehen. Es ist dabei unerheblich, wo das Label steht. Es kann am Ende, in der Mitte oder auch am Anfang stehen. Für die Funktion des Labels ist die Position irrelevant.

Wozu braucht man Labels? Schleifensteuerbefehle wie zum Beispiel `last` greifen normalerweise immer nur für den innersten Schleifenblock, in dem sie definiert sind. Es ist standardmäßig nicht möglich, bei zwei geschachtelten Schleifen der äußeren Schleife ein `last` mitzuteilen. Labels helfen, dies doch zu erreichen:

```
--- <label1.pl> ----------------------------------------
#!/usr/bin/perl -w

my $sw = "April";
my $count = 0;
my $found = 0;

OUTER: while(<>) {
  foreach (split) {
    $count++;
    if($_ eq $sw) {
      $found = 1;
      last OUTER;
    }
  }
}

print "$sw wurde ",
      $found ? " als $count.Wort" : "nicht",
      " gefunden.\n";
--- </label1.pl> ---------------------------------------
```

Hier wird die `while`-Schleife mit einem Namen versehen: `OUTER`. Nun ist es möglich, über die Syntax `last OUTER` aus der `foreach`-Schleife heraus die äußere Schleife zu beenden. Dies funktioniert natürlich auch mit `next` und `redo`.

Das Programm liest von der Standardeingabe oder einer übergebenen Datei, bis ein bestimmtes Schlüsselwort (hier `April`) gefunden wurde, gibt aus, das wievielte Word das Schlüsselwort im Text ist, und hört mit dem Einlesen des Textes auf. Wird das Schlüsselwort nicht gefunden, so wird der Text bis zum Ende gelesen und ausgegeben, dass das Wort eben nicht gefunden wurde.

5.14 goto

`goto` hat es zu Recht nie aus der Schmuddelecke der Programmierkunst herausgeschafft. `goto` bietet eine einfache Möglichkeit richtig schönen Spaghetticode zu generieren. Man nehme die sehr lange Spaghetti (Programmfluss) und die Gabel (`goto`) und mische. Übrig bleibt der gordische Knoten, der zwar einen Anfang und ein Ende hat, aber dessen Wege eben unergründlich sind. Selbst der theoretische Informatiker, der die formale Korrektheit von Programmen überprüfen soll, flucht vehement über `goto`.

Es gibt keinen Grund dieses Programmierrelikt zu verwenden. Wenn Sie dennoch darauf aus sind, Ihren Code in vier Wochen nicht mehr zu verstehen, finden Sie Informationen zu `goto` unter `perldoc -f goto` :-)[9]

5

Nitty Gritty • Take that!

5.15 Programmabbruch

Manchmal bricht ein Perlprogramm aufgrund eines Fehlers ab, manchmal wünscht der Programmierer aber auch den gezielten Programmabbruch. Dieser Abschnitt behandelt die Funktionen `exit` und `die`. Für etwas fortgeschrittenere Methoden zum Programmabbruch und zur Ausgabe von Warnungen lesen Sie bitte `perldoc Carp`.

9. Ein befreundeter, sehr versierter Programmierer klärte mich auf, dass es für `goto` doch eine Existenzberechtigung gäbe: cleanups unter C. Zwar bietet Perl mit dem `END`-Block etwas Ähnliches, aber dennoch rate ich von der Verwendung von `goto` ab.

5.15.1 exit

```
exit
exit AUSDRUCK
```

Ohne Parameter aufgerufen, beendet `exit` das Programm und liefert dem aufrufenden Programm (meistens der Shell) den Fehlercode 0 (null) zurück. Bevor das Programm jedoch gänzlich verlassen wird, werden möglicherweise vorhandene `END`-Routinen durchlaufen um Aufräumarbeiten durchzuführen. Mehr Informationen zu `END`-Routinen finden Sie im Kapitel *Packages*.

Wird `exit` ein Ausdruck als Argument übergeben, so wird dieser Ausdruck evaluiert und dessen Ergebnis als Fehlercode an das aufrufende Programm übergeben.

Innerhalb von `eval`-Blöcken sollte besser `die` benutzt werden, da das aufrufende `eval` dann aufgetretene Fehler abfangen kann.

5.15.2 die

```
die
die LISTE
```

`die` druckt die übergebene Liste aus (wenn vorhanden) und beendet das Programm mit dem numerischen Fehlercode der Variablen `$!`. `$!` ist die Fehlernummer, die vom Systemcall `errno` zurückgeliefert wird. `$!` kann auch in die Strings, die `die` übergeben werden, eingefügt werden, wobei dann die textuelle Repräsentation von `$!` ausgegeben wird.

```
$ perl -e 'chdir("/etc/default") or die "No chance: $!";'
No chance: Permission denied at -e line 1.
```

War `$!` gleich `0`, so wird mit `$? >> 8` abgebrochen. Ist `$? >> 8` gleich `0`, so lautet der Fehlercode 255. Mehr Informationen zu `$?` finden Sie in `perldoc perlvar`.

Oben Gesagtes gilt jedoch nur, wenn `die` nicht innerhalb eines `eval`-Blockes aufgerufen wird. Wie es da aussieht, sehen Sie im nächsten Abschnitt.

`warn` hat ähnliche Funktionalität wie `die`, jedoch wird das Programm nicht abgebrochen. Informationen zu `warn` finden Sie unter `perldoc -f warn`.

5.16 eval

Dynamische Codeerzeugung — in C ist das nicht ganz trivial, in Perl ist es mit `eval` einfach realisierbar.

```
eval BLOCK
eval AUSDRUCK
```

Entweder wird `eval` ein Ausdruck oder ein Block übergeben.

5.16.1 eval AUSDRUCK

```
--- <evalfunc.pl> ---------------------------------------
#!/usr/bin/perl -w

print "Bitte geben Sie einen Ausdruck ein: ";
$ausdruck = <STDIN>;
chomp($ausdruck);
$code  = 'foreach $x (-5..5){';
$code .= ' printf "%3.f|%5.2f\n",$x,'.$ausdruck.';';
$code .= ' }';

print "\nDies ist der erzeugte Code:\n\n";
print $code,"\n";
print "\nUnd so sieht die Ausgabe aus:\n\n";
print " x |f(x)\n";
print "---+------\n";

eval $code;
--- </evalfunc.pl> --------------------------------------
```

Übergibt man einen Ausdruck an `eval`, so wird der entsprechende Ausdruck zur Laufzeit in Perlcode übersetzt und ausgewertet. Das Beispiel nutzt dies um vom Benutzer eingegebene mathematische Funktionen auszuwerten:

```
$ ./evalfunc.pl
Bitte geben Sie einen Ausdruck ein: $x*sin($x)
```

Dies ist der erzeugte Code:

```
foreach $x (-5..5){ printf "%3.f|%5.2f\n",$x,$x*sin($x); }
```

Und so sieht die Ausgabe aus:

```
 x |f(x)
---+------
 -5|-4.79
 -4|-3.03
 -3| 0.42
 -2| 1.82
 -1| 0.84
  0| 0.00
  1| 0.84
  2| 1.82
  3| 0.42
  4|-3.03
  5|-4.79
```

Der Benutzer ist aufgefordert eine mathematische Funktion einzugeben, die `$x` beinhaltet. Diese Benutzereingabe wird als Berechnungsvorschrift für Funktionswerte verstanden. In der Variablen `$code` wird in den Zeilen 6 bis 8 gültiger Perlcode generiert, welcher zur Veranschaulichung in Zeile 11 ausgegeben wird.

Zeile 16 evaluiert den dynamisch erzeugten Code. Dabei gelten folgende Gesetze:

- Der Rückgabewert von `eval` ist der Wert des zuletzt evaluierten Ausdruckes.
- Dem `eval`-Ausdruck sind alle Variablen bekannt wie dem Block, in dem er steht (siehe auch Kapitel *Sichtbarkeits- und Gültigkeitsbereich von Variablen*). Diese Variablen können auch modifiziert werden.
- Variablen, die innerhalb von `eval` als lokal deklariert werden (siehe `my` und `local`), sind nur innerhalb der `eval`-Anweisung sichtbar.
- Tritt ein fataler Fehler auf, so führt dies nicht zum Programmabbruch. Die Variable `$@` wird mit dem Fehlertext gesetzt und kann nach Beendigung der `eval`-Anweisung abgefangen und entsprechend weiterverarbeitet werden. Im Fehlerfall liefert `eval` `undef` zurück. Zur Fehlerbehandlung kommen wir aber gleich noch einmal.

Der große Unterschied zwischen `eval` mit einem Ausdruck und einem Block ist, dass bei einem Ausdruck dieser zur Laufzeit auf Syntax überprüft wird. Der Ausdruck wird bei jedem Aufruf neu kompiliert, was natürlich deutlich langsamer ist als `eval` mit einem Block.

5.16.2 eval BLOCK

Der Block wird zur Kompilierzeit des Skriptes auf syntaktische Fehler untersucht. Sind solche vorhanden, bricht das Programm mit einer Fehlermeldung ab.

```
eval { $div = $divident/$divisor; }; # Funktioniert
eval { $div = };                     # Kompilierfehler
```

Vorteil ist natürlich die höhere Geschwindigkeit, mit der der einmal kompilierte `eval`-Block ausgewertet wird. Ansonsten gelten die gleichen Gesetze, die oben für die Form `eval AUSDRUCK` beschrieben wurden.

5.16.3 Fehlerbehandlung

Tritt nach dem Programmstart bei der Auswertung von `eval` ein Fehler auf, so führt dies nicht zum Programmabsturz: Der Fehler kann abgefangen und einer Fehlerbehandlungsroutine übergeben werden:

```
#!/usr/bin/perl -w

print "Dieses Programm führt eine Division durch.\n";
print "Bitte geben Sie den Dividenten ein: ";
$divident = <STDIN>;
chomp($divident);
print "Bitte geben Sie den Divisor ein (nicht null): ";
$divisor = <STDIN>;
chomp($divisor);

eval { $div = $divident/$divisor; };

if($@) {
  print "Ein Fehler ist aufgetreten: $@";
  print "Division konnte nicht durchgeführt werden.\n";
} else {
  print "$divident/$divisor = $div\n";
}
```

Die Ausführung ergibt:

```
$ ./eval3.pl
Dieses Programm führt eine Division durch.
Bitte geben Sie den Dividenten ein: 5
Bitte geben Sie den Divisor ein (nicht null): 0
Ein Fehler ist aufgetreten: Illegal division by \
  zero at ./eval3.pl line 11, <STDIN> line 2.
Division konnte nicht durchgeführt werden.
```

Tritt ein Fehler auf, liefert `eval` den Wert `undef` und die Variable `$@` wird gesetzt. `$@` enthält dann den Fehlerstring und kann einfach über eine `if($@) { ...`-Anweisung in einer Fehlerroutine weiter behandelt werden.

6 Sichtbarkeits- und Gültigkeitsbereich von Variablen

Tun Sie nichts dagegen, kann jede Variable von jeder Stelle aus Ihrem Programm gelesen und modifiziert werden. Zwar mag das bei kleinen Progrämmchen noch überschaubar und auch handhabbar sein, aber wenn Sie dazu übergehen, Ihren Programmcode über mehrere Dateien oder Module zu verteilen, kann das zu massiven Problemen führen.

Das Kapitel zeigt, wo Probleme mit globalen Variablen liegen und wie Sie Ihren Variablen einen bestimmen Gültigkeits- und Sichtbarkeitsbereich zuweisen. Dieses Kapitel wird im Zusammenhang mit *Packages* im gleichnamigen Kapitel noch um Gültigkeit und Sichtbarkeit von Variablen bei Packages erweitert.

6.1 Warum globale Variablen manchmal Gift sind

Zwei geschachtelte Schleifen mit der gleichen Laufvariablen — vielen Programmierern ist dies schon einmal passiert:

```
$i = 10;
while($i > 0) {
  some_code_here($i);

$i --;
  # ...
  for($i=0;$i < @array;$i++) {
    print "Arraydata: $array[$i]\n";
  }
}
```

Ist das Array `@array` nicht leer, wird das Programm nie terminieren und endlos Output erzeugen. Solche Fehler werden normalerweise noch relativ schnell gefunden. Problematischer wird es bei dieser Programmkonstellation:

```
@array = qw(Schroedinger-Katze Branwelten Strings Spin);
for($i=0;$i < @array;$i++) {
  show_letters($array[$i]);
}

# 1000 und eine Programmzeile im Code später:
sub show_letters {
  $word = $_[0];
  print "Die Buchstaben des Wortes '$word':\n";
  for($i=0;$i < length($word);$i++) {
    print "*",substr($word,$i,1),"*\n";
  }
}
```

Zwar bringt Ihnen das Programm die Bestandteile von Schrödingers Katze näher, verschließt Ihnen aber den Zugang zur Orthographie von Branwelten, Strings und Spin.

Warum tut es dies? Die globale[1] Variable `$i` wird oben und 1001 Zeilen weiter unten in der Subroutine `show_letters` verwendet. `$i` hat nach dem ersten Aufruf der Subroutine mit der Katze den Wert 18. Nach dem Rücksprung aus der Subroutine evaluiert die `for`-Schleife den Ausdruck `$i < @array`, stellt fest, dass 18 nicht kleiner als 4 ist, und gibt dem Rest der Astronomie keine Chance mehr.

Wollen Sie in den Genuss dieser orthographischen Belehrung oder zumindestens von funktionierenden Programmen kommen, sollten Sie Ihren Variablen einen Gültigkeitsbereich zuweisen.

1. Genau genommen sind globale Variablen keine Variablen, auf die überall im Programm über ihren Namen zugegriffen werden kann. Sie werden dies genauer im Kapitel *Packages* kennen lernen. Variablen, die im Programm ohne weitere Deklaration einfach benutzt werden, gehören immer einem so genannten Package an, im Normalfall dem Package mit dem Namen `main`. Man spricht hier auch von Packagevariablen. Ein Package ist ein Namensraum, der Kollisionen von Variablen vermeiden soll. Jedes der bisherigen Beispielprogramme wurde in eben diesem Package `main` ausgeführt.

6.2 my

Lexikalische Variablen müssen durch das Schlüsselwort `my` explizit deklariert werden.

```
my $i;

$i = 0;
while($i < 5) {
  print "$i\n";
} continue {
  $i++;
}
```

Lexikalisch meint in diesem Zusammenhang, dass diese Variablen einen Gültigkeitsbereich haben, der durch die Stelle, in der das `my` steht, festgelegt ist. Dieser Gültigkeitsbereich ist fix, man spricht auch von einem *static scope*. Eine mit `my` deklarierte Variable ist an folgenden Stellen sichtbar und damit auch zugreifbar:

- Vom Anfang bis zum Ende des Blockes, in dem die Variable deklariert wurde.
- Vom Anfang bis zum Ende der Datei, in der sie steht, es sei denn, sie ist in einem Block oder in `eval` deklariert.
- Vom Anfang bis zum Ende der `eval`-Anweisung, in der sie steht.

Wenn der Block oder die `eval`-Anweisung, in der die Variable steht, verlassen wird, hört sie auf zu existieren:

```
for(my $i=0;$i < 11;$i++) {
  print "$i\n";
}
print "$i\n";
# Fehler: $i aus der Schleife ist nicht mehr
# zugreifbar. Existiert eine globale Variable
# $i, wird deren Wert ausgegeben.
```

Für die Deklaration gibt es verschiedene Möglichkeiten:

```
my $i;         # Deklaration ohne Initialisierung
my $i = 10;    # Deklaration mit Initialisierung
my ($a,@b);    # Deklaration mehrerer Variablen
               # ohne Initialisierung
# Deklaration mehrerer Variablen mit Initialisierung
my ($a,$b) = (32,"Hund");
```

6

Nitty Gritty • Take that!

Wann immer es das Programm erlaubt, sollten Sie `my` verwenden, um eine gewisse Kapselung Ihrer Variablen zu erreichen, so dass sie nicht mit anderen Programmteilen kollidieren.

6.3 our

`our` macht eine Variable im gleichen lexikalischen Gültigkeitsbereich wie bei der `my`-Deklaration nach außen hin sichtbar. Mit `our` können globale Variablen (Packagevariablen) deklariert werden, ohne dass `use strict` sich darüber beschwert.

Das Pragma `use strict` verlangt vom Programmierer, dass alle Variablen, die er benutzen will, in irgendeiner Form dem Compiler bekannt gemacht werden. Geschieht dies nicht, bekommen Sie eine Fehlermeldung:

```
--- <strict1.pl> --------------------------------------
#!/usr/bin/perl -w

use strict;
$i=6;
--- </strict1.pl> -------------------------------------
```

Die Ausgabe:

```
$ ./strict1.pl
Global symbol "$i" requires explicit package name \
  at ./strict1.pl line 4.
Execution of ./strict1.pl aborted due to compilation \
  errors.
```

Deklarieren Sie die Variable mit `our` aber so: `our $i = 6;`, so gibt es keine Fehlermeldung mehr.

Für viele Programmierer ist dies, da sie zu Recht nicht auf `use strict;` verzichten möchten, der Hauptverwendungszweck von `our`. Mit der Perlversion 5.6.0 löste `our` das Pragma `use vars` ab. `use vars ($i,@array);` wurde vor 5.6.0 benutzt, um globale Variablen dem Perlinterpreter bekannt zu machen.

Syntaktisch sieht die Deklaration mit `our` genauso aus wie mit `my`:

```
our $var;                # Deklaration ohne Initialisierung
our $var = "String";     # Deklaration mit Initialisierung
```

```
our (%v,@w,$g,$o,$1,$f);# Deklaration mehrerer Variablen
                        # ohne Initialisierung
# Deklaration mehrerer Variablen mit Initialisierung
our ($ver,@vw) = ("5.6.1","Golf","W12","Polo");
```

Entgegen `my` macht `our` eine lexikalisch deklarierte Variable unsichtbar. Sehen Sie sich folgendes Beispiel an:

```
my $i=3;
print "$i\n";     # 3, natürlich :)

{
  our $i = 5;
  print "$i\n";   # 5
                  # $i ist von außen sichtbar (nicht
                  # das $i aus der my-Deklaration,
                  # sondern das $i aus der our-Deklaration
}
print "$i\n";     # 3
                  # Jetzt sehen wir wieder das $i aus der
                  # my-Deklaration
```

Auch hier gilt wieder: globale Variablen werden als gefährlich eingestuft. Verwenden Sie `my` statt `our`, wann immer es geht.

6.4 local

Um Sie noch ein bisschen mehr zu verwirren hat Perl noch eine Möglichkeit auf Lager, einer Variablen einen Gültigkeits- und Sichtbarkeitsbereich zuzuweisen: `local`.

`local` weist einer Packagevariablen (also keiner mit `my` deklarierten lexikalischen Variablen) einen dynamischen Gültigkeitsbereich zu. Die originäre Packagevariable wird versteckt und eine neue Variable mit dem gleichen Namen wird mit dem Wert `undef` initialisiert.

Dieses Verstecken der originären Packagevariablen schließt mit dem Ende des Blockes, dem Ende der `eval`-Anweisung oder mit dem Ende der Datei, in der die `local`-Deklaration steht, ab. Ein Beispiel:

```
our $var = "packagevar";
print "$var\n";       # "packagevar"
{
```

```
  local $var;
  $var = "localvar";
  print "$var\n";    # "localvar"
}

print "$var\n";       # "packagevar"
```

Noch sieht es aus wie bei der `my`-Deklaration. Der Unterschied ist aber, dass der Wert der lokalisierten Variablen überall im Programm sichtbar ist, was speziell in Subroutinen zur Geltung kommt:

```
our $var = "packagevar";
print "$var\n";              # "packagevar"

sub1();
sub2();

sub sub1 {
  local $var = "localvar";
  print "$var\n";            # "localvar"
  sub2();
}

sub sub2 {
  print "$var\n"; # Wurde sub2 aus der Subroutine sub1()
                  # heraus aufgerufen, wird "localvar"
                  # ausgegeben.
                  # Der Aufruf aus dem Hauptprogramm
                  # gibt "packagevar" aus.
}
```

Ruft man `sub2` aus `sub1` heraus auf, so sieht `sub2` den Wert für `$var`, der in `sub1` dafür gesetzt wurde.

Zur Verinnerlichung können Sie sich ja mal überlegen, wie die Ausgabe aussähe, wenn in `sub1` anstelle der `local`-Anweisung folgendes stünde:

```
my $var = "myvar";
```

Dieses Thema benötigt zuweilen ein bisschen Inkubationszeit, bevor Sie sie aus dem Effeff beherrschen. Wenn Sie sich aber daran halten, stets `my` vor `local` oder `our` zu verwenden, sind Sie meist auf der sicheren Seite. Nur wenn `my` versagt, sollten Sie `local` oder `our` in Erwägung ziehen.

7 IO

Was wäre ein Programm ohne Ein- und Ausgabe? Wenn ein Programm nichts ausgibt, kriegen viele Anwender Panik. Hat das Programm auch etwas getan? Und bunt muss es sein. Okay, farbig wird es in diesem Kapitel nicht, dafür lernen Sie eine Menge über Ein- und Ausgabe von Daten, Dateioperationen, den Aufruf anderer Programme und die Verwendung von Formaten.

Das Kapitel deckt nicht das Lesen oder Schreiben von Binärdateien ab. Informationen hierzu finden Sie in den Manpages zu `perlopentut`, `open`, `sysopen`, `binmode`, `read`, `sysread`, `print`, `syswrite`, `seek` und `tell`.

7.1 STDIN, STDOUT, STDERR und sonstige Filedeskriptoren

In vielen unserer Beispielprogramme haben wir Filedeskriptoren schon benutzt, kommen wir nun zu den Details.

Was genau sind Filedeskriptoren? Egal ob Sie von der Tastatur, aus Dateien oder von seriellen Schnittstellen etwas einlesen, Sie benötigen immer einen geöffneten Filedeskriptor. Das Gleiche gilt für die Ausgabe auf dem Bildschirm, in Dateien oder in andere Geräte (Devices). Bevor man jedoch lesen oder schreiben kann, muss man den Filedeskriptor zunächst öffnen. Beim Öffnen wird überprüft, ob das Perlprogramm berechtigt ist, die entsprechende Datei (oder ein anderes Device) zu öffnen. Ist dies der Fall, kann über den Filedeskriptor die Datei gelesen oder geschrieben werden. Nachdem man mit Lesen oder Schreiben fertig ist, sollte der Filedeskriptor (und damit der Zugriff auf die Datei) geschlossen werden.

In Perl sind drei Filedeskriptoren standardmäßig geöffnet: `STDIN`, `STDOUT` und `STDERR`. Sie können diese benutzen ohne irgendwelche zusätzlichen Mechanismen wie `open` oder `close` aktivieren zu müssen.

- `STDIN`: Die Standardeingabe. Normalerweise ist die Standardeingabe mit der Tastatur verknüpft. Liest man vom Filedeskriptor `STDIN`, wird das, was der Benutzer eingibt, dem Perlprogramm zugeführt. Durch die DOS-Box oder die Shell unter UNIX kann diese Eingabe auch umgelenkt worden sein.

- `C:\>dir | myperlprogramm.pl`: Die Ausgabe des `dir`-Kommandos wird dem Programm `myperlprogramm.pl` übergeben.
- `./myperlprogramm.pl < afile.txt`: Die Standardeingabe wurde von der Shell umgelenkt, so dass alle Daten anstelle von der Tastatur aus der Datei `afile.txt` kommen.

- `STDOUT`: Die Standardausgabe. Werden Daten auf der Standardausgabe ausgegeben, so erscheinen sie normalerweise auf dem Bildschirm. Auch diese Ausgabe kann umgelenkt werden:
  - `C:\>myperlprogramm.pl | anotherprog.pl`: Die Ausgabe des Programmes `myperlprogramm.pl` wird nicht auf dem Bildschirm angezeigt, sondern an das Programm `anotherprog.pl` übergeben, welches auf den Daten weitere Operationen durchführen kann.
  - `./myperlprogramm.pl > afile.txt`: Die Standardausgabe wurde von der Shell umgelenkt, so dass alle Daten anstatt auf den Bildschirm in die Datei `afile.txt` geschrieben werden.
  - `./myperlprogramm.pl >> afile.txt`: Die Standardausgabe wurde von der Shell umgelenkt, so dass alle Daten anstatt auf den Bildschirm geschrieben zu werden an die Datei `afile.txt` angehängt werden.

- `STDERR`: Der Standardfehlerkanal. Er wird beispielsweise von `die` oder `warn` benutzt um Fehlermeldungen auszugeben. Beim Programmstart zeigt `STDERR` wie `STDOUT` auf Bildschirmausgabe, kann aber im Programm und von der Shell aus umgelenkt werden. Einige Beispiele, die unter UNIX[1] funktionieren:
  - `./myperlprogramm.pl 2> fehler.txt`: `STDOUT` wird weiterhin an den Bildschirm ausgeben, wohingegen aufgetretene Fehler in die Datei `fehler.txt` geschrieben werden.
  - `./myperlprogramm.pl > afile.txt`: Die Standardausgabe wird in die Datei `afile.txt` umgelenkt, die Fehlermeldungen erscheinen auf dem Bildschirm.
  - `./myperlprogramm.pl > afile.txt 2> fehler.txt`: Die Standardausgabe wird in die Datei `afile.txt`, die Fehlermeldungen in `fehler.txt` umgelenkt.

---

1. Windows zeigt von Version zu Version uneinheitliches Verhalten, weshalb hier keine Aussage über die Funktionalität unter Windows getroffen wird.

Perl definiert noch eine Art zusätzlichen Filedeskriptor: DATA. Steht am Ende einer Perldatei das Schlüsselwort __DATA__, werden alle nach diesem Schlüsselwort stehenden Daten als Datenbereich interpretiert und können über den Filedeskriptor DATA eingelesen werden. Auch DATA ist standardmäßig geöffnet.

7.2 Lesen aus Filedeskriptoren

Öffnen, lesen, schließen. Dies sind die drei Schritte, die Sie tun müssen um aus Dateien oder anderen Datenquellen lesen zu können.

7.2.1 Das Öffnen

Um aus Filedeskriptoren lesen zu können müssen diese geöffnet sein. Bei STDIN und DATA müssen wir uns hier keine Sorgen machen, da STDIN und DATA automatisch zum Lesen geöffnet sind. Zum Lesen aus anderen Quellen muss die Quelle mit open[2] geöffnet werden:

```
open(FH,"<datei.txt");
open(FH,"datei.txt");
```


open erwartet als erstes Argument einen Filedeskriptor, dessen Namen Sie festlegen müssen. Üblicherweise werden Filedeskriptoren komplett in Großbuchstaben notiert. Zudem haben Filedeskriptoren normalerweise keine Zeichen wie $ oder @ vorangestellt. Das zweite Argument für open ist die Datei, die geöffnet werden soll. Ein dem Dateinamen vorangestelltes < zeigt open, dass die Datei zum Lesen geöffnet werden soll. Das < kann auch weggelassen werden. Ein Tutorial, also eine Einführung in viele Möglichkeiten von open, finden Sie auch unter perldoc perlopentut.

Die beiden obigen Beispiele öffnen die Datei datei.txt, die sich im gleichen Verzeichnis befinden muss, aus dem das Perlprogramm heraus aufgerufen wurde. Sollen Dateien aus anderen Verzeichnissen geöffnet werden, so ist dies mit Pfadangabe möglich:

```
open(IN,"../afile.txt");          # Relatives Verzeichnis
```

2. Der fortgeschrittene Programmierer möchte eventuell Dateien mit bestimmten Permissions oder Flags öffnen. Hierzu kann die Funktion sysopen verwendet werden: perldoc -f sysopen.

```
open(FH,"</tmp/another.txt");   # Absolutes Verzeichnis
open(AUTOE,"c:\autoexec.bat");       # Absoluter DOS-Pfad
open(NETH,"\\\host\share\file.txt"); # Netzdatei
     # Das \\\ ist kein Tippfehler!
```

Bei den Beispielen fehlt aber noch etwas: Sie sollten, müssen eher, immer eine Fehlerüberprüfung durchführen. War der `open`-Befehl nicht erfolgreich, so geht das Programm davon aus, es könne vom Filedeskriptor lesen, was zu Fehlern führen kann.

```
$file = "datei.txt";
open(IN,"<$file") or die "Cannot open $file: $!";
```

Wenn Sie nicht den Rückgabewert von `open` *abfragen, bekommen Sie später im Programm Schwierigkeiten!*

Nachdem Sie nun einen offenen Filedeskriptor haben, können Sie daran gehen, Daten aus diesem Filedeskriptor zu lesen.

7.2.2 Daten lesen

Skalarer Kontext

Das satzweise[3] Einlesen von Daten über einen Filedeskriptor funktioniert so:

```
$line = <FH>;
```

Befindet sich der `<FH>`-Operator im skalaren Kontext, wird eine Zeile von diesem Filedeskriptor gelesen und in die entsprechende Skalarvariable gespeichert.

Liegen keine Daten zum Einlesen an, blockiert `<FH>` den Prozess, bis wieder Daten kommen oder bis der Eingabestrom beendet wird. Dies haben wir an verschiedenen Stellen bereits verwendet: Beim Einlesen von Benutzerdaten von der Standardeingabe hat Perl so lange gewartet, bis der Benutzer etwas eingegeben hat:

```
print "Bitte geben Sie eine Zahl ein: ";
$zahl = <STDIN>;
```

3. Sie können auch Daten einer bestimmten Länge einlesen. Darauf wird hier nicht näher eingegangen. Siehe `perldoc -f sysread`.

In perldoc perlipc finden Sie eine Dokumentation dazu, wie das Blockieren des Leseprozesses umgangen wird.

Um mehrere Zeilen nacheinander zu lesen wird häufig while benutzt. Wie ist dann die Abbruchbedingung definiert? Ist der Datenstrom beendet, liefert der Filedeskriptor undef zurück. Damit kann in der while-Schleife auf Definiertheit getestet werden:

```
while(defined($line = <FH>)) {
  print $line;
}
# oder einfacher:
while($line = <FH>) {
  print $line;
}
```

Wird der <FH>-Operator in einer while-Schleife verwendet, wird die $_-Variable mit dem Inhalt der eingelesenen Zeile befüllt, wenn der Wert nicht einer anderen Skalarvariablen zugewiesen wird.

```
while(<STDIN>) {
  # Alles, was von`STDIN kommt, ist in $_ und
  # wird ausgegeben.
  print;
}
<STDIN>;  # Falsch! Es wird zwar eine Zeile gelesen,
          # aber deren Inhalt ist nicht in $_
```

HINWEIS

Es macht normalerweise keinen Sinn, das Einlesen in einer foreach*-Schleife durchzuführen, da* foreach *zunächst allen Input zwischenpuffern und nach dem Ende des Datenstromes mit dem Durchlaufen der Schleife beginnen würde. Verwenden Sie daher* while.

```
while(<DATA>) {
  print; # $_ enthält nacheinander "Zeile 1\n",
         # "Zeile 2\n" und "Zeile 3\n"
}

__DATA__
Zeile 1
Zeile 2
Zeile 3
```

Beim Lesen aus dem Datenbereich (mit __DATA__ unten im File gekennzeichnet) wird als Filedeskriptor DATA verwendet. Diese Methode ist gut für fixe Daten oder zu Testzwecken geeignet.

Listenkontext

Bringt man den <FH>-Operator in einen Listenkontext, wird in einem Rutsch der gesamte Datenstrom gelesen:

```
@lines = <FH>;
```

@lines enthält nun alle Zeilen des Eingabestromes inklusive \n oder \r\n unter Windows. Jedes Element des Arrays entspricht einer Zeile des Eingabestromes.

Diese Möglichkeit ist zwar sehr angenehm, bedeutet aber, dass erst mal alle Zeilen des Eingabedatenstromes im Hauptspeicher abgelegt werden. Reicht dieser nicht, wird der Hauptspeicher in die Swapdatei des Betriebssystems ausgelagert. Ist das Swapfile voll, ist das Ende der Fahnenstange erreicht. Das Programm terminiert mit einer netten Fehlermeldung (nicht ohne vorher die Maschine durch Swapping zum Schwitzen zu bringen). Überlegen Sie also gut, ob Sie sich mit der zarten Anweisung @lines = <FH>; mal eben eine 700-MB-Textdatei in den Hauptspeicher lesen.

Die Variable $/

Dass mit $line = <FH>; wie oben beschrieben, eine Zeile des Eingabestromes eingelesen wird, war eine Lüge. Na ja, zumindest eine halbe Lüge. Wenn die Variable $/ während des Programmlaufes nicht verändert wird, war es eigentlich gar keine Lüge. Wenn doch, war es auch keine, definiert man den Begriff *Zeile* neu.[4]

Was hat es also mit der Variablen $/ auf sich? $/ ist das Trennsymbol für Eingabedatensätze. Sie regelt, wie eine *Zeile* definiert ist, die mit $line = <FH>; eingelesen wird. Außerdem definiert sie, welches Zeichen mit chomp abgeschnitten wird.

Diese Variable kann auch modifiziert werden, was direkte Auswirkungen auf das zeilenweise Einlesen von Datenströmen hat. Üblicher-

4. Ok, es war eine Lüge. Hätten Sie gleich die ganze Wahrheit erfahren, wären Sie vermutlich von den Details erschlagen worden.

weise hat $/ den Wert "\n". Das bedeutet, dass nach dem Einlesen einer Zeile, die durch "\n" von der nächsten Zeile getrennt ist, in einen Skalar erst mal nicht weitergelesen wird, bis die nächste $line = <FH>; evaluiert wird. Ändert man $/ auf "abc", wird so lange gelesen, bis irgendwo "abc" im Eingabestrom auftritt. Dabei wird über etwaig vorhandene Zeilenumbrüche hinweggelesen.

ACHTUNG *$/ ist kein regulärer Ausdruck, wie dies bei der RS-Variablen von awk der Fall ist. Aber wie heißt es in der Hilfeseite zu $/ so schön: Zumindest bei irgendetwas muss awk ja besser sein als Perl.*

Ein sinnvolleres Beispiel (und ein häufig verwendeter Mechanismus) sieht so aus:

```
{
  local $/;
  $line = <STDIN>;
}
```

Was passiert hier? Zunächst wird ein Block definiert. Innerhalb dieses Blocks wird die Variable $/ lokal deklariert, was zur Folge hat, dass als Zeilentrenner keine (also undef) Zeichenkette genutzt wird. Der Datenstrom wird in einem Rutsch in die Skalarvariable gelesen. Im Block ist die $/-Variable also undef, wird aber nach dem Block wieder mit dem alten Wert sichtbar. Dies ist besser als

```
$tmpirs = $/;
undef $/;
$all = <FH>;
$/ = $tmpirs;
```

Dieses Beispiel entspricht dem vorhergehenden, allerdings vergisst man gerne das Rücksetzen des ursprünglichen Input Record Separators (Trennzeichen für Eingabedatensätze).

HINWEIS *Wenn Sie Dateien im DOS-Format unter UNIX bearbeiten, sollten Sie $/ = "\r\n"; setzen, da ansonsten chomp nur das "\n", nicht aber das \r entfernt.*

Aber Vorsicht! Wenn Sie auf einem Betriebssystem Textdateien bearbeiten, die auch auf diesem Betriebssystem erzeugt wurden, müssen Sie weder beim Einlesen `$/` *modifizieren noch bei der Ausgabe unter DOS beispielsweise* `print "Text\r\n"; # Falsch!!` *schreiben. Perl expandiert* `"\n"` *abhängig vom Betriebssystem beispielsweise zu* `"\r\n"` *unter Windows oder* `"\r"` *unter Mac.*

Die Variable $.

Die Variable `$.` enthält die Anzahl der Zeilen, die über den zuletzt benutzten Filedeskriptor eingelesen wurden. Dabei definiert sich die *Zeile* wieder über den Wert von `$/`. Der Wert von `$.` muss also nicht der aktuellen Zeilennummer im herkömmlichen Sinne in einer Datei entsprechen.

Wird ein Filedeskriptor geschlossen, setzt dies den Wert von `$.` auf null zurück.

Durch Zuweisung eines Wertes an `$.` *kann nicht die Einleseposition in der Datei verändert werden.*

Der Diamondoperator

```
--- <diamond1.pl> ---------------------------------------
#!/usr/bin/perl -w

while($line = <>) {
  print "$.: ",$line;
}
--- </diamond1.pl> --------------------------------------
```

Nanu? Kein Filedeskriptor ist angegeben? Der so genannte Diamondoperator `<>` hat eine Sonderfunktion: Werden dem Perlprogramm keine Argumente mitgegeben, agiert er wie `$line = <STDIN>;`, das heißt, alles was von der Standardeingabe kommt, wird in `$line` eingespeist.

Damit kann alles, was bisher `$line = <STDIN>;` hieß, auf `$line = <>;` verkürzt werden.

Daneben hat der `<>`-Operator noch ein Gimmick, welches die Arbeit mit Dateien deutlich erleichtert. `<>` nimmt alle Argumente, die dem

Perlprogramm übergeben wurden, geht davon aus, dass es sich bei diesen Argumenten um Dateinamen handelt, und versucht die zugehörigen Dateien zu öffnen. Ist das Öffnen erfolgreich, wird die entsprechende Datei als Dateneingabestrom gelesen. Ist die Datei komplett gelesen worden, wird die nächste Datei geöffnet und als Dateneingabestrom verwendet. Ein Beispiel:

```
$ ./diamond1.pl irs1.ex irs2.ex
1: {
2:   local $/;
3:   $line = <STDIN>;
4: }
5: $tmpirs = $/;
6: undef $/;
7: $all = <FH>;
8: $/ = $tmpirs;
```

Die Dateien `irs1.ex` und `irs2.ex` enthalten die beiden Beispielprogrammausschnitte aus dem Abschnitt über die Variable `$/`. Dem Programm `diamond1.pl` werden die Namen der beiden Dateien also als Argumente übergeben.

Zunächst wird der Inhalt der Datei `irs1.ex` gelesen und dessen Inhalt mit einer Zeilennummer versehen ausgegeben, danach geschieht das Gleiche mit der zweiten Datei. Beachten Sie, dass die `$.`-Variable dabei nicht bei der zweiten Datei wieder bei dem Wert 1 beginnt, da <> kein explizites `close` aufruft.

Über diese spezielle Einlesetechnik können sehr einfach zum Beispiel alle Dateien mit der Endung `.txt` eingelesen werden:

```
./diamond1.pl *.txt
```

Exkurs: @ARGV

Welche Argumente an das Programm übergeben wurden, können Sie aus der Variablen `@ARGV` auslesen. Diese Variable enthält alle Argumente, die übergeben wurden, auch zum Beispiel Kommandozeilenoptionen. Es gibt in Perl keine vordefinierte Variable `$ARGC`, wie dies in C mit der Variablen `argc` der Fall ist. Die Anzahl der übergebenen Parameter erhalten Sie wie bei allen Arrays über `$ARGC = @ARGV;`.

`$ARGV[0]` enthält das erste übergebene Argument, nicht den Skriptnamen (anders als in C). Der Skriptname ist über `$0` zugreifbar.

Befinden Sie sich nicht in einer Subroutine, können durch den wiederholten Aufruf des Befehles `$argument = shift;` nach und nach alle Elemente des Arrays `@ARGV` in die Variable `$argument` gebracht werden.

Für das elegante Parsen von übergebenen Kommandozeilenoptionen bieten sich die von Perl mitgelieferten Standardmodule `Getopt::Std` (`perldoc Getopt::Std`) und `Getopt::Long` (`perldoc Getopt::Long`) an.

Exkurs: Typeglobs

Wie wir im Kapitel *Packages* noch genauer sehen werden, benutzt Perl intern so genannte Symboltabellen um Variablen zu speichern. Sie verhindern unter anderem, dass es Konflikte zwischen den Variablen `$fh`, `@fh`, `%fh`, `&fh` und `fh` (dem Filedeskriptor mit dem Namen `fh`) gibt.

Alle oben genannten Variablen können mit einem so genannten Typeglob angesprochen werden: `*fh`. Man sagt, der Symboltabelleneintrag `*fh` beinhalte alle Werte der oben aufgeführten einzelnen Variablen.

Speziell im Zusammenhang mit Filedeskriptoren sind diese Typeglobs[5] wichtig. Sie erlauben das Speichern von Filedeskriptoren in Skalarvariablen.

```
$fh = *INPUTFH;  # Kopie des Filedeskriptors INPUTFH
```

Neben dem Speichern von Filedeskriptoren in Variablen erlauben sie auch die Erzeugung von lokalen Filedeskriptoren. Dies wird beispielsweise dann benötigt, wenn eine Subroutine sich selbst rekursiv aufruft und durch den rekursiven Aufruf der Filedeskriptor neu überschrieben worden wäre.

5. Der Begriff Typeglob ist zusammengesetzt aus *Type* (steht für Variablentyp) und *glob* (global). Ein Typeglob ist also ein Variablentyppräfix, der alle Variablentypen beinhaltet.

```
--- <tg2.pl> ------------------------------------------
#!/usr/bin/perl -w

# Der erste Kommandozeichenparameter wird
# der Subroutine include übergeben und
# das Ergebnis ausgedruckt.

print include(shift);

sub include {
  my $filename = shift;
  my $result = "";

  local *FH;  # Ein lokaler Filedeskriptor

  open(FH,$filename) or die "Cannot open $filename: $!";
  while(<FH>) {
    if(/^#include\s+"(\S+)"\s+/) {
      $result .= include($1);
    } else {
      $result .= $_;
    }
  }
  close(FH);
  return $result;
}
--- </tg2.pl> -----------------------------------------
```

Ziel des Programmes ist es, eine Datei, deren Name auf der Kommandozeile übergeben wird, zu lesen und rekursiv absteigend alle Vorkommnisse von `#include "dateiname"` durch deren Inhalt zu ersetzen.

Das Programm definiert einen lokalen Filedeskriptor `FH` in der Subroutine `include`.[6] Mit diesem lokalen Filedeskriptor wird die Datei gelesen. Trifft `include` dabei auf eine Zeile der oben genannten Form, wird der Dateiname aus der `#include` Anweisung extrahiert und die entsprechende Datei an dieser Stelle eingebunden. Die verwendeten Testdateien:

6. Wenn Sie mit regulären Ausdrücken oder mit Subroutinen noch nicht vertraut sind, finden Sie in den gleichnamigen Kapiteln Informationen über deren Handhabung.

```
--- <file.c> ------------------------------------------
// Testdatei 1 für include

somefunc();

#include "includefile1.h"

someotherfunc();
--- </file.c> -----------------------------------------
```

und

```
--- <includefile1.h> ----------------------------------
// includefile1.h

#define BLA  1
#define BLUB 2
--- </includefile1.h> ---------------------------------
```

Die Ausführung:

```
$ ./tg2.pl file.c
// Testdatei 1 für include

somefunc();

// includefile1.h

#define BLA  1
#define BLUB 2

someotherfunc();
```

Die Hauptanwendung von Typeglobs ist aber, dass man Variablen zu Aliasen machen kann:

```
*dumpf = *backe;
```

Hatten Sie vorher die Variablen `$backe`, `@backe` und `%backe`, so können Sie nun über `$dumpf = 4711` den Wert von `$backe` verändern. Das Gleiche gilt für alle Datentypen.

7.2.3 Das Schließen

Perl schließt beim Beenden des Programmes alle noch offenen Filedeskriptoren und somit die entsprechenden Dateien, Sockets und Pipes. Dennoch sollten Sie sich angewöhnen, generell `close` selbst aufzurufen. Zum einen ist es besserer Programmierstil und zum anderen können Sie von `close` zurückgelieferte Fehlermeldungen abfangen.

```
$file = "datei.txt";
open(IN,"<$file") or die "Cannot open $file: $!";
@lines = <IN>;
# do something here
close(IN) or die "Close failed: $!";
```

7.3 Schreiben in Filedeskriptoren

Das Schreiben in Dateien erfolgt nach einem ähnlichen Schema wie das Lesen: Öffnen, schreiben, schließen.

7.3.1 Das Öffnen

Das Öffnen des Filedeskriptors geschieht wie das Öffnen für den lesenden Zugriff – mit dem Unterschied, dass nun ein >-Zeichen vor dem Dateinamen stehen muss:

```
$file = "datei.txt";
open(OUT,">$file")
  or die "Cannot open $file for writing: $!";

# oder

$file = "datei.txt";
open(OUT,">>$file")
  or die "Cannot append to $file:  $!";
```

Steht vor dem Dateinamen ein >>, wird versucht an die Datei etwas anzuhängen. Existiert sie noch nicht, wird sie neu erzeugt. Ein vorangestelltes > erzeugt in jedem Fall eine neue Datei, egal ob sie bereits vorher da war oder nicht. Mit `open(OUT,">file.txt")` erzeugen Sie also eine neue Datei mit der Dateigröße 0.

Die Filedeskriptoren `STDOUT` und `STDERR` sind von Haus aus offen. Möchten Sie diese nutzen, sind also keine weiteren Aktionen notwendig.

7.3.2 Das Schreiben

In 98 Prozent der Fälle erfolgt das Schreiben in Dateien oder auf die Standardausgabe über die Funktionen `print` oder `printf`, weshalb wir uns nun näher mit ihnen beschäftigen werden.

print

Die Syntax von `print`:

```
print LISTE
print FILEDESKRIPTOR LISTE
```

In vielen Beispielen haben wir `print` bereits benutzt, um Ausgaben zu erzeugen. Dabei haben wir die einfache Form von `print` verwendet, ohne Filedeskriptor. Damit wurden Ausgaben auf `STDOUT` erzeugt. Die Funktion `print` erwartet eine Liste als Argument. Auch wenn `print "String\n";` benutzt wurde, wurde der String in einem Listenkontext evaluiert, hier eben eine einelementige Liste.

Durch Kommata getrennt können mehrere Elemente an `print` übergeben werden. Dabei werden die einzelnen Elemente der Reihe nach und ohne Zwischenraum ausgegeben. Aus Gründen des Operatorenvorranges empfiehlt es sich, bei komplexeren Ausdrücken grundsätzlich zu klammern, da ansonsten nicht das herauskommt, was Sie wollten: `print "String",$b = 1 if($a == 4);`. Zwar ist danach `$b == 1`, aber es wird `"String1"` ausgegeben. Wenn es schon mit nachgestellter `if`-Anweisung sein muss, ist es besser, `print ("String"),$b = 1 if($a == 4);` zu schreiben.

Neben der Ausgabe auf `STDOUT` kann mit `print` auch auf andere Filedeskriptoren geschrieben werden. Dabei ist der Filedeskriptor das erste Element nach `print`, welches mit einem Leerzeichen von der Liste getrennt wird, die ausgegeben werden soll. Wenn Sie fälschlicherweise ein Komma als Trennzeichen nutzen, bekommen Sie in den meisten Fällen eine Fehlermeldung. Leider nicht immer.

Haben Sie beispielsweise `$fh = *STDERR;` benutzt, um über `$fh` nach `STDERR` zu schreiben, liefert `print $fh,"Haus";` den String `*main::STDERRHaus` nach `STDOUT`, und nicht `Haus` nach `STDERR`.

Eine einfache Beispielanwendung könnte so aussehen:

```
#!/usr/bin/perl -w

open(IN, "/etc/group")
  or die "Cannot open /etc/groups for reading: $!";
open(OUT,">/tmp/group")
  or die "Cannot open /tmp/groups for writing: $!";

while($line = <IN>) {
  print OUT "$.: $line";
}
close(OUT);
close(IN);
```

Über den Filedeskriptor `IN` wird die Datei `/etc/group` zum Lesen geöffnet. Danach öffnet man die Datei `/tmp/group` mit dem Filedeskriptor `OUT` zum Schreiben. Solange Daten aus `IN` kommen, wird die aktuell gelesene Zeile `$line` mit einer Zeilennummer versehen an `OUT` ausgegeben. Da `OUT` mit der Datei `/tmp/group` verknüpft ist, werden alle Daten in diese Datei gedruckt. An Ende werden beide Filedeskriptoren wieder geschlossen.

Ein einfaches Kopieren einer Textdatei kann so realisiert werden:

```
#!/usr/bin/perl -w

open(IN, "/etc/group")
  or die "Can't open /etc/groups for reading: $!";
open(OUT,">/tmp/group")
  or die "Can't open /tmp/groups for writing: $!";

print OUT <IN>;

close(OUT);
close(IN);
```

Hier wird der Leseoperator `<IN>` in einen Listenkontext gebracht (`print`). Dadurch liest er zunächst den ganzen Eingabedatenstrom in den Hauptspeicher. Ist er damit fertig, nimmt `print` das Ergebnis als Argument und gibt alles an `<OUT>` aus. Nutzen Sie jedoch besser das Modul `File::Copy`, da es wesentlich unanfälliger für Fehler ist als die hier vorgestellte Routine.

Ein beliebter Fallstrick ist, dass man bei `print` *anstelle des Filedeskriptors gerne den Leseoperator verwendet:*

```
print <OUT> $line;  # FALSCH!
```

printf

```
printf FORMAT,LISTE
printf FILEDESKRIPTOR FORMAT,LISTE
```

`printf` erzeugt einen formatierten String. Dazu muss `printf` mitgeteilt werden, wie das Format aussehen soll. Dies geschieht im so genannten Formatstring. Im Formatstring stehen Platzhalter für Variablen, gemischt mit normalen druckbaren Zeichen. Nach dem Formatstring kommen die Variablen, die die Platzhalter im Formatstring ausfüllen sollen.

Die bekanntesten Platzhalter:

Platzhalter	Bedeutung
`%%`	Das Prozentzeichen
`%c`	Ein Buchstabe. Das Argument zu diesem Platzhalter ist ein Integer. Ausgegeben wird `chr(Integer)`.
`%s`	Ein String
`%d`	Ein vorzeichenbehafteter Integer, dezimal
`%u`	Ein vorzeichenloser Integer, dezimal
`%o`	Ein vorzeichenloser Integer, oktal
`%x`	Ein vorzeichenloser Integer, hexadezimal
`%e`	Fließkommazahl in wissenschaftlicher Repräsentation
`%f`	Fließkommazahl in dezimaler Repräsentation; wird meistens mit einer festen Kommastelle angegeben.
`%g`	Fließkommazahl, entweder in wissenschaftlicher oder dezimaler Repräsentation. Perl enscheidet die jeweilige Repräsentation selbst, abhängig von der übergebenen Zahl.

Tabelle 7.1: Platzhalter in Formatstrings

Daneben kennt Perl noch andere Platzhalter, die Sie in `perldoc -f sprintf` nachlesen können.

Zwischen dem `%`-Zeichen und dem Buchstaben, der den Typ des Platzhalters klassifiziert, können noch eine Reihe von Modifikatoren stehen (auch mehrere). Ein Auszug:

Modifikator	Bedeutung
Leerzeichen	Wird eine positive Zahl oder 0 übergeben, so wird vor die Zahl ein Leerzeichen gedruckt.
+	Wird eine positive Zahl oder 0 übergeben, so wird vor die Zahl ein Pluszeichen gedruckt.
Zahl	Minimale Ausgabebreite für den Platzhalter
-	Die Ausgabe erfolgt linksbündig innerhalb des Feldes. Normalerweise werden alle Felder rechtsbündig ausgegeben.
.Zahl	Abhängig vom Typ des Platzhalters: ■ Fließkommazahl: Anzahl der Dezimalstellen ■ String: Maximale Stringlänge. Ist der String länger, wird er an dieser Stelle abgeschnitten. ■ Integer: Gleiche Bedeutung wie der Modifikator `0`
`0`	Anstelle von Leerzeichen wird die `0` eingefügt, um den String oder die Zahl auf die vorgegebene Feldgröße aufzufüllen, wenn das Element rechtsbündig ausgeben werden soll.
#	Oktale Zahlen erhalten eine `0` vorne, wenn sie größer als Null sind, hexadezimale erhalten `0x`.

Tabelle 7.2: Modifikatoren für Platzhalter

Beispiele:

```
$koch = "Paul Bocuse";
$zahl = 1000;

printf "Ein Koch: %s\n",$koch;
# "Ein Koch: Paul Bocuse\n"

printf "%15s kocht %d Ommelettes\n",$koch,$zahl;
```

```
# "    Paul Bocuse kocht 1000 Ommelettes\n"

printf "%-15s kocht %d Ommelettes\n",$koch,$zahl;
# "Paul Bocuse     kocht 1000 Ommelettes\n"

printf "Integer         : %8d\n",$zahl;
printf "Integer         : %08d\n",$zahl;
printf "Float           : %8.2f\n",$zahl;
printf "Float scientific: %8.2e\n",$zahl;
printf "Hexadezimal     : %8x\n",$zahl;
printf "Hexadezimal     : %#8x\n",$zahl;
# "Integer         :     1000\n"
# "Integer         : 00001000\n"
# "Float           :  1000.00\n"
# "Float scientific: 1.00e+03\n"
# "Hexadezimal     :      3e8\n"
# "Hexadezimal     :    0x3e8\n"

printf "Wer ist eigentlich %-7.4s?\n",$koch;
# "Wer ist eigentlich Paul   ?\n"
# Der übergebene String wurde auf 4 Zeichen gekürzt,
# linksbündig gesetzt und auf die definierte Feldbreite
# von 7 mit 3 Leerzeichen aufgefüllt.
```

Achten Sie darauf, dass die Anzahl der Werte, die übergeben werden, gleich der Anzahl der Platzhalter im Formatstring ist.

Normalerweise gibt `printf` auf `STDOUT` aus. Sie können der `printf` aber auch einen beliebigen, geöffneten Filedeskriptor mitgeben, auf dem geschrieben werden soll:

```
printf STDERR "Wer ist eigentlich %-7.4s?\n",$koch;
printf FH "%2d kleine Jägermeister",$anzahl;
```

Benutzen Sie jedoch, wann immer es geht, `print` anstelle von `printf`, da es effizienter und weniger fehleranfällig ist.

sprintf

Mit `sprintf` können Sie zwar nicht direkt auf Filedeskriptoren ausgeben, aber Sie können einen formatierten String aus mehreren Teilen zusammenfügen und später mit `print` ausgeben. `sprintf` nimmt, bis auf den Filedeskriptor, die gleichen Parameter wie `printf`. Das Ergebnis von `sprintf` wird üblicherweise einer Skalarvariablen zugewiesen.

```
# Syntax
sprintf FORMAT,LISTE

# Beispiel
$year  = 2271;
$range = 3_500_000;
$class = "Galaxy";
$color = "Schwarz";
$line  = "Die Sternenflotte setzt diesen Typ von\n";
$line .= "Photonentorpedos seit dem Jahr $year ein.\n\n";
$line .= sprintf "Reichweite      : %9.2e km\n",$range;
$line .= sprintf "Farbe           : %12s\n",$color;
$line .= sprintf "Raumschiffklasse: %12s\n",$class;

print $line;     # Erst nach STDOUT
print OUT $line; # und dann zusätzlich in einen
                 # Filedeskriptor schreiben

# Output
Die Sternenflotte setzt diesen Typ von
Photonentorpedos seit dem Jahr 2271 ein.

Reichweite      :  3.50e+06 km
Farbe           :      Schwarz
Raumschiffklasse:       Galaxy
```

Sie können damit die gleichen Daten an mehrere Filedeskriptoren schicken und müssen dennoch nur einmal das ineffiziente `sprintf` aufrufen.

7.3.3 Das Schließen

Hier gilt das Gleiche wie im obigen Abschnitt zum Schließen eines Filedeskriptors beim lesenden Zugriff.

7.4 Pipes

Geben Sie open anstelle eines Dateinamens mit vorangestelltem <, > oder >> eine ausführbare Datei, wie zum Beispiel ein Systemkommando mit einem führenden oder nachfolgenden |-Zeichen, haben Sie eine so genannte Pipe erzeugt.

```
# Lesen der Ausgabe von dir
open(IN,"dir |") or die "Cannot run dir: $!";

# Alles, was nach OUT geschrieben wird, bekommt ./prog.pl von STDIN
open(OUT,"| ./prog.pl") or die "Cannot run ./prog.pl";

# Falsch!
open(OUT "| ./prog2.pl |") or die "Wouldn't work anyway";
```

Genau genommen handelt es sich um eine Pipe ohne Namen (anonymous pipe). Sie schließen daraus, dass es auch Pipes mit Namen gibt? Richtig. Diese heißen named pipes oder FIFOs. Named pipes werden zur Kommunikation von verschiedenen Prozessen, die auf der gleichen Maschine laufen, über eine spezielle Datei genutzt. Weiterführende Informationen über IPC (Interprozesskommunikation) finden Sie unter perldoc perlipc. An dieser Stelle werden wir nur anonymous pipes kennen lernen.

Eine anonymous pipe regelt den Datenstrom. Anstatt Daten aus einer Datei zu lesen oder in sie zu schreiben, wird ein Prozess gestartet, der uns Daten liefert oder dem wir Daten liefern. Steht das |-Zeichen rechts vom zu startenden Befehl, liefert er uns Daten, steht es links davon, liefern wir ihm Daten. Wenn wir dem Prozess Daten liefern, muss der Prozess auch in der Lage sein, Daten von STDIN entgegenzunehmen.

7.4.1 Daten von einem Prozess lesen

Die Vorgehensweise ist derjenigen, aus einer Datei zu lesen, sehr ähnlich: Filedeskriptor öffnen, davon lesen, schließen.

```
# Öffnen mit Fehlerbehandlung
open(IN,"dir C:\ |") or die "Cannot run dir: $!";

# Lesen
while(<IN>) {
```

```
  print;  # gibt alles aus, was der Aufruf von dir liefert
}

# Schließen mit Fehlerbehandlung
close(IN) or die "Something went wrong: $! $?";
```

Sie können aus diesem kleinen Beispiel zwei Dinge entnehmen: Zum einen ist es möglich, dem auszuführenden Prozess Kommandozeilen-Parameter mitzugeben, und zum anderen wird beim Schließen des Filedeskriptors der Rückgabewert von `close` überprüft.

Die Überprüfung des Rückgabewertes ist bei Pipes ein absolutes Muss. Wenn beim gestarteten Prozess, also dem Client, etwas schief geht, müssen Sie das mitbekommen. `open` bekommt nur mit, wenn beim Starten des Prozesses, dem so genannten Forken, etwas schief geht. Passiert etwas danach, erfährt `open` dies nicht mehr. Terminiert der Client vorzeitig aufgrund eines aufgetretenen Fehlers, setzt er normalerweise einen Exitcode in der `$?`-Variablen. Diese sollten Sie in Ihrer eigenen Fehlermeldung mit ausgeben.

Neben der Möglichkeit, über einen Filedeskriptor zu lesen, können Sie auch Backticks (`) nutzen um Kommandos abzusetzen und deren Output in einem Array zwischenspeichern:

```
@output1 = `ls -lRt /`;
# Altenativ auch: @output1 = qx(ls -lRt /);
@output2 = `cat /proc/interrupts`;
@output3 = `C:\\windows\\net use`;
```

Die Arrays `@output1-3` enthalten den entsprechenden Output der abgesetzten Systemkommandos. Beachten Sie, dass der gesamte Output der Kommandos im Hauptspeicher abgelegt wird, also in den entsprechenden Arrayvariablen. Manchmal ist es besser, anstelle der Backticks eine anonymous pipe zu verwenden, da dann der einkommende Datenstrom viel feingranulierter gesteuert und gegebenenfalls abgebrochen werden kann.

Um aus einem Perlprogramm heraus andere Programme zu starten, gibt es noch die beiden Funktionen `exec` und `system` auf die hier nicht näher eingegangen wird.[7]

7. Siehe `perldoc -f exec` und `perldoc -f system`.

7.4.2 Daten an einen anderen Prozess schicken

Auch beim Senden eines Datenstromes bleibt alles beim Alten:

```
# Öffnen mit Fehlerbehandlung
open(OUT,"| sort -u > /tmp/sorted.data")
  or die "Cannot run dir: $!";
# @ourdata enthalte Daten, die wir dem externen
# Kommando sort -u übergeben wollen
# Schreiben
print OUT @ourdata
# Schließen mit Fehlerbehandlung
close(OUT) or die "Something went wrong: $! $?";
```

Der Filedeskriptor wird zunächst geöffnet. Hier wird das Kommando `sort -u` benutzt. Zusätzlich wird die Ausgabe des Kommandos `sort` in eine Datei umgelenkt. Das Umlenken wird dabei von der Shell übernommen.

Im Beispiel werden Daten aus dem Array `@ourdata` mit einem Mal an `sort` übergeben, welches dann hoffentlich die Sortierung übernimmt und das Ergebnis in der Datei `/tmp/sorted.data` ablegt.

Auch hier wieder ganz wichtig: Prüfen Sie den Rückgabewert von `close`.

7.5 Formate

Formate erleichtern die Erzeugung von schön formatiertem Output:

```
$ ./formate1.pl
Geheime Spendentabelle unserer Partei.    Seite:   1

Name     |Spende   |Verbucht|Bemerkung
---------+---------+--------+----------------------
Donald   |     1.00|      ja|Donald hat ja nie viel
         |         |        |Geld. Ist bekannt.
Daisy    | 23000.00|    nein|Nicht verbucht. Kommt eh
         |         |        |keiner drauf.
Daniel   |   500.00|    nein|
Dagobert |     0.01|      ja|Alter Geizkragen
```

Mithilfe von `printf` und viel Denkarbeit kann man dieses Ergebnis auch erreichen, aber die Anweisungen `format` und `write` nehmen Ihnen viel Arbeit ab:

```
--- <formate1.pl> ---------------------------------------
#!/usr/bin/perl -w

format STDOUT_TOP =
Geheime Spendentabelle unserer Partei.     Seite: @>>>
                                                  $%

Name      |Spende    |Verbucht|Bemerkung
---------+---------+--------+----------------------
.

format STDOUT =
@<<<<<<<<|@######.##|@>>>>>>>|^<<<<<<<<<<<<<<<<<<<<<<<
$name,    $geld,     $sk,     $bemerkung
~        |          |        |^<<<<<<<<<<<<<<<<<<<<<<<
                              $bemerkung
~        |          |        |^<<<<<<<<<<<<<<<<<<<...
                              $bemerkung
.

# $= = 8;
# Wird diese Variable auf 8 gesetzt, werden maximal
# 8 Zeilen pro Formatseite ausgedruckt.

while(<DATA>) {
  ($name,$geld,$sk,$bemerkung) = split(/,/,$_);
  write;
}

__DATA__
Donald,1,ja,Donald hat ja nie viel Geld. Ist bekannt.
Daisy,23000,nein,Nicht verbucht. Kommt eh keiner drauf.
Daniel,500,nein,
Dagobert,0.01,ja,Alter Geizkragen
--- </formate1.pl> --------------------------------------
```

Zunächst mag das noch nach Hieroglyphen aussehen, aber nach wenigen Erläuterungen scheint Ihnen dieses Beispiel sicher klarer.

Um eine formatierte Ausgabe zu erhalten, muss Perl mitgeteilt werden, wie das Format genau aussehen soll. Die Stelle, an der das im Programm geschieht, ist dabei gleichgültig. Es empfiehlt sich aber, die Formatdefinitionen gesammelt an einer Stelle im Perlprogramm zu halten. Der dazu benötigte Befehl ist `format`:

```
format NAME =
FORMATBESCHREIBUNG
.
```

Der verwendete Name dient zur Unterscheidung für `write`, welches Format für welchen Filedeskriptor vorgesehen ist. Im Beispiel wurden die Daten von `write` auf `STDOUT` ausgegeben, weshalb auch in Zeile 11 `format` der Name `STDOUT` übergeben wurde. Wir werden im Anschluss noch ein Beispiel sehen, wo ein Format für die Ausgabe in eine Datei definiert wird.

Neben der Definition des Formates für einen Datensatz mit `format STDOUT = ...` muss `write` noch wissen, wie die Überschriften zu den Seiten aussehen sollen. Auch hier hilft die `format`-Anweisung. Soll die Ausgabe nach `STDOUT` erfolgen, lautet die Definition für die Seitenüberschriften[8]:

```
format STDOUT_TOP =
FORMATBESCHREIBUNG
.
```

Soll ein anderer Filedeskriptor als `STDOUT` verwendet werden, so müssen Sie `STDOUT` durch den Namen des Filedeskriptors ersetzen.

Woraus besteht eine Formatdefinition?

- Eine Musterzeile besteht aus normalen Zeichen und kann auch Sonderzeichen wie `@<<<<<` oder `@###.##` enthalten. Diese Musterzeichen sind Platzhalter für Variablen, die bei der Ausgabe durch die Werte von Perlvariablen ersetzt werden. Enthält eine Musterzeile keine Platzhalter, so wird sie, so wie sie ist, gedruckt. Nach Musterzeilen ohne Platzhalter können weitere Musterzeilen stehen.
- Enthält eine Musterzeile Platzhalter, so muss der Musterzeile eine Zeile folgen, in der eine Liste von Variablen angegeben ist, die diese Platzhalter ausfüllen.

8. TOP = Top of Page

- Wichtige Platzhalter:
  - @<<<: Platzhalter für einen String, der linksbündig ausgegeben wird. Die Länge des ausgegebenen Strings entspricht der Anzahl der < + 1.
  - @>>>: Platzhalter für einen String, der rechtsbündig ausgegeben wird. Die Länge des ausgegebenen Strings entspricht der Anzahl der > + 1.
  - @|||: Platzhalter für einen String, der zentriert ausgegeben wird. Die Länge des ausgegebenen Strings entspricht der Anzahl der | + 1.
  - @###.##: Platzhalter für eine Zahl mit Angabe des Dezimalpunktes. Im Beispiel werden vier Vor- und zwei Nachkommastellen ausgegeben, rechtsbündig.
  - ^<<<: Hat eine Sonderfunktion. Text wird wieder linksbündig ausgegeben[9], wie bei @<<<. Die Variable, die für die Befüllung des Platzhalters zuständig war, wird um den befüllten Text vorne gekürzt, falls der Text nicht komplett in den Platzhalter passte. Bei der nächsten Referenzierung der Variablen wird der Reststring eingefügt. Passt dieser wieder nicht komplett, wird wieder gekürzt.
    Passt der Reststring nicht mehr in die letzte Musterzeile, so bietet es sich an, durch die Angabe eines Musters der Form ^<<<<<<<<<<<<<... anzuzeigen, dass es eigentlich noch mehr Text zur Ausgabe gegeben hätte. Die drei Punkte erscheinen dann in der letzten Zeile des Textes ...
  - ~: Ist der auszugebende Text zu kurz für die Formatdefinition, so können Leerzeilen durch die Angabe des ~-Zeichens irgendwo in der Zeile unterdrückt werden.
  - $%: Die aktuelle Seitenzahl.
  - $=: Anzahl der Zeilen pro Seite, die ausgegeben werden sollen. `$= = 20;` setzt die Anzahl der Ausgabezeilen auf 20 inklusive Formatkopf.

9. Dies geht auch mit ^>>>>, ^|| oder ^##. Der letzte Platzhalter setzt für nicht definierte Zahlvariablen Leerzeichen ein.

- Kommentarzeilen können durch Angabe eines # an der ersten Stelle einer Zeile eingeleitet werden.
- Die Formatdefinition endet mit einem einzelnen Punkt in der letzten Zeile.

Nachdem Formatkopf und Formatzeilen definiert sind, kann über mehrfachen Aufruf der Funktion `write` die entsprechende Tabelle ausgegeben werden. Dabei müssen die in den Formatdefinitionen verwendeten Variablen die Werte enthalten, die in der Ausgabe eingesetzt werden sollen.

Was, wenn nicht nach `STDOUT` geschrieben werden soll? Die einfachste Möglichkeit besteht in der Definition eines Formates, dessen Name der später verwendete Filedeskriptor ist.

```
--- <formate2.pl> ------------------------------------
#!/usr/bin/perl -w

format OUT_TOP =
Buch                                |ISBN           |Preis
------------------------------------+---------------+-------
.

format OUT =
@<<<<<<<<<<<<<<<<<<<<<<<<<<<<<<<<<< | @|||||||||||| |@###.##
$buch,                               $isbn,          $preis
.

open(OUT,">buecher.txt") or
  die "Cannot write to buecher.txt: $!";

# select OUT; $= = 5;
# Beschränkt den Output auf 5 Zeilen pro Formatseite
while(<DATA>) {
  ($buch,$isbn,$preis) = split(/,/,$_);
  write OUT;
}
close(OUT);

__DATA__
OO Programmieren mit Perl,3-82731-812-2,44.95
Einmal Rupert und zurück,3-45308-230-3,7.95
```

```
LATEX,3-82731-557-3,39.95
Ich bin Spock,3-45310-980-5,0
Die Kinder von Izieu,3-89468-001-6,0
Das Whisky Lexikon,3-8289-1100-5,12.95
Edward: Roman aus dem Pleistozän,3-293-20107-5,6.60
--- </formate2.pl> -----------------------------------
```

Im Beispiel wird der Filedeskriptor `OUT` benutzt und dementsprechend sind die Formate mit den Namen `OUT` und `OUT_TOP` zu versehen. Das Programm erzeugt folgende Datei:

```
--- <buecher.txt> -----------------------------------
Buch                            |ISBN           |Preis
--------------------------------+---------------+-------
OO Programmieren mit Perl       | 3-82731-812-2 |  44.95
Einmal Rupert und zurück        | 3-45308-230-3 |   7.95
LATEX                           | 3-82731-557-3 |  39.95
Ich bin Spock                   | 3-45310-980-5 |   0.00
Die Kinder von Izieu            | 3-89468-001-6 |   0.00
Das Whisky Lexikon              | 3-8289-1100-5 |  12.95
Edward: Roman aus dem Pleistozän | 3-293-20107-5 |   6.60
--- </buecher.txt> ----------------------------------
```

`write OUT` schreibt also mit den definierten Formaten in den Filedeskriptor `OUT`.

Perl definiert zu Formaten noch eine Reihe anderer Variablen und Einsatzmöglichkeiten, deren Funktion Sie in `perldoc perlform` ersehen können.

7.6 Andere Operationen auf Verzeichnissen und Dateien

Neben dem Lesen und Schreiben von Dateien kommt früher oder später der Wunsch auf, zum Beispiel zu testen, ob eine Datei für das Perlprogramm überhaupt lesbar ist, oder den Inhalt von Verzeichnissen zu lesen. Dieser Abschnitt gibt einen kurzen Abriss der Möglichkeiten, die sich Perl-seitig bieten.

Informationen, welche Funktionen es für Dateioperationen noch gibt, finden Sie unter `perldoc perlfunc` unter dem Abschnitt *Functions for filehandles, files, or directories*.

7.6.1 Dateitestoperatoren

Dateitestoperatoren haben die Aufgabe, Dateien, Verzeichnisse oder auch so genannte special files (Dateien mit speziellem Verwendungszweck wie named pipes oder Gerätedateien) auf bestimmte Eigenschaften zu untersuchen. Die Dateitestoperatoren sind alle in der Form `-X`, wobei das `X` für einen Buchstaben steht. Nachfolgende Tabelle zeigt eine Übersicht über alle Dateitestoperatoren.

Operator	Bedeutung
`-b`	Ist die Datei ein block device?
`-c`	Ist die Datei ein character device?
`-d`	Ist die Datei ein directory?
`-e`	Existiert die Datei?
`-f`	Ist die Datei eine normale Datei?
`-g`	Ist bei der Datei das gid bit gesetzt?
`-k`	Ist bei der Datei das sticky bit gesetzt?
`-l`	Ist die Datei ein symbolic link?
`-o`	Gehört die Datei der effective uid (also der Userid, unter der das Programm gerade läuft)?
`-p`	Ist die Datei eine named pipe?
`-r`	Ist die Datei eine für die effective uid lesbare Datei?
`-s`	Ist die Datei eine nicht leere Datei?
`-t`	Dateideskriptor zeigt auf ein Terminal?
`-u`	Ist bei der Datei das setuid bit gesetzt?
`-w`	Ist die Datei eine für die effective uid beschreibbare Datei?
`-x`	Ist die Datei eine für die effective uid ausführbare Datei?
`-z`	Hat die Datei die Länge 0?
`-A`	Vor wie viel Tagen wurde auf die Datei das letzte Mal zugegriffen?
`-B`	Ist die Datei eine Binärdatei?
`-C`	Vor wie viel Tagen wurde der Inode der Datei das letzte Mal geändert?

Operator	Bedeutung
-M	Vor wie viel Tagen wurde die Datei das letzte Mal geändert?
-O	Gehört die Datei realer uid?
-R	Ist die Datei von realer uid lesbar?
-S	Ist die Datei ein Socket?
-T	Ist die Datei eine Textdatei?
-W	Ist die Datei von realer uid schreibbar?
-X	Ist die Datei von realer uid ausführbar?

Tabelle 7.3: Dateitestoperator

Sind Sie Windowsianer, können Sie eventuell mit den Begriffen *effective uid* und *realer uid* (*real uid*) nichts anfangen. Die *effective uid* bezeichnet die UserID, also den Benutzer, unter dem das Programm gerade läuft. Dies kann eine andere sein als die *real uid*. UNIX bietet die Möglichkeit ein Programm unter einer anderen als der eigenen Userkennung ablaufen zu lassen. Wichtig ist dies zum Beispiel bei Programmen, die, um zu funktionieren, Superuserrechte benötigen, die aber jeder andere User auch benutzen können muss (Beispiel `sendmail`). Hierzu wird das so genannte `setuid bit` gesetzt. Der Prozess läuft dann unter der uid dessen, dem die Datei gehört (in diesem Falle `root`).

Wie funktionieren diese Operatoren? Eigentlich ist die Benutzung relativ einfach:

```
-X AUSDRUCK
-X FILEDESKRIPTOR
```

Entweder übergibt man dem Operator einen Ausdruck oder einen Filedeskriptor und der Operator führt den entsprechenden Test durch. Beispiele:

```
#!/usr/bin/perl -w

filetest("/etc/passwd");
filetest("/usr/sbin/sendmail");
filetest("/tmp");
```

```
if(-r '.emacs' and -w '.emacs') {
  print "Die Datei .emacs ist lesbar und schreibbar\n";
}

sub filetest {
  $file = shift;
  print "$file ist:\n";
  print "- lesbar\n"              if(-r $file);
  print "- schreibbar\n"          if(-w $file);
  print "- ein Verzeichnis\n"     if(-d $file);
  print "- ausführbar\n"          if(-x $file);
  print "- ein Link\n"            if(-l $file);
  print "- leer\n"                if(-z $file);
  print "- nicht leer\n"          if(-s $file);
  print "- setuid gesetzt\n"      if(-u $file);
  print "- sticky bit gesetzt\n" if(-k $file);
  print "\n";
}
```

Gibt folgenden Output:

```
$ ./ft2.pl
/etc/passwd ist:
- lesbar
- nicht leer

/usr/sbin/sendmail ist:
- lesbar
- ausführbar
- nicht leer
- setuid gesetzt

/tmp ist:
- lesbar
- schreibbar
- ein Verzeichnis
- ausführbar
- nicht leer
- sticky bit gesetzt

Die Datei .emacs ist lesbar und schreibbar

$ ls -lad /etc/passwd  /usr/sbin/sendmail /tmp .emacs
```

```
-rw-r--r-- rrklier rrklier  1476 Apr 11 .emacs
-rw-r--r-- root    root     1340 Mar 29 /etc/passwd
drwxrwxrwt root    root     4096 Apr 11 /tmp
-r-sr-xr-x root    root   455620 Oct 14 /usr/sbin/sendmail
```

Manche der Dateitestoperatoren machen unter Windows keinen Sinn, wie z. B. die Abfrage, ob das sticky bit gesetzt ist.

7.6.2 Das Lesen von Verzeichnissen

Wieder gibt es mehrere Arten dies zu tun. *There is more than one way to do :-)* Neben der `readdir`-Funktion, die gleich näher betrachtet wird, können Verzeichniseinträge mit der Funktion `glob` oder dem Modul `File::Glob` ausgelesen werden. Weiterführende Informationen finden Sie wie immer in den entsprechenden Manpages.

```
#!perl -w

my $dir = 'C:\windows';
opendir(IN,$dir) or die "Cannot open directory $dir: $!";
my @files=readdir(IN);
print "@files\n";
closedir(IN);
```

Das Programm verwendet die Funktionen `opendir`, `readdir` und `closedir`.

- `opendir`: Ähnlich wie `open` nimmt `opendir` zwei Argumente: einen Filedeskriptor und einen Ausdruck, welcher normalerweise ein Verzeichnisname ist. `opendir` versucht das übergebene Verzeichnis mit dem Filedeskriptor zu öffnen. Schlägt dies fehl, kann wie bei `open` der Fehler abgefangen werden.
- `readdir`: Rückgabewert der Funktion, die als Argument einen hoffentlich geöffneten Filedeskriptor nimmt, sind die Namen der Verzeichniseinträge des zugehörigen Filedeskriptors.
- `closedir`: Schließt den übergebenen Filedeskriptor. Auch hier sollten Sie nichts dem Zufall überlassen. Schließen Sie den verwendeten Filedeskriptor, wenn Sie ihn nicht mehr benötigen.

Das Programm öffnet das Verzeichnis `C:\windows`, liest alle Einträge daraus aus und gibt sie aus. Interessieren Sie nur die `.dll`-Dateien, können Sie folgende Konstruktion verwenden:

```
#!perl -w

my $dir = 'C:\windows';
opendir(IN,$dir) or die "Cannot open directory $dir: $!";
my @files=grep {/\.dll$/i} readdir(IN);
print "$_\n" foreach (@files);
closedir(IN);
```

8 Reguläre Ausdrücke

Was sind reguläre Ausdrücke? *Regular expressions*, wie sie im Englischen genannt werden, werden von vielen Programmen dazu genutzt, eine Menge von Strings zu beschreiben, ohne jeden einzelnen String dieser Menge aufführen zu müssen. Eine einfache Variante von regular expressions wird auch unter DOS verwendet. Dort werden zum Beispiel mittels `*.exe` mehrere Dateien ausgewählt.

Die Verarbeitung von beliebigen Texten ist sehr komplex und kann aufgrund der beschränkten Ausdruckskraft von Wildcards, wie sie unter DOS zum Einsatz kommen, nicht befriedigend durchgeführt werden. Zur besseren Verarbeitung von Texten wurde eine generalisierte Sprache entwickelt, die mannigfaltige Verarbeitung von Texten erlaubt: die regulären Ausdrücke.[1]

In Perl werden reguläre Ausdrücke auf verschiedene Arten eingesetzt. Eine der Hauptanwendungen ist die Überprüfung, ob ein String einem bestimmten Muster entspricht, also beispielsweise, ob `Don Feb 17 11:24:54 CET 2000` ein gültiger Datumsstring ist oder nicht. Dies wird als Pattern Matching bezeichnet.

Des Weiteren werden reguläre Ausdrücke häufig dazu benutzt, textuelle Ersetzungen durchzuführen. Im einfachsten Fall kann zum Beispiel das Wort `Rauhhaardackel` durch `Rauhaardackel` ersetzt werden, um der neuen Rechtschreibung Genüge zu tun.

Reguläre Ausdrücke sind aus zwei Typen von Zeichen aufgebaut: aus Metazeichen, wie zum Beispiel `*` oder `[`, und so genannten Literalen, welche unter anderem Buchstaben und Ziffern sind. Die Liste der Metazeichen, deren Verwendung später erklärt wird, lautet:

```
\ | ( ) [ ] { } ^ $ * + ? .
```

Es wird behauptet, man könne reguläre Ausdrücke leichter verstehen, wenn man sie sich als eine eigene Sprache vorstellt, bei der die Literale die Worte der Sprache sind und den Metazeichen die Rolle

1. Wer sich für Automatentheorie und formalen Sprachen interessiert, findet in [SCHO95] eine theoretische Abhandlung über reguläre Sprachen.

der Grammatik zufällt. Ob dies nun so recht stimmt, erscheint dem, der sich noch nicht so sehr mit Sprachwissenschaft auseinander gesetzt hat, zunächst doch recht zweifelhaft, trifft aber nach etwas Nachdenken doch ganz gut den Kern der Sache.

Anhand des Pattern Matching werden Sie in diesem Kapitel die Struktur regulärer Ausdrücke kennen lernen. Neben dem Pattern Matching wird auf den `s///`-Operator eingegangen, mit dem in Perl *Suchen und Ersetzen* realisiert werden kann.

Neben den hier vorgestellen Metasymbolen und speziellen Sequenzen für reguläre Ausdrücke wartet Perl noch mit einer Reihe von Erweiterungen auf, die in `perldoc perlre` beschrieben sind, die hier jedoch zu weit führen würden.

8.1 Pattern Matching

```
print "string ist in \$var\n" if($var =~ /string/);
print "string ist in \$var\n" if($var =~ m!string!);
print "string ist in \$_\n" if(m/string/);
print "string ist in \$_\n" if(/string/);
```

Wie das obige Beispiel zeigt, ist der einfachste Fall der Verwendung von regular expressions das Matching auf eine feststehende Zeichenkette. Hier wird in allen Fällen überprüft, ob eine Variable eine bestimmte, feste Zeichenkette (`string`) enthält. Die allgemeine Syntax des `m//`-Operators sieht so aus:

```
$var =~ m/PATTERN/gimosx
$var =~  /PATTERN/gimosx
```

Der `m//`-Operator (siehe auch `perldoc perlop`) weist in Verbindung mit dem so genannten Musterbindungsoperator `=~` Perl an, in der Variablen `$var` nach dem regulären Ausdruck `PATTERN` zu suchen. Wird `PATTERN` in der Variablen gefunden, liefert der Ausdruck `wahr` zurück, andernfalls `falsch`. Dabei können dem `m//`-Operator eine Reihe von so genannten Modifiern (`gimosx`) mitgegeben werden, deren Semantik später noch detailliert erklärt wird.

Werden für die Quotingzeichen andere als das / verwendet, muss das `m` notiert werden, ansonsten kann es weggelassen werden. Wann benötigt man andere Quotingzeichen als das /? Befindet sich im regulären Ausdruck selbst ein /, so kann es zum so genannten *Leaning Toothpick Syndrome* (LTS) kommen. Möchte man überprüfen, ob ein String einen bestimmen UNIX-Pfad beinhaltet, so muss in dem regulären Ausdruck jedes / mit einem Backslash \ entwertet werden:

```
if($mypath =~ /\/usr\/local\/apache\/cgi-bin\//) {
```

Diese unschön zu lesende Abfolge von \/, also dem LTS, kann eleganter durch die Verwendung des m//-Operators zusammen mit anderen Quotingzeichen gestaltet werden:

```
if($mypath =~ m;/usr/local/apache/cgi-bin/;) {
```

Wie für das / gilt für alle Metazeichen in regulären Ausdrücken: Wenn sie nicht als Metazeichen, sondern als Literal verwendet werden sollen, also für sich selbst stehen, müssen sie mit dem \ entwertet werden:

```
if(/:-\)/) {
  # passt auf :-)
```

Soll sich der Test auf die spezielle Variable `$_` beziehen, so kann der Musterbindungsoperator auch entfallen.

```
if(m;pattern;) { ...   # $_ enthält pattern
if(/pattern/)  { ...   # dasselbe
```

Die negierte Mustererkennung `!~` kehrt das Ergebnis der normalen Mustererkennung um, das heißt, wird ein Muster erkannt, liefert `!~` `falsch`.

```
print "string ist nicht in \$var\n" if($var !~ m!string!);
```

Der reguläre Ausdruck, der überprüft werden soll, kann auch in einer Variablen stehen:

```
$pattern = join("","a".."h");
print "abcdefgh ist in \$_ enthalten\n" if(/$pattern/);
```

8.1.1 Zeilenanfang und Zeilenende

Die bisherigen Beispiele haben beim Matching keine Aussage darüber gemacht, ob ein Pattern am Anfang oder am Ende des Strings oder in der Mitte eines Wortes passt. So passt das Pattern `/der/` auf all diese Strings: `"der Hund"`, `"dermatologisch getestet"`, `"Kindermädchen"` und

"Elender". Manchmal möchte man aber nur dann erfolgreich matchen, wenn das Pattern an einer bestimmten Stelle im zu überprüfenden String vorkommt. Hierzu benötigen wir die ersten Metazeichen.

Die wohl einfachsten Metazeichen in regulären Ausdrücken sind `^` und `$`. So passt `^Mailto:` auf das Wort "`Mailto:`", wenn es am Anfang der Zeile steht. Im Gegensatz dazu passt `oder nicht sein.$` auf die Zeichenkette "`oder nicht sein.`", wenn sie am Zeilenende steht.

Der reguläre Ausdruck `^Mailto: Bush@whitehouse.gov$` passt genau dann, wenn der String komplett in dieser Form und ohne zusätzliche Zeichen in einer Zeile steht.

8.1.2 Zeichenklassen regulärer Ausdrücke

Angenommen, man möchte nach dem Wort `essentiell` suchen, aber auch gemäß der neuen Rechtschreibreform das Wort `essenziell` finden. Mittels der Konstruktion `[...]` können mehrere Zeichen überprüft und eine so genannte Zeichenklasse, angegeben werden. Der zugehörige reguläre Ausdruck lautet: `essen[tz]iell`. Dabei wird dann gematcht, wenn genau eines der Zeichen zwischen den eckigen Klammern auftritt.

```
if(/^[HMg]ut$/) {   # passt auf: Hut, Mut, gut
```

Der Minusoperator

Zwischen den eckigen Klammern können beliebig viele Zeichen stehen. So bezeichnet `[12345679]` eine Zeichenklasse mit den Ziffern eins bis sieben und zusätzlich die Ziffer neun. Teilweise kann die Notation von Zeichenklassen auf diese Weise recht aufwändig sein, weshalb es innerhalb der Zeichenklassen auch Metazeichen gibt. Das Minuszeichen beschreibt innerhalb einer Zeichenklasse einen Bereich. So kann obiger Ausdruck vereinfacht als `[0-79]` beschrieben werden. Hier werden nicht die Ziffern von 0 bis 79 gematcht! In Zeichenklassen sind immer nur einzelne Zeichen vorhanden. Die Strings von "` 1`" bis "`79`" können mittels `[ 1-7][0-9]` gematcht werden.

Soll das Minuszeichen selbst Teil der Zeichenklasse werden, so muss es gequotet werden: `[a\-c]` spezifiziert `a`, `c` und das Minuszeichen.

Negierte Zeichenklassen

Wird anstelle von [abc] der Ausdruck [^abc] verwendet, so passt der Ausdruck auf jedes Zeichen außer den in der Zeichenklasse angegebenen. Möchte man das Dach (^) selbst zum Teil der Zeichenklasse machen, so kann man es entweder quoten oder nicht an den Anfang der Zeichenklasse stellen:

```
/[^abc]/   # Alle Zeichen außer a, b und c
/[^a-c]/   # dito
/[a^bc]/   # Alle Zeichen außer a, b, c und ^
/[\^abc]/  # dito
```

Metazeichen in Zeichenklassen verlieren ihre Bedeutung oder bekommen eine andere Bedeutung. So sind innerhalb der eckigen Klammern nur die Zeichen ^, -,] und \ mit einer besonderen Bedeutung versehen, alle anderen können unentwertet verwendet werden:

```
/[{}()[+*/$?.]/   # { } ( ) [ + * / $ ? oder .
/[\^\]\-\\]/      # ^ ] - oder \
```

Vordefinierte Zeichenklassen

Weil bestimmte Zeichenklassen sehr häufig vorkommen, definiert Perl bestimmte Metazeichen für sie. Die nachfolgende Tabelle zeigt, welche das sind.

Zeichen	Beschreibung	Definition
\d	Ziffer	[0-9]
\D	Nichtziffer	[^0-9]
\w	Wortzeichen	[_a-zA-Z0-9]
\W	Nichtwortzeichen	[^_a-zA-Z0-9]
\s	Whitespace	[\r\t\n\f]
\S	Nichtwhitespace	[^\r\t\n\f]

Tabelle 8.1: Vordefinierte Zeichenklassen

Diese so definierten Zeichenklassen können wie normale Zeichen in Patterns eingebunden werden:

```
# Ziffer, Whitespace, Jan, Whitespace, 2000
/\d\sJan\s2000/
# Nichtziffer oder Whitespace, 2000
/[\D\s]2000/
```

Der Punkt

Das Metazeichen . (Punkt) ist die Zeichenklasse, die ein beliebiges Zeichen erkennt. Dies gilt jedoch nur, wenn der Punkt nicht in eckigen Klammern steht. Dort ist er kein Meta-, sondern ein ganz normales Zeichen.

```
/10.08.1965/         # passt auf 10.08.1965
                     #       und 10/08/1965
                     #       und 10-08-1965
                     #       und 10a08(1965
                     # u.v.a.m
/10\.08\.1965/       # passt auf 10.08.1965
                     # passt nicht auf 10/08/1965
/10[.-]08[.-]1965/   # passt auf 10.08.1965
                     # passt auf 10-08-1965
                     # passt nicht auf 10/08/1965
```

Soll der Punkt selbst erkannt werden, so muss er mit einem Backslash gequotet werden.

Alternation

Das Metazeichen für die Alternation ist das |. Damit ist die Beschreibung von Alternativen möglich. So ist `essenziell|essentiell` entweder das Wort `essenziell` oder `essentiell`. Alternativ könnte man beide Varianten auch mit `essen(z|t)iell` matchen, wobei die runden Klammern dazu dienen, die Alternativen örtlich zu begrenzen. `essenz|tiell` würde entweder nur `essenz` oder nur `tiell` matchen.

```
/^foo|bar$/                         # foo oder bar
/^Windows (XP|ME|NT|9[58]|2000)$/   # Viele bunte Fenster
```

8.1.3 Wortgrenzen

Um Wortgrenzen zu matchen, bedient sich Perl des speziellen Strings \b. Wortgrenzen sind als das „Nichts“ zwischen einem Wort \w und einem Nichtwort \W definiert.

```
/\b[hH]irn\b/ # matcht "Hirn"
/\b[hH]irn\b/ # matcht " Hirn "
/\b[hH]irn\b/ # matcht "Wo issn des Hirn?"
/\b[hH]irn\b/ # matcht nicht "Kleinhirn"
/\b[hH]irn\b/ # matcht nicht "Hirnschmalz"
/\b[hH]irn\b/ # matcht "Hirn-Schmalz"
```

\B überprüft auf eine Nicht-Wortgrenze.

HINWEIS

Ohne weitere Sicherheitsvorkehrungen interpretiert \b *Umlaute als Wortgrenzen. Sollen Texte analysiert werden, in denen Umlaute vorkommen, sollten Sie Ihrem Programm* use locale; *voranstellen. Das Pragma* locale *berücksichtigt bei vielen Operationen die regionenspezifischen Einstellungen. Weitere Informationen zu Pragmas finden Sie im Kapitel Sprachreferenz und zu* locale *unter* perldoc locale.

8.1.4 Optionale Elemente

Das Metazeichen ? (Fragezeichen) bedeutet, dass ein Element eines regulären Ausdruckes optional ist. So prüft /Schifff?ahrt/, ob sich in der Mitte des Wortes drei oder aber auch zwei f befinden. Will man mehr als nur ein Zeichen optional gestalten, so muss der entsprechende Ausdruck in runde Klammerngefasst werden. Soll überprüft werden, ob beispielsweise das HTML-Tag TABLE entweder in der Form <TABLE> oder <TABLE BORDER=1> auftritt, kann dies so notiert werden:

```
/<TABLE( BORDER=1)?>/
```

8.1.5 Repetition

Ähnlich dem Fragezeichen gibt es noch andere Metazeichen um das optionale und auch das mehrmalige Vorhandensein von Ausdrücken zu beschreiben:

- Das `+` bedeutet, dass ein Ausdruck ein- oder mehrmals vorkommen muss.
- Das `*` zeigt an, dass ein Ausdruck beliebig oft vorkommen darf (also auch gar nicht).
- Das `*?` passt 0 oder mehrmals bei einer minimalen Anzahl von Zeichen. Man spricht hier auch von nicht gierigem Matching (non-greedy matching).

  Der Unterschied zwischen gierigem und nicht gierigem Matching liegt in der Art und Weise, wie die Regexpmachine, also der Teil von Perl, der für die regulären Ausdrücke zuständig ist, das Matching durchführt. Bei gierigem Matching werden so viele Zeichen wie möglich erkannt, bei nicht gierigem so wenig wie möglich.
- Ähnlich dem `*?` passt das `+?` auf ein oder mehr Vorkommen bei minimaler Zeichenzahl (nicht gierig).
- `??` passt auf 0 oder 1 Vorkommen bei minimaler Zeichenzahl (nicht gierig).
- `{ zahl }` passt genau dann, wenn der Ausdruck exakt *zahl* Mal vorkommt.
- `{ min, max }` legt fest, dass ein Ausdruck zwischen *min* und *max* Mal vorkommen muss. Die Obergrenzen können auch weggelassen werden. Wird *max* nicht notiert, muss der Ausdruck mindestens *min* Mal vorhanden sein.
  - `{0,1}` entspricht dem Metazeichen `?`.
  - `{1,}` entspricht dem Metazeichen `+`.
  - `{0,}` entspricht dem Metazeichen `*`.

Beispiele:

```
# passt auf  <HR> oder z.B. <HR  SIZE =32  >
/<HR(\s+SIZE\s*=\s*\d+)?\s*>/
```

```
# Zahlen von 0 bis 999
/\d{1,3}/

# Zeilenanfang, Zahl und Maßeinheit, wobei die Zahl
# gegebenenfalls eine Fließkommazahl ist.
/^\d+(\.\d+)?\s*(kg|m|kCal)/

# Gierig und nicht gierig
$s = 'a<eins>b<zwei>c<drei>d';
$s=~/(<.*>)/;
print "Gierig: $1\n";
$s=~/(<.*?>)/;
print "Nicht gierig: $1\n";

# Ausgabe:
Gierig: <eins>b<zwei>c<drei>
Nicht gierig: <eins>
```

Das Beispiel zeigt, wann gieriges und nicht gieriges Matching besonders interessant wird: Bei den Rückwärtsreferenzen.

8.1.6 Rückwärtsreferenzen

Ein in runde Klammern eingeschlossener Ausdruck ist, wenn er einmal gematcht wurde, wieder überprüfbar. Perl merkt sich den Text, der in die runden Klammern gepasst hat. Mittels dieser Rückwärtsreferenzen kann der gefundene Text noch mal getestet werden, ohne dass dieser genau bekannt sein muss. Die Metasequenz `\1` beinhaltet den vorher gefundenen Ausdruck.

```
# matcht jede Zeile, in der 2 gleiche Zahlen
# vorkommen, die durch ein Leerzeichen getrennt sind.
/^(\d+) \1$/
```

Wichtig ist, dass die runden Klammern hier die Zusatzfunktion übernehmen, sich gematchte Zeichenketten zu merken.

Werden mehrere runde Klammern verwendet, so kann über `\1`, `\2`, `\3` usw. auf den Text aus dem ersten, zweiten, dritten usw. Klammerpaar referenziert werden. Bei geschachtelten Klammern geht die Zählweise mit den öffnenden Klammern einher. Die Verschachtelung von geklammerten regulären Ausdrücken funktioniert also auch problemlos.

```
# die gleiche Zahl in hexadezimal
# oder dezimal 2 mal hintereinander
/^(([0-9A-F]{2})|\d+) \1$/
```

Zusätzlich werden in den Variablen `$1`, `$2`, `$3` usw. die Rückwärtsreferenzen abgelegt, so dass man auch außerhalb des Patterns darauf zugreifen kann.

```
# Ziehe Einzelfelder aus einer Zeile heraus
if(/Zeit: (..):(..):(..)/) {
  $stunden  = $1;
  $minuten  = $2;
  $sekunden = $3;
}
```

Außerdem werden während des Pattern Matching unter anderem noch folgende Variablen gesetzt:

- `$&` – der gesamte erkannte String.
- `` $` `` – alles vor dem erkannten String.
- `$'` – alles nach dem erkannten String.

8

8.1.7 Erweiterungen

Zusätzlich zu den bisher besprochenen Elementen definiert Perl Erweiterungen regulärer Ausdrücke. Die Syntax besteht aus einem Paar Klammern und einem Fragezeichen als erstem Zeichen in den Klammern.

- `(?#text)`: Kommentar. Dieser Teil wird ignoriert. Beispiel: `/Dra(?#Dies ist ein Kommentar)gan/` passt auf alle Vorkommnisse des Strings `Dragan`.
- `(?:...)`: Gruppierung wie bei den Rückwärtsreferenzen des vorherigen Abschnittes, allerdings werden dabei keine Rückwärtsreferenzen angelegt. `/(?:a|b|c)/` und `/(a|b|c)/` passen auf die gleichen Zeichenketten, jedoch wird `$1` nicht gesetzt. Dies ist effizienter, da das Abspeichern von lokalen Treffern entfällt, die nicht benutzt werden.

- `(?=text)` und `(?!text)`: Das so genannte positive (und negative) Lookahead-Konstrukt. Das Konstrukt passt, wenn für den Unterausdruck ein lokaler Treffer gefunden wird. Dabei werden aber keine Zeichen aus dem Suchtext „aufgefressen". Man kann in einem String vorausschauen. `$&` und `$1` werden nicht gesetzt. Das negative Lookahead-Konstrukt ist wahr, wenn der Unterausdruck nicht passt.

```
/Bill(?=yboy| Clinton)/  # erkennt Bill, wenn danach
                         # yboy oder Clinton folgt.
/d+(?!\.)/               # passt auf eine Zahl, wenn
                         # danach kein Punkt folgt.
```

8.2 Substitution

Zwar ist das Finden von Text eine schöne Sache, oftmals ist damit aber auch der Wunsch verknüpft, Passagen des gefundenen Textes zu verändern. Ähnlich dem Konstrukt `$var =~ /pattern/` erlaubt der `s`-Operator die Veränderung der Variablen, die mit dem Musterbindungsoperator `=~` an das Pattern gebunden wurde.

```
$var =~ s/Pattern/Ersatztext/;
```

Diese Anweisung ersetzt in der Variablen `$var` das gefundene `Pattern` durch `Ersatztext`.

Beispiele:

```
# Ersetzt in $_ Lora durch Lara
s/Lora/Lara/;
# Wishful thinking
s/Windows\s+(9[58]|2000)/Linux/;

# Mit Interpolation
s/Login: $old/Login: $new/;

# Verdopple alle Zahlen in $_
s/(\d+)/\1 \1/;
```

8.3 Modifier

Das Pattern Matching kann durch folgende Modifier beinflusst werden:

```
m/PATTERN/gimosx
 /PATTERN/gimosx
```

Modifier	Beschreibung
g	Globale Suche. Finde alle Vorkommen.
i	Ignoriere Groß- und Kleinschreibung.
m	Mehrzeilen-Modus. Das ^ passt auf den Anfang jeder logischen Zeile und das $ auf jedes logische Zeilenende (vor jedem Newline mitten im String).
o	Kompiliere Muster nur einmal.
s	Behandle String wie eine einzige Zeile.
x	Verwende erweiterte reguläre Ausdrücke.
e	Evaluiere die rechte Seite als Ausdruck (nur beim s///-Operator).

Tabelle 8.2: Modifier

Im Listenkontext liefert der /g-Modifier eine Liste aller Matches, im Skalarkontext werden diese nach und nach dem lvalue übergeben. Im skalaren Kontext wird der nächste Treffer zurückgeliefert. Erfolgte kein Treffer, wird falsch zurückgeliefert. Diese Eigenschaft wird häufig innerhalb von while-Schleifen genutzt:

```
@arr = /\b\d+\b/g;   # Listenkontext
while(/\b\d+\b/g) {  # Skalarer Kontext
  print "$&\n";
}
```

In PATTERN können auch Variablen stehen, die jedes Mal interpoliert werden. Um die Interpolation nur einmal durchzuführen, muss der /o-Modifier verwendet werden.

Bei erweiterten regulären Ausdrücken können das Pattern über mehrere Zeilen verteilt, beliebige Leerzeichen eingestreut und das # Zeichen als Kommentar verwendet werden. Die Leerzeichen werden nicht interpretiert.

```
while( m{
         \b    # Wortgrenze
         (\d+) # Zahl
         \b    # Wortgrenze
        }xg ) {
 print "$1\n";
}
```

Der Substitutionsoperator kann durch folgende Modifier beeinflusst werden:

```
s/PATTERN/Ersatztext/egimosx
```

Zusätzlich steht also der /e-Modifier zur Verfügung, welcher veranlasst, dass die rechte Seite als Ausdruck evaluiert wird.

```
$_ = 'abc123xyz';
s/\d+/$&*2/e;                # liefert 'abc246xyz'
s/\d+/sprintf("%5d",$&)/e; # liefert 'abc  123xyz'
```

9 Referenzen

Grundsätzlich hat man in Perl das Problem, dass die Verwendung von komplexeren als den mitgelieferten linearen Datenstrukturen wie Arrays und Hashes zwar mittels Typeglobs, symbolischen Referenzen oder indirekt über `eval` möglich ist, dies aber zumeist relativ unlesbare Konstrukte zur Folge hat. Diese älteren Mechanismen werden zwar von Perl noch unterstützt, aber seit Perl 5 gibt es auch harte Referenzen, die unter anderem die Verwendung komplexerer Datenstrukturen erleichtern.

Generell werden zwei Arten von Referenzen unterschieden: *harte* und *symbolische* Referenzen. Während Letztere mit Vorsicht zu genießen sind und übrigens unter dem Pragma `use strict` auch nicht erlaubt sind, sind harte Referenzen Ihr Handwerkszeug, wenn es um komplexe Datenstrukturen, anonyme Daten und Subroutinen, Objekte, Funktionsdispatcher und andere Finessen der Programmierung geht.

Das Kapitel zeigt Ihnen den Umgang mit harten und symbolischen Referenzen. Im nächsten Kapitel erlernen Sie dann den Umgang mit komplexen Datenstrukturen mithilfe von harten Referenzen.

9.1 Harte Referenzen

Der eingefleischte C-Programmierer wird aufatmen, da endlich Pointer besprochen werden. Referenzen haben mit C-Pointern einiges gemeinsam und wieder doch nicht. Die Verwendung von Referenzen bindet an wesentlich mehr Spielregeln, als dies unter C der Fall ist. Es gibt kein Inkrementieren von Referenzen und kein Casting. Ist eine Referenz eine Referenz auf ein Array, so ist kein Casting auf einen Hash möglich. Diese netten kleinen Cochonnerien, die unter C möglich sind (und teilweise zu heftigen Problemen führen), gehen in Perl nicht.

Perl ist da restriktiver im Umgang mit Referenzen, was aber letztendlich dazu führt, dass sich der Programmierer wesentlich mehr Gedanken über den Datenaufbau machen muss und somit die Programme weniger fehleranfällig sind. Sie werden unter Perl selten eine segmentation violation oder eine Speicherschutzverletzung samt blauem Bildschirm sehen.

Was genau ist eine harte Referenz? Eine harte Referenz zeigt auf *Etwas*. Häufig ist dieses *etwas* ein Wert einer Variablen und manchmal auch ein Stück Programmcode, eine anonyme Datenstruktur oder einen Typeglob.[1]

9.1.1 Erzeugung von Referenzen

Die Erzeugung einer Referenz auf eine bereits bestehende Variable ist relativ einfach. Man weist einem Skalar (der Referenz) den Wert, auf den die Referenz zeigen soll, mit einem vorangestellten Backslash \ zu:

```
# Einige Daten

$str = "Data";
@array = (42,"Katze", 3.1415);
%hash = ("SpVgg" => "Fürth",
         "SC"    => "Freiburg",
         "SV"    => "Seligenporten");

sub energize {
  my $warp = $_[0];
  set_engines_to_warp($warp);
}

# Und nun Referenzen darauf:

$refstr   = \$str;      # Referenz auf String
$refarray = \@array;    # Referenz auf Array
$refhash  = \%hash;     # Referenz auf Hash
$refsub   = \&energize; # Referenz auf Subroutine
```

Wichtig: Eine harte Referenz zeigt nicht auf den Variablen- oder Subroutinennamen, sondern auf deren Wert beziehungsweise Code.

1. Referenzen auf Typeglobs sind ein fortgeschrittenes Thema. Siehe `perldoc perlref`.

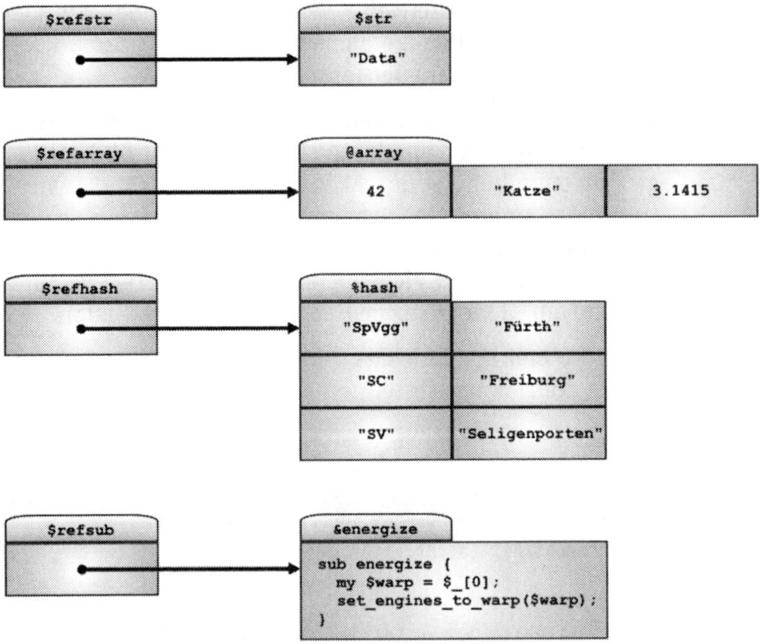

Bild 9.1: Harte Referenzen

Abbildung 9.1 zeigt die entstandenen Verknüpfungen zwischen der Referenz und dem so genannten Referenten, also dem, worauf die Referenz zeigt.

9.1.2 Eigenschaften von Referenzen

Referenzen haben eine Reihe von Eigenschaften, die sich teilweise von normalen Zeigern wie in C oder Pascal unterscheiden:

- Referenzen können auf Folgendes zeigen: Skalare, Arrays, Hashes, Subroutinen, Typeglobs, Filedeskriptoren, Formate, Objekte, vorkompilierte reguläre Ausdrücke, Lvalues und andere Referenzen.
- Perl lässt als Datenelemente in Arrays und Hashes nur Skalare zu, weshalb zum Beispiel geschachtelte Listen in der Form `(1,3,(2,3))` generell zu einer flachen Liste interpoliert werden: (1,3,2,3). Man spricht hier auch von Listflattening.

Referenzen sind glücklicherweise Skalare. Sie können als Elemente von Arrays und Hashes dienen, so dass sich damit komplexe Datenstrukturen aufbauen lassen.

- Wird mit `$ref = \$a;` eine neue Referenz erzeugt, so wird der Referenzzähler des Referenten erhöht. Der Referenzzähler wird von der Garbage collection benutzt um mitzuschreiben, ob ein bestimmtes Datum in Datenbereich noch benötigt wird oder nicht. Die Garbage collection hat die Aufgabe, den benötigten Speicher von Zeit zu Zeit aufzuräumen und nicht mehr benötigte Datenelemente wegzuwerfen, um wieder Platz im Hauptspeicher zu schaffen.

Solange der Referenzzähler eines Datums nicht 0 ist, wird es von der Garbage collection nicht entfernt. Betrachten Sie folgendes Beispiel:

```
{
  my $a = 42;
  # Der Referenzzähler des Wertes der Variablen von $a
  # wird inkrementiert (steht also auf 1);

  $ref = \$a;
  # Der Referenzzähler des Wertes der Variablen von $a
  # wird abermals inkrementiert (steht also auf 2);
}

# Der Gültigkeitsbereich von $a ist beendet. Die
# lexikalisch deklarierte Variable ist hier nicht
# mehr zugreifbar, weshalb der Referenzzähler
# dekrementiert wird. Er steht jetzt auf 1. Wichtig
# an dieser Stelle ist, dass er nicht einfach auf 0
# gesetzt wird.
print "$a\n";   # Fehler !!!
print "$$ref\n"; # Referenzierung -> 42 wird ausgegeben.
```

Mit diesem Mechanismus ist es möglich, Werte, deren zugehörige Variablen längst in Asgard ihr Unwesen treiben, dennoch im Zugriff zu haben. Solange ein Referent von irgendjemandem referenziert wird, fällt er nicht der Garbage collection anheim, sondern bleibt zugreifbar. Häufige Verwendung findet dies bei Subroutinen, die Referenzen auf in ihnen lexikalisch deklarierte Variablen zurückgeben.

Wie der im Beispiel verwendete Zugriff genau aussieht, sehen wir gleich.

- Ist der Referent einer Referenz beispielsweise ein Array, so kann man nicht so tun, als sei der Referent eine andere Datenstruktur, und etwa versuchen den Referenten als ein Hash zu verwenden. Dieses Casting ist in Perl nicht erlaubt, da Referenzen wissen, worauf sie zeigen, und keine andere Zugriffsmethode zulassen.
- Kein Inkrementieren von Referenzen oder sonstige Zeigerarithmetik ist möglich. Man referenziert etwas und dereferenziert es später. Basta :-)

9.1.3 Anonyme Daten

Eine Referenz muss nicht notwendigerweise auf einen Referenten referenzieren, der auch durch einen Variablen- oder Subroutinennamen zugreifbar ist. Anonyme Daten haben keine normale Variable, über die Sie zugreifbar sind, sondern nur eine Referenz.

```
# Anonyme Skalare
$ref_integer = \10;
$ref_string  = \"Ein String";
# Arrays
$ref_array = [ 'Hund', 'Katze', 'Maus' ];
# Hashes
$ref_hash = {
                "Gravitation" => 6.672E-11,
                "Boltzmann"   => 1.3807E-23,
                "Alles"       => 42
              };
# Unterroutinen
$ref_sub = sub {
  return "In diesem Auto wird sich nicht angeschnallt. ".
         "Hier wird gestorben wie ein Mann.\n"; };
```

Sie sehen, die Syntax bei Arrays und Hashes hat sich etwas verändert. Auch die Subroutine trägt keinen Namen. Na ja, sie will ja auch anonym bleiben. Was hat sich alles verändert?

- Skalare: Die Referenzierung eines String- oder Zahlenliterals hat zur Folge, dass der Referent nicht verändert werden kann. Vorgriff: `$$ref_integer = 20;` hätte die Fehlermeldung `Modification of a read-only value attempted` zur Folge.
- Arrays: Referenzen auf anonyme Arrays werden durch eckige Klammern gebildet.

ACHTUNG

```
$a = 4;
$b = 2;
$ref_array = \($a,$b); # Falsch!

# Zurückgeliefert wird (\$a,\$b)
```

Referenzen auf anonyme Arrays können mit dieser Konstruktion nicht erzeugt werden! Das Beispiel erzeugt eine Liste von Referenzen und keine Referenz auf ein anonymes Array.

- Hashes: Auch bei anonymen Hashes ändert sich die Syntax. Zur Kennzeichnung des anonymen Hashes dienen geschweifte Klammern. Auch hier kann nicht `$ref = \('r'=>1,'s'=> 54);` verwendet werden.
- Subroutinen: Die Deklaration einer anonymen Subroutine hat die Syntax: `$ref = sub BLOCK;` Beachten Sie, dass kein Subroutinenname notwendig ist und zudem am Ende des Blockes ein Semikolon stehen muss.

9.1.4 Dereferenzierung

Was helfen all die schönen Referenzen, wenn man nicht mehr darauf zugreifen könnte. Dieser Zugriff wird Dereferenzierung genannt. Zur Dereferenzierung wird das Symbol, das dem Datentyp des Referenten zugeordnet wäre, vor die Referenz gestellt.

Skalare

```
$a = "Väter";
$ra = \$a;
print "$$ra\n";    # "Väter";
print "${$ra}\n"; # "Väter";
```

```
$rra  = \$ra;      # Referenz auf eine Referenz
$rrra = \$rra;     # Referenz auf eine Referenz auf eine
                   # Referenz. Das reicht. Noch genauer
                   # brauchen wir es nicht.

print "$$$rra\n";   # "Väter"
print "$$$$rrra\n"; # "Väter"

$$ra = "Aquädukt";
print "$a\n";       # "Aquädukt"
```

Ist der Referent ein Skalar, so muss zur Dereferenzierung immer ein `$`-Zeichen vorangestellt werden. Zur besseren Kennzeichnung können, wie bei anderen Variablen auch, geschweifte Klammern verwendet werden.

Wie das Beispiel zeigt, sind auch Referenzen auf Referenzen möglich. Je mehr verkettete Referenzen von Referenzen vorhanden sind, umso mehr `$`-Zeichen müssen vorangestellt werden um zum letzten Referenten zu gelangen.

Wird über `$a = 7;$$b = \$a;` eine Referenz gebildet, so kann über `$$b = 12;` indirekt der Wert von `$a` modifiziert werden.

Anonyme Arrays

```
@b = (1,2,3,4);
$rb = \@b;
print "@$rb\n";        # "1 2 3 4"

$rc = ['a','b','c'];
print "@$rc\n";        # "a b c";
print "$$rc[1]\n";     # Zugriff auf das Element mit dem
                       # Index 1 im anonymen Array
                       # Gibt: "b"
print "${$rc}[1]\n";   # Gibt: "b"

print "$rc->[1]\n";    # Pfeiloperator, auch "b"
```

Da es sich beim Referenten um ein Array handelt, muss beim Dereferenzieren des gesamten Arrays das `@`-Zeichen vorangestellt werden.

Der Zugriff auf einzelne Elemente des Referenten funktioniert syntaktisch fast genauso wie mit einem normalen Array. Anstelle des `@`-Zeichens steht vorne das $, da ein Skalar referenziert wird, und hinten wird ein Index in eckigen Klammern angegeben. Vielleicht fällt Ihnen die Leseweise leichter, wenn Sie Zeile 10 betrachten. Handelte es sich um ein normales Array mit dem Namen `array` und wollten Sie das Element mit dem Index 1 dereferenzieren, so lautete der Ausdruck `$array[1];`. Anstelle des `array` steht lediglich die Referenz `{$rc}` oder kürzer, wie in Zeile 7: `$rc`.

Der Pfeiloperator `->` kann bei Array-, Hash- und Subroutinenreferenzen für eine klarere Schreibweise verwendet werden. Bei Array- und Hashreferenzen ermittelt der Pfeiloperator das Array, auf das die Referenz zeigt, und dereferenziert das gewünschte Element.

Anonyme Hashes

```
%d = ('NBO' => 'Nairobi',
      'FRA' => 'Frankfurt');
$rd = \%d;
foreach (keys %$rd) {
  print "$_ => $$rd{$_}\n"; # Ausgabe des Hashes %d;
}

$re = {
        'Re'     => 'Sonnengott',
        'Ptah'   => 'Schöpfergott',
        'Hathor' => 'Liebes-, Tanz- und Partygöttin',
      };

foreach (sort keys %$re) {
  print "$_ => $$re{$_}\n"; # Das ägyptische Pantheon
}

print $$re{'Hathor'},"\n";    # Sex, Drugs and Rock'n'Roll
print ${$re}{'Hathor'},"\n"; # dito
print $re->{'Hathor'},"\n";  # dito
```

Der Referent ist ein Hash, ergo muss beim Dereferenzieren des gesamten Hashes das %-Zeichen vorangestellt werden.

Der Zugriff auf einzelne Elemente eines referenzierten Hashes erfolgt wie der Zugriff ein normales Hash, es wird eben anstelle des Hashnamens die Referenz eingetragen. `${$re}{'Hathor'}` verdeutlicht dies wohl am besten. Für ${re} stünde bei normalen Hashes der Hashname, also zum Beispiel gods in $gods{'Hathor'}.

Ebenso wie bei Arrayreferenzen kann hier der Pfeiloperator verwendet werden.

Subroutinen

```
sub mult {
  return $_[0] * $_[1];
}

print mult(6,7),"\n";        # 42

$rf = \&mult;                # Referenz auf sub mult
print &$rf(6,7),"\n";        # 42
print $rf -> (6,7),"\n";     # 42

$rg = sub                    # Anonyme Referenz
{
  return sort { $a <=> $b } @_;
};                           # Beachten Sie das Semikolon!

print join (",",&$rg(10,3,20,7)),"\n";  # 3,7,10,20
print join (",",$rg->(10,3,20,7)),"\n"; # Selbes Ergebnis
```

Es können sowohl Referenzen auf bereits deklarierte Subroutinen als auch Referenzen auf anonyme Subroutinen erzeugt werden. Letztere sind dann natürlich nicht mehr direkt zugreifbar, sondern nur noch über die Referenz.

Rufen Sie eine Subroutine ohne Pfeiloperator auf, egal ob sie anonym ist oder nicht, muss zur Kennzeichnung das &-Zeichen verwendet werden.

Die Pfeilnotation erleichtert auch hier wieder die Schreibweise.

Referenzen auf Subroutinen ermöglichen auf einfache Weise die Implementierung eines Funktionsdispatchers. Ein Funktionsdispatcher ist ein Mechanismus, der abhängig von Aufrufparametern jeweils eine andere Funktion (Subroutine) aufruft. Wir werden einen Dispatcher schreiben, der die Operation zweier Argumente auf den Grundrechenarten implementiert.

```
#!/usr/bin/perl -w

%dis = (
         'add'  => \&add_sub,
         'sub'  => \&sub_sub,
         'mult' => \&mult_sub,
         'div'  => \&div_sub,
       );

sub add_sub  { return $_[0] + $_[1]; };
sub sub_sub  { return $_[0] - $_[1]; };
sub mult_sub { return $_[0] * $_[1]; };
sub div_sub  { return $_[0] / $_[1]; };

print $dis{'add'}  -> (6,7),"\n";   # 13
print $dis{'sub'}  -> (10,5),"\n";  # 5
print &{$dis{'mult'}}(6,7),"\n";    # 42
print &{$dis{'div'}}(333,756),"\n"; # 0.44047619047619
```

Zunächst wird ein Hash mit dem Namen `%dis` erzeugt. Schlüssel des anonymen Hashes sind die Tokens, unter denen die entsprechenden Subroutinen aufgerufen werden können sollen.

Werte zu den Schlüsseln sind Referenzen auf die entsprechende Subroutine. Der Aufruf `$dis{'add'} -> (6,7)` ermittelt zum Schlüssel `'add'` diese Referenz. Durch den Pfeiloperator wird zu dieser Referenz die entsprechende Subroutine mit den Argumenten, die rechts vom Pfeiloperator stehen, aufgerufen.

Wird die Form mit dem führenden Kaufmanns-Und (`&`) benutzt, muss der gesamte Ausdruck `$dis{'div'}` in geschweifte Klammern gesetzt werden, was letzten Endes in komplexeren Datenstrukturen relativ schwer lesbar werden kann. Der Pfeiloperator lockert das Ganze ein wenig auf.

9.2 ref

Die Funktion ref liefert zurück, um welchen Typ es sich bei einer Referenz handelt. Dabei kann ref eine Reihe von Werten annehmen. Die Funktion kann auch bei objektorientierter Programmierung verwendet werden. Das Beispiel zeigt eine mögliche Verwendung.

```
#!/usr/bin/perl -w

use CGI;
use IO::Handle;

%reftype = (
  'SCALAR'     => 'Referenz auf Skalar',
  'ARRAY'      => 'Referenz auf Array',
  'HASH'       => 'Referenz auf Hash',
  'CODE'       => 'Codereferenz',
  'REF'        => 'Referenz auf Referenz',
  'GLOB'       => 'Referenz auf Typeglob',
  'LVALUE'     => 'Referenz auf Lvalue',
  'Regexp'     => 'Vorkompiliertes Pattern',
  'IO::Handle' => 'Objekt: IO::Handle',
  'CGI'        => 'Objekt: CGI',
);

sub check_ref {
  $rt = ref($_[0]);
  if(exists $reftype{$rt}) {
    print "Klassifikation: $reftype{$rt}\n";
  } else {
    print "Sir, eine unbekannte Referenz! Befehle?\n";
  }
}

$str = "Deep Thought";

$r1 = \$str;
$r2 = [ 1,2,3 ];
$r3 = { 'a' => 1 };
$r4 = sub { 1; };
$r5 = \$r1;
$r6 = \*str;
```

```
$r7 = \substr($str,0,1);
$r8 = qr/\d+/o;
$r9 = "Der gefräßige Plapperkäfer vom Traal";
$r10 = new CGI;
$r11 = new IO::Handle;
check_ref($r1);  #Klassifikation: Referenz auf Skalar;
check_ref($r2);  #Klassifikation: Referenz auf Array;
check_ref($r3);  #Klassifikation: Referenz auf Hash;
check_ref($r4);  #Klassifikation: Codereferenz;
check_ref($r5);  #Klassifikation: Referenz auf Referenz;
check_ref($r6);  #Klassifikation: Referenz auf Typeglob;
check_ref($r7);  #Klassifikation: Referenz auf Lvalue;
check_ref($r8);  #Klassifikation: Vorkompiliertes Pattern;
check_ref($r9);  #Sir, eine unbekannte Referenz! Befehle?
check_ref($r10); #Klassifikation: Objekt: CGI
check_ref($r11); #Klassifikation: Objekt: IO::Handle
```

Das Programm definiert ein Hash `%reftype`, in dem eine Reihe von Referenztypen abgelegt sind.

Es werden elf Referenzen definiert, die größtenteils Referenzen auf anonyme Datenstrukturen sind. Zwei davon sind Objekte der Klassen `CGI` und `IO::Handle`.[2] Das Beispiel hätte auch mit Referenzen auf Variablen funktioniert, wäre dann aber schlicht zu lange geworden, da noch zusätzlich alle zu referenzierenden Variablen hätten deklariert werden müssen.

Der Reihe nach werden die Referenzen in die Subroutine `check_ref` gesteckt, die ihrerseits die Funktion `ref` aufruft und die gefundenen Typen mit dem Hash `%reftype` abgleicht.

Die Subroutine `check_ref` gibt dann eine Beschreibung der entsprechenden Referenz aus. Wird ein Referenztyp nicht gefunden, wird dies ebenfalls gemeldet. Entweder ist es keine Referenz oder der Hash `%reftype` ist unvollständig.

2. Es wird jedoch empfohlen, die universelle Methode `isa` zu verwenden, wenn man bei objektorientierter Programmierung den Referenztyp prüfen will.

9.3 Symbolische Referenzen

Symbolische Referenzen sitzen in der gleichen Schmuddelecke wie `goto` aus den Kapitel *Kontrollstrukturen*. Nicht nur, dass sie mit der Einführung von echten, wahren, harten Referenzen mit Perl 5 kaum mehr eine Daseinsberechtigung haben — *symbolic references considered harmfull*. Sprich, symbolische Referenzen können mehr Schaden anrichten, als sie letztendlich nutzen.

Das war nicht immer so. Vor Perl 5 konnten komplexe Datenstrukturen nicht so einfach realisiert werden. Ein probates Mittel waren unter anderem auch symbolische Referenzen. Mit der *heilbringenden* Erfindung von harten Referenzen besteht aber kaum noch Anlass symbolische Referenzen einzusetzen.

Bei symbolischen Referenzen ist der Referent nicht ein Wert, sondern der Name einer Variablen:

```
$str = "Data";
$symref = "str";

print "$$symref\n";     # "Data"

$$symref = "LaForge";  # $str ist jetzt "LaForge"
```

Abbildung 9.2 zeigt die entstandene symbolische Referenz.

Bild 9.2: Symbolische Referenz

Warum sind symbolische Referenzen Problemkinder?

- Es können unbeabsichtigt Variabeln überschrieben werden. Ist der Wert einer symbolischen Referenz *aus Versehen* falsch, werden gegebenenfalls ganz andere Variablen als beabsichtigt überschrieben oder neu erzeugt.

- Bei symbolischen Referenzen können keine Referenzzähler inkrementiert oder dekrementiert werden. Sollen von Perl alle Datencontainer, die den Wert "str" erhalten, vorsichtshalber den Referenzzähler von $str inkrementieren und bei der Garbage collection wieder dekrementieren? Technisch dürfte dies zwar möglich sein, aber vermutlich brauchen Ihre Programme dann ein mehrfaches der derzeitigen Ausführungszeit.

  Da dies nicht implementiert ist, kann eine symbolische Referenz plötzlich ins Nichts zeigen.

```
{
  local $i = 6;
  $r = "i";
  print "$$r\n"; # 6
}
print "$$r\n";   # undef
```

- Die Funktion ref funktioniert nicht auf symbolischen Referenzen.
- Symbolische Referenzen funktionieren nicht mit mit my deklarierten Variablen.

Konklusion: Verwenden Sie keine symbolischen Referenzen, es sei denn, Sie möchten sich intensiv mit dem Perldebugger vertraut machen.

10 Komplexe Datenstrukturen

HoH, HoL, LoH und LoL. Das Letzte steht nicht etwa für *laugh out loud*, sondern ist ein Akronym für *Lists of Lists*, also Listen, die selbst wieder Listen enthalten. Gleichsam sind HoH *Hashes of Hashes* und die beiden anderen Mischungen davon, also komplexe Datenstrukturen. Mit Referenzen, normalen Skalaren, Arrays und Hashes haben Sie alles, was Sie benötigen, um solche Datenstrukturen aufzubauen.[1] Daneben werden wir in diesem Kapitel noch anreißen, wie bunt gemischte, komplexe Datenstrukturen gehandhabt werden können. Weiterführende Literatur finden Sie unter `perldoc perldsc`.

10.1 Array von Arrays

Listflattening verhindert, dass `(1,2,(3,4))` eine Liste mit drei Elementen ist, deren drittes Element wieder eine Liste bestehend aus zwei Elementen ist. Es wird einfach eine Liste mit vier Elementen generiert: `(1,2,3,4)`. Schuld daran ist die Tatsache, dass in Listen nur Skalare als Werte stehen dürfen.

Manchmal benötigt man aber geschachtelte Listen. Ein einfaches Beispiel sind Matrizen. Natürlich lassen sich Matrizen auch mit einfachen Arrays darstellen, aber es ist angenehmer, wenn man die Elemente der Matrix wie in der Mathematik mit ihren Indizes ansprechen kann. Wir werden in diesem Kapitel eine quadratische Matrix der Ordnung 2 definieren, ausgeben und deren Determinante berechnen. Zur Erinnerung: Die Determinante einer 2-reihigen quadratischen Matrix lässt sich so berechnen:

$$D = \begin{vmatrix} a_{00} & a_{01} \\ a_{10} & a_{11} \end{vmatrix} = a_{00}a_{11} - a_{01}a_{10}$$

Bild 10.1: Determinante einer 2-reihigen quadratischen Matrix

1. Ein Beispiel zu *Hashes of Functions* finden Sie im Kapitel über *Referenzen*.

Mathematiker verwenden für die Indizes der Elemente von Matrizen zwar gerne Zahlen aufsteigend von 1, also a_{11} und a_{12}, da aber die Indizes in Arrays bei Perl mit 0 beginnen, werden wir zwar vielleicht dem einen oder anderen Mathematiker die Haare zu Berge stehen lassen, dafür bleiben uns Verrenkung mit der Indizierung der Arrays erspart.

```
#!/usr/bin/perl -w

# Initialisierung
my @AoA = (
            [ 0 , 4 ],
            [ 1 , 2 ]
           );

# Traversierung:
for(my $i = 0; $i < @AoA; $i++) {
  for(my $j = 0; $j < @{$AoA[$i]}; $j++) {
    print $AoA[$i]->[$j]," ";
  }
  print "\n";
}

# Einzelne Zugriffe auf Elemente
my $det;
$det = $AoA[0][0]*$AoA[1][1] - $AoA[0][1]*$AoA[1][0];
print "Determinante: $det\n";
```

Zunächst wird eine Variable `@AoA`[2] initialisiert. Die äußeren Klammern sind rund, weshalb es sich um ein echtes Array handelt.

Hätten wir `$rAoA = [[0,4],[1,2]];` deklariert, wäre dies eine Referenz auf ein Array von Referenzen auf Arrays gewesen. Auch dieser Ansatz ist möglich, bedeutet aber eine weitere Ebene der Indirektion und mehr Dereferenzierungen.

2. *Array of Arrays*, manchmal auch *List of Lists*. Eigentlich sind wir mit dieser Bezeichnung etwas ungenau. Exakt betrachtet handelt es sich um ein Array von Referenzen auf Arrays. Da es aber keine echten Arrays von Arrays gibt (Listflattening), hat es sich eingebürgert, für Arrays von Referenzen auf Arrays den etwas unsauberen Begriff *Array of Arrays* zu verwenden. Gleiches gilt für *Hashes of Hashes* und die anderen Kombinationen.

Die Ausgabe erfolgt in zwei ineinander geschachtelten `for`-Schleifen. Die Anzahl der Elemente im Array `@AoA` ist natürlich 2 (zwei Referenzen auf Arrays) und kann im skalaren Kontext ganz normal evaluiert werden, wie dies die erste `for`-Schleife auch tut und die Anzahl der Elemente ermittelt. Die äußere Schleife durchläuft alle Referenzen, die das Array `@AoA` enthält. Diese Referenzen sind somit mit `$AoA[$i]` zugreifbar.

Die zweite `for`-Schleife benötigt die Anzahl der Elemente der inneren Arrays. Mit den Referenzen auf diese Arrays (`$AoA[$i]`) lässt sich die Anzahl der Elemente im jeweils aktuellen inneren Array über `@{$AoA[$i]}` ermitteln.

HINWEIS

Schnell werden solche Dereferenzierungen unübersichtlich. Eine gängige Vorgehensweise ist es, beispielsweise die Referenz auf die inneren Arrays einer temporären Referenz zuzuweisen:

```
for(my $i = 0; $i < @AoA; $i++) {
  my $tmp_ref = $AoA[$i];
  for(my $j = 0; $j < @$tmp_ref; $j++) {
    print $tmp_ref -> [$j]," ";
  }
  print "\n";
}
```

Dadurch reduziert sich die Konstruktion `@{$AoA[$i]}` *auf* `@$tmp_ref`. *Das sieht doch schon viel übersichtlicher aus. Diese Vorgehensweise hat noch einen weiteren Vorteil: Bei komplexen Dereferenzierungen in Schleifen muss Perl nicht den ganzen Dereferenzierungsbaum durchlaufen, sondern hat Einstiegspunkte, von denen aus die Dereferenzierung schneller geht.*

Der Zugriff auf das Einzelelement erfolgt über die Syntax `$AoA[$i][$j]`. Dies ist die abgekürzte Schreibweise für `$AoA[$i]->[$j]`. Eigentlich ist ja `$AoA[$i]` eine Referenz auf ein Array. Zwischen eckigen oder geschweiften Klammern kann der Pfeil stehen, muss aber nicht.

Im Beispiel mit der temporären Referenz muss der Pfeil jedoch stehen bleiben: `$tmp_ref -> [$j]`. Entfiele der Pfeil `$tmp_ref[$j]`, würde Perl versuchen auf ein Element eines Arrays zuzugreifen und nicht auf ein Element einer Arrayreferenz.

Wie bekommt man Daten in ein Array von Arrays, wenn man die Daten nicht von vorneherein zur Verfügung hat und das Array nicht einfach im Sourcecode initialisieren kann. Wir definieren das gleiche Beispiel mit variablen Daten (die der Einfachheit halber aus __DATA__ kommen):

```
 1 #!/usr/bin/perl -w
 2
 3 my @AoA = ();
 4 while(<DATA>) {
 5   chomp;
 6   my @tmp = split;   # Das my ist wichtig!
 7   push @AoA, \@tmp;
 8   # Alternativ auch:
 9   # push @AoA, [ split ];
10 }
11
12 # Ausgabe:
13 for(my $i = 0; $i < @AoA; $i++) {
14   for(my $j = 0; $j < @{$AoA[$i]}; $j++) {
15     print $AoA[$i]->[$j]," ";
16   }
17   print "\n";
18 }
19
20 __DATA__
21 0 4
22 1 2
```

In das Array `@AoA` werden also einfach über die Funktion `push` Referenzen auf Arrays gebracht. Das kann entweder über ein temporäres Array oder auch ohne dieses geschehen.

Lassen Sie in Zeile 6 das `my` weg, so werden in `@AoA` Referenzen auf die Packagevariable `@tmp` geschoben. Dies hat zur Folge, dass alle Zeilen des Arrays `@AoA` den gleichen Wert haben, nämlich den der zuletzt gelesenen Datenzeile. Wollen Sie mit einer Packagevariablen `@tmp` arbeiten, können Sie deren Werte auch nutzen, müssen dann aber diese Konstruktion verwenden:

```
while(<DATA>) {
  chomp;
  @tmp = split;        # Packagevariable @tmp;
  push @AoA, [ @tmp ];
}
```

10.2 Array von Hashes

```
#!/usr/bin/perl -w
# Initialisierung
@AoH = (
        {
          'Name'          => 'Klier, Rainer',
          'Groesse'       => 183,
          'Email'         => 'ty@sbs.de'
        },
        {
          'Name'          => 'Clinton, Bill',
          'Email'         => 'bill@home.com',
          'Beruf'         => 'Ex-Präsident'
        },
        {
          'Name'          => 'Häkkinen. Mika',
          'Beruf'         => 'Ex-Rennfahrer',
          'Nationalitaet' => 'finnisch'
        }
       );

# Traversierung
for(my $i = 0; $i < @AoH; $i++) {
  foreach my $key (keys %{$AoH[$i]}) {
    print "$key: $AoH[$i]->{$key}\n";
  }
  print "\n";
}
```

Die Initialisierung eines Array von Hashes besteht aus einer Array-Variablen (@AoH), der eine Liste zugewiesen wird. Diese Liste enthält Referenzen auf Hashes, welche durch die geschweiften Klammern erkennbar und durch Kommata getrennt sind. Innerhalb der Hashes werden die einzelnen Schlüssel/Werte-Paare definiert.

Für die Traversierung durchlaufen wir, wie vorher, die einzelnen Elemente des Arrays `@AoA`. Um die einzelnen anonymen Hashes zu durchlaufen, benötigen wir die Keys dieser Hashes: `%{$AoH[$i]}`. Auch hier ist die Verwendung einer temporären Referenz denkbar um den gesamten Dereferenzierungsausdruck zu kürzen.

Der Zugriff auf einzelne Elemente erfolgt über `$AoH[$i]->{$key}`, `$AoH[$i]{$key}` oder alternativ über `${$AoH[$i]}{$key}`. Die erste Variante wird empfohlen, da sie am saubersten ist, aber auch die zweite Alternative ist relativ klar zu lesen, wenngleich der eigentlich notwendige Pfeiloperator nur impliziert wird.

Die geschweiften Klammern um `$AoH[$i]` sind beim letzten Ausdruck notwendig. Dies hängt mit dem Vorrang der fünf Dereferenzierungspräfixe (`$ @ * % &`) vor Indexangaben in geschweiften oder eckigen Klammern auf der rechten Seite zusammen. Geschweifte Klammern direkt nach einem Dereferenzierungspräfix deklarieren dessen Gültigkeitsbereich.

Weitere Möglichkeiten, Daten in ein Array of Hashes zu bekommen:


```
# %hash enthält Schlüssel/Werte Paare

push @AoH,{ %hash };    # Hash wird kopiert und gepusht
push @AoH,\%hash;       # Adresse von %hash wird gepusht
                        # Vorsicht, wenn es sich um eine
                        # Packagevariable handelt.
```


10.3 Hashes von Arrays

```
#!/usr/bin/perl -w

# Initialisierung
%HoA = (
        'Paul'   => ['rot','blau'],
        'Rainer' => ['weiß','grün'],
        'Carmen' => ['orange','blau','schwarz'],
       );

# Traversierung
print "Lieblingsfarben:\n\n";
```

```
foreach $name (sort keys %HoA) {
  print "$name: ";
  foreach $color (sort @{$HoA{$name}}) {
    print "$color ";
  }
  print "\n";
}
```

Hashes von Arrays sind Hashes, bei denen die Schlüssel einfache Strings sind und die Werte Referenzen auf Arrays. Die Deklaration des Hashes `%HoA` ist, wie Sie sehen, relativ unkompliziert. Werte zu den Schlüsseln sind hier eben anonyme Arrays.

Die Traversierung eines Hash of Arrays verlangt zunächst ein normales Traversieren der Hashschlüssel. Hier werden diese zusätzlich sortiert. Mit den gefundenen Hashschlüsseln kann dann das jeweilige anonyme Array traversiert werden. Die Referenz auf das entsprechende anonyme Array lautet: `@{$HoA{$name}}`. Auch hier gilt: die Klammern sind wegen des Vorganges des Dereferenzierungszeichens notwendig.

Das Einfügen von Schlüssel/Wertepaaren:

```
$HoA{'Manfred'} = [ 'grün','gelb' ];

# oder

my @array = ('rot','grün','blau');
$HoA{'Paula'} = \@array;
```

Verwenden Sie nie eine Referenz als Hashschlüssel. Ein Hashschlüssel wird intern immer in einen String umgewandelt. So würde eine Referenz beispielsweise in den String `"SCALAR(0x8103770)"` *konvertiert. Es gibt keine Möglichkeit aus einem String wieder eine Referenz zu generieren, weshalb der Zugriff auf den Referenten dann nicht mehr möglich ist.*

10.4 Hashes von Hashes

```
#!/usr/bin/perl -w

# Initialisierung
%HoH = (
        'AB3484' => {
                      'Airline'  => 'Air Berlin',
                      'Flugzeug' => 'Boeing 737-400',
                      'Schalter' => '80 - 81',
                      'Gate'     => '14',
                      'Abflug'   => '17:40',
                      'Ziel'     => 'Malaga'
                    },
        'LH2041' => {
                      'Airline'  => 'Lufthansa',
                      'Flugzeug' => 'Aerospatiale ATR 72',
                      'Schalter' => '51 - 67',
                      'Gate'     => '16',
                      'Abflug'   => '17:20',
                      'Ziel'     => 'München'
                    },
        'BUS 2' =>  {
                      'Fahrzeug' => 'Bus',
                      'Gate'     => '13',
                      'Abflug'   => '14:00',
                      'Ziel'     => 'Flughafenführung'
                    },
       );

# Traversierung
foreach $flightnumber (sort keys %HoH) {
  print "\nFlightnumber: $flightnumber.\n";
  while (($key, $value) = each %{$HoH{$flightnumber}}) {
    print "$key: $value\n";
  }
  # Alternativ
  # foreach $key (sort keys %{$HoH{$flightnumber}}) {
  #   print "$key: $HoH{$flightnumber}{$key}\n";
  # }
}
```

Auch hier beginnt die Traversierung in der äußeren Schleife einfach mit dem Durchlaufen der Schlüssel des Hashes %HoH. Die Dereferenzierung der geschachtelten Hashes erfolgt über den Ausdruck %{$HoH{$flightnumber}}. Sie zeigt auf das jeweilige anonyme Hash.

Es sind zwei Alternativen aufgelistet, wie die inneren Hashes durchlaufen werden können. Einmal über das while(($k,$v)=each(%hash)) { ... -Konstrukt und einmal über die foreach-Schleife.

In der ersten Version stehen in $key und $value die Schlüssel/Werte-Paare der inneren Hashes und als Skalare können sie einfach ausgegeben werden.

Die zweite Alternative zeigt den Zugriff über eine weitere foreach-Schleife, bei der als Hashreferenz wieder %{$HoH{$flightnumber}} verwendet wird. Der Zugriff auf das jeweilige Element erfolgt dann über $HoH{$flightnumber}->{$key} oder kürzer: $HoH{$flightnumber}{$key}.

Das Einbringen von Daten zur Laufzeit kann beispielsweise über

```
# %hash enthält Schlüssel/Werte-Paare

$HoH{'LH3373'} = { %hash }; # Hash wird kopiert und
                            # eingefügt
$HoH{'LH3373'} = \%hash;    # Adresse von %hash wird
                            # eingefügt. Auch hier:
                            # Vorsicht, wenn es sich um
                            # eine Packagevariable
                            # handelt.
```

erfolgen.

10.5 Autovivikation

Wandeln wir das Beispiel des vorhergehenden Abschnittes ein wenig ab:

```
#!/usr/bin/perl -w

# Autovivikation
$HoH{'AB3484'}{'Gate'} = '14';
$HoH{'LH2041'}{'Flugzeug'} = 'Aerospatiale ATR 72';
$HoH{'LH2041'}{'Airline'} = 'Lufthansa';
```

```
 7
 8 # Traversierung
 9 foreach my $flightnumber (sort keys %HoH) {
10   print "Flightnumber: $flightnumber.\n";
11   foreach my $key (sort keys %{$HoH{$flightnumber}}) {
12     print "$key: $HoH{$flightnumber}{$key}\n";
13   }
14   print "\n";
15 }
```

In Zeile 4 weisen wir etwas, was eigentlich noch gar nicht bekannt ist, den Wert `'14'` zu. Was genau ist nicht bekannt? Es gibt bis dahin kein Hash mit dem Namen `%HoH`. In diesem Hash gibt es keinen Schlüssel `'AB3484'`. Und es gibt zu dem nicht vorhandenen Schlüssel `'AB3484'` natürlich auch keinen Wert. Ganz zu schweigen davon, dass der Wert etwa eine Referenz auf ein anderes Hash sein kann.

Wenn Sie das Programm ausführen, bekommen Sie folgende Ausgabe:

```
$ perl kdsc10.pl
Flightnumber: AB3484.
Gate: 14

Flightnumber: LH2041.
Airline: Lufthansa
Flugzeug: Aerospatiale ATR 72
```


Nachdem keine Fehlermeldung den Unmut des Perlinterpreters kundtut, ist also davon auszugehen, dass sich niemand so richtig daran gestört hat, dass all diese Strukturen bis zur Zuweisung nicht existierten.[3] Was passiert hier? Ärgert sich der Interpreter vielleicht doch insgeheim? Wir wissen es leider nicht. Jedenfalls ist er bereit die Anweisung zu interpretieren und legt die Datenstrukturen an, von denen er meint, dass Sie sie gemeint haben könnten. Diesen Vorgang nennt man Autovivikation .

---

3. Gut, unter dem Pragma `use strict` hätten wir zumindest etwas wie `our %HoH;` hinschreiben müssen um fehlerfrei zu bleiben und das Hash wäre Perl bekannt gewesen.

Es wird also ein Hash mit dem Namen `%HoH` angelegt, ein Schlüssel `'AB3484'` eingefügt, dem Wert des Schlüssels eine Referenz auf einen anonymen Hash zugewiesen und in das anonyme Hash als Schlüssel/Werte-Paar `'Gate'` und `'14'` eingetragen.

10.6 Gemischte Datenstrukturen

Prinzipiell sind über Referenzen beliebige Kombinationen von Skalaren, Arrays, Funktionen, Hashes oder anderen Daten möglich. Es liegt jedoch am Programmierer, die von ihm entworfenen Datenstrukturen auch noch drei Wochen, nachdem er das Programm als lauffähig freigegeben hat, zu verstehen. Verwenden Sie Konstrukte wie

```
push @{$raw{$server}{LL}{$RAW_LINK_LVL}{DATA}{LINKS_INT}},
     $RAW_LINKS_INTERNAL;
```

sollten Sie sehr, sehr gut dokumentieren.[4]

Ein einfaches, gekürztes Beispiel für gemischte Datenstrukturen aus der Praxis:

```
--- <tab.pl> ------------------------------------------
#!/usr/bin/perl -w

use strict;
our ($indent,$cols);

print_head(
            id      => 'tableid1',
            desc    => 'Zeichenklassen',
            colspec => [ 1, 3, 3 ],
            thead   => [
                          'Zeichen',
                          'Beschr.',
                          'Definition',
                         ],
            indent  => 2,
           );

sub print_head {
```

4. Oder solche Monster vermeiden.

```
19   my %args = @_;
20
21   if(defined $args{indent}) {
22     $indent = " " x $args{indent};
23   } else {
24     $indent = "";
25   }
26   if(@{$args{colspec}} != @{$args{thead}}) {
27     print "Ungleiche Anzahl bei colspec und thead!\n";
28     exit;
29   }
30   $cols = @{$args{colspec}};
31   print $indent,"<table description=\"$args{desc}\"",
32                 " id=\"$args{id}\">\n";
33   print $indent,"  <tgroup cols=\"$cols\">\n";
34   foreach my $i (1..$cols) {
35     print $indent,"    <colspec colnum=\"$i\"",
36               " colname=\"col$i\"",
37               " colwidth=\"",
38               sprintf("%3.1f",$args{colspec}[$i-1]),
39               "*\"/>\n";
40   }
41   print $indent,"    <thead>\n";
42   print $indent,"      <row>\n";
43   foreach my $i (1..$cols) {
44     print $indent,"        <entry colname=\"col$i\">",
45               "<p>$args{thead}[$i-1]</p></entry>\n";
46   }
47   print $indent,"      </row>\n";
48   print $indent,"    </thead>\n";
49   print $indent,"    <tbody>\n";
50 }
--- </tab.pl> ----------------------------------------
```

Das Programm definiert eine Subroutine `print_head`, die mit einem Hash als Argument aufgerufen wird. Dies ist eine gern genutzte Methode um verschiedenartige Daten an Subroutinen zu übergeben. Konkret werden drei Skalare und zwei anonyme Arrays übergeben. Dabei ist die Reihenfolge der Argumente beliebig. Zudem können Argumente vorhanden sein oder auch nicht, die entsprechende Subroutine muss dies abfangen. So wird in Zeile 21 überprüft, ob das übergebene Hash einen Key `'indent'` hat. Ist dies nicht der Fall, wird für die Packagevariable `$indent` ein Standardwert gesetzt.

Die Subroutine speichert die Argumente in einem lexikalisch deklarierten Hash `%args`. Der Zugriff auf die Anzahl der Elemente des dem Schlüssel `'colspec'` zugehörigen anonymen Arrays erfolgt dann beispielsweise über `@{$args{colspec}}`, wenn es im skalaren Kontext steht. Damit wird in Zeile 26 die Kardinalität der beiden übergebenen anonymen Arrays verglichen.

Ein relativ einfaches Beispiel für die Verwendung von gemischten Datenstrukturen und ein Beispiel für die Übergabe von variablen Argumenten an Subroutinen. Das Programm liefert einen Kopf für eine in XML notierte Tabellenstruktur:

```
$ ./tab.pl
  <table description="Zeichenklassen" id="tableid1">
    <tgroup cols="3">
      <colspec colnum="1" colname="col1" colwidth="1.0*"/>
      <colspec colnum="2" colname="col2" colwidth="3.0*"/>
      <colspec colnum="3" colname="col3" colwidth="3.0*"/>
      <thead>
        <row>
          <entry colname="col1"><p>Zeichen</p></entry>
          <entry colname="col2"><p>Beschr.</p></entry>
          <entry colname="col3"><p>Definition</p></entry>
        </row>
      </thead>
      <tbody>
```

10.7 Sortieren

Die bisherigen Beispiele für die Sortierung waren relativ einfach strukturiert. Was aber, wenn Sie in dem weiter oben verwendeten Flughafenbeispiel die Ausgabe der Flüge nach den Abflugzeiten sortiert haben möchten? Dies ist leider nicht mehr ganz so trivial, aber Sie werden sehen, dass es auch hier de facto mit einem Einzeiler geht.[5]

5. Ein Einzeiler deshalb, weil die Sortiersubroutine auch als Inlineroutine hätte stehen können.

```
--- <kdsc12.pl> ----------------------------------------
1 #!/usr/bin/perl -w
2
3 %HoH = (
4         'AB3484' => {
5                       'Airline'  => 'Air Berlin',
6                       'Abflug'   => '17:40',
7                       'Ziel'     => 'Malaga'
8                     },
9         'LH2041' => {
10                      'Airline'  => 'Lufthansa',
11                      'Abflug'   => '17:20',
12                      'Ziel'     => 'München'
13                    },
14        'BUS 2' =>  {
15                      'Fahrzeug' => 'Bus',
16                      'Abflug'   => '14:00',
17                      'Ziel'     => 'Flughafenführung'
18                    },
19      );
20
21 foreach $flightnumber (sort times_cmp keys %HoH) {
22   print "\nFlightnumber: $flightnumber.\n";
23   foreach $key (sort keys %{$HoH{$flightnumber}}) {
24     print "$key: $HoH{$flightnumber}{$key}\n";
25   }
26 }
27
28 sub times_cmp {
29   return $HoH{$a}{'Abflug'} cmp $HoH{$b}{'Abflug'};
30 }
--- </kdsc12.pl> ---------------------------------------
```

Letzten Endes wurde im Programm nur an zwei Stellen etwas verändert: Es wurde eine Sortierroutine eingefügt (`times_cmp`: Zeilen 28-30) und in Zeile 21 wurde `sort` gesagt, sie soll doch bitte diese Sortierroutine zum Sortieren der Daten nehmen.

Aufgabe war es ja, die Flüge nach der Uhrzeit aufsteigend zu sortieren. Das Programm ist hier stillschweigend davon ausgegangen, dass die Angabe der Uhrzeiten generell im Format `hh:mm` ist.

Die `sort`-Funktion in Zeile 21 legt genau diese Reihenfolge der Flüge fest. Ohne `times_cmp` wurden die Flüge vorher alphabetisch nach ihrer Flugnummer sortiert ausgegeben. Nun muss die Subroutine `times_cmp` die Entscheidung treffen, ob der Flug mit der Flugnummer `$a` vor dem Flug mit der Flugnummer `$b` startet, ob sie gleichzeitig starten[6] oder ob `$b` vor `$a` kommt.

Die Herleitung der entsprechenden Sortierroutine fällt relativ leicht, wenn man zwei Dinge immer im Hinterkopf behält:

- `$a` und `$b`, also diese speziellen Variablen, die in Sortierroutinen verwendet werden, enthalten jeweils eine Flugnummer.
- Auf das Hash `%HoH` kann auch in der Sortierroutine `times_cmp` zugegriffen werden.

Die Uhrzeit des Fluges mit der Flugnummer `$a` ist dann in `$HoH{$a}{'Abflug'}` zu finden. Das Gleiche gilt für den Flug `$b`: `$HoH{$a}{'Abflug'}`.

Die Entscheidung, wer nun früher ausgegeben wird, fällt ein schlichtes `cmp` zwischen den beiden Ausdrücken.

Schwieriger wäre es geworden, hätte der Bus nicht `Abflug`, sondern `Abfahrt` als Schlüssel zur Uhrzeit gehabt. Eine mögliche Lösung:

```
sub times_cmp {
  my $time_a = exists $HoH{$a}{'Abflug'} ?
               $HoH{$a}{'Abflug'} :
               $HoH{$a}{'Abfahrt'};
  my $time_b = exists $HoH{$b}{'Abflug'} ?
               $HoH{$b}{'Abflug'} :
               $HoH{$b}{'Abfahrt'};
  return $time_a cmp $time_b;
}
```

Allerdings sollte dann wohl eher über die Datenstruktur nachgedacht werden, da diese Art der Sortierung sehr ineffizient ist.

6. Was in Nürnberg, von dessen Flughafen diese Daten stammen, wohl ziemlich katastrophal wäre, lässt man den aufgelisteten Flughafenrundfahrtenbus mal außer Betracht, da Nürnberg nur eine Rollbahn hat :-)

11 Subroutinen

Subroutinen sind kleine oder auch größere Stücke wiederverwendbaren Codes, die vermeiden, dass häufig verwendete Konstrukte immer und immer wieder niedergeschrieben werden müssen. Subroutinen werden in anderen Sprachen auch häufig Funktionen oder Prozeduren genannt. Im allgemeinen Sprachgebrauch wird bei Perl-internen Subroutinen häufig auch von Funktionen gesprochen.

Subroutinen, die bei objektorientierter Programmierung Verwendung finden, heißen Methoden. Wir werden für selbst geschriebene Subroutinen außerhalb von Klassen den Begriff *Subroutine* verwenden.

Zusätzlich zu den Subroutinen, die einen Namen tragen, kann man in Perl auch anonyme Subroutinen erzeugen, die nur über Referenzen erreichbar sind. Sie haben solche namenlosen Subroutinen bereits im Kapitel *Referenzen* kennen gelernt.

Mit Referenzen können auch neue Subroutinen generiert werden, die mit dem Begriff *Closures* bezeichnet werden. Für Informationen zu Closures siehe `perldoc perlref`.

11.1 Die Benutzung von Subroutinen

Subroutinen können überall im Quellcode deklariert und definiert werden. Es ist deshalb mit einer kleinen Einschränkung auch möglich, eine Subroutine von jeder Stelle im Programm aus aufzurufen. Eine Subroutine muss nicht vorher deklariert sein, bevor sie aufgerufen werden kann, wie das bei manch anderen Programmiersprachen der Fall ist. Der Aufruf kennt verschiedene Formen:

```
subname;              # Der einzige Fall, wo eine
                      # Subroutine vor dem Aufruf im
                      # Quellcode stehen muss
subname();            # Aufruf ohne Argumente
subname("Apfel");     # Aufruf mit Übergabe von einem
                      # Argument
subname("a",2,@c);    # Aufruf mit drei Argumenten
```

```
&subname();             # Aufruf ohne Argumente
&subname;               # Aufruf von subname, der das Array
                        # @_ übergeben wird.

$sk = subname;          # Rückgabe eines Skalars der $sk
                        # zugewiesen wird. subname muss
                        # vorher deklariert sein

$sk = subname();        # Aufruf ohne Parameter, ein
                        # Rückgabewert
$sk = &subname();       # Das Gleiche

($c,$d) = subname(); # 2 Rückgabewerte
@array = subname();  # Rückgabe ist eine Liste
%hash  = subname();  # Rückgabe ist ein Hash
```

Soll eine Subroutine ohne Klammern und ohne & vorne aufgerufen werden, muss sie entweder im Quelltext weiter vorne stehen als der Aufruf oder sie muss mit einer Deklaration weiter vorne im Quelltext bekannt gemacht werden.

11.2 Deklaration und Definition von Subroutinen

Die Deklaration einer Subroutine, also das reine Bekanntmachen im Quelltext, geschieht über folgende Form:

```
sub subroutinenname;
```

Wird versucht eine Subroutine ohne Klammern und ohne & aufzurufen, bevor sie deklariert ist, wird sie als so genanntes Bareword interpretiert. Das heißt, sie wird gar nicht aufgerufen, es ist einfach so, als ob die Anweisung "mysub"; im Quelltext stünde, was auch zu keiner Fehlermeldung führt, wenn -w und use strict; nicht aktiviert sind (was sie natürlich sein sollten).

```
$var1 = mysub;
# $var1 enthält nun "mysub";

mysub; # Bareword "mysub";

sub mysub;
```

```
$var2 = mysub;

# $var2 enthält den Rückgabewert der Subroutine mysub
# also 777

...

sub mysub {
  return(333+444);
}
```

Um eine Subroutine mit Namen gleichzeitig zu deklarieren und zu definieren muss eine der folgenden Formen benutzt werden:

```
sub NAME BLOCK
sub NAME PROTOTYPEN BLOCK
sub NAME ATTRIBUTE BLOCK
sub NAME PROTOTYPEN ATTRIBUTE BLOCK
```

Informationen zu Prototypen und Attributen finden Sie in `perldoc perlsub`. Das Kapitel geht darauf nicht näher ein.

Ein konkretes Beispiel für eine Subroutinendeklaration mit Definition[1]:

```
sub strange_error {
  print STDERR "Something strange happend. Game over.\n";
  exit(2);
}

if($alphabet ne "abcdefghijklmnopqrstuvwxyz") {
  strange_error();
}
```

Man hätte die Subroutine auch mit `&strange_error`, `&strange_error()` oder nur `strange_error` aufrufen können, aber es wird der besseren Lesbarkeit halber empfohlen die im Beispiel verwendete Schreibweise zu benutzen.

1. Deklaration meint das Bekanntmachen, dass es eine Subroutine mit einem bestimmten Namen gibt. Der Block definiert, was die Subroutine tun soll.

Bitte beachten Sie, dass bei der Deklaration keine runden Klammern notwendig sind, in denen bei manch anderen Programmiersprachen die Definition der zu übergebenden Parameter vorhanden ist.

11.2.1 Parameterübergabe

Es kann an Subroutinen eine beliebige Anzahl von Parametern übergeben werden (es sei denn Sie benutzen Prototypen). Die Subroutine erhält die Parameter in einer speziellen Variablen mit dem Namen `@_`.

@_

Anhand des führenden Zeichens der Variablen können Sie bereits erkennen, dass es sich um ein Array handelt. Alle Aufrufparameter werden in dieses Array gesteckt. In der Subroutine können Sie auf `@_` wie auf ein ganz normales Array zugreifen. Der erste Aufrufparameter steht also in `$_[0]`, der zweite in `$_[1]` und so weiter. Lassen Sie sich von der kryptischen Schreibweise nicht abschrecken. Es ist ein Array mit dem Namen _. Das erste Element in einem Array `@myarray` steht in `$myarray[0]`. Ersetzen Sie einfach `myarray` durch _ *et voilà*.

Üblicherweise arbeitet man aber selten auf `@_` direkt, da dies zuweilen ein wenig unübersichtlich werden kann. Normalerweise lokalisiert man die übergebenen Variablen:

```
$var = 42;
mysub(9,$var);

sub mysub {
  my($arg1,$arg2) = @_; # Verwenden Sie my, außer Sie
                        # wissen genau, warum Sie das
                        # nicht tun
  print "Erster  Parameter: $arg1\n";
  print "Zweiter Parameter: $arg2\n";
}
```

Die Übergabe der Parameter passiert im so genannten *call-by-reference*-Verfahren. Dabei werden nicht die Werte der Parameter übergeben, sondern Verweise auf die jeweilige Variable. Dies erlaubt die Modifikation der Ursprungsvariablen über das Array `@_`.

```
$var1 = 42;
$var2 = "Die wilde 13";

mysub($var1,$var2,8);

print "$var1\n";   # 53
print "$var2\n";   # "Jim Knopf"

sub mysub {
  $_[0] = 53;
  $_[1] = "Jim Knopf";
  # $_[2] = "Fehler";  # Readonly-Variable
}
```

Gehen Sie also vorsichtig mit dem Array `@_` um, es sei denn Sie möchten wirklich die ursprünglichen Variablen ändern. Das Beispiel hat in der dritten Zeile der Subroutine die Modifikation der dritten Variablen auskommentiert. Wird diese einkommentiert, stürzt das Programm mit einer Fehlermeldung `Modification of a readonly value attempted` ab. Konstanten können natürlich nicht modifiziert werden.

Auch ganze Arrays oder Hashes können übergeben werden:

```
@array = ("Hinz","Kunz");

mysub(@array);

sub mysub {
  my @tmparray = @_;
  foreach (@tmparray) {
    print "$_\n";       # Gibt @array aus;
  }
}
```

Parameter, die einer Subroutine übergeben werden, werden in einer großen Liste im Array `@_` gespeichert. Die Argumente `mysub($c,$d,@array)` sind alle in `@_`. `$_[0]` entspricht `$c`, `$d` ist in `$_[1]` und `@array` ist in `@_` ab dem Index 2 zu finden, also in `$_[2]`, `$_[3]` und so weiter.

```
@array = ("Hinz","Kunz");
$c = 43;
$d = "String";

mysub($c,$d,@array);

sub mysub {
  my ($tmpc,$tmpd,@tmparray) = @_;

  # some code here
}
```

Versuchen Sie nicht, das Array als ersten Parameter zu nehmen:

```
@array = ("Hinz","Kunz");
$c = 43;
$d = "String";

mysub(@array,$c,$d);

sub mysub {
  my (@tmparray,$tmpc,$tmpd,) = @_;

  print "@tmparray\n"; # "Hinz Kunz 43 String"
  print "$tmpc\n";     # ""
  print "$tmpd\n";     # ""
}
```

Da @_ eine Liste ist, können die Einzelvariablen nicht mehr zugeordnet werden. Das Gleiche gilt auch für Hashes oder mehrere Arrays:

```
@array = ("Hinz","Kunz");
%hash = ("a" => 2,"b" => 24);

mysub(@array,%hash);

sub mysub {
  my (@tmparray,%tmphash) = @_;

  print "@tmparray\n"; # "Hinz Kunz a 2 b 24"
  # %tmphash ist leer.
}
```

Verwenden Sie deshalb zur Übergabe mehrerer Listen (und Hashes sind ja intern auch Listen) Referenzen.

Durch das Listflattening ist die Übergabe von mehreren Listen, wenn deren Integrität nicht verletzt werden soll, schwierig. Die Übergabe von Referenzen an Subroutinen geschieht folgendermaßen:

```
@array = ("Hinz","Kunz");
%hash = ("a" => 2,"b" => 24);

mysub(\@array,\%hash);

sub mysub {
  my ($tmparray,$tmphash) = @_;

  print "Array:\n";
  foreach my $element (@$tmparray) {
    print "$element\n";
  }
  print "Zweites Element: $$tmparray[1]\n";
  # Alternativ:
  # print "@$tmparray\n";

  print "Hash:\n";
  foreach my $element (keys %$tmphash) {
    print "$element $$tmphash{$element}\n";
  }
}
```

Referenzen können auch aus Performanzgründen für einzelne Arrays oder Hashes verwendet werden, wenn Sie die notwendigen Dereferenzierungen nicht scheuen.

Wird die Funktion `shift` ohne Parameter aufgerufen, holt sie aus dem Array `@_` das erste Element und weist es einem Skalar zu. Bei wenigen skalaren Argumenten ist es durchaus üblich, die Parameterliste auch über `shift` in eine lokale Variable zu schieben:

```
$var1 = 42;
$var2 = "Die wilde 13";

mysub($var1,$var2);
```

```
sub mysub {
  my $tmpvar1 = shift;
  my $tmpvar2 = shift;

  print "$tmpvar1\n";   # 42
  print "$tmpvar2\n";   # "Die wilde 13"
}
```

Man kann `shift` auch in komplexeren Ausdrücken einsetzen, was dann aber schnell unübersichtlich wird.

```
mult(6,7);

sub mult
{
  my $result = (shift) * shift;
  print "Result: $result\n";
}
```

Da die Übergabe von Filedeskriptoren immer wieder zu syntaktischen Verwirrungen führt, hier noch ein kleines Beispiel, wie Sie einer Subroutine einen Filehandle übergeben können:

```
open(IN,"/etc/group") or die "Arrrrgh..: $!";

read_file(*IN);

sub read_file {
  local $fd = shift;
  while(<$fd>) {
    print;
  }
}
```

11.2.2 Rückgabewerte

Rückgabewerte können in Subroutinen mit `return` erzeugt werden. An der Stelle, an der `return` steht, wird die Subroutine verlassen und die entsprechenden Werte werden zurückgeliefert. Wird `return` ohne Argumente aufgerufen, werden keine Werte zurückgeliefert, die Subroutine aber trotzdem verlassen:

```
$res = mult(6,7);
print "Result: $res.\n";

sub mult
{
  my $tmpresult;
  my($x,$y) = @_;

  $tmpresult = $x * $y;
  return $tmpresult;
}
```

Wenn ein Wert zurückgeliefert werden soll, verlangt `return` einen Ausdruck als Argument. Wir hätten uns die temporäre Variable also auch sparen können:

```
print "Result: ",mult(6,7),"\n";

sub mult
{
  my($x,$y) = @_;

  return $x * $y;
}
```

Natürlich hätten wir uns auch `$x` und `$y` sparen können: `return (shift) * $_[0];`. Entscheiden Sie für sich, was Sie ohne viel Forschungsarbeit in Ihrem Code nach drei Monaten noch ohne Probleme lesen können[2].

Endet eine Subroutine, wird automatisch der Wert der letzten Anweisung zurückgeliefert, wenn das `return` eine Liste oder ein Array zurückliefert:

```
print "Result: ",mult(6,7),"\n";

sub mult
{
  my $tmpresult;
  my($x,$y) = @_;
```

2. Ok, Sie hätten sich auch das `return` sparen können. `(shift)*shift` hätte gereicht.

```
  $tmpresult = $x * $y; # Der Wert von $tmpresult ist
                        # der Returnwert der Subroutine
}
```

Eine Funktion kann auch mehrere Werte zurückliefern:

```
@numbers = (3,543,2,65,43,27,6);

($min,$max) = minmax(@numbers);
print "Min: $min, Max: $max\n";

sub minmax {
  my $tmax = shift;
  my $tmin = $tmax;
  foreach (@_) {
    $tmin = $_ if($_ < $tmin);
    $tmax = $_ if($_ > $tmax);
  }
  return ($tmin,$tmax);
}
```

Natürlich können auch Arrays oder Hashes zurückgeliefert werden:

```
%salary = ("Meier"   => 5000,
           "Müller"  => 5300,
           "Schulze" => 4700);

%newsalary = increase_salary(%salary);

# Die neuen Gehälter:
foreach my $person (keys %newsalary) {
  print "$person: $newsalary{$person}\n";
}

sub increase_salary {
  my %tmpsalary = @_;

  foreach my $person (keys %tmpsalary) {
    $tmpsalary{$person} *= 1.027;
  }
  return %tmpsalary;
}
```

Wie Sie sehen, ist es weder notwendig, die Parameterliste zu deklarieren noch den Typ der Rückgabewerte.

Was über die Übergabeparameter gesagt wurde, gilt auch für Rückgabewerte. Sollen mehrere Listen zurückgeliefert werden, so kann nicht mehr unterschieden werden, welches zurückgegebene Array, welchem Array auf der linken Seite der Zuweisung entsprechen soll, da die Rückgabewerte auch in eine große Liste interpoliert werden. Rufen Sie eine Funktion folgendermaßen auf `(@num,@str) = sortem(@num,@str);` werden die Übergabeparameter gemischt. Selbst wenn die Subroutine `sortem` dies noch richtig handhaben könnte, weil sie zum Beispiel weiß wie viele Elemente in `@num` enthalten sind, und somit die Trennung im Array `@_` richtig hinbekäme, wäre dies bei der Zuweisung nicht mehr möglich. `@num` würde alle zurückgelieferten Elemente enthalten und `@str` wäre leer.

Um dies zu umgehen, müssen Sie wieder mit Referenzen arbeiten, diesmal als Rückgabewerte.

```
my @numbers = (15,92,4,653,3.1);
my @strings = ("Schorle","Apfel","Saft");

($rnum,$rstr) = sortem(\@numbers,\@strings);

print @$rnum,"\n"; # pi
print @$rstr,"\n"; # Getränk

sub sortem {
  my($rarr1,$rarr2) = @_;
  my @tmparr1 = @$rarr1;
  my @tmparr2 = @$rarr2;

  @tmparr1 = sort { $a <=> $b } @tmparr1;
  @tmparr2 = sort @tmparr2;

  return (\@tmparr1,\@tmparr2);
}
```

Wie Sie wissen, liefern manche Funktionen abhängig vom Kontext verschiedene Rückgabewerte. So liefert `localtime` (`perldoc -f localtime`) im skalaren Kontext einen String (Datum und Uhrzeit) und im Listenkontext eine Liste von Werten.

Über die Funktion wantarray können Sie diese Funktionalität auch in Ihre Subroutinen implementieren:

```
#!/usr/bin/perl

sub mysub {
  if(defined(wantarray())) {
    wantarray() ? print "Listen" : print "Scalar";
  } else {
    print "Void";
  }
  print "kontext\n";
}

mysub();       # Druckt Voidkontext
$b = mysub(); # Druckt Scalarkontext
@c = mysub(); # Druckt Listenkontext
```

wantarray kennt drei verschiedene Rückgabewerte:

- undef, wenn sich die Subroutine, in der wantarray aufgerufen wurde, im Voidkontext befindet, also keine Zuweisung gemacht wurde,
- "", wenn sie sich im skalaren Kontext befindet, und
- 1, wenn der Listenkontext gefordert ist.

Überall, wo im Programm print steht (außer bei der letzten Anweisung), können Sie mit return Variable den entsprechend geforderten Datentyp zurückliefern. Im Voidkontext lautet die Anweisung dann natürlich einfach nur return.

Und zum Abschluss dieses Abschnittes noch ein Beispiel zum Generieren und Zurückliefern eines Filedeskriptors (aus perlsub):

```
$fh = openit('/etc/group');
if(defined($fh)) {
  print while(<$fh>);
} else {
  die "Got no filedescriptor: $!";
}

sub openit {
  my $path = shift;
```

```
  local *FH;
  return open (FH, $path) ? *FH : undef;
}
```

11.3 Gültigkeitsbereich von Variablen

Zwar wurde im Kapitel *Sichtbarkeits- und Gültigkeitsbereich von Variablen* schon einiges über eben dieses gesagt, aber es gibt immer wieder Fallstricke, weshalb hier noch mal kurz darauf eingegangen wird.

Verwenden Sie in Ihrem Programm möglichst immer lexikalisch deklarierte Variablen. Dies gilt besonders bei rekursiven Funktionen:

```
#!/usr/bin/perl -w
$number = defined($ARGV[0]) ? $ARGV[0] : 1+int(rand(30));
print "Fakultät von $number ist: ",fak($number),"\n";
sub fak {
  my $mynumber = shift;
  return 1 if($mynumber == 1);
  return $mynumber * fak($mynumber-1);
}
```

Wäre die Variable `$mynumber` eine Packagevariable, also nicht mit `my` deklariert, so würde beim rekursiven Aufruf von `fak` diese jedes Mal überschrieben und für alle Eingabewerte die Fakultät als `1` berechnet. Wie Sie natürlich wissen, ist die Fakultät einer Zahl `n` die Multiplikation aller Zahlen von `1` bis `n`. Also: `n! = 1*2*3*...*n` und nicht immer `1`.

Bedenken Sie, dass eine in einer Subroutine mit `local` deklarierte Variable auch in allen von dieser Subroutine aufgerufenen anderen Subroutinen mit diesem Wert sichtbar ist, was zu Problemen führen kann. Vermeiden Sie `local`, wenn es geht.

11.4 Undefinierte Subroutinen

Wenn Sie eine Subroutine aufrufen, die nicht existiert, bricht das Programm üblicherweise mit einem Laufzeitfehler ab. Perl definiert eine Subroutine `AUTOLOAD`, die, wenn sie explizit im Quellcode steht, jedes Mal aufgerufen wird, wenn eine undefinierte Subroutine aufgerufen würde. Dabei werden `AUTOLOAD` alle Parameter in `@_` übergeben, die der nicht existierenden Subroutine auch übergeben worden wären.

```
--- <autoload.pl> -------------------------------------
#!/usr/bin/perl -w

use strict;
our $AUTOLOAD;

undeffunc(10);

sub AUTOLOAD {
  print "Unbekannter Subroutinenaufruf: ".
        "$AUTOLOAD(@_);\n";
}
--- </autoload.pl> ------------------------------------
```

In der Subroutine `AUTOLOAD` wird eine Variable `$AUTOLOAD` mit dem Namen der eigentlich aufgerufenen Subroutine befüllt.

```
$ ./autoload.pl
Unbekannter Subroutinenaufruf: main::undeffunc(10);
```

Wenn Sie noch keine Erfahrungen mit Packages haben, wird Sie das dem Namen der Subroutine vorangestellte `main::` vielleicht verwirren. Zerbrechen Sie sich darüber aber nicht den Kopf. Es zeigt lediglich an, dass sich die Subroutine `AUTOLOAD` im Namensraum `main` befindet, dem Standardnamensraum von Perl. Noch mehr Verwirrung? Vergessen Sie das `main::` einfach. Nach der Lektüre des Kapitels 12 wird Ihnen die Bedeutung dieser Zeilen klar sein.

Für den, der bereits Erfahrungen mit Packages hat, ist es vielleicht interessant, dass in jedem Package eine eigene `AUTOLOAD`-Subroutine definierbar ist, die undefinierte Subroutinenaufrufe abfängt und den jeweiligen Packagenamen in `$AUTOLOAD` mit sich führt:

```
--- <autoload_package.pl> ------------------------------
#!/usr/bin/perl -w

use strict;

undeffunc(10);
Pack::undeffunc2(20);
sub AUTOLOAD {
  our $AUTOLOAD;
  print "main: Unbekannter Subroutinenaufruf: ".
        "$AUTOLOAD(@_);\n";
}
package Pack;
sub AUTOLOAD {
  our $AUTOLOAD;
  print "Pack: Unbekannter Subroutinenaufruf: ".
        "$AUTOLOAD(@_);\n";
}
--- </autoload_package.pl> -----------------------------
$ ./autoload_package.pl
main: Unbekannter Subroutinenaufruf: main::undeffunc(10);
Pack: Unbekannter Subroutinenaufruf: Pack::undeffunc2(20);
```

Ein viel zitiertes Beispiel für die Verwendung von AUTLOAD stammt aus perlsub:

```
sub AUTOLOAD {
  my $program = $AUTOLOAD;
  $program =~ s/.*:://;
  system($program, @_);
}
date();
who('am', 'i');
ls('-l');
```

Subroutinen, die nicht definiert sind, werden der Funktion system übergeben und damit in einer Shell ausgeführt. Dies erlaubt quasi die Verwendung von Shellkommandos in Ihrem Perlprogramm. Sonderlich portabel ist dies aber nicht.

12 Packages

Namensraumkollisionen. Klingt fast wie Galaxienkollisionen. Galaxienkollisionen wie die von M82 und M81 sind zwar aus 11 Millionen Lichtjahren Entfernung wunderbar anzusehen, sind aber für die Betroffenen teilweise ziemlich verheerend.[1]

Eine Namensraumkollision hat zwar nicht diese Auswirkungen, ist aber dennoch kein Picknick für den Programmierer. Ähnlich wie bei Galaxienkollisionen nehmen bei Namensraumkollisionen verschiedene ähnliche Entitäten (ein wunderbar schwammiger Begriff übrigens) den gleichen Raum ein und bewirken hässliche Nebeneffekte. Dem kann durch die Verwendung von so genannten Packages entgegengewirkt werden. Packages trennen Namensräume voneinander und vermeiden Kollisionen.

Dieses Kapitel zeigt Ihnen unter anderem die Definition von Packages, deren Gültigkeitsbereiche und wie Sie auf andere Packages zugreifen können. Definieren Sie Packages in verschiedenen Dateien und möchten Sie darauf zugreifen, so erfahren Sie im Kapitel *Module*, wie das funktioniert.

12.1 Kollisionen

Der einfachste Fall eines programmiertechnischen Namensunfalls ist den meisten Programmieren mit ziemlicher Sicherheit bereits passiert:

```
#!/usr/bin/perl -w

$counter = 0;
for($i=1;$i<=10;$i++) {
  for($i=1;$i<=10;$i++) {
    do_something();
  }
}
```

1. Zwar kollidieren Einzelkörper dabei sehr selten, aber man sollte sich nicht darauf verlassen, wenn man gerade auf einem kleinen Planeten in einer der beiden Galaxien Urlaub macht.

`do_something()` wird nicht, wie vom Programmierer ursprünglich beabsichtigt, einhundertmal aufgerufen, sondern nur zehnmal, da die innere `for`-Schleife die gleiche Laufvariable verwendet wie die äußere und `$i` der äußeren Schleife von `$i` der inneren Schleife überschrieben wird.

Ähnliches kann passieren, wenn Sie an einem größeren Softwareprojekt arbeiten, welches ähnliche Subroutinen oder Codeabschnitte benötigt wie ein anderes Programm. Das Einfügen von Code mittels copy und paste oder `require` kann dazu führen, dass Sie viele Variablen und Subroutinen mit neuen Namen versehen müssen. Ein mühevoller und fehleranfälliger Weg.

12.2 Namensräume definieren

Packages erlauben Ihnen die Definition von eigenen Namensräumen und somit von problemlos wiederverwendbarem Code. Das Schlüsselwort für Packages lautet (surprise surprise): `package`


```
#!/usr/bin/perl -w

package M81;
# Namensraum M81;

package M82;
# Namensraum M82;

package OurGalaxy;
# Namensraum OurGalaxy;
```


Es wird zwischen den Namensräumen `M81`, `M82` und `OurGalaxy` hin- und hergeschaltet.[2] In jedem dieser Namensräume können ohne Kollisionen globale Variablen, Variablen, die mit `local` definiert wurden, und Subroutinen verwendet werden:

2. Benutzen Sie als Namen für Ihre Packages nicht `m`, `s` oder `y`. Sie können sonst nicht vollqualifiziert auf die Variablen oder Subroutinen des Packages zugreifen. Perl würde den Zugriff als Patter Matching, Substitution oder Transliteration interpretieren.

```
#!/usr/bin/perl

package M81;
$entfernung_tlj = 11000;
$visuelle_helligkeit = 7.9;
sub trigger_supernova {
  print "Supernova in M81 initiated.\n";
  # Some code here
}

package M82;
# Namensraum M82;
$entfernung_tlj = 11000;
$visuelle_helligkeit = 8.8;
sub trigger_supernova {
  print "Supernova in M82 initiated.\n";
  # Some other code here
}

package OurGalaxy;
# Namensraum OurGalaxy;
$entfernung_lj = 0;
$visuelle_helligkeit = "Sehr hell.";
sub trigger_supernova {
  print "Better not.\n";
  exit;
}

print "$visuelle_helligkeit\n";      # "Sehr hell."
print "$M81::visuelle_helligkeit\n"; # 7.9
if($M81::entfernung_lj != $M82::entfernung_lj) {
  # Wird nicht erreicht
  print "Shouldn't M81 and M82 have the ".
        "same distance?\n";
}

M82::trigger_supernova();
# "Supernova in M82 initiated.";

trigger_supernova();
# "Better not."
```

In jedem der Packages `M81`, `M82` und `OurGalaxy` werden jeweils die Variablen `$entfernung_lj`, `$visuelle_helligkeit` und die Subroutine `trigger_supernova` definiert. Jede der Variablen hat in ihrem Package einen eigenen Wert, der unabhängig der Werte der gleichnamigen Variablen der anderen Packages ist. Dementsprechend haben die drei verschiedenen Subroutinen `trigger_supernova` unterschiedliche Codes.

12.3 Der Zugriff auf andere Namensräume

Wie können wir nun auf Variablen und Subroutinen anderer Packages zugreifen? Betrachten wir zunächst mal im obigen Beispiel die Zeile 29. Dort wird die Variable `$visuelle_helligkeit` referenziert. Sie gehört zum Package `OurGalaxy`, welches in Zeile 20 mit der `package`-Anweisung als letztes Package gesetzt wurde.

Zeile 30 greift auf eine Variable eines anderen Packages zu: `$visuelle_helligkeit` aus dem Package `M81`. Syntaktisch scheint der Zugriff zunächst ein bisschen gewöhnungsbedürftig zu sein, ist aber nicht so kompliziert, wie es aussieht: `$M81::visuelle_helligkeit`.

Das Zeichen vor dem Variablennamen (hier das `$`-Zeichen) bleibt am Anfang stehen. Ihm folgt der Packagename (`M81`). Der eigentliche Variablenname wird vom Packagenamen durch doppelte Doppelpunkte (::) getrennt. Die gleiche Syntax gilt auch für den Zugriff auf Subroutinen anderer Pakete: `M82::trigger_supernova();`.

12.4 Gültigkeitsbereiche von Packages

Eine `package`-Deklaration gilt ab der Position im Quellcode, ab der sie steht. Der Gültigkeitsbereich endet

- mit dem Ende des Blockes, in dem das Package deklariert wurde, oder
- mit einer neuen `package`-Deklaration auf der gleichen Stufe oder
- mit dem Ende der Datei, in der sie steht, oder
- mit dem Ende der `eval`-Anweisung, in der sie steht.

Das Symbol `__PACKAGE__` liefert zurück, in welchem Package Sie sich gerade befinden. `__PACKAGE__` wird in doppelgequoteten Strings nicht interpoliert!

```
#!/usr/bin/perl -w

package pack1;
print __PACKAGE__,"\n";                          # pack1

{
  package pack2;
  print __PACKAGE__,"\n";                        # pack2
  eval 'package pack3; print __PACKAGE__,"\n";'; # pack3
  print __PACKAGE__,"\n";                        # pack2
}
print __PACKAGE__,"\n";                          # pack1

# Nach dem letzten Zeichen der nachfolgenden Zeile
# endet der Gültigkeitsbereich von pack1
```

12.5 Lexikalische Variablen in Packages

Wie bereits angedeutet, können globale und mit `local` deklarierte Variablen aus anderen Packages mit `$thepackage::var` heraus angesprochen werden. Variablen, die mit `my()` deklariert wurden, unterliegen eigenen Regeln. Sie sind unabhängig von Packages, da sie nicht in Symboltabellen abgelegt werden. Ihr Gültigkeitsbereich endet entweder

- mit dem Ende des Blockes, in dem die Variable deklariert wurde, oder
- mit dem Ende der Datei, in der sie steht, oder
- mit dem Ende der `eval`-Anweisung, in der sie steht.

```
--- <package4.pl> --------------------------------------
#!/usr/bin/perl -w

package pack1;
$a="p1_a";
my $b="p1_b";

```

```
package pack2;
$a="p2_a";

# Die Variable $a in den Packages
print "\$pack1::a=$pack1::a\n";
print "\$pack2::a=$pack2::a\n";

# Die Variable $b in den Packages
print "\$pack1::b=$pack1::b\n";
print "\$pack2::b=$pack2::b\n";
print "Wir befinden uns in: ",__PACKAGE__,"\n";
print "\$b=$b\n";
--- </package4.pl> ---------------------------------------
```

Variablen, die mit `my()` deklariert werden, werden auch *lexikalische* Variablen genannt. Die im Beispiel verwendete Variable `$b` wird zwar dem Anschein nach im Package `pack1` deklariert, hat aber mit `pack1` nichts zu tun. Sie ist in der gesamten Datei sichtbar:

```
Name "pack1::b" used only once: possible typo
  at ./package4.pl line 15.
Name "pack2::b" used only once: possible typo
  at ./package4.pl line 16.
$pack1::a=p1_a
$pack2::a=p2_a
Use of uninitialized value in concatenation (.)
  at ./package4.pl line 15.
$pack1::b=
Use of uninitialized value in concatenation (.)
  at ./package4.pl line 16.
$pack2::b=
Wir befinden uns in: pack2
$b=p1_b
```

Da die Variable `$b` lexikalisch der Datei zugehörig ist, kommt es auch zu den Warnings der Perlinterpreters: `Name "pack1::b" used only once: ...` und `Use of uninitialized value in concatenation`. In der Symboltabelle der Packages `pack1` und `pack2` sind keine Variablen mit dem Namen `b` zu finden.

Übrigens können Sie in Packages nicht über ein Schlüsselwort eine private Subroutine definieren, wie Sie es aus anderen Programmiersprachen vielleicht kennen. Dennoch können Sie private Packagesubroutinen über private Packagevariablen simulieren:

```
package EinPackage;

my $privvar = sub {
  ...
};

$privvar->(@arguments);
```

12.6 Exkurs: Interna zu Packages

Intern werden so genannte Symboltabellen verwendet um zu verwalten, in welchem Package welche globalen und mit `local` deklarierten Variablen vorhanden sind. Zusätzlich wird unter anderem festgehalten, welche Subroutinen, Typeglobs und Filedeskriptoren im jeweiligen Package gültig sind. Wie bereits angedeutet, werden in Symboltabellen keine Variablen gespeichert, die mit `my` deklariert sind.

Eine solche Symboltabelle ist intern durch ein Hash implementiert, auf das man auch zugreifen kann. Der Name des Hashes lautet `%PACKAGENAME::`, also im Falle unseres Packages `M81`: `%M81::`. Die Schlüssel des Hashes sind die Namen der Variablen des Packages, die Werte sind die zugehörigen Typeglobs.

Vielleicht ohne es zu wissen, haben Sie Ihre meisten Programme bisher auch innerhalb eines Packages geschrieben. Dieses Package heißt `main`. Wird kein spezielles Package im Quellcode angegeben, wird automatisch das Package `main` gesetzt.

```
--- <symtable.pl> ------------------------------------
#!/usr/bin/perl -w

foreach my $key (sort keys %main::) {
  print "\$$key " if(defined($$key));
  print "\@$key " if(defined(@$key));
  print "\%$key " if(defined(%$key));
}
print "\n";
--- </symtable.pl> -----------------------------------
```

12

Nitty Gritty • Take that!

Mit diesem Programm können Sie sich anzeigen lassen, welche Variablen im Package `main` vorhanden sind:

```
./symtable.pl somearg anotherarg
 $ $" $$ $/ $0 $@ @ARGV %CORE:: %DynaLoader:: %ENV
@INC %IO:: %UNIVERSAL:: $_<./symtable.pl
$_<perlmain.c $_<universal.c $_<xsutils.c %attributes::
%main::
```

Einige dieser Variablen, wie `@ARGV`, `$/` oder `%ENV`, kennen Sie bereits. Neben anderen perlinternen Variablen sehen Sie zum Beispiel Variablen wie `%DynaLoader::`. Hier handelt es sich wieder um Symboltabellen anderer Packages.

12.7 BEGIN und END

`BEGIN` und `END` fungieren als so genannte Packagekonstruktoren beziehungsweise Packagedestruktoren (im objektorientierten Sinne) und sind eigentlich Überbleibsel aus der awk-Integration. Sie erlauben die Ausführung von Code ganz zu Beginn der Laufzeit eines Programmes respektive ganz am Ende eines Programmes. Neben `BEGIN` und `END` gibt es noch den Konstruktor `INIT` und den Destrukor `CHECK` für Packages, deren Funktion in `perldoc perlmod` erklärt wird, die aber für uns in diesem Rahmen eher unwichtig sind.

12.7.1 BEGIN

Der `BEGIN`-Block ist das Erste, was bei einem Perlprogramm ausgeführt wird. Dies geschieht noch vor dem Parsen der Datei, in der der `BEGIN`-Block steht.

```
#!/usr/bin/perl -w

BEGIN {
  print "Das Erste, was passiert.\n";
  $eine_variable = "gesetzt";
  print "\$eine_variable ist $eine_variable.\n";
}

Hier folgt syntaktischer Nonsense;
```

Obwohl die Datei syntaktische *Ungereimtheiten* enthält, wird, nachdem der BEGIN-Block vollständig gelesen wurde, dieser ausgeführt:

```
$ ./package5.pl
Das Erste, was passiert.
$eine_variable ist gesetzt.
Can't locate object method "syntaktischer" via
  package "Nonsense" at ./package5.pl line 9.
```

In diesem Beispiel bezieht sich der Konstruktor auf das Package main. Es kann jedoch in jedem beliebigen Package ein BEGIN-Konstruktor definiert werden. Auch mehrere Konstruktoren sind möglich, die dann in der Reihenfolge ihres Auftretens abgearbeitet werden. Nachdem ein BEGIN-Block abgearbeitet wurde, kann er nicht mehr aufgerufen werden, da er seitens Perl als undef markiert wird.

Vor dem BEGIN-Block kann noch das Schlüsselwort sub stehen, muss aber nicht.

12.7.2 END

So spät wie möglich im Programm werden alle in Packages vorhandenen END-Blöcke abgearbeitet:

```
# [...]
if($sth_strange_happend) {
  die "Etwas Komisches ist passiert!\n";
}

END {
  if($sth_strange_happend) {
    $? = 3;
  } else {
    print "Das Programm wurde fehlerfrei beendet.\n";
  }
}
```

Hier wird der Exitstatus des Programmes verändert. Das Programm liefert also an die aufrufende Shell oder das aufrufende Programm den Exitstatus 3 zurück. Der END-Block wird auch ausgeführt, wenn das Programm mit die oder exit verlassen wird.

Häufig werden `BEGIN` und `END` auch verwendet, wenn die Schalter `-p` und `-n` gesetzt sind, um vor oder nach Bearbeitung des Inputs von `STDIN` oder aus einer Datei noch Code ausgeführt werden soll:

```
ps -efl|perl -ane '$s+=$F[9];END { print "Mem: $s\n"; }'
```

Unter Redhat Linux summiert dieser Einzeiler den Speicherbedarf aller Prozesse, die mit `ps -efl` angezeigt werden.

Vor dem `END`-Block kann noch das Schlüsselwort sub stehen, aber auch dies ist optional.

13 Module

Hauptverwendungszweck von Packages sind Module. Mit Modulen lässt sich wunderbar wiederverwendbarer Code generieren, ohne dass es zu Kollisionen von Namesräumen kommt. Ein Modul ist eigentlich nichts anderes als ein Package, welches in einer Datei steht, die den gleichen Namen wie das Package mit der Dateiendung `.pm` trägt. Häufig kommt es vor, dass man Teile eines alten Programmes in einem neuen Programm benötigt. Diese Programmteile werden von manchem Programmierer gerne mit der allseits beliebten *copy-and-paste*-Methode in das neue Programm übernommen. Befanden sich im Code jedoch Fehler, bedeutet dies, dass alle Programme, die den kopierten Code beinhalten, korrigiert werden müssen. Genau dies wollen Module verhindern: Der häufiger benötigte Programmcode wird in einer eigenen Datei abgelegt und durch den Perlinterpreter in Programme eingefügt. Es entstehen keine Namensraumkollisionen und Fehler im Code müssen nur an einer Stelle korrigiert werden. Programme, die das Modul benutzen, laufen nun korrekt. Zumindest, was den Code im Modul anbelangt.

Sie werden in diesem Kapitel sehen, wie Module aufgebaut sind, wie Sie die bei der Perldistribution mitgelieferten Module verwenden und wie Sie neue Module vom CPAN herunterladen und installieren können. Außerdem lernen Sie, wie Sie eigene Module schreiben können, die einen standardisierten Aufbau haben.

Die von Perl mitgelieferte Dokumentation finden Sie unter `perldoc perlmod`.

13.1 Wie verwendet man Module?

Wenn Sie schon etwas größere Programme geschrieben haben, haben Sie vielleicht ohne es zu wissen bereits Module benutzt. Da Sie sicher ein gewissenhafter und ordentlicher Programmierer sind, haben Sie bei Ihren Programmen immer `use strict;` als eine Ihrer ersten Programmzeilen stehen. Und damit haben Sie bereits Module verwendet. In diesem Fall das Modul `strict.pm`.

Perl bietet Ihnen verschiedene Möglichkeiten, Module in Ihr Programm einzubinden: do, require und das etwas mächtigere use. require und use führen eine automatische Fehlererkennung durch, weshalb Sie do nicht benutzen sollten. Auch bietet use gegenüber require signifikante Vorteile, weshalb Sie eher use benutzen sollten. Doch fangen wir zunächst mit require an, da require älter und noch häufig zu finden ist.

13.1.1 require

require bindet während der Laufzeit eines Perlprogrammes ein Modul oder auch eine andere Perldatei ein und führt sie aus. Ein einfaches Beispiel, bei dem require_test.pl die Datei required_file.pl einbindet (ohne Package-Deklarationen):

```
--- <required_file.pl> ----------------------------------
print "Hallo, hier spricht required_file.pl.\n";

BEGIN { print "Blubb.\n"; }

sub another_sub {
  print "Sie haben another_sub aufgerufen.\n";
  return;
}

$another_var = 4711;

1;
--- </required_file.pl> ---------------------------------
--- <require_test.pl> -----------------------------------
#!/usr/bin/perl

print "Wir befinden uns im Hauptprogramm.\n";
require "required_file.pl";

print "$another_var\n"; # Aus required_file.pl
a_sub();                # Aus require_test.pl
another_sub();          # Aus required_file.pl

sub a_sub {
  print "Sie haben a_sub aufgerufen.\n";
  return;
}
--- </require_test.pl> ----------------------------------
```

Der Aufruf von `require_test.pl` ergibt:

```
$ ./require_test.pl
Blubb.
Wir befinden uns im Hauptprogramm.
Hallo, hier spricht required_file.pl.
4711
Sie haben a_sub aufgerufen.
Sie haben another_sub aufgerufen.
```

Hier wird die Datei `required_file.pl` gesucht, eingebunden und ausgeführt. Perl geht dabei so vor:

- Perl untersucht, ob die Datei bereits vorher im Programm eingebunden wurde. Intern merkt sich Perl die Liste der eingebundenen Dateien im Hash `%INC`. Wird festgestellt, dass die Datei bereits geladen wurde, wird sie nicht erneut eingebunden.

  Sind Sie C-Programmierer, kennen Sie die Problematik beim Einbinden von Headerdateien. Wird eine Headerdatei mit `#include` ein zweites Mal eingebunden (sei es explizit im Hauptprogramm oder implizit durch eine andere Headerdatei), so kommt es häufig zu hässlichen Nebeneffekten. Üblicherweise wird dies in C-Headerdateien durch folgende Konstruktion umgangen:

  ```
  #ifndef _KTRACE_H
  #define _KTRACE_H

  // Some code here

  #endif /* ktrace.h */
  ```

  Glücklicherweise verwenden Sie ja Perl und müssen sich über solche Dinge keine Gedanken machen. Die Datei wird nur einmal eingefügt.

- Die in Anführungszeichen angegebene Datei wird im Dateisystem gesucht. Dies geschieht zum einen im aktuellen Verzeichnis, aber auch in einer Reihe von Verzeichnissen, die in der Perl-internen Variablen `@INC` abgelegt sind. Wird die Datei nicht gefunden, schlägt der Aufruf von `require` fehl und das Programm bricht ab. Im Abschnitt `@INC` dieses Kapitels lernen Sie, wie Sie die Liste der Suchpfade erweitern können.

- Wurde die Datei gefunden, sucht Perl nach der Subroutine `BEGIN` und führt diese zuerst aus, noch bevor der restliche Code auf Syntax überprüft wird. Befindet sich im `BEGIN`-Block ein Fehler, so bricht das Programm ab.
- Die syntaktische Korrektheit wird überprüft. Stellt Perl fest, dass Syntaxfehler vorliegen, wird das Programm mit einer Fehlermeldung abgebrochen. Dies kann bei Programmen mit längerer Laufzeit sehr unangenehm sein, da gegebenenfalls der Fehler erst kurz vor Programmende auftritt.
- Per Definition muss eine Datei, die durch `require` oder aber durch `use` eingebunden wird, als Rückgabewert der letzten Anweisung in der Datei `wahr` liefern. Liefert die letzte Anweisung `falsch`, so bricht das Programm auch hier ab.

  Häufig wird in Modulen die immer wahre Anweisung `1;` verwendet. Vor ihr kann später problemlos Code eingefügt werden, ohne auf dessen Rückgabewert zu achten.

@INC

Wo sucht Perl eigentlich nach Ihren Dateien? Dieser Einzeiler gibt Ihnen darüber Aufschluss:

```
$ perl -e 'print map { "$_\n" } @INC;'
/usr/lib/perl5/5.6.0/i386-linux
/usr/lib/perl5/5.6.0
/usr/lib/perl5/site_perl/5.6.0/i386-linux
/usr/lib/perl5/site_perl/5.6.0
/usr/lib/perl5/site_perl
.
```


Zunächst sucht Perl in bestimmten Verzeichnissen der eigentlichen Perlinstallation und am Schluss in ., also dem aktuellen Verzeichnis. Befindet sich die Datei beziehungsweise das Modul nicht im aktuellen Suchpfad `@INC`, so können Sie den Pfad zu der Datei auch explizit angeben:

```
require "/home/rrklier/mymodules/required_file.pl";
```

Arbeiten Sie unter Windows, so müssen die Slashes / durch Backslashes \ ersetzt werden:

```
require "e:\perl\buch\listings\modules\required_file.pl";
```

Um bei require- und use-Anweisungen nicht immer alle Dateien oder Module mit vollspezifiziertem Pfad angeben zu müssen, können Sie auch den Inhalt des internen @INC-Arrays modifizieren. Dazu haben Sie folgende Möglichkeiten:

- Über den Kommandozeilenschalter -I können dem Array @INC Pfade hinzugefügt werden.

  ```
  $ perl -e 'require "required_file.pl";'
  Can't locate required_file.pl in @INC (@INC
    contains: /usr/lib/perl5/5.6.0/i386-linux
    /usr/lib/perl5/5.6.0
    /usr/lib/perl5/site_perl/5.6.0/i386-linux
    /usr/lib/perl5/site_perl/5.6.0
    /usr/lib/perl5/site_perl .) at -e line 1.

  $ perl -I /home/rrklier/modules -I /another/module/path \
    -e 'require "required_file.pl";'
  Blubb.
  Hallo, hier spricht required_file.pl.
  ```

  Die mehrfache Verwendung des Schalters -I erlaubt es Ihnen, mehrere Pfade hinzuzufügen.

- Man kann auch direkt im Array @INC-Einträge etwa durch unshift hinzufügen:

  ```
  #!/usr/bin/perl -w

  BEGIN {
    unshift @INC,'/my/path/to/modules';
  }

  require "myfile.pl";
  ```

  Verwenden Sie use statt require, sollte dies jedoch unbedingt in einem BEGIN-Block passieren, da die zusätzliche Pfadangabe für use ansonsten zu spät erfolgt. use wird bereits zur Kompilierzeit ausgeführt!

- Die Umgebungsvariable PERL5LIB wird von Perl mit in das Array @INC eingefügt:

  ```
  $ PERL5LIB="/home/rrklier/perl/buch/listings/modules"
  $ export PERL5LIB
  ```

```
$ perl -e 'require "required_file.pl";'
Blubb.
Hallo, hier spricht required_file.pl.
```

Diese Variable kann in einer `.profile` oder dem Windowsäquivalent (zum Beispiel `AUTOEXEC.BAT`) für einen Benutzer oder auch systemweit für alle Perlprogramme gesetzt werden.

- Von den Autoren von Perl wird neben der Verwendung der `PERL5LIB`-Umgebungsvariablen die Verwendung des `use lib`-Pragmas präferiert. Zur Kompilierzeit wird das Array `@INC` um die übergebenen Argumente erweitert:

  ```
  use lib '/home/rrklier/perl/buch/listings/modules';
  require "Mymodule.pm";
  ```

  Hier gibt es weder mit `require` noch mit `use` Probleme, da bereits vor der Laufzeit die `@INC`-Variable um die entsprechenden Einträge erweitert wurde und keine Kommandozeilenparameter gesetzt werden müssen.

  Mit `no lib` können auch Einträge entfernt werden. Zum `lib`-Pragma finden Sie zusätzliche Dokumentation unter `perldoc lib`.

Generell gilt jedoch, dass die ausdrückliche Spezifikation eines Suchpfades in einer `require`-Anweisung der Portabilität Ihrer Programme nicht sonderlich zuträglich ist. Lassen Sie Ihr Programm auf einem anderen Rechner oder einer anderen Plattform ablaufen, so stimmen diese Pfade mit großer Wahrscheinlichkeit nicht mehr und müssen von Hand angepasst werden. Wenn Sie nützliche Module geschrieben haben, können Sie diese auch in Standardsuchpfade installieren und damit erübrigt sich die Erweiterung des Suchpfades. Dies setzt voraus, dass Sie entweder selbst Administrator der Maschine sind oder der Administrator willens ist, dies für Sie zu tun.

.pm

Bisher wurden immer Dateien mit `require` eingefügt, die in Hochkommata standen. Auch hatten die Dateien immer die Endung `.pl`. Wenn Sie anstelle der Endung `.pl` die Dateiendung `.pm` benutzen und den Anfangsbuchstaben des Dateinamens großschreiben, so zeigen Sie Perl an, dass es sich bei dieser Datei um ein Perlmodul handelt.

Der zweite Punkt, die Großschreibung des Dateinamens, ist Konvention und wurde im Hinblick auf die objektorientierte Programmierung getroffen, bei der Dateinamename gleich dem Namen der in der Datei definierten Klasse sein sollte.

Der erste Punkt, also das Verwenden der Dateiendung `.pm` hat aber praktische Auswirkungen auf die Syntax von `require` (und auch von `use`). Angenommen Sie schreiben eine Datei `Mymodule.pm` und möchten diese in Ihr Programm einbinden. Neben

```
require 'Mymodule.pm';
```

können Sie nun auch die Version ohne Hochkommata verwenden:

```
require Mymodule;
```

Noch scheint das Ganze nicht sonderlich spannend zu sein, da ja nur die Hochkommata und die Dateiendung `.pm` entfallen sind. Interessanter wird es aber, wenn Sie Ihre Module in hierarchischen Dateibäumen abgelegt haben.

Angenommen Sie sind an IO-Programmierung interessiert und haben sich dazu entschlossen, Module zur Ansteuerung der seriellen und parallelen Schnittstelle auf Ihrer Betriebssystemplattform zu schreiben (so es diese noch nicht gibt). Es macht Sinn, all die Module für Ihre Plattform nicht in ein Verzeichnis zu stellen, sondern sie in Unterverzeichnisse aufzugliedern:

```
/home/user/perllibs/IO/Serial.pm
/home/user/perllibs/IO/Parallel.pm
/home/user/perllibs/SomeOtherModule.pm
```

Befinden sich Module, die Sie benutzen wollen, in Unterverzeichnissen, so können diese auch mit relativen Pfadangaben eingebunden werden.

```
# @INC beinhaltet /home/user/perllibs
require 'IO/Serial.pm';  # 'IO\Serial.pm' unter Windows
require 'IO/Parallel.pm';
require 'SomeOtherModule.pm';
```

Auch hier müssen Sie unterschiedliche Verzeichnistrennzeichen setzen, wenn Sie Ihre Programme für Windows UND UNIX entwickeln wollen. Natürlich haben die Perlentwickler auch plattformübergreifend gedacht und erleichtern Ihnen mit dem allgemeingültigen Trenner `::` die Referenzierung auf Module bei der `require`- beziehungsweise `use`-Anweisung:

```
# @INC beinhaltet /home/user/perllibs
require IO::Serial;
require IO::Parallel;
require SomeOtherModule;
```

Der Zugriff auf Variablen und Subroutinen in Modulen, die in Unterverzeichnissen stehen, erfolgt dann ähnlich wie vorher beschrieben, nur mit dem kompletten Modulnamen:

```
require IO::Serial;
require SomeOtherModule;
print $SomeOtherModule::scalar1;
print $IO::Serial::scalar1;
print @IO::Serial::array2;
IO::Serial::func3();
```

13.1.2 use

Der Hauptvorteil von `use` gegenüber `require` liegt im Zeitpunkt, wann die Datei eingebunden wird. Fehlende oder fehlerhafte Module können mit `require` mitunter erst, nachdem das Programm bereits sehr lange gelaufen ist, zum Programmabbruch führen. Benutzen Sie jedoch `use`, wird bereits zur Kompilierzeit Syntax und Existenz von einzubindenden Modulen überprüft. Wann immer es möglich ist, sollten Sie also `use` verwenden.

Der Aufruf

```
use Modul;
```

bindet das Modul mit dem Namen `Modul` mit den gleichen Randbedingungen ein wie `require` (nur dass dies zu Kompilierzeit passiert) und ist äquivalent zu

```
BEGIN {
  require Modul;
}
```

Daneben kann use noch mit nachfolgender Syntax aufgerufen werden, die im Anschluss erklärt wird:

```
use Modul VERSION
use VERSION
use Modul LISTE
use Modul VERSION LISTE
```

Die Version von Modulen

Definiert das eingebundene Modul eine $VERSION-Variable, so können Sie beim Einbinden dieses Moduls eine bestimmte Version verlangen.

```
--- <Amod.pm> -----------------------------------------
package Amod;
our $VERSION = 3.04;
1;
--- </Amod.pm> ----------------------------------------
```

Besitzt das Modul eine kleinere Versionsnummer als die von Ihnen geforderte, so bricht Perl mit einer Fehlermeldung ab:

```
$ perl -e 'use Amod 3.1;'
Amod version 3.1 required--this is only version 3.04
  at -e line 1.
BEGIN failed--compilation aborted at -e line 1.
```

Dies ist besonders dann hilfreich, wenn Sie Features von Modulen in Ihrem Programm verwenden, die erst ab einer bestimmten Modulversion zur Verfügung stehen.

Neben der Überprüfung, ob ein Modul mindestens den geforderten Versionsstand hat, können Sie auch den Perlinterpreter selbst in einer bestimmten Version voraussetzen:

```
$ perl -e 'use 6.0;'
Perl v6.0.0 required--this is only v5.6.0, stopped
  (did you mean v6.0.0?) at -e line 1.
BEGIN failed--compilation aborted at -e line 1.
```

In welchen Ausprägungen die Angabe für die Version spezifiziert werden kann, entnehmen Sie bitte perldoc -f use.

Import/Export

Keine Angst, wir werden in diesem Abschnitt weder die Welthandelspolitik noch die teilweise dubiosen Geschäfte kleinerer Firmen beleuchten. Modulen können mitteilen, dass sie etwas exportieren sollen, beziehungsweise können Sie etwas von ihnen importieren: ihre Variablen und Funktionen.

Generell können Module herkömmlich oder aber objektorientiert gestrickt sein. Manche Module, wie etwa das CGI-Modul, sind hybrid, können also beides. Wie objektorientierte Module aussehen, können Sie im Online-Kapitel *Objektorientierte Programmierung* nachlesen. Ist ein Modul herkömmlich, so konnten Sie auf deren Variablen und Subroutinen bisher nur vollqualifiziert zugreifen:

```
print $Module::var1;
Module::modfunc();
Another::Module::with::a::long::path::func2();
```

Wie man an der zugegebenermaßen etwas überspitzt gestalteten letzten Zeile sieht, kann dies zu sehr viel Schreibarbeit führen. Da das Gros der Programmierer von Natur aus tendenziell zur Faulheit neigt, stoßen solche Tippmarathons auf wenig Gegenliebe. Um nicht dem ständigen Gejammer fauler Programmierer ausgesetzt zu sein, schafften die Perlentwickler eine Möglichkeit dem langweiligen Tippen der immergleichen Modulnamen ein Ende zu bereiten: Den Im-/Export von Variablen und Subroutinen.

Sehen wir uns zunächst ein Modul an, welches einige Variablen und Subroutinen exportiert:

```
--- <Export1.pm> ----------------------------------------
package Export1;

use strict;

use Exporter;
our @ISA = qw/Exporter/;
our @EXPORT = qw/$var1 func1/;

our $var1 = 42;
our $var2 = 54;
```

```

sub func1 { return "Result from func1.\n"; }
sub func2 { return "Result from func2.\n"; }
1;
--- </Export1.pm> -------------------------------------
```

Mit den Anweisungen

```
use Exporter;
our @ISA = qw/Exporter/;
```

leitet sich das Modul aus der Klasse `Exporter` ab. Damit ist es in der Lage Variablen- und Funktionsnamen an andere Programme zu exportieren. Wie die Mechanismen der objektorientierten Perlprogrammierung genau funktionieren, lernen Sie im gleichnamigen Online-Kapitel.

Durch die Ableitung aus der Klasse `Exporter` steht Ihnen im Modul das Array `@EXPORT` zur Verfügung. Alle Einträge in diesem Array werden an das das Modul einbindende Programm exportiert und die so exportierten Variablen und Funktionen können dort direkt verwendet werden:

```
--- <Importer1.pl> ------------------------------------
#!/usr/bin/perl -w

use Export1;

print "\$Export1::var1: $Export1::var1\n";
print "\$Export1::var2: $Export1::var2\n";
print "\$var1          : $var1\n";
print "\$var2          : $var2\n";

print Export1::func1();
print Export1::func2();
print func1();
print func2();
--- </Importer1.pl> -----------------------------------
```

Im Beispiel wurden von `Export1.pm` die Variable `$var1` und die Funktion `func1`, exportiert. Neben der Vollqualifizierung, also `$Export1::var1` und `Export1::func1()` können Sie nun aus dem Programm `Importer1` direkt auf die Variable und die Funktion zugreifen, als seien sie dem Programm `Importer1` selbst zugehörig.

```
$ ./Importer1.pl
Name "main::var2" used only once: possible typo at
  ./Importer1.pl line 8.
$Export1::var1: 42
$Export1::var2: 54
$var1         : 42
Use of uninitialized value in concatenation (.) at
  ./Importer1.pl line 8.
$var2         :
Result from func1.
Result from func2.
Result from func1.
Undefined subroutine &main::func2 called at
  ./Importer1.pl line 12.
```

Während des Programmlaufes treten jedoch einige Fehlermeldungen auf. Wir haben versucht direkt die Variable `$var2` zu referenzieren und `func2()` aufzurufen. Beide werden vom Modul nicht standardmäßig exportiert und sind somit nicht direkt zugreifbar.

Neben dem bedingungslosen Export von Symbolen mit dem Array `@EXPORT` gibt es die Möglichkeit, Symbole bei Bedarf zu exportieren. Das Array `@EXPORT_OK` beinhaltet alle Symbole, die der Benutzer des Modules importieren kann, aber nicht muss.

```
--- <Export2.pm> ----------------------------------------
package Export2;

use strict;

use Exporter;
our @ISA       = qw/Exporter/;
our @EXPORT    = qw/$var1 func1/;
our @EXPORT_OK = qw(func2);

our $var1 = 42;
our $var2 = 54;

sub func1 { return "Result from func1.\n"; }
sub func2 { return "Result from func2.\n"; }
1;
--- </Export2.pm> ---------------------------------------
```

Zusätzlich zu den auf jeden Fall exportierten Symbolen `$var1` und `func1` wird `func2` als *bei Bedarf importierbar* gekennzeichnet. Symbole können von dem Programm, welches das Modul benutzt, über die folgende Syntax importiert werden:

```
use Modul LISTE
```

Wird eine Liste von Symbolen angegeben, müssen alle zu importierenden Symbole aus `@EXPORT_OK` angegeben werden. Das Schlüsselwort `:DEFAULT` importiert alle Symbole aus `@EXPORT`. Dieser Mechanismus funktioniert leider nur dann, wenn `:DEFAULT` am Anfang der Liste steht. Das Programm `Importer2.pl` importiert somit `$var1` und die beiden Subroutinen des Modules `Export2`.

```
--- <Importer2.pl> -------------------------------------
#!/usr/bin/perl -w

use Export2 qw(:DEFAULT func2);

print "\$var1          : $var1\n";
print "\$var2          : $var2\n";

print func1();
print func2();
--- </Importer2.pl> ------------------------------------
```

Häufig möchte man nicht alle Symbole importieren, sondern nur eine logisch zusammengehörige Teilmenge davon. Perl bietet die Möglichkeit, zusammengehörige Symbole zu gruppieren. Diese Gruppierung erfolgt im Hash `%EXPORT_TAGS`. Gerade bei großen Modulen wie dem `CGI`-Modul macht diese Gruppierung Sinn. Lassen wir uns den Hash `%CGI::EXPORT_TAGS` einmal ausgeben:

```
--- <show_exports2.pl> ---------------------------------
#!/usr/bin/perl -w

use CGI;
use Text::Wrap;
$Text::Wrap::columns = 57;

print "\%CGI::EXPORT_TAGS:\n";
foreach $key (sort keys %CGI::EXPORT_TAGS) {
  print "$key\n";
```

```
  print wrap("    ","    ",
             @{$CGI::EXPORT_TAGS{$key}},"\n");
}
--- </show_exports2.pl> ---------------------------------
%CGI::EXPORT_TAGS:
:all
    :html2 :html3 :netscape :form :cgi :internal :html4
:cgi
    param upload path_info path_translated url self_url
    script_name cookie Dump raw_cookie request_method
    query_string Accept user_agent remote_host
    content_type remote_addr referer server_name
    server_software server_port server_protocol
    virtual_host remote_ident auth_type http
    save_parameters restore_parameters param_fetch
    remote_user user_name header redirect import_names
    put Delete Delete_all url_param cgi_error
:cgi-lib
    ReadParse PrintHeader HtmlTop HtmlBot SplitParam
    Vars
:form
    textfield textarea filefield password_field hidden
    checkbox checkbox_group submit reset defaults
    radio_group popup_menu button autoEscape
    scrolling_list image_button start_form end_form
    startform endform start_multipart_form
    end_multipart_form isindex tmpFileName uploadInfo
    URL_ENCODED MULTIPART
:html
    :html2 :html3 :html4 :netscape
:html2
    h1 h2 h3 h4 h5 h6 p br hr ol ul li dl dt dd menu
    code var strong em tt u i b blockquote pre img a
    address cite samp dfn html head base body Link
    nextid title meta kbd start_html end_html input
    Select option comment charset escapeHTML
:html3
    div table caption th td TR Tr sup Sub strike applet
    Param embed basefont style span layer ilayer font
    frameset frame script small big
```

```
:html4
    abbr acronym bdo col colgroup del fieldset iframe
    ins label legend noframes noscript object optgroup Q
    thead tbody tfoot
:imagemap
    Area Map
:netscape
    blink fontsize center
:push
    multipart_init multipart_start multipart_end
    multipart_final
:ssl
    https
:standard
    :html2 :html3 :html4 :form :cgi
```

Die Schlüssel des Hashes `%EXPORT_TAGS` definieren die Gruppierungssymbole, die Sie bei `use` angeben können um eine Reihe von Symbolen zu importieren. Die zugehörigen Werte, eine Referenz auf ein Array, beinhalten die entsprechenden Symbole, die damit importiert werden. Üblicherweise sind diese Metasymbole in der Form `:symbol`.

Befindet sich in der Liste der zu importierenden Symbole wieder ein Metasymbol, so werden rekursiv absteigend alle Symbole importiert. Die etwas gekürzte Originaldefinition des Hashes `%EXPORT_TAGS` des `CGI`-Moduls:

```
%EXPORT_TAGS = (
   ':html2'=>['h1'..'h6',qw/p br hr ol ul li dl dt dd
             menu code var strong em tt u i b
             blockquote pre img a address cite samp
             dfn html head base body Link nextid title
             meta kbd start_html end_html input Select
             option comment charset escapeHTML/],
   ':html3'=>[qw/div table caption th td TR Tr sup Sub
             strike applet Param embed basefont style
             span layer ilayer font frameset frame
             script small big/],
   ':html4'=>[qw/abbr acronym bdo col colgroup del
             fieldset iframe ins label legend noframes
             noscript object optgroup Q thead tbody
             tfoot/],
```

```
    ...
   ':html' => [qw/:html2 :html3 :html4 :netscape/],
   ':all' => [qw/:html2 :html3 :netscape :form :cgi
                :internal :html4/]
  );
```

Alle Anweisungen importieren Symbole aus dem `CGI`-Module:

```
# Importiert alles aus @EXPORT
use CGI;
use CGI qw/:DEFAULT/;

# alles aus @EXPORT und span
use CGI qw/:DEFAULT span/;

# nichts
use CGI ();

# table und sup
use CGI qw/table sup/;

# :html2 :html3 :html4 :netscape
# mit allen zugehörigen Symbolen
use CGI qw/:html/;

# :html2 :html3 :html4, nicht :netscape
use CGI qw/:html !:netscape/;

# 'h1'..'h6'
use CGI qw(/^h\d+$/);

# Alles, was frame in sich trägt
use CGI qw(/frame/);

# table.  Modul CGI muss mindestens
# in Version 2.54 vorliegen
use CGI 2.54 qw/table/;
```

13.2 CPAN

Das *Comprehensive Perl Archive Network* (CPAN) ist die zentrale Sammelstelle für Module zu allen Perlprogrammierthemen, die das Herz begehrt. Verschiedene Autoren haben ihre Module in eine einheitliche äußere Form gebracht und dort abgelegt. Einen (überwältigenden) Überblick über alle im CPAN befindlichen Module finden Sie unter *http://www.cpan.org/modules/01modules.index.html*. Addiert man die Größen der einzelnen Module auf dieser Seite, so kommt man auf die stolze Summe von etwa 600 MB. Mit `gzip` gepackt![1]

Verfolgen Sie auf dieser Seite den Link *Most recent upload*, werden Sie feststellen, dass diese Module permanent weiterentwickelt beziehungsweise neue Module in das CPAN eingestellt werden. Derzeit sind es pro Woche zirka 50-100 Uploads.

Wie finden Sie sich in dieser Informationsfülle zurecht? Neben dem Hauptportal von CPAN unter *http://www.cpan.org* gibt es eine Suchmaschine für Perlmodule: *http://search.cpan.org*

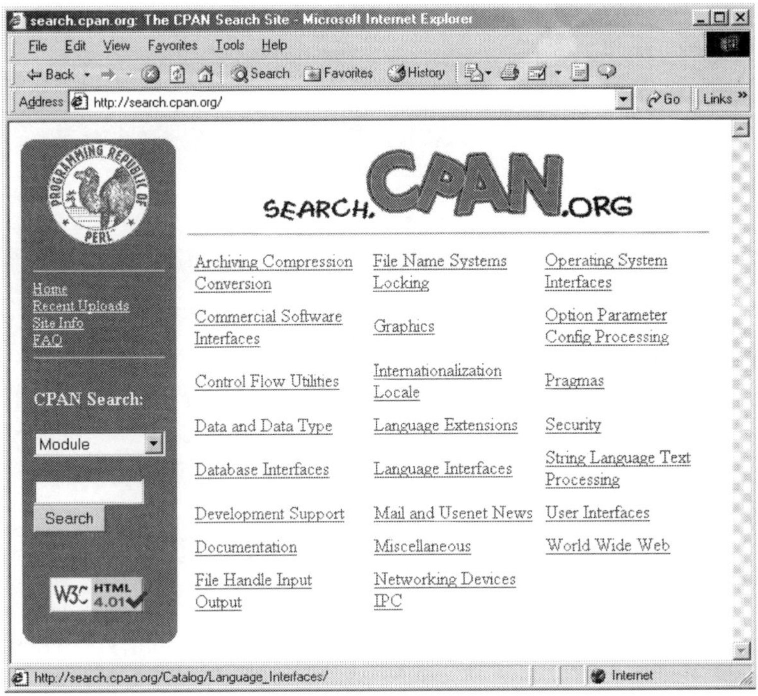

Bild 13.1: http://search.cpan.org

1. Ok, ok. Zieht man die 70 redundanten Links auf verschiedene Perlversionen mit insgesamt 430 MB ab, bleiben nur noch 170 MB. Aber auch 170 MB gepackte Module bilden einen riesigen Fundus an Nützlichem.

Neben der Suche nach Autoren, Dokumentation und Distributionen können Sie nach Modulen selbst suchen. Wenn Sie sich nicht im Klaren sind, wie das Modul heißen könnte, erleichtert die Kategorisierung der Module auf der Einstiegsseite die Suche.

Wählen Sie beispielsweise über den Link *Data and Data Type* die Distribution mit dem Namen *Array::Compare* aus, so sieht Ihr Bildschirm in etwas so aus:

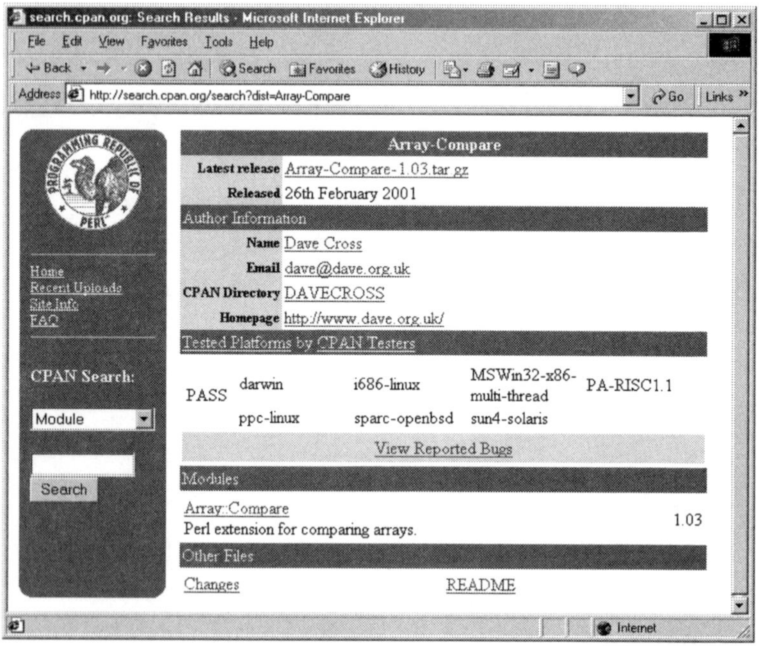

Bild 13.2: Auswahl einer Distribution im CPAN

Sie erhalten zur Distribution, also der Zusammenfassung von einem oder mehrerer Modulen in einem Tarball[2], verschiedene Informationen: Freigabedatum, Autor, auf welchen Plattformen es getestet wurde, wie es zwischen den einzelnen Versionen verändert wurde (*Changes*), und zusätzlich gibt es normalerweise einen Link auf eine README-Datei.

2. Dies ist ein normalerweise komprimiertes Archiv von mehreren Dateien.

Im Abschnitt *Modules* werden üblicherweise alle in der Distribution vorhandenen Module aufgelistet. Der jeweilige Link sollte zur Dokumentation des entsprechenden Moduls führen.

Durch Klicken auf den obersten Link der Seite, hier *Array-Compare-1.03.tar.gz*, können Sie die Distribution herunterladen. Bevor Sie sich für eine Distribution entscheiden und diese auf Ihrer Festplatte ablegen, sollten Sie sich noch einen Überblick verschaffen, welche Möglichkeiten es für die Installation gibt.

13.2.1 Manuelle Installation von Modulen

Bei der manuellen Installation müssen Sie die Distribution auf dem beschriebenen Weg vom CPAN herunterladen. Die eigentliche Installation läuft unter Windows und UNIX bis auf zwei kleine Unterschiede gleich ab:

- Entpacken des Tarballs in ein temporäres Verzeichnis (zum Beispiel `/tmp` oder `C:\TEMP`) und Wechseln in dieses. Unter Windows verwenden Sie hierzu beispielsweise das Programm Winzip (*http://www.winzip.com*) und öffnen eine DOS-Eingabeaufforderung. Unter UNIX entpacken Sie die Datei mit folgenden Kommandos:

  ```
  cd /tmp
  gzip -cd Array-Compare-1.03.tar.gz | tar xf -
  cd Array-Compare-1.03
  ```

  Lesen Sie die mit dem Modul mitgelieferte Datei `README` oder falls vorhanden `INSTALL`.

- `perl Makefile.PL`

  Mit diesem Befehl überprüft Perl zunächst, ob das Modul andere Module voraussetzt und ob diese vorhanden sind. Sind alle Module vorhanden oder werden gar keine anderen Module vorausgesetzt, so sollte der Output so aussehen:

  ```
  # perl Makefile.PL
  Checking if your kit is complete...
  Looks good
  Writing Makefile for Array::Compare
  ```

  Fehlen jedoch Module, bekommen Sie Fehlermeldungen, die in etwa so aussehen können:

```
Checking if your kit is complete...
Looks good
Warning: prerequisite Gtk failed to load: Can't locate
  Gtk.pm in @INC (@INC contains:
  /usr/lib/perl5/5.6.0/i386-linux
  /usr/lib/perl5/5.6.0
  /usr/lib/perl5/site_perl/5.6.0/i386-linux
  /usr/lib/perl5/site_perl/5.6.0 /usr/lib/perl5/site_perl)
  at (eval 8) line 3.
Warning: prerequisite Parse::RecDescent failed to load:
  Can't locate Parse/RecDescent.pm in @INC (@INC contains:
  /usr/lib/perl5/5.6.0/i386-linux /usr/lib/perl5/5.6.0
  /usr/lib/perl5/site_perl/5.6.0/i386-linux
  /usr/lib/perl5/site_perl/5.6.0 /usr/lib/perl5/site_perl)
  at (eval 10) line 3.
```

Damit beginnt die Arbeit. Sie müssen alle Module, die über die Fehlermeldung `Warning: prerequisite Modulename` angemeckert werden, vorher installieren. In diesem Fall wären dies die Module `Gtk` und `Parse::RecDescent`. Benötigen diese wieder andere, nicht vorhandene Module, müssen auch die installiert werden. Alles in allem kann dies sehr zeitraubend sein, es sei denn Ihr Administrator (oder Sie selbst) hält die Perlinstallation aktuell und es sind bereits sehr viele Module installiert.

- make
  Windows kennt den Befehl `make` nicht. Microsoft stellt das Programm `nmake` unter folgender Adresse *ftp://ftp.microsoft.com/Softlib/MSLFILES/nmake15.exe* zur Verfügung. Es handelt sich um ein selbst entpackendes Archiv mit drei Dateien. Die Dateien `nmake.exe` und `nmake.err` sollten Sie in ein Verzeichnis kopieren, welches im Suchpfad liegt, die Datei `readme.txt` natürlich lesen.

  Unter Windows rufen Sie dann `nmake` anstelle von `make` auf. Der Aufruf von `(n)make` übersetzt das Modul gegebenenfalls und bereitet es auf den Einsatz in Ihrer Perlumgebung vor.

- `make test`
  Das Modul führt Selbsttests aus. Wenn die Tests nicht erfolgreich sind, sollten Sie von der Installation absehen, da das Modul später voraussichtlich nicht richtig arbeitet.

- `make install`
  Dieser Befehl muss mit Administrationsrechten ausgeführt werden. Er installiert das Modul in das richtige Verzeichnis und fügt die Dokumentation des Moduls der Perldokumentation hinzu, so dass Sie dann mit `perldoc Modulname` darauf zugreifen können.

Wenn Sie keine Administrationsrechte haben und ein Modul in ein anderes als in das Systemverzeichnis installieren möchten, können Sie hierzu in `perldoc perlmodinstall` zusätzliche Informationen nachlesen.

13.2.2 Semiautomatische Installation von Modulen

Sowohl die UNIXdistribution als auch ActivePerl bieten Ihnen eine weitaus angenehmere Möglichkeit, Module von CPAN beziehungsweise dem ActiveState Package Repository (ASPR) zu installieren.

Das Modul CPAN

Mit Ihrer Perldistribution wurde ein Modul mit dem Namen CPAN ausgeliefert. Dieses Modul erlaubt das bequeme Installieren von Modulen aus dem CPAN.

```
perl -MCPAN -e 'shell'
```

Der Komandozeilenparameter `-M` weist Perl an, den nachfolgenden String als Modulnamen zu interpretieren und das Modul wie bei `use CPAN;` einzubinden.

Wird das Modul `CPAN` das erste Mal auf diese Weise benutzt, muss es zunächst konfiguriert werden. Es werden eine Reihe von Fragen gestellt, die Sie nach bestem Wissen und Gewissen beantworten sollten. Falls Sie im Zweifel sind, sollten Sie mit `Ctrl-C` abbrechen und die Dokumentation `perldoc CPAN` lesen.

Ist das Modul korrekt konfiguriert, steht Ihnen unter anderem der `install`-Befehl zur Verfügung. Mit `install Modulname` läd das `CPAN`-Modul das gewünschte Modul vom CPAN und führt für Sie alle Schritte aus, die oben bei der manuellen Installation beschrieben wurden.

Haben Sie bei der Konfiguration die Frage

```
Policy on building prerequisites (follow,ask,ignore)?[ask]
```

mit `ask` beantwortet (Standard), so fragt `CPAN` bei Bedarf nach, ob fehlende andere Module auch geholt werden und installiert werden sollen.

Haben Sie die Frage bei der Konfiguration mit `follow` beantwortet, werden die entsprechenden Module selbstständig geholt und installiert. Dies hat sich in der Praxis aber nicht bewährt, da es bei komplexeren Modulen mit vielen Abhängigkeiten sogar dazu kommen kann, dass automatisch eine neue Perlversion geholt und installiert wird.

Über das Kommando `help` werden Ihnen zusätzliche Möglichkeiten des Moduls aufgezeigt.

ppm3

ActiveState liefert einen eigenen Package Manager mit: `ppm3`. Er ist mit einer Ausnahme bereits vorkonfiguriert. Wenn Ihr Rechner hinter einer Firewall steht, müssen Sie `ppm3` mitteilen, über welchen Proxyserver `ppm3` eine HTTP-Verbindung herstellen kann. Dazu müssen Sie die Umgebungsvariable `HTTP_proxy` auf den entsprechenden Proxyserver setzen.


```
SET HTTP_proxy=http://myproxy.mydom.de:3128
```

Verlangt der von Ihnen genutzte Proxy Usernamen und Passwort, so sind zusätzlich die Umgebungsvariablen `HTTP_proxy_user` und `HTTP_proxy_pass` zu setzen.

`ppm3` können Sie entweder über das Startmenü oder direkt aus einer DOS-Box heraus aufrufen. Auch hier steht Ihnen der `install`-Befehl zur Verfügung, welcher Ihre Module holt und installiert.

Im `ppm3` gibt Ihnen `help quickstart` eine Übersicht über weitere Optionen.

Leider befinden sich im ASPR nicht alle Module, die im CPAN zu finden sind. Teilweise sind auch die Versionen der dort abgelegten Module nicht auf dem neuesten Stand. Benötigen Sie ein Modul, welches `ppm3` nicht oder in einer veralteten Version zur Installation anbietet, bleibt Ihnen selbstverständlich der Weg der manuellen Installation eines Modules aus dem CPAN unbenommen.

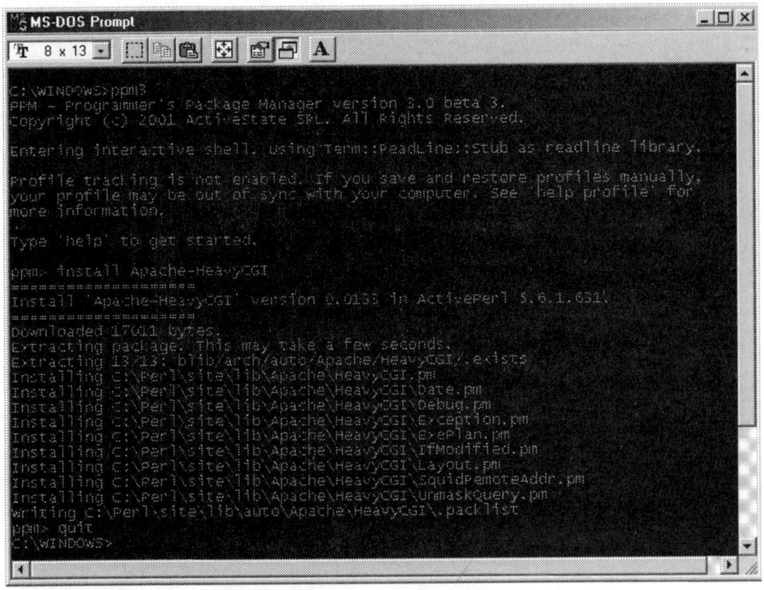

Bild 13.3: ppm3 - Der ActivePerl Package Manager

13.3 Das Schreiben eigener Module

Mit den bisherigen Informationen dieses und des Kapitels *Packages* sind Sie bereits in der Lage eigene Module zu schreiben. Wie der Abschnitt über die manuelle Installation von Modulen zeigt, ist die Installation von CPAN-Modulen einheitlich. Dies resultiert aus einer einheitlichen Vorgehensweise der CPAN-Modulprogrammierer, die auch Sie für Ihre Module anwenden sollten, egal ob Sie nun für sich, für Ihre Firma oder für das CPAN Module kreiern. Neben der einheitlichen Installation wird zusätzlich die Portierbarkeit Ihrer Module erhöht.

Der erste Schritt zu einem eigenen Modul ist der Modulname. Der Name des Modules sollte nicht bereits existieren, weder im CPAN, noch in der von Ihnen eingesetzten Perlumgebung. Entwickeln Sie das Modul für Ihre Firma, so sollten Sie die dort etwaig vorhandene Modulhierarchie auch mit überprüfen. Überlegen Sie, ob das Modul in eine Modulhierarchie passt. Planen Sie die Entwicklung eines Plugins für den Photoshop, so bietet sich als Modulename `Graphics::Photoshop` an. Das Modul würde also zusammen mit `Graphics::Gimp` in der `Graphics`-Modulhierarchie liegen.

Manchmal werden in Firmen anstelle der CPAN-Klassifizierungen auch eigene Hierarchien aufgebaut. Arbeiten Sie beispielsweise bei einer Bank mit angeschlossenem Elektrogroßhandel, so könnte es sein, dass die Firma zwingend vorschreibt, dass Eigenentwicklungen generell in der `Siemens::`-Hierarchie abzulegen sind: `Siemens::Lufthaken::Kontrollleitstand`. Diese Vorgehensweise hat den Vorteil, dass es sehr unwahrscheinlich ist, dass Namenskollisionen mit CPAN-Modulen entstehen.

Zwei Module (oder Packages), bei denen der Name des einen Modules Präfix des anderen ist, haben nicht notwendigerweise etwas miteinander zu tun. So ist das Modul `Golf` *vielleicht ein Modul, welches sich mit der für manchen durchaus faszinierenden Sportart beschäftigt,* `Golf::Strom` *hat aber damit überhaupt nichts zu tun.*

Haben Sie sich für einen Namen entschieden, wird Ihnen das Leben durch ein von Perl mitgeliefertes Tool gewaltig erleichtert: `h2xs`. `h2xs`, mit den richtigen Kommandozeilenparametern gefüttert[3], erstellt eine Schablone von Dateien zu dem angegebenen Modulnamen, die Sie nur noch mit Leben zu füllen brauchen. Die Vorgehensweise ist bei UNIX und Windows bis auf die spätere Verwendung von `nmake` statt `make` unter Windows absolut identisch.

Wir haben uns für das Beispiel der Modulnamen `Net::IPAddresses` ausgewählt. Für den Einstieg soll es zunächst nicht viel mehr können, als eine IP-Adresse auf Gültigkeit zu testen und eine Liste von IP-Adressen artgerecht[4] zu sortieren.

3. Details zur Funktion und Syntax entnehmen Sie bitte der Manpage `perldoc h2xs`.
4. Sortiert man eine Liste von IP-Adressen mit der `sort`-Funktion, so ergibt dies eine alphabethisch sortierte Liste. Damit die IP-Adresse 70.3.146.54 vor der 131.246.89.23 (probieren Sie übrigens mal `telnet 131.246.89.23`. Sie werden erstaunt sein, welche Welten sich Ihnen auftun) erscheint, müssen wir ein bisschen mehr tun, als nur `sort` aufzurufen.

```
$ h2xs -A -X -n Net::IPAddresses
Writing Net/IPAddresses/IPAddresses.pm
Writing Net/IPAddresses/Makefile.PL
Writing Net/IPAddresses/test.pl
Writing Net/IPAddresses/Changes
Writing Net/IPAddresses/MANIFEST
```

h2xs erzeugt ausgehend vom aktuellen Verzeichnis Unterverzeichnisse, in die es die Vorlagen für Ihr Modul ablegt. Nach dem cd in das Unterverzeichnis Net/IPAddresses kann es mit dem Programmieren losgehen.

13.3.1 Die Moduldatei

Das Herzstück unseres Modules ist natürlich die Moduldatei selbst. h2xs hat für uns das folgende Gerippe, der Engländer sagt *skeleton file*, erzeugt:

```
--- <IPAddresses.pm> ------------------------------------
package Net::IPAddresses;

require 5.005_62;
use strict;
use warnings;

require Exporter;

our @ISA = qw(Exporter);

# Items to export into callers namespace by default.
# Note: do not export names by default without a very
# good reason. Use EXPORT_OK instead. Do not simply
# export all your public functions/methods/constants.

# This allows declaration use Net::IPAddresses ':all';
# If you do not need this, moving things directly into
# @EXPORT or @EXPORT_OK will save memory.
our %EXPORT_TAGS = ( 'all' => [ qw(

) ] );

our @EXPORT_OK = ( @{ $EXPORT_TAGS{'all'} } );
```

```
our @EXPORT = qw(

);
our $VERSION = '0.01';


# Preloaded methods go here.

1;
__END__
# Below is stub documentation for your module.
# You better edit it!

=head1 NAME

Net::IPAddresses - Perl extension for blah blah blah

=head1 SYNOPSIS
  use Net::IPAddresses;
  blah blah blah

=head1 DESCRIPTION
Stub documentation for Net::IPAddresses, created by h2xs.
It looks like the author of the extension was negligent
enough to leave the stub unedited.

Blah blah blah.

=head2 EXPORT

None by default.

=head1 AUTHOR

A. U. Thor, a.u.thor@a.galaxy.far.far.away

=head1 SEE ALSO

perl(1).

=cut
--- </IPAddresses.pm> ----------------------------------
```

Neben dem eigentlichen Code des Modules befindet sich nach dem Schlüsselwort __END__ die Dokumentation des Modules in der Datei selbst. __END__ zeigt Perl an, dass hier der Programmcode endet. Danach darf Beliebiges stehen.

In der Datei sollten folgende Dinge geändert werden:

- Die Versionsnummer $VERSION sollte mit jedem Release, also jeder Veröffentlichung des Modules, erhöht werden. Dies zeigt anderen Nutzern an, dass sich etwas geändert hat.
- Die Arrays @EXPORT, @EXPORT_OK und das Hash %EXPORT_TAGS müssen, wenn Sie Symbole exportieren wollen, gefüllt werden. Dabei gibt es verschiedene Strategien.
  - Sie befüllen @EXPORT und nehmen somit in Kauf, dass der Namensraum des Programmes, welches das Modul benutzt, verunreinigt wird. Exportieren Sie beispielsweise die Subroutine mysort, so kollidiert sie mit einer Subroutine mit dem gleichen Namen, die möglicherweise im Hauptprogramm definiert ist.
  - Sie exportieren keine Symbole. Dies ist auch gerade die feine englische Art, da dann alle Aufrufe in Ihr Modul immer vollqualifiziert erfolgen müssen.
  - Sie exportieren die Symbole in @EXPORT_OK und lassen den Anwender entscheiden, welche er importieren möchte. Zusätzlich erzeugen Sie Aliase für Symbole in %EXPORT_TAGS, falls Ihr Modul sehr viel Einträge in @EXPORT_OK aufweist.

  Tendentiell ist Alternative 3 wohl die anwenderfreundlichste. Generell gilt jedoch, dass Sie so wenig Symbole wie möglich in @EXPORT einbringen sollten.
- Nach der mit # Preloaded methods go here. gekennzeichneten Zeile fügen Sie die Subroutinen ein, die Sie dem Nutzer zur Verfügung stellen wollen. Natürlich müssen Sie auch die Subroutinen einfügen, die als intern gelten und üblicherweise nicht von extern aufgerufen werden sollten. Diese schreiben Sie im Anschluss an die *öffentlichen* Subroutinen. Es ist Konvention, dass interne Subroutinen einen Namen mit führendem Unterstrich haben. Konvention heißt aber nicht, dass Sie sich daran halten müssen, was aber gegebenenfalls Verwirrung verursachen kann.

Möchten Sie vermeiden, dass eine Subroutine von extern aufgerufen werden kann, deklarieren Sie eine anonyme Subroutine, auf die ein mit `my` deklarierter Skalar zeigt. Über diese Referenz können zwar Sie aus Ihrem Modul auf die Subroutine zugreifen, aber niemand sonst.

- Ganz wichtig: Dokumentieren Sie Ihr Modul. Der nach dem Schlüsselwort `__END__` angefügte Part ist dafür vorgesehen. Perlmodule werden im POD-Format dokumentiert. Nähere Informationen zu POD (*plain old documentation*) finden Sie in `perldoc perlpod`.

Nachdem Sie all diese Hinweise beherzigt haben, könnte Ihr Modul nun so aussehen:

```
--- <IPAddresses.pm> ------------------------------------
package Net::IPAddresses;

require 5.0;
use strict;
use warnings;

use Exporter;

our @ISA = qw(Exporter);

our @EXPORT    = qw();
our @EXPORT_OK = qw(sort_ips valid_ip);

our $VERSION = '0.02';
our $SILENT  = 0;

# Public subroutines
sub sort_ips {
  my @ips = grep { valid_ip($_) } @_;
  if(@ips != @_) {
    if(not $SILENT) {
      print STDERR
            __PACKAGE__,
            " warning: One or more arguments given ".
            "to sort_ips were no valid IP Address. ".
            "They were removed.\n";
    }
```

```
  }
  return sort _mysortfunc @ips;
}

sub valid_ip {
  my $ip = shift;
  my @numbers;
  if(not @numbers=$ip=~/^(\d+)\.(\d+)\.(\d+)\.(\d+)$/) {
    return 0;
  }
  foreach my $i (@numbers) {
    return 0 if($i < 0 or $i > 255);
  }
  return 1;
}

# Internal subroutines
sub _mysortfunc {
  return pack("C4",split(/\./,$a))
                     cmp
         pack("C4",split(/\./,$b));
}

1;
__END__

=head1 NAME

Net::IPAddresses - Perl extension to operate on IP
addresses

=head1 SYNOPSIS

use Net::IPAddresses qw/sort_ips valid_ip/;

if(not valid_ip($my_ipaddress)) { ...

@sorted = sort_ips("10.2.3.444","2.3.4.5",
                   "192.168.1.1","70.5.34.156");

=head1 DESCRIPTION
```

```
=item B<sort_ips>

Return a sorted list of given IP addresses.
If any invalid IP addresses were given, they
will not be returned in the result list.

=item B<valid_ip>

Checks if a given IP address is valid

=head1 BUGS

Not known so far. If you find any please report them
to the author.

=head1 AUTHOR

Rainer Klier (Rainer.Klier@tychen.franken.de)

=head1 SEE ALSO

perl(1).

=cut
--- </IPAddresses.pm> ------------------------------------
```

Was haben wir alles modifiziert? Die wichtigsten Dinge sind:

- Erhöhung der Versionsnummer auf 0.02.
- Befüllen des Arrays `@EXPORT_OK` mit den Symbolen `sort_ips` und `valid_ip`.
- Definition der zu exportierenden Subroutinen `sort_ips` und `valid_ip`.
- Implementation der internen Subroutine `_mysortfunc`, die von `sort_ips` verwendet wird.
- Dokumentation :-)

13.3.2 test.pl

Die Datei `test.pl` wird bei der Installation von `make test` benötigt. Sie testet die Grundfunktionalität des Moduls. Die von `h2xs` erzeugte Schablone:

```
--- <test.pl> ------------------------------------------
# Before `make install' is performed this script should
# be runnable with `make test'. After `make install'
# it should work as `perl test.pl'

##### We start with some black magic to print on failure.

# Change 1..1 below to 1..last_test_to_print .
# (It may become useful if the test is moved to
# ./t subdirectory.)

BEGIN { $| = 1; print "1..1\n"; }
END {print "not ok 1\n" unless $loaded;}
use Net::IPAddresses;
$loaded = 1;
print "ok 1\n";

########################## End of black magic.

# Insert your test code below (better if it prints "ok 13"
# (correspondingly "not ok 13") depending on the
# success of chunk 13 of the test code):
--- </test.pl> -----------------------------------------
```

Hier sollten einige Tests mit Ihrem Modul durchgeführt werden. Jeder Test sollte entweder eine Zeile in der Form `ok n` bei einem erfolgreichen Test beziehungsweise `not ok n` im Fehlerfall ausgeben, wobei `n` die fortlaufende Nummer des aktuellen Tests ist. Für das Beispiel haben wir insgesamt fünf Tests implementiert:

```
--- <test.pl> ------------------------------------------
# Before `make install' is performed this script should
# be runnable with `make test'. After `make install'
# it should work as `perl test.pl'

### We start with some black magic to print on failure.

```

```perl
# Change 1..1 below to 1..last_test_to_print .
# (It may become useful if the test is moved to
# ./t subdirectory.)

BEGIN { $| = 1; print "1..6\n"; }
END {print "not ok 1\n" unless $loaded;}
use Net::IPAddresses qw/sort_ips valid_ip/;
$loaded = 1;
print "ok 1\n";

######################### End of black magic.

# Insert your test code below (better if it prints
# "ok 13" (correspondingly "not ok 13") depending on
# the success of chunk 13 of the test code):

my $i = 2;

# valid_ip tests
print ((!valid_ip("263.3.2.3"))     ? '' : 'not ',
       'ok ', $i++, "\n");
print (  valid_ip("224.3.2.3")      ? '' : 'not ',
       'ok ', $i++, "\n");
print ((!valid_ip("abc224.3.2.3"))  ? '' : 'not ',
       'ok ', $i++, "\n");
print ((!valid_ip("hundkatzemaus")) ? '' : 'not ',
       'ok ', $i++, "\n");

# sort_ips tests
print sort_test() ? '' : 'not ', 'ok ', $i++, "\n";

sub sort_test {
  my @sorted;
  my @correct_result = qw/2.3.4.5 10.1.1.1
                          70.5.34.156 192.168.1.1/;

  $Net::IPAddresses::SILENT = 1;
  @sorted = sort_ips("10.2.3.444","2.3.4.5","10.1.1.1",
                     "192.168.1.1", "70.5.34.156");
  return 0 if(@correct_result != @sorted);
  for(my $i=0; $i < @sorted; $i++) {
    return 0 if($correct_result[$i] ne $sorted[$i]);
```

```
49    }
50    return 1;
51 }
--- </test.pl> ------------------------------------------
```

Was wurde modifiziert?

- In Zeile 11 wurde die Gesamtzahl der Tests auf 6 gesetzt.
- Zeile 13 importiert die Symbole `sort_ips` und `valid_ip` aus dem Modul, damit entsprechende Subroutinen direkt aufgerufen werden können.
- Ab Zeile 25 sind unsere eigenen Testroutinen implementiert. Unser erster Test hat die fortlaufende Nummer 2. Der Test mit der Nummer 1 ist der Test, ob sich das Modul laden lässt, und ist bereits in `test.pl` vordefiniert.

  Die Zeilen 26-33 überprüfen, ob die Subroutine `valid_ip` korrekt arbeitet.

  Die Zeilen 38-51 definieren eine Subroutine, die `sort_ips` in die Mangel nimmt. Zeile 44 übergibt `sort_ips` eine Liste von IP-Adressen und vergleicht das zurückgelieferte Ergebnis mit einer vordefinierten Liste, dem Sollergebnis, auf Übereinstimmung. Da eine ungültige IP-Adresse übergeben wurde, würde `sort_ips` auf `STDOUT` eine Fehlermeldung ausgeben. Diese wird durch das Setzen von `$Net::IPAddresses::SILENT` auf 1 unterdrückt. Dies ist jedoch keine Standardfunktionalität. Wenn Ihr Modul bei Tests Laut gibt und Sie dies nicht wünschen, müssen Sie selbst dafür Sorge tragen, dass Ihr Modul keine Ausgaben erzeugt.

Jetzt, nachdem Sie das Modul abgeschlossen, oder zumindestens so weit fertig haben, dass Sie es schon mal mit dem `make test`-Befehl (`nmake test` unter Windows) überprüfen möchten, können Sie mit den folgenden Befehlen den Test starten:

```
$ perl Makefile.PL
Checking if your kit is complete...
Looks good
Writing Makefile for Net::IPAddresses

$ make
mkdir blib
```

```
mkdir blib/lib
mkdir blib/lib/Net
mkdir blib/arch
mkdir blib/arch/auto
mkdir blib/arch/auto/Net
mkdir blib/arch/auto/Net/IPAddresses
mkdir blib/lib/auto
mkdir blib/lib/auto/Net
mkdir blib/lib/auto/Net/IPAddresses
mkdir blib/man3
cp IPAddresses.pm blib/lib/Net/IPAddresses.pm
Manifying blib/man3/Net::IPAddresses.3pm

$ make test
PERL_DL_NONLAZY=1 /usr/bin/perl -Iblib/arch -Iblib/lib \
 -I/usr/lib/perl5/5.6.0/i386-linux \
 -I/usr/lib/perl5/5.6.0 test.pl
1..6
ok 1
ok 2
ok 3
ok 4
ok 5
ok 6
```

Wenn alle Tests zu Ihrer Zufriedenheit durchlaufen wurden, können Sie (mit Administratorrechten) mit `make install` das Modul installieren. Nach der Installation können Sie mit `perldoc Net::IPAddresses` die von Ihnen hoffentlich erstellte Dokumentation lesen:

```
NAME
  Net::IPAddresses - Perl extension to operate on IP
  addresses

SYNOPSIS
  use Net::IPAddresses qw/sort_ips valid_ip/;

  if(not valid_ip($my_ipaddress)) { ...

  @sorted = sort_ips("10.2.3.444","2.3.4.5","192.168.1.1",
                     "70.5.34.156");
```

```
DESCRIPTION
  sort_ips
  Return a sorted list of given IP addresses. If any
  invalid IP addresses were given, they will not be
  returned in the result list.

  valid_ip
  Checks if a given IP address is valid

BUGS
  Not known so far. If you find any please report them
  to the author.

AUTHOR
  Rainer Klier (Rainer.Klier@tychen.franken.de)

SEE ALSO
  perl(1).
```

13.3.3 Pakete schnüren

Ist Ihr Modul so weit ausgereift, dass Sie es anderen zur Verfügung stellen wollen, sollten Sie die Datei `Changes` auf den neuesten Stand bringen:

```
Revision history for Perl extension Net::IPAddresses.
0.02  Fri Mar 22 14:29:10 2002
        - added valid_id
        - added sort_ips
0.01  Fri Mar 22 10:45:49 2002
    - original version; created by h2xs 1.20 with options
         -A -X -n Net::IPAddresses
```

Alle Dateien des Modules müssen nun in einen Tarball gebracht werden: `Modul.tar.gz`. Auch hier hilft Ihnen das `make`-Kommando:

```
$ make tardist
rm -rf Net-IPAddresses-0.02
/usr/bin/perl -I/usr/lib/perl5/5.6.0/i386-linux \
  -I/usr/lib/perl5/5.6.0 \
  -MExtUtils::Manifest=manicopy,maniread \
-e "manicopy(maniread(),'Net-IPAddresses-0.02', 'best');"
mkdir Net-IPAddresses-0.02
```

```
tar cvf Net-IPAddresses-0.02.tar Net-IPAddresses-0.02
Net-IPAddresses-0.02/
Net-IPAddresses-0.02/Makefile.PL
Net-IPAddresses-0.02/Changes
Net-IPAddresses-0.02/MANIFEST
Net-IPAddresses-0.02/test.pl
Net-IPAddresses-0.02/IPAddresses.pm
rm -rf Net-IPAddresses-0.02
gzip --best Net-IPAddresses-0.02.tar

$ ls -on
total 48
drwxrwxr-x   4096 Mar 23 18:18 blib
-rw-r--r--    252 Mar 22 17:04 Changes
-rw-r--r--   1571 Mar 22 21:03 IPAddresses.pm
-rw-r--r--  17983 Mar 23 18:18 Makefile
-rw-r--r--    299 Mar 22 17:04 Makefile.PL
-rw-r--r--     52 Mar 22 17:05 MANIFEST
-rw-rw-r--   1998 Mar 23 18:36 Net-IPAddresses-0.02.tar.gz
-rw-rw-r--      0 Mar 23 18:18 pm_to_blib
-rw-r--r--   1510 Mar 22 17:04 test.pl
```


make tardist erzeugt also eine Datei namens Net-IPAddresses-0.02.tar.gz, die, wie alle CPAN-Module, standardisiert installiert werden kann.

Unter Windows benötigen Sie noch die aus UNIX stammenden Programme tar und gzip. Es gibt eine Reihe von Stellen im Internet, wo Sie diese Programme in einer Windowsportierung finden. ActiveState empfiehlt *http://virtunix.itribe.net/mystuff.html.*

14 CGI

In den letzten Jahren hat das World Wide Web einen Boom erlebt, der einer Revolution gleichkommt. Neben seinem Ursprung, dem plattform- und applikationsunabhängigen Austausch von Daten am CERN, wurden viele private Homepages, Seiten mit Informationen zu Firmen und Instituten bis hin zu Online-Shopping-Systemen ins Web gestellt.

Anfänglich handelte es sich bei den Webseiten ausschließlich um statische Inhalte. Man merkte jedoch relativ schnell, dass man Informationen, die sich häufig änderten, nur mit Mühe Nutzern zugänglich machen konnte. Die statischen HTML-Seiten wurden auf den Webservern zyklisch neu erzeugt, unabhängig davon, ob jemand darauf zugriff oder nicht.

Mit der Definition des CGI-Protokolls war diese Beschränkung überwunden. CGI (*Common Gateway Interface*) erlaubt die serverseitige Ausführung von Programmen, die dynamische Webseiten generieren und somit beispielsweise das Einbringen von Wetterdaten, Datenbankabfragen oder einer Onlinechat-Funktionalität in HTML-Seiten ermöglicht.

Wenngleich es keine Beschränkungen bei der Wahl der Programmiersprache bei der Erstellung von CGI-Skripten gibt, hat sich doch Perl als eine der beliebtesten im CGI-Umfeld etabliert. Perl stellt auf einfache Weise Möglichkeiten zur Verfügung, die das Parsen von HTML-Formularen sowie die korrekte Erzeugung dynamischer Inhalte unterstützt.

Dieses Kapitel gibt einen Überblick über die Entstehung des Web, die verwendeten Protokolle und den Mechanismus bei der Webclient-/Webserverkommunikation. Neben der *manuellen* Programmierung eines CGI-Skriptes wird das `CGI.pm`-Perlmodul vorgestellt, welches dem Programmierer viel Arbeit abnehmen kann, vor allem aber die Fehleranfälligkeit von Skripten deutlich reduziert.

CGI-Programme werden serverseitig ausgeführt und sind somit eine potenzielle Sicherheitslücke für den Webserver, auf dem sie laufen. Sie lernen einige grundlegende Sicherheitsaspekte der CGI-Programmierung kennen.

Das Kapitel setzt die Kenntnis von HTML voraus.

14.1 Eine kurze Geschichte des World Wide Web...

Am CERN, dem European Laboratory for Nuclear Research, musste man in den achtziger Jahren des letzten Jahrhunderts feststellen, dass sich der Austausch von Informationen als schwierig gestaltete. Viele unterschiedliche Computersysteme stellten Daten zur Verfügung, auf die mit verschiedenen Mechanismen zugegriffen werden musste. Dies erforderte enormen Aufwand bei der Integration von neuen Datenquellen in bestehende Systeme, was auf Dauer angesichts der Ineffizienz zur Frustration bei den Mitarbeitern führte.

Tim Berners-Lee, damals Angestellter am CERN, stellte 1989 basierend auf einem nie veröffentlichten Projekt namens „Enquire“ ein Hypertext-System vor, welches später unter dem Namen World Wide Web (WWW oder W3) das Internet revolutionieren sollte.[1]

Berners-Lee definierte zusammen mit Robert Cailliau URLs, HTTP und HTML. Bis Ende 1990 schrieben sie einen Webserver, den sie *httpd* nannten, und einen what-you-see-is-what-you-get hypertext Browser/Editor names *WorldWideWeb*, der in einer NeXTStep-Umgebung lief. Im Dezember 1990 kamen Client und Server im CERN das erste Mal zum Einsatz. Mitte 1991 stellten Berners-Lee und Cailliau Server

1. Im täglichen Sprachgebrauch werden WWW und Internet häufig als Synonyme benutzt. Eigentlich ist dies aber nicht ganz richtig. Das vom amerikanischen Verteidigungsministerium finanzierte Arpanet (ARPA ist die Advanced Research Projects Agency) war zunächst ein Rechnerverbund von vier Rechnern, der immer weiter ausgebaut wurde. In dem bereits 1969 funktionsfähigen Netzwerk wurden zum Datenaustausch und zum Arbeiten an entfernten Rechner noch heute verwendete Protokolle wie ftp und telnet genutzt. 1983 löste TCP/IP das bis dahin genutzte Transportprotokoll NCP vollständig ab und seitdem besteht auch der allgemeine Begriff Internet für das Arpanet und daran angeschlossene andere Netze.

und Client im Internet zur Verfügung. Mit dem großen Feedback der schnell anwachsenden Web-Gemeinde konnten sie die Definitionen von URLs, HTTP und HTML weiter verfeinern und somit einen Standard schaffen, der einen plattformunabhängigen Austausch von Daten über das Internet ermöglicht.

14.2 Wie funktioniert die Webserver-Client-Kommunikation?

Ein Webclient, also ein Webbrowser (z.B. Netscape oder Lynx), und ein Webserver (beispielsweise Apache oder Microsofts IIS), benötigen für den Datenaustausch eine gemeinsame Sprache, mit der sie sich unterhalten können. Das *Hypertext Transfer Protocol* (HTTP) definiert genau, wie eine solche Unterhaltung ablaufen muss. Wer die Lektüre des 176 Seiten starken RFC 2616 (*Request for comment*) nicht scheut, findet hier die exakte technische Spezifikation des Frage/Antwort-Mechanismus, dessen sich Webclient und Webserver bedienen. Sowohl der Austausch von statischen als auch dynamischen Seiten, also Seiten, deren Inhalt bei der Anfrage neu erzeugt wird, läuft über das HTTP-Protokoll ab. Grundkenntnisse über das HTTP-Protokoll sind bei der Programmierung von CGIs also durchaus von Nutzen.

HINWEIS

Die Spezifikation des HTTP-Protokolls findet sich unter ftp://ftp.isi.edu/in-notes/rfc2616.txt. Alle verwandten Spezifikationen können auf den Seiten des W3C (World Wide Web Consortium) unter http://www.w3c.org abgerufen werden.

Was passiert nun bei der Anfrage eines Webclients an einen Webserver genau? Um dies näher zu erklären benötigen wir zunächst einmal den Begriff einer URL.[2]

2. Für unsere Belange reicht die Erklärung des Begriffes URL. Genau betrachtet, müssten wir eigentlich den im RFC 2396 (*ftp://ftp.isi.edu/in-notes/rfc2396.txt*) beschriebenen terminus technicus des *Uniform Resource Identifiers* (URI) erklären. Da der größte Teil der im Web verwendeten Angaben von Ressourcen jedoch URLs sind und URIs nur eine Übermenge von URLs und URNs (*Uniform Resource Name*) sind, können wir hier mit dieser Einschränkung leben.

Eine URL (*Uniform Resource Locator*) ist eine Zeichenkette, die Ressourcen im Web identifiziert. Solche Ressourcen können Bilder, HTML-Dateien, Videostreams, News Artikel, CGIs und vieles andere mehr sein. Grundsätzlich hat eine URL folgende Gestalt:

```
[scheme]://[authority][path]?[query]
```

Eine URL besteht also aus einem Schema, einer so genannten Authority (zumeist ein Hostname), einem Pfad und einem Query-String. Ein paar Beispiele für URLs:

- HTTP(S):
  - *http://www.linux.org*
  - *http://www.nitty-gitty.de:8080/border/border.asp?page=books*
  - *https://www.lufthansa.de*
- FTP:
  - *ftp://ftp.uni-erlangen.de/pub/gnu*
- Mail:
  - *mailto:Rainer.Klier@tychen.franken.de*
- News:
  - *news:de.comp.lang.perl.misc*

Die einzelnen Bestandteile einer URL:

- Schema (scheme): Es gibt viele verschiedene Möglichkeiten auf Ressourcen zuzugreifen. Deshalb ist es nötig festzulegen, auf welche Weise, also mit welchem Protokoll, zugegriffen werden soll. So legt zum Beispiel das Schema `http` in einer URL fest, dass auf einen Webserver mit dem HTTP-Protokoll zugegriffen werden soll. Neben http und https, also dem gesicherten Zugriff von HTTP über Secure Socket Layer (SSL), listet *http://www.w3.org/Addressing/schemes* derzeit noch 82 weitere Zugriffsschemata wie `ftp`, `mailto` oder `news` auf. Für die Programmierung von CGIs interessiert uns jedoch hauptsächlich http.

- Authority (authority): Die Authority legt normalerweise einen Server fest, auf dem die Ressource zu finden ist. Dieser Server kann sowohl über seinen Namen als auch über seine IP-Adresse spezifiziert werden.

  Neben dem Server kann zusätzlich ein Port angegeben werden. Für viele Protokolle ist standardmäßig ein Port vereinbart, so dass die Angabe des Ports im Allgemeinen entfallen kann. Wird als Prokoll beispielsweise `http` verwendet, so ist der Standardport 80, bei https ist es 443. Wird ein Webserver auf einem anderen Port betrieben, so muss bei Anfragen in der URL dieser Port explizit angegeben werden. Dabei wird nach dem Rechnernamen durch Doppelpunkt getrennt der Port angegeben. *http://www.nitty-gritty.de:8080* würde also auf den Webserver mit dem Namen www.nitty-gritty.de auf den Port 8080 zugreifen. CGI-Skripten unterscheiden nicht, auf welchem Port der Webserver läuft oder ob die Verbindung mit `https` verschlüsselt ist.

- Pfad (path): Die Pfadangabe spezifiziert näher, wo sich die gewünschte Ressource, in Abhängigkeit von angegebenem Schema und Authority, befindet. So weiß der Webserver *www.linux.org*, wenn man in den Webbrowser *http://www.linux.org/docs/beginner/index.html* eingibt, dass der Client ein Dokument mit dem Pfad */docs/beginner/index.html* anfordert. Dieser Pfad besteht aus einer Reihe von Pfadsegmenten, die durch einen Schrägstrich getrennt sind, und spiegelt nicht notwendigerweise die Lage der Datei im Dateisystem des Webservers wider.[3] Häufig gibt der Pfad in der URL die Lage der Datei relativ zu einem Basisverzeichnis im Dateisystem des Webservers an.

- Query-Komponente (query): Die Query-Komponente ist ein String, welcher von der vorher angegebenen Ressource interpretiert werden muss. Sie ist syntaktisch durch das Fragezeichen von der Pfadangabe getrennt und enthält Parameter, welche an die Ressource weitergereicht werden. Wir werden auf diese Query-Komponenten im Verlaufe des Kapitels noch zurückkommen, wenn es um die Interpretation von übergebenen Daten durch CGIs geht.

3. Nein, Pfadsegmente werden bei unter Windows laufenden Webservern nicht mit dem Backslash \ getrennt. Auch hier ist es der Schrägstrich /.

Nicht alle der oben genannten Bestandteile einer URL müssen immer angegeben werden. Bei manchen Schemata sind einzelne Bestandteile sogar verboten.

Für die Länge von URLs beziehungsweise URIs gibt es keine Beschränkung, allerdings weist der RFC 2616 darauf hin, dass es mit URIs länger als 255 Zeichen zu Problemen mit älteren Clients oder Proxyservern kommen kann, die mehr als 255 Zeichen gegebenenfalls nicht korrekt implementiert haben.

Diese kurze Einführung in URLs (beziehungsweise URIs) ist natürlich bei weitem nicht vollständig. So gibt es noch eine ganze Reihe anderer Elemente, wie so genannte Fragmentbezeichner oder Benutzerinformationen, die Unterscheidung zwischen absoluten und relativen URLs und vieles andere mehr, was nicht besprochen wurde. Es würde jedoch den Rahmen des Buches sprengen, wollte man alle im RFC 2396 dargelegten Möglichkeiten für URLs besprechen. Schließlich lautet das Kapitel *CGI* und nicht „URIs, URLs, URNs und all ihre Variationen" :-)

Der Benutzer gibt also eine URL in den Browser ein. Aus der eingegebenen URL extrahiert der Browser zunächst die einzelnen Bestandteile der URL. Nachdem er geklärt hat, um welches Schema es sich handelt, wird ermittelt, welche Authority befragt werden soll. Lautet die am Webclient eingegebene URL zum Beispiel *http://www.greuther-fuerth.de/main.htm*, so weiß der Webclient zum einen, dass eine Anfrage an einen Webserver mittels http gewünscht ist und dass dieser Webserver den DNS-Namen *www.greuther-fuerth.de* trägt. Nach Extraktion dieser beiden Informationen aus der URL kann der Webclient noch die Pfadinformation ersehen. In diesem Fall weiß der Webclient, dass er bei www.greuther-fuerth.de eine Datei, die dem Webserver unter dem Pfad */main.htm* bekannt ist, anfordern muss.

Wie in Abbildung 14.1 dargestellt, schickt der Client einen HTTP-Request an den Server. Dieser interpretiert die Anfrage, ermittelt die vom Client gewünschte Ressource (zum Beispiel eine HTML-Seite, ein Bild oder ein Audiofile) und sendet in einer HTTP-Response diese an den Client.

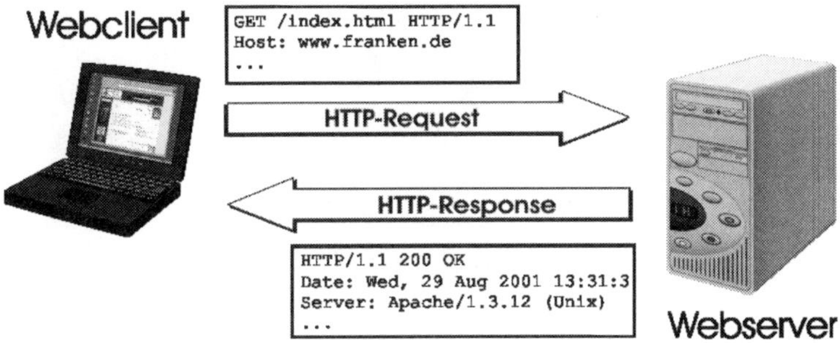

Bild 14.1: HTTP-Request und -Response

14.2.1 HTTP-Request

Was sendet der Client nun genau an den Server? Um dies zu klären kann man verschiedene Dinge tun. Zum Beispiel könnte man entweder client- oder serverseitig einen Networksniffer laufen lassen, der den Netzwerkverkehr abhört und die entsprechenden Netzwerkpakete aus dem gesamten Verkehr extrahiert. Eine andere Möglichkeit ist, selbst einen Webserver zu schreiben und ihn dazu zu bringen, die eingehenden Anfragen selbst auszugeben.

Selbst einen Webserver schreiben? Ist das nicht höllisch kompliziert? Muss man dazu nicht viel über Socketprogrammierung wissen und ein exaktes Verständnis des HTTP-Protokolls haben? Das klingt eigentlich nach dem Problem des Hauptmanns von Köpenick, der nach einem „deutschen Märchen in drei Akten" von Carl Zuckmayer keine Ausweispapiere hatte und Arbeit wollte. Ohne Arbeit bekam er aber keine Ausweispapiere. Ähnlich ist die Situation hier: keine Kenntnis vom HTTP-Protokoll, kein Webserver. Kein Webserver, niemand der den HTTP-Request eines Clients ausgibt. Gott sei Dank muss man keine Offiziersuniform stehlen um diesem Dilemma zu entgehen, da das CPAN das Perl-Modul HTTP::Daemon von Gisle Aas zur Verfügung stellt, welches einen einfachen Webserver implementiert.

Folgendes Listing zeigt einen Miniwebserver, der den Header des eingehenden Requests an den Browser zurücksendet.

```
--- <httpd.pl> -------------------------------------------
#!/usr/bin/perl -wT

use HTTP::Daemon;
use HTTP::Response;

use constant PORT => 1234;

my $daemon = HTTP::Daemon->new(LocalPort => PORT)
  or die "Cannot open localport " . PORT .".\n$@";

while (my $clientconn = $daemon->accept()) {
  while (my $request = $clientconn->get_request()) {
    $requeststring = $request -> as_string();
    print $requeststring;
    $requeststring =~ s/^/-> /mg;
    $response = HTTP::Response->new();
    $response->code(200);
    $response->header('Content-type'=>"text/plain");
    $response->content($requeststring);
    $clientconn->send_response($response);
  }
  $clientconn->close;
  undef($clientconn);
}
--- </httpd.pl> ------------------------------------------
```

Startet man diesen einfachen Webserver, dessen Analyse ich Ihnen unter Zuhilfenahme der Manpage von `HTTP::Daemon` als Übung überlasse, wartet dieser auf Verbindungen von Clients auf dem Port 1234. Wenn man nun einem Browser die URL *http://maschinen-name:1234/* (in diesem Fall ist der maschinenname *tychen.franken. de*) gibt, baut dieser eine TCP/IP-Verbindung zum Host *tychen.franken.de* auf dem Port 1234 auf. Wie in Abbildung 14.2 dargestellt, erhält der Browser ein paar Zeilen zurückgesandt, die wir uns nun näher ansehen wollen.

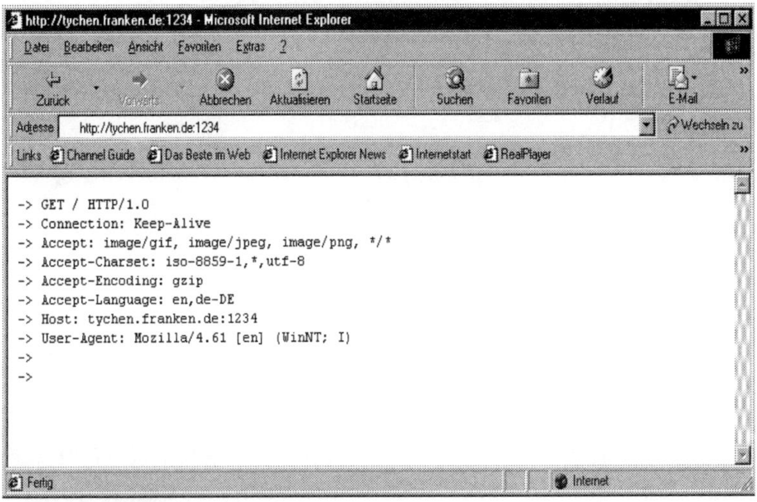

Bild 14.2: Anfrage an den Miniwebserver

Der HTTP-Request unterteilt sich in die Request-Zeile, die Headerfelder, einer Leerzeile und den Request-Body.

```
 1 GET / HTTP/1.0
 2 Connection: Keep-Alive
 3 Accept: image/gif, image/jpeg, image/png, */*
 4 Accept-Charset: iso-8859-1,*,utf-8
 5 Accept-Encoding: gzip
 6 Accept-Language: en,de-DE
 7 Host: tychen.franken.de:1234
 8 User-Agent: Mozilla/4.61 [en] (WinNT; I)
 9
10
```

Im konkreten Fall enspricht Zeile 1 der Request-Zeile, die Zeilen 2 bis 8 bilden die Header-Zeilen, Zeile 9 ist die Leerzeile, die Header von Body trennt, und Zeile 10 entspräche dem Request-Body, der an dieser Stelle leer geblieben ist.

Die Request-Zeile

Die Request-Zeile besteht aus drei Teilen: der Methode, der Ressource und der HTTP-Version. Tabelle 14.1 listet mögliche Requestmethoden auf.

Methode	Beschreibung
OPTIONS	Die OPTIONS-Methode erlaubt es dem Client herauszufinden, welche Methoden der Server implementiert hat. Nicht jeder Server unterstützt alle hier aufgelisteten Request-Methoden.
GET	Die GET-Methode fordert vom Server die in der URL/URI spezifizierte Ressource an.
HEAD	HEAD verhält sich wie GET, allerdings werden keine Inhalte, sondern nur die Headerzeilen vom Server zurückgeliefert.
POST	Vom Client werden Daten an die durch die URL/URI spezifizierte Ressource zur Verarbeitung gesendet.
PUT	Der Client sendet Daten im Request-Body, die der Server unter der angegebenen URL/URI ablegen soll.
DELETE	Die mittels der URL angegebene Ressource soll auf dem Server gelöscht werden.
TRACE	Diese Methode ist hauptsächlich zu Debugzwecken vereinbart worden. Sie weist den Webserver an, alle Header, die der Server vom Client empfangen hat, an den Client zurückzusenden. Von Interesse hierbei sind Header, die von möglicherweise zwischen Client und Webserver liegenden Proxyservern hinzugefügt werden.
CONNECT	CONNECT wird benutzt um Proxyservern zu erlauben, als ein Tunnel (beispielsweise ein SSL-Tunnel) zu fungieren.
Erweiterte Methoden	Das HTTP-Protokoll erlaubt es, eigene Methoden zu definieren um spezielle Applikationen zu programmieren. Dabei müssen diese Erweiterungen natürlich sowohl server- als auch clientseitig implementiert werden.

Tabelle 14.1: Methode

Für die weiteren Betrachtungen zum Thema sind nicht alle Methoden von Interesse, weshalb im Folgenden nur auf die drei am häufigsten verwendeten Methoden eingegangen wird.

GET

Wie man bereits in Abbildung 14.2 sehen konnte, hat sich der hier verwendete Netscape-Browser der `GET`-Methode bedient, um ein Dokument von unserem Webserver zu holen. `GET` ist die Standardmethode, um von einem Webserver eine bestimmte Ressource zu holen. Dabei kann die Ressource entweder statisch sein oder aber dynamisch erzeugt werden. Eine statische Ressource ist beispielsweise eine auf dem Webserver abgelegte Webseite, eine Sounddatei, ein Bild oder eine einfache Textdatei. In unserem Beispiel hat die Requestzeile folgende Gestalt:

```
GET / HTTP/1.0
```

Hier fragt der Webclient beim Server mittels der `GET`-Methode nach der Ressource /. Weiterhin teilt er dem Server mit, dass er dazu ganz gerne das HTTP-Protokoll in der Version 1.0 verwenden möchte. Der Webserver ermittelt, um welche Ressource es sich bei der URL / handelt, und schickt diese in seinem HTTP-Response an den Client.[4]

Bezieht sich die Anfrage auf ein dynamisch erzeugtes Dokument, so steht in aller Regel hinter der angefragten URL ein Programm, welches vom Server gestartet wird. Dieses Programm generiert den Out-

4. Ein richtiger Webserver würde an dieser Stelle entscheiden müssen, welche Datei sich hinter einer angeforderten URL befindet, und diese dem Client zurückliefern. Hierzu hat ein Webserver über seine Konfigurationsdateien hinterlegt, in welchem Basisverzeichnis im Dateisystem sich an dem Webserver angeforderte Dokumente finden. So ist ein häufig unter Linux verwendetes Basisverzeichnis für Webdokumente */var/html*. Wird an den Webserver dann ein Request *GET /directory1/file4.html HTTP/1.0* gestellt, sucht dieser im Verzeichnis */var/html/directory1/* nach einer Datei namens *file4.html*.
Kommt bei einem Webserver ein Request an, der keine Datei, sondern nur ein Verzeichnis spezifiziert, sucht der Webserver anhand einer Liste nach einer Defaultdatei. Diese Defaultdatei heißt häufig *index.html* oder *index.htm*. So würde die Anfrage nach / zu einer Suche nach */var/html/index.html* beziehungsweise */var/html/index.htm* führen. Diese Suchliste ist bei den meisten Webservern frei konfigurierbar.

put, also das gewünschte Dokument, welches an den Client übermittelt wird.

HEAD

Der HEAD-Request, also ein Request, bei dem die HEAD-Methode verwendet wird, verhält sich genauso wie der GET-Request mit dem Unterschied, dass nur die Headerzeilen des HTTP-Response zurückgeschickt werden. Die eigentlich angeforderte Ressource wird dabei nicht übertragen.

Wenn ein Client eine Webseite anfordert, so werden nach der HTML-Seite, die heutzutage üblicherweise mit vielen Bilder und Buttons gespickt ist, auch jene Bilder und Buttons vom Client nachgeladen. Da sich diese Buttons und Bilder normalerweise sehr selten ändern, würde es auch wenig Sinn machen, diese Bilder bei einem zweiten und dritten Besuch der Webseite wieder und wieder von dem zumeist im Internet befindlichen Webserver herunterzuladen. Alle modernen Webbrowser speichern die angeforderten Dokumente auf der lokalen Festplatte zwischen, um im Bedarfsfalle wieder darauf zurückgreifen zu können und nicht neu über das Netz das Dokument laden zu müssen. Dieser Vorgang wird auch Caching genannt.

Für diesen Caching-Mechanismus ist der HEAD-Request gedacht. Der Browser legt zu dem bereits lokal vorhandenen Dokument noch verschiedene Informationen ab. Dazu zählt die Information, wann das Dokument das letzte Mal vom ursprünglichen Webserver geholt wurde und wann die Datei auf dem Webserver das letzte Mal modifiziert wurde.[5] Besucht der Nutzer die Webseite ein zweites Mal, so fragt der Client normalerweise mit einem HEAD-Request beim Webserver nach, ob das entsprechende Dokument seit dem letzten Download verändert wurde, es also ein neues Modifikationsdatum auf dem Webserver hat. Ist dies der Fall, so muss es mit einem GET-Request neu geholt werden. Je nach Browsereinstellung erfolgen diese HEAD-Requests verschieden häufig.

5. Wenn uns dies der Webserver mitteilt, was nicht immer der Fall ist.

POST

Mit der POST-Methode werden dem Webserver an die angegebene Ressource Daten im Request-Body übersandt. Der Webserver weiß anhand der übergebenen URI, was mit den übermittelten Daten geschehen muss. Sehr häufig wird die POST-Methode dazu benutzt, einem CGI-Skript Daten zur Weiterverarbeitung zu übertragen. Die Übergabe von Daten an CGI-Skripte funktioniert wie beschrieben auch mit der GET-Methode, allerdings ist die POST-Methode ein wenig sicherer. Doch auch bei ihr können mit dem richtigen Know-how die übertragenen Daten ausspioniert werden.

Antworten auf eine Anfrage mit der POST-Methode sind nur mithilfe der `Cache-Control` oder `Expires`-Headerfeldern cachebar, so dass in aller Regel ein Reload auf eine POST-Anfrage mit der Meldung, die Daten seien nicht gecached, quittiert wird. Um zu verhindern, dass Formulardaten mehrfach gesendet werden, wird deshalb häufiger die POST- anstelle der GET-Methode verwendet.

Der Request-Header

Sehen wir uns die vom Client gesendete Anfrage noch einmal ohne die Requestzeile an:

```
Connection: Keep-Alive
Accept: image/gif, image/jpeg, image/png, */*
Accept-Charset: iso-8859-1,*,utf-8
Accept-Encoding: gzip
Accept-Language: en,de-DE
Host: tychen.franken.de:1234
User-Agent: Mozilla/4.61 [en] (WinNT; I)
```

Neben der Requestzeile, der obligatorischen Leerzeile und dem (in unserem Beispiel nicht vorhandenen) Request-Body schickt der Client noch mehrere Request-Headerzeilen an den Server. Syntaktisch unterteilt sich eine Request-Headerzeile, wie auch später die Response-Headerzeile, in den Namen des Headers, einem Doppelpunkt, einen oder mehrere Whitespaces und den zugehörigen Wert.

Der Client nutzt diese zusätzlichen Headerzeilen um dem Server verschiedene Informationen über seinen Request mitzuteilen. Dies beinhaltet häufig, welchen Host der Client eigentlich meint, wie viele

Bytes er im Request-Body übertragen möchte, um welche Art Browser es sich handelt, was die bevorzugte Spracheinstellung des Benutzers ist oder, bei geschützten Seiten, den Usernamen und das Passwort des Benutzers für diese Ressource. Diese Headerzeilen werden CGI-Skripten in Umgebungsvariablen übergeben und können von diesen benutzt werden, um zum Beispiel die Inhalte für bestimmte Browsertypen zu optimieren.

HINWEIS *Die folgende Tabelle listet nicht alle zulässigen Request-Header auf, da sie für unsere weiteren Betrachtunge teilweise nicht relevant sind. Ein vollständige Übersicht findet sich auch hier im RFC 2616.*

Request-Header	Beschreibung
`Accept`	`Accept` listet die Arten von Dokumenten auf, die der Client für die Antwort bevorzugt. *Accept: image/gif, image/jpeg, */** hieße, der Client hätte am liebsten ein Gif-Bild, am zweitliebsten ein jpeg-Bild, würde sich letztendlich aber doch mit allem zufrieden geben, was ihm der Server liefert.
`Accept-Charset`	`Accept-Charset` legt die für den Client akzeptablen Zeichensätze auf.
`Accept-Encoding`	Dieses Feld teilt dem Server mit, ob der Client eine Kodierung des Dokuments akzeptiert. Im einfachsten Fall könnte dies zum Beispiel eine Kompression mittels *gzip* sein: *Accept-Encoding: gzip.*
`Accept-Language`	Hier wird festgelegt, welche Sprachen der Client am liebsten hätte.
`Authentication`	Der `Authentication`-Header sendet dem Server Username und Passwort für eine bestimmte Ressource mit. Die Erläuterung dieses Mechanismus würde an dieser Stelle zu weit führen und ist im RFC 2617 zu finden.

Request-Header	Beschreibung
Connection	In HTTP/1.1 werden üblicherweise so genannte persistente Verbindungen aufgebaut. Normalerweise würde, wenn man eine Verbindung zu einem Webserver aufbaut und eine HTML-Seite lädt, für jedes Bild oder jeden Button, der auf dieser HTML-Seite dargestellt wird, eine eigene TCP-Verbindung aufgebaut. Dies geht natürlich stark auf die Performance. Um Ressourcen zu sparen, wurden eben jene persistenten Verbindungen spezifiziert, die es erlauben, über eine Verbindung mehrere URLs zu holen. Der `Connection`-Header erlaubt die Steuerung, ob eine Verbindung persistent sein soll. Der Wert `Keep-Alive` ist im RFC 2068, der HTTP/1.0-Spezifikation, definiert, um den Wunsch einer persistenten Verbindung anzuzeigen. HTTP/1.1 definiert als Wert für den `Connection`-Header den Wert *close*, der dem Server ankündigt, dass nach diesem Request die Verbindung beendet ist und abgebaut werden soll.
Host	Der `Host`-Header ist in HTTP/1.1 verpflichtend notwendig. Ein Beispiel: *Host: tychen.franken.de:1234*. Eigentlich klingt dies nach einer redundanten Information, da der Client ja bereits eine TCP/IP-Verbindung zum Host *tychen.franken.de* auf Port 1234 geöffnet hat. Es gibt aber einen Mechanismus, der dies rechtfertigt. Man kann im DNS (Domain Name Service) problemlos zwei Namen auf eine IP-Adresse legen. So könnte man zum Beispiel www.example.com und www-test.example.com beide auf die IP-Adresse 8.15.47.11 zeigen lassen. Installiert man auf dem Rechner mit dieser IP-Adresse einen Webserver, so würde dieser zunächst, unabhängig davon, ob der User *http://www.example.com* oder *http://www-test.example.com* eintippt, immer die gleichen Inhalte darstellen.

Request-Header	Beschreibung
	Möchte man nun mehrere Webserver auf einer Maschine betreiben, die verschiedene Inhalte haben, muss man entweder der Maschine mehrere IP-Adressen geben, die Webserver auf verschiedenen Ports laufen lassen oder dieses Feature `Host` benutzen, damit der Webserver erkennen kann, welcher virtuelle Webserver nun gemeint ist. Abhängig vom `Host`-Header entscheidet der Webserver dann, welche Daten er dem Client sendet.
`User-Agent`	Der Client teilt hier normalerweise dem Server mit, welches Programm er in welcher Version ist, auf welchem Betriebssystem er läuft und sonstige Kommentare, von denen Browserhersteller oder diejenigen, die den Browser konfigurieren, meinen, es sei hilfreich. In dem obigen Beispiel lieferte der benutzte Browser folgenden `User-Agent`-Header *Mozilla/4.61 [en] (WinNT; I)*.
	Daraus lässt sich ablesen, dass es sich um einen Mozilla-Browser in der Version 4.61 handelt. Zusätzlich weiß der Server, dass der Browser in einer englischen Version installiert wurde. Zudem erkennt man, dass er unter Windows NT läuft. Der gleiche Browser liefert in der Linuxversion *Mozilla/4.61 [en] (X11; I; Linux 2.2.10 i586)*. Ein Microsoft Internetexplorer gibt sich zwar auch unter dem Namen Mozilla zu erkennen, schiebt aber seine wahre Identität in dem String MSIE in runden Klammern nach. Mozilla ist eigentlich der Spitzname des Netscape-Browsers, aber nachdem Microsoft die Bedeutung des Webs erkannte, wollte man sich kompatibel halten, damit die Kunden auch den Microsoft Browser benutzen. Zunächst war diese Information zu statistischen Zwecken gedacht, jedoch wird sie häufig auch zur Anpassung der Webseiten auf die jeweiligen Browserfähigkeiten benutzt.

Tabelle 14.2: Request-Header

14.2.2 Die HTTP-Response

Kommt ein Request bei einem Webserver an, so reagiert dieser auf die Anfrage. Um zu erfahren, was ein richtiger Webserver auf die Anfrage eines Clients so alles antwortet, bedienen wir uns des standardmäßig mitgelieferten Moduls `LWP::UserAgent` um einen eigenen kleinen Webclient zu implementieren:

```
--- <useragent.pl> -----------------------------------
 1 #!/usr/bin/perl -wT
 2
 3 use LWP::UserAgent;
 4 my $ua = LWP::UserAgent->new();
 5 my $request =
 6      HTTP::Request->new('GET','http://localhost/');
 7 my $response = $ua->request($request);
 8 if ($response->is_success) {
 9   print $response->as_string;
10 } else {
11   print $response->error_as_HTML();
12 }
--- </useragent.pl> ----------------------------------
```

Wie funktioniert dieses Prögrämmchen? Zeile 4 erzeugt ein neues Objekt der Klasse `LWP::UserAgent`. Zeile 5 definiert einen HTTP-Request, dessen Ergebnis in Zeile 7 einem Objekt der Klasse `HTTP::Response` zugewiesen wird.

Im Modul `HTTP::Response` gibt die Methode `is_success` (Zeile 8) Aufschluss, ob der HTTP-Request erfolgreich war oder nicht. Im Erfolgsfall lassen wir uns in Zeile 9 die komplette Antwort des Servers auf `STDOUT` ausgeben. Andernfalls zeigt uns das Programm, warum die Verbindung nicht geklappt hat.

Starten wir den Useragent, so bekommen wir beispielsweise folgenden Output:

```
HTTP/1.1 200 OK
Connection: close
Date: Thu, 18 Oct 2001 16:16:47 GMT
Accept-Ranges: bytes
Server: Apache/1.3.6 (UNIX)  (SuSE/Linux)
Content-Length: 1493
Content-Type: text/html
```

```
8 ETag: "13998-5d5-360e2667"
9 Last-Modified: Sun, 27 Sep 1998 11:49:59 GMT
10 Title: Apache HTTP Server - Beispielseite
11
12 <HTML>
13 <HEAD>
14 <TITLE>Apache HTTP Server - Beispielseite</TITLE>
15 </HEAD>
16 <BODY bgcolor=#ffffff>
17 ...
```

In der äußeren Form unterscheidet sich der Response vom Request nur unwesentlich. Die erste Zeile ist hier allerdings eine Statuszeile, in unserem Beispiel sind die Zeilen 2-10 Response-Headerzeilen. Es folgt eine Leerzeile und danach der optionale Message-Body, also das, was wir als Browser eigentlich sehen und darstellen wollen.

Die Statuszeile

Die Statuszeile liefert zunächst das verwendete Protokoll zurück. Durch ein Leerzeichen getrennt wird zusätzlich übermittelt, ob der Request erfolgreich beantwortet werden konnte oder ob dabei ein Fehler auftrat. Dies geschieht durch eine Zahl größer gleich 100, den so genannten Statuscode. Durch ein weiteres Leerzeichen getrennt wird die textuelle Repräsentation der Statusmeldung übertragen.

In unserem Beispiel wurde die Anfrage als erfolgreich beantwortet:

```
HTTP/1.1 200 OK
```

Die Statuscodes sind in Gruppen unterteilt. Dabei regelt die Hunderterstelle des Codes, ob es sich um Erfolg, Fehler oder Information handelt. Tabelle 14.3 zeigt die im RFC 2616 definierten Klassen von Statuscodes.

Statuscode	Beschreibung
1xx	Die Statuscodes 100 und 101 haben informativen Charakter und für uns in der CGI-Programmierung keine Bedeutung.
2xx	200er Statuscodes zeigen dem Client, dass die Anfrage vom Server erfolgreich empfangen, verstanden und von ihm auch akzeptiert wurde. So wird der Statuscode 200 beispielsweise verwendet um anzuzeigen, dass die Anfrage erfolgreich verlaufen ist und die gewünschten Informationen, abhängig von der verwendeten Requestmethode (GET, HEAD, POST, TRACE), übertragen werden.
3xx	Die Gruppe der 300er Statuscodes zeigen an, dass die Ressource sich nicht mehr an der vom Client vermuteten Stelle befindet und eine Umleitung stattfindet, ein sogenannter Redirect .
4xx	Statuscodes, die mit der vier beginnen, zeigen einen clientseitig aufgetretenen Fehler an. Der aus dieser Gruppe wahrscheinlich am häufigsten auftretende Statuscode dürfte die 404 sein. 404 bedeutet, dass der Webserver die angeforderte Ressource nicht gefunden hat (zum Beispiel weil ein Link falsch war oder der Benutzer eine falsche URL eingetippt hat).
5xx	500 und aufwärts zeigen auch wieder Fehler an. Diesmal macht der Server aber nicht den Client, sondern sich selbst oder ein fehlerhaft geschriebenes CGI verantwortlich. Der Unterschied zwischen 4xx und 5xx ist, das 4xx nicht-persistente Fehler sind, die eventuell wieder verschwinden, während 5xx wirkliche Fehler sind, die nicht behoben werden können.

Tabelle 14.3: Statuscodes

Der Response-Header

Nach der Statuszeile schickt der Webserver dem Client eine Reihe von Headerzeilen, welche teilweise mit den Request-Headern identisch sind. Tabelle 14.4 zeigt häufig verwendete Response-Header und deren Bedeutung.

Response-Header	Beschreibung
Accept-Ranges	Über Accept-Ranges kann der Server mitteilen, dass er in der Lage ist Requests entgegenzunehmen, die nicht das komplette Dokument anfordern, sondern nur einen bestimmten Teil.
Content-Length	Gibt an, wie groß der Message-Body ist, den der Server im Anschluss verschickt.
Content-Type	Dieser Header wird benutzt um dem Client mitzuteilen, um welchen Medientyp es sich bei dem im Message-Body übertragenen Dokument handelt. Ein Medientyp ähnelt einem Mimetype, also der Charakterisierung der bei Emails definierten Anhänge, ist aber doch nicht genau dasselbe. Eine Liste offiziell registrierter Medientypen ist unter *http://www.isi.edu/in-notes/iana/assignments/media-types/media-types* zu finden. Wird ein HTML-Dokument übertragen, lautet der Medientyp text/html. Wir werden diesen Medientyp später noch häufiger nutzen, wenn unsere CGI-Programme HTML-Output verschicken. Beispiele für andere, oft anzutreffende Medientypen sind image/gif, image/jpeg oder video/mpeg, die, wie nicht schwer zu erraten ist, für gif-Bilder, jpeg-Bilder und mpeg-Videos verwendet werden.
Date	Das Datum und die Uhrzeit, an dem die Antwort generiert wurde.
ETag	Das Entity-Tag wird von Proxyservern und Clients für effizientere Caching-Mechanismen herangezogen. Für uns hat der Header jedoch keine weitere Bedeutung.
Last-Modified	Last-Modified gibt an, wann die Ressource das letzte Mal verändert wurde. In HTTP/1.0 glaubte man, allein mit diesem Header Dokumente vernünftig cachen zu können. Dem war aber nicht so. Es kam immer wieder zu Schwierigkeiten und Inkonsistenzen. Um Abhilfe zu schaffen wurde in HTTP/1.1 zusätzlich der ETag-Header eingeführt.

Response-Header	Beschreibung
`Location`	Mit dem `Location`-Header und einer absoluten URI sieht der Client, dass die Ressource nicht mehr hier, sondern an einer neuen Stelle zu finden ist. Der Client kann nun automatisch die Ressource von der neuen URI holen. Location: *http://www.perl.com*
`Server`	Der Server gibt seine Identität (genau gesagt seinen Namen und gegebenenfalls seine Versionsnummer) preis.
`Title`	Der hier vom Apache-Webserver zurückgesandte Title-Header ist kein Standardheader, der im RFC 2616 definiert ist. Solche ungenormten Headerzeilen sind aber erlaubt, wenngleich sie teilweise experimentellen Charakter haben. Offensichtlich zeigt der Apache hier bereits den Titel der HTML Seite an.

Tabelle 14.4: Gebräuchliche Response-Header

Der Message-Body

Endlich kommen wir zu dem, was wir als Client sehen wollen, dem Message-Body. Aber eigentlich gibt es über den Body nicht allzu viel zu sagen. Er ist vom Header durch eine Leerzeile getrennt und wird *as it is* übertragen. Der Body ist dabei entweder der Inhalt einer Datei auf dem Server oder Output eines CGI-Programmes.

14.3 Das erste CGI-Skript

Nachdem wir Sie im letzten Abschnitt mit viel notwendiger Theorie gequält haben, geht es hier nun endlich programmiertechnisch zur Sache. Eine Sache sollten Sie noch wissen, bevor wir loslegen können: Im Gegensatz zu normalen HTTP-Requests, wo beispielsweise eine HTML-Datei angefordert wird, wird bei Requests, die sich auf CGI-Skripte beziehen, auf dem Webserver ein separater Prozess gestartet – das auszuführende CGI-Skript. Dieses CGI-Skript hat dann die Aufgabe die HTML-Seite zu generieren, die der Webserver an den aufrufenden Client weiterleitet.

```
--- <kleineseinmaleins.pl> ----------------------------
#!/usr/bin/perl -w

use strict;

print "Content-Type: text/html\n\n";
print <<MYEND;
<HTML>
<HEAD>
  <TITLE>Das kleine Einmaleins</TITLE>
</HEAD>
<BODY>
<H1>Das kleine Einmaleins</H1>
<TABLE BORDER=1>
<TR><TD>*</TD>
MYEND

print "<TD><B>$_</B></TD>" foreach (1..10);
print "</TR>\n";

for(my $y=1;$y <= 10;$y++) {
  print "<TR><TD><B>$y</B></TD>";
  print "<TD>" . $_*$y ."</TD>" foreach (1..10);
  print "</TR>\n";
}

print "</TABLE>\n</HTML>\n"
--- </kleineseinmaleins.pl> ---------------------------
```

Das obige Listing implementiert ein kleines CGI-Skript, welches das kleine Einmaleins als HTML-Tabelle ausgibt:

Bild 14.3: Ein einfaches CGI-Skript

Um dieses Skript als CGI ausführen zu können benötigen wir natürlich einen Webserver, auf dem wir das Skript ablegen können. Sollten Sie keinen Webserver auf Ihrer Maschine installiert haben, können Sie im Abschnitt *Der Apache Webserver* nachlesen, wo Sie den Apache Webserver finden können und wie die Installation vor sich geht.

HINWEIS

Vergessen Sie nicht die Shebang-Zeile auf `#!Perl -w` *zu ändern, wenn Sie unter Windows arbeiten!*

Nachdem Sie den Webserver installiert haben, können Sie Ihr eigenes CGI-Skript an die im Server konfigurierte Stelle im Dateisystem speichern und die entsprechende URL aufrufen. Kommt hierbei nicht das gewünschte Ergebnis, dann kann dies verschiedene Ursachen haben. Diese kleine Checkliste soll helfen, dem Fehler auf die Spur zu kommen:

- Läuft der Webserver überhaupt?
- Funktionieren andere CGI-Skripte auf dem Server?
- Analysieren Sie die Fehlermeldungen im `error_log` beziehungsweise der äquivalenten Fehlerlogdatei Ihres Webservers.
- Ist der User, unter dem der Webserver CGI-Skripte ausführt, berechtigt Ihr CGI-Skript auszuführen? Läuft Ihr Webserver unter UNIX als User nobody, so benötigt das Skript Ausführungsrechte für alle: `chmod a+x /path/to/cgi-bin/myscript.pl`. Machen Sie einen `su - nobody` und führen Sie das Skript als `nobody`, oder dem User, unter dem CGI-Skripte auf Ihrem Websever ausgeführt werden, aus.
- Testen Sie, wenn möglich, ob Ihr Skript auf der Kommandozeile läuft.

Wie arbeitet das Skript? Alles was an den Browser geliefert werden soll, muss das Skript per Definition auf STDOUT schreiben[6]. Neben HTML-Tags muss das Skript aber zunächst sagen, um welchen Content-Type es sich handelt.

```
print "Content-Type: text/html\n\n";
```

Der Content-Type legt fest, um welche Art von Daten es sich handelt. Im Beispiel teilen wir dem Browser auf der Gegenseite mit, dass wir ihm eine einfache HTML-Datei senden werden. Bei *normalen* HTML-Seiten oder auch bei Bildern übernimmt diese Aufgabe der Webserver. Im Falle von CGIs muss dies der CGI-Skript tun. Hier können neben dem Content-Type auch noch andere HTTP-Header gesetzt werden (zum Beispiel `Expires`). Nach den Headern muss aber zwingend eine Leerzeile folgen um den Header vom Content abzutrennen.

Von der Kommandozeile aus gestartet liefert das Beispielprogramm diesen (etwas gekürzten) Output:

```
Content-Type: text/html

<HTML>
<HEAD>
  <TITLE>Das kleine Einmaleins</TITLE>
```

6. Die vollständige Beschreibung der CGI-Spezifikation findet sich unter *http://hoohoo.ncsa.uiuc.edu/cgi/*

```
</HEAD>
<BODY>
<H1>Das kleine Einmaleins</H1>
```

Wie erwartet kommt zunächst die Headerzeile und dann der HTML-Code. Der Webserver fügt dieser einzelnen Headerzeile jedoch noch eine ganze Reihe von Headern hinzu. Teilweise können diese im Skript explizit modifiziert werden. Wird das Beispiel als CGI-Skript auf dem Webserver ausgeführt, so liefert der Webserver diesen Output an den Client zurück:

```
HTTP/1.1 200 OK
Connection: close
Date: Tue, 26 Mar 2002 14:42:52 GMT
Transfer-Encoding: chunked
Server: Apache/1.3.22 (UNIX) (Red-Hat/Linux) mod_ssl/2.8.5
        OpenSSL/0.9.6 mod_perl/1.24_01
Content-Type: text/html
Client-Date: Tue, 26 Mar 2002 14:42:52 GMT
Client-Request-Num: 1
Title: Das kleine Einmaleins

<HTML>
<HEAD>
  <TITLE>Das kleine Einmaleins</TITLE>
</HEAD>
<BODY>
<H1>Das kleine Einmaleins</H1>
```

Es wird vom Webserver ein kompletter HTTP-Header generiert. Der Content-Type-Header ist der einzige, den das CGI-Skript liefern muss, da der Webserver ja nicht wissen kann, ob es sich bei dem Output des CGI-Skripts um HTML, Bilder oder andere Inhalte handelt.

Soweit das erste kleine Beispiel. Wir haben den HTML-Code explizit ausformuliert und mussten dafür Sorge tragen, dass er auch korrekt ist. Bei relativ kleinen HTML-Seiten mit nur einer Tabelle ist dies meist auch ziemlich problemlos. Spannend wird es dann, wenn Sie mehrere geschachtelte Tabellen mit den richtigen Tags versorgen müssen oder Eingaben aus einem HTML-Formular parsen müssen. Natürlich können Sie dies in Ihren CGI-Skripten auch per Hand programmieren, aber wozu das Rad neu erfinden?

14.4 Das Modul CGI

CGI.pm von Lincoln D. Stein ist die Eier legende Wollmilchsau für den CGI-Programmierer unter Perl. Es kann auf einfache Weise HTML-Formulare parsen, über Methoden beziehungsweise Subroutinen HTML-Seiten erzeugen, und es deckt Dateiuploads, Cookies, Serverpush, CSS und Frames ab. In diesem Abschnitt werden Sie einige der Möglichkeiten kennen lernen, für eine vollständige Beschreibung konsultieren Sie bitte perldoc CGI.

14.4.1 Das Einbinden in das Programm

CGI.pm ist eines der Module, welches sowohl die funktionsorientierte, als auch die objektorientierte Programmierung unterstützt. Beide haben ähnliche Funktionalität. Beim objektorientierten Ansatz können jedoch mehrere Objekte der Klasse CGI instanziiert werden.

Die funktionsorientierte Verwendung:

```
#!/usr/bin/perl -w
use CGI qw/:standard/;

print header,
      start_html('CGI.pm, der erste Test'),
      h1('CGI.pm, der erste Test'),
      "Ein kleiner Text",
      hr,
      "Eine Aufzählung:",
      ul(li(['Punkt 1','Punkt 2','Punkt 3'])),
      hr,
      "Diese Worte sind ",
      strong(u('fett und unterstrichen')),
      hr,
      "Das heutige Datum: ",scalar localtime(time()),
      end_html;
```

Die funktionsorientierte Verwendung setzt voraus, dass alle Symbole, die benötigt werden, auch importiert werden. Am einfachsten geht dies, indem :standard importiert wird. Natürlich ist auch der gezielte Import von Symbolen möglich[7]. Die Subroutinen des Moduls CGI liefern HTML-Code zurück, der direkt auf STDOUT ausgegeben werden kann.

Zunächst aber ein Beispiel für die objektorientierte Verwendung von CGI.pm:

```
#!/usr/bin/perl -w

use CGI;
$q = new CGI;
print $q -> header,
      $q -> start_html('CGI.pm, der erste Test'),
      $q -> h1('CGI.pm, der erste Test'),
      "Ein kleiner Text",
      $q -> hr,
      "Eine Aufzählung:",
      $q->ul($q->li(['Punkt 1','Punkt 2','Punkt 3'])),
      $q->hr,
      "Diese Worte sind ",
      $q->strong($q->u('fett und unterstrichen')),
      $q->hr,
      "Das heutige Datum: ",scalar localtime(time()),
      $q->end_html;
```

Als Erstes wird ein Objekt der Klasse CGI instanziiert.[8] Ein häufig verwendeter Name ist $query. Wir benutzen hier und auch in den nachfolgenden Beispielen $q. Alle Subroutinenaufrufe des funktionsorientierten Beispiels werden hier durch Methodenaufrufe der Form

7. CGI.pm exportiert eine Reihe von Symbolen. Welche dies sind, können Sie dem Output unseres Testprogrammes von Seite 275 entnehmen.
8. Wenn Sie das Online-Kapitel *Objektorientierte Programmierung* noch nicht gelesen haben, hier noch zwei Worte zu den Begriffen Objekt, Klasse, Instanziierung und Methoden. Eine Klasse ist grob gesagt ein abgeschlossener Namensraum, in dem Funktionen und Daten, die zusammengehören, zusammengefasst sind. So sind beispielsweise im Modul DBI alle Funktionen beinhaltet, die zur Datenbankprogrammierung gehören. Zu diesen Funktionen, die im objektorientierten Umfeld Methoden genannt werden, gehören auch Daten, die von diesen Methoden verändert werden können. Instanziiert man ein Objekt aus einer Klasse, so ist dies, wie wenn man aus einer Konstruktionszeichnung ein reales Objekt baut. Von dieser Konstruktionszeichnung können beliebig viele Objekte gebaut, also instanziiert werden.
   Im konkreten Beispiel wurde mit der Zeile $q = new CGI; aus der Klasse CGI das Objekt $q instanziiert, das damit Zugriff auf alle Methoden hat, die in der Klasse definiert sind.

`$q->methode(argumente)` ersetzt. Ansonsten ergeben sich keine weiteren Änderungen bis auf den Umstand, dass beim objektorientierten Ansatz keine Symbole importiert werden müssen und es damit zu keinem Namenskonflikt kommen kann.

Beide Programme leisten exakt das selbe und erzeugen auf dem Client folgende HTML-Seite:

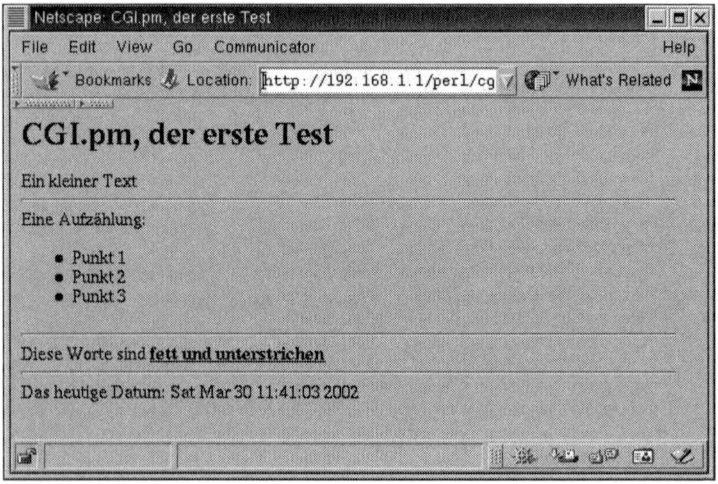

Bild 14.4: CGI.pm

Beim Browser kommt als Output der beiden CGI-Skripte Folgendes an:

```
<?xml version="1.0" encoding="utf-8"?>
<!DOCTYPE html
PUBLIC "-//W3C//DTD XHTML 1.0 Transitional//EN"
SYSTEM
"http://www.w3.org/TR/xhtml1/DTD/xhtml1-transitional.dtd">
 <html xmlns="http://www.w3.org/1999/xhtml" lang="en-US">
  <head>
    <title>CGI.pm, der erste Test</title>
  </head>
  <body>
    <h1>CGI.pm, der erste Test</h1>
    Ein kleiner Text
```

```
    <hr />
    Eine Aufzählung:
    <ul>
      <li>Punkt 1</li>
      <li>Punkt 2</li>
      <li>Punkt 3</li>
    </ul>
    <hr />
    Diese Worte sind
    <strong><u>fett und unterstrichen</u></strong>
    <hr />
    Das heutige Datum: Sat Mar 30 11:44:51 2002
  </body>
</html>
```

14.4.2 Der HTTP-Header

Das Erste, was der Webclient wissen will, ist, welche Art von Daten der Webserver (das CGI-Skript) auf die Anfrage des Clients zurückliefert. Schließlich wird im Client ein Bild anders behandelt als ein Audiostream oder eine einfache HTML-Seite. Diese Information steckt im Content-Type. Wie Sie in der Abhandlung über das HTTP-Protokoll gesehen haben, ist der Content-Type eine Zeile des HTTP-Headers.

Die Methode `header`[9], ohne Parameter aufgerufen, liefert den Content-Type `text/html` zurück, der mit `print` ausgegeben werden kann. Soll eine ganz normale HTML-Seite erzeugt werden, reicht dieser Aufruf vollkommen aus:

```
print $q -> header();
```

Neben dem Content-Type kann die `header`-Methode noch ein Reihe von anderen Standard-HTTP-Headern zurückliefern. Das nachfolgende Beispiel implementiert eine simple Überwachung des freien Speicherplatzes einer Partition (in diesem Fall `/boot` unter UNIX) und visualisiert die in einem Kuchendiagramm.

9. Im Folgenden wird in den Beispielen immer der objektorientierte Ansatz verwendet. Arbeiten Sie lieber funktionsorientiert, so ersetzen Sie `$q -> methodname()` einfach durch `subroutinenname()`.

```
--- <pie.pl> -----------------------------------------------
#!/usr/bin/perl -w

use CGI;
use GD::Graph::pie;

use Filesys::DiskFree;

my $dir = '/boot';
my ($total,$used,$avail);

$handle = new Filesys::DiskFree;
$handle->df();
$avail = $handle->avail($dir);
$total = $handle->total($dir);
$used  = $handle->used($dir);

my $graph = GD::Graph::pie->new(640,480);
@data = (
 ["used: ".commify($used),"avail: ".commify($avail)],
 [ $used, $avail]
);

$graph->set(
 title      =>'Diskusage',
 label      =>
        "Directory: $dir. Total: ".commify($total),
 '3d'       =>1,
 pie_height =>24,
 transparent=>0,
);
$graph->set_title_font(GD::Font->Giant);
$graph->set_label_font(GD::Font->Giant);
$graph->set_value_font(GD::Font->Giant);

$gd = $graph->plot(\@data);

my $q = new CGI;
print $q -> header(-type    => 'image/png',
                   -expires => '+5m');
binmode STDOUT;
print $gd->png;
```

```
42
43 sub commify {
44   local $_  = shift;
45   1 while s/^([-+]?\d+)(\d{3})/$1,$2/;
46   return $_;
47 }
--- </pie.pl> -------------------------------------------
```

Interessant sind hier zwei Dinge: Zum einen lässt sich mit wenigen Programmzeilen ein halbwegs anschaulicher virtueller Kuchen backen (vorausgesetzt, Sie haben die eingebundenen Module installiert).

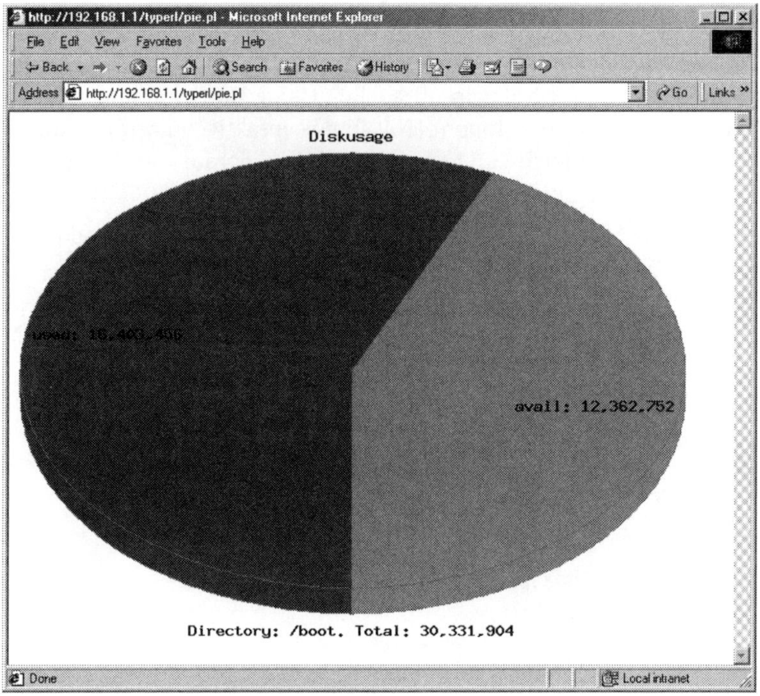

Bild 14.5: Festplattenbelegung der /boot Partition als CGI

Zum anderen teilen wir dem aufrufenden Client mit, dass wir ihm aus unserem CGI-Skript ein Bild vom Type png liefern, welches jedoch nur 5 Minuten gültig ist (Zeile 38 und 39). Da sich der freie Plattenplatz ständig ändern kann, macht es keinen Sinn, dass sich caching Proxies oder Webbrowser bis zum St. Nimmerleinstag dieses Bild merken, weshalb das Skript explizit darauf hinweist, dass das Bild nur eine begrenzte Dauer aktuell ist und bei der nächsten Anfrage nach dieser Zeit neu zu generieren ist.

Übrigens ist das hier verwendete Modul GD.pm eine Schnittstelle zur gd graphics library. Über dieses Modul können mit verschiedenen Primitiven Graphiken erstellt und diese zum Beispiel als PNG-Datei ausgegeben werden.

14.4.3 Wohlstrukturiertes HTML

Eine HTML-Seite hat einen wohlstrukturierten Aufbau. Auch wenn viele Browser mit HTML-Fragmenten immer noch etwas anzeigen, sollte Sie einen DOCTYPE, ein <HTML>-Tag, Head, Body und ein </HTML>-Tag haben. CGI.pm hilft Ihnen HTML-Tags syntaktisch korrekt zurückzuliefern, wenngleich CGI.pm keinen Einfluss darauf hat, in welcher Reihenfolge Sie die Tags dem Browser präsentieren.

Neben Tags, die das Dokument näher spezifizieren (wie zum Beispiel das xml-Tag) finden sich auch eine Reihe von HTML-Tags, die Sie sicher schon öfter in Ihren HTML-Seiten selbst notiert haben: html, h1 oder ul. Für diese Tags bietet das CGI-Modul Methoden beziehungsweise Subroutinen, die für die Erzeugung einer korrekten HTML-Seite benutzt werden können.

start_html

```
# Einfacher HTML-Kopf
print $q -> start_html('Michel von Lönneberga');

# Komplexerer HTML-Kopf
print $q -> start_html(
  -title   => 'Michel von Lönneberga',
  -author  => 'astrid@lindgren.se',
  -meta    => {'keywords' => 'Michel Schuppen Katthult'},
  -bgcolor => 'yellow');
```

start_html produziert auf Basis der übergebenen Parameter alle HTML-Tags, die am Anfang einer HTML-Seite stehen müssen, einschließlich des öffnenden body-Tags[10].

```
# Einfacher HTML-Kopf

<?xml version="1.0" encoding="utf-8"?>
<!DOCTYPE html
   PUBLIC "-//W3C//DTD XHTML Basic 1.0//EN"
   "http://www.w3.org/TR/xhtml-basic/xhtml-basic10.dtd">
<html xmlns="http://www.w3.org/1999/xhtml" lang="en-US">
  <head>
    <title>Michel von Lönneberga</title>
  </head>
  <body>


# Komplexerer HTML-Kopf

<?xml version="1.0" encoding="utf-8"?>
<!DOCTYPE html
   PUBLIC "-//W3C//DTD XHTML Basic 1.0//EN"
   "http://www.w3.org/TR/xhtml-basic/xhtml-basic10.dtd">
<html xmlns="http://www.w3.org/1999/xhtml" lang="en-US">
  <head>
    <title>Michel von Lönneberga</title>
    <link rev="made" href="mailto:astrid%40lindgren.se" />
    <meta name="keywords"
       content="Michel Schuppen Katthult" />
  </head>
  <body bgcolor="yellow">
```


10. CGI.pm produziert relativ schwer lesbaren HTML-Code, da alles in einer Zeile steht, es sei denn Sie fügen bei Ihren Ausgaben \n nach jeder Zeile ein. Legt man Wert auf schön formatierten HTML-Code, bietet sich das Modul CGI::Pretty (bei Perl mitgeliefert) oder HTML::PrettyPrinter von Claus Schotten an. Der HTML-Code in den Beispielen wurde zur besseren Lesbarkeit manuell umformatiert.

Bei einem minimalistischen Aufruf von `start_html` besteht die Argumentliste nur aus einem String. Wird nur ein String übergeben, wird dieser als Dokumententitel angenommen und in den `<head>`-Bereich eingefügt.

Wie fast alle Methoden des `CGI`-Modules können Argumente auch mit Namen versehen übergeben werden. Die Argumentenliste besteht dann entweder wie hier aus einem Hash oder aus einer Referenz auf einen Hash. Welche benannten Argumente an die jeweilige Methode übergeben werden können, entnehmen Sie bitte `perldoc CGI`. Manche Methoden können optional mit bis zu zwanzig Parametern befüttert werden, wobei die Reihenfolge der Argumente bei benannten Argumenten beliebig ist. Es ist lediglich zu beachten, dass alle Schlüssel des übergebenen Hashes, also die Namen der Parameter, mit einem führenden Bindestrich beginnen müssen.

HTML-Tags

`CGI.pm` versorgt Sie mit Methoden um alle HTML-Tags zu erzeugen, die das Herz begehrt. Die Parameterübergabe an diese Methoden kann bei komplexeren HTML-Strukturen verschiedene Ausprägungen annehmen.

- Kein Argument:

  ```
  print $q->hr();
  ```

- Eine Zeichenkette als Argument:

  ```
  $q->h3("Unterüberschrift");
  ```

- Ein Hash, um Argumente mit Namen zu übergeben:

  ```
  $q->start_html(-title => "Dokumententitel");
  ```

- Eine Referenz auf ein Hash und danach einen String:

  ```
  $q->a({-href=>"link.html"},"Klick mich");
  # gibt <a href="link.html">Klick mich</a>
  ```

  Diese Syntax wird speziell dann benötigt, wenn einem HTML-Tag Attribute mitgegeben werden sollen. Schlüssel und Werte des referenzierten Hashes bestimmen die Attribute des Tags, der String legt fest, was zwischen Start- und Ende-Tag steht.

- Eine Referenz auf ein Array

  `$q->li(['Punkt 1','Punkt 2','Punkt 3']);`

- Mischungen aus den oben gezeigten Varianten. Die Art der Parameterübergabe hängt einfach vom zu erzeugenden HTML-Tag ab. Siehe `perldoc CGI`!

end_html

Zu guter Letzt sollte das HTML-Dokument natürlich auch noch sauber geschlossen werden. `print $q -> end_html();` gibt ein schließendes `body`- und `html`-Tag aus.

14.4.4 Formulare

HTML-Formulare erlauben dem Besucher der Webseite die Eingabe von Daten, die auf dem Webserver ausgewertet werden. Für die Übermittlung der Daten vom Client zum Webserver definiert das CGI-Protokoll zwei Methoden: `GET` und `POST`. Die Übergabe der Werte an das CGI-Skript, die in das Formular eingetragen wurden, erfolgt in Abhängigkeit von der verwendeten Methode.

- GET: In der Umgebungsvariablen `QUERY_STRING` werden alle Formularfelder an das CGI-Skript vom Webserver übergeben.
- POST: Das CGI-Skript erhält von `STDIN` die Formulardaten. Der Webserver liefert allerdings kein `EOF`, sondern übergibt in der Umgebungsvariablen `CONTENT_LENGTH` die Anzahl der Bytes, die das CGI-Skript zu erwarten hat.

Auch beim Parsen dieser Formulardaten leistet uns das `CGI`-Modul wertvolle Dienste, da es uns die Arbeit fast gänzlich abnimmt.

Wer, aus welchen Gründen auch immer, auf die Verwendung von `CGI.pm` verzichten muss oder möchte, kann folgende Routine zum Parsen der Formulardaten verwenden:

```
--- <formparse.pl> ---------------------------------------
#!/usr/bin/perl -wT

print "Content-Type: text/plain\n\n";
my %f = FormParse();
foreach my $key (keys %f) {
```

```
  print "$key: ";
  print "$_ " foreach (split("\0",$f{$key}));
  print "\n";
}

sub FormParse {
  my ($buffer,%form);

  if($ENV{'REQUEST_METHOD'} eq "POST") {
    read(STDIN,$buffer,$ENV{'CONTENT_LENGTH'});
  } else {
    $buffer = $ENV{'QUERY_STRING'};
  }

  my @pairs = split /&/, $buffer;
  foreach my $pair (@pairs) {
    my($name,$value) = split(/=/,$pair);
    $value =~ tr/+/ /;
    $value =~ s/%([a-f\d]{2})/chr(hex($1))/ieg;
    $value =~ s/~!/ ~!/g;
    if($form{ $name }) {
      $form{ $name } .= "\0$value";
    } else {
      $form{ $name } = $value;
    }
  }
  return %form;
}
--- </formparse.pl> ------------------------------------
```

Das Modul `CGI.pm` entbindet uns von dieser fehleranfälligen Art des Parsens der Formulardaten. Es weiß, ob die Daten mittels `GET` oder `POST` übermittelt werden, zerlegt `QUERY_STRING` beziehungsweise den Datenstrom von `STDIN` korrekt und legt die Formulardaten intern in einem Hash ab, den wir bei Bedarf einfach referenzieren. Ein Beispiel für ein Formular:

```
<html>
<head>
 <title>Formtest</title>
</head>
<body>
```

```
 <form method="post" action="/typerl/email.pl">
  <p>Name: <input type="text" name="name" /></p>
   <p>Emailadresse: <input type="text" name="email" /></p>
   <p>Möchten Sie wichtige Produktinformationen
      erhalten?</p>
   <p><input type="radio" name="spam"
            value="yes" />ja</p>
   <p><input type="radio" name="spam"
            value="no"  />nein</p>
   <input type="submit" name="submit">
  </form>
 </body>
</html>
```

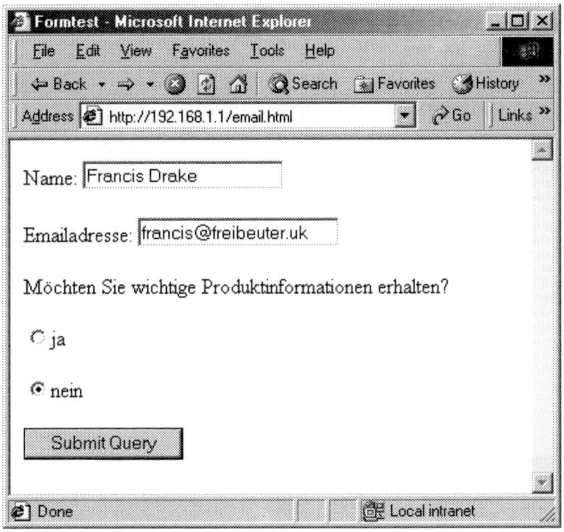

Bild 14.6: email.html

Das Formular definiert zwei Eingabefelder mit den Namen `name` und `email`, einen Radioknopf (`spam`) mit den Werten `yes` und `no` und einen Submitknopf. Für die Übertragungsmethode wird `POST` festgelegt. Drückt der Benutzer den Submitknopf, soll auf dem Webserver das CGI-Skript `/typerl/email.pl` ausgeführt werden:

```
--- <email.pl> ------------------------------------------
#!/usr/bin/perl -w

use CGI;

my $q = new CGI;
print $q->header;

# ----------------------------------------------------
print $q -> h1('Einzelne Formularfelder');
print $q -> p('Email: ',$q -> param('email'));
print $q -> p('Spam: ', $q -> param('spam'));

# ----------------------------------------------------
print $q -> h1('Parameterliste');

# Die Namen aller Parameter in eine Liste
my @names = $q -> param;

# Temporäres Array für alle Tabellenzeilen
# Es geht auch ohne. Wird jedoch relativ schnell
# unübersichtlich

my @tablerows = ();

# Tabellenüberschrift
push @tablerows, $q -> th(['Parametername', 'Wert']);

foreach (sort @names) {
  # Eine Tabellenzeile
  push @tablerows, $q -> td([ $_, $q -> param($_) ]);
}

# Gibt eine umrandete Tabelle aus,
# bei denen alle Zellenelemente linksbündig sind
print $q -> table({-border=>1},
                  $q -> Tr({-align=>LEFT},
                  \@tablerows));
--- </email.pl> -----------------------------------------
```

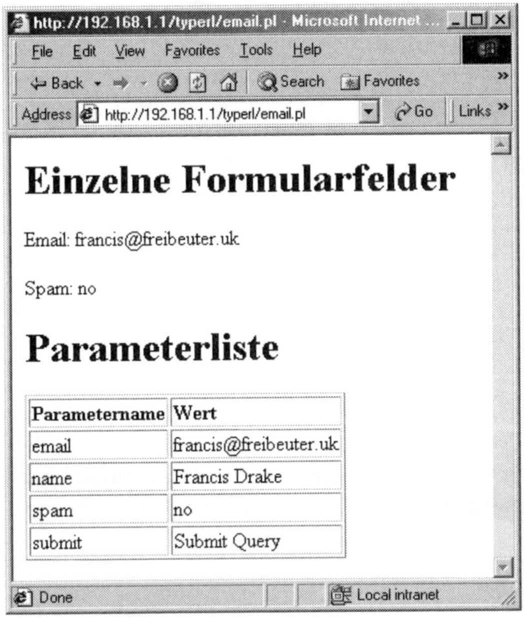

Bild 14.7: Ausgabe von email.pl

`CGI.pm` bietet verschiedene Möglichkeiten an, auf Formulardaten zuzugreifen:

- Der Methode `param` wird der Namen eines Formularfeldes übergeben:

  ```
  $email         = $q -> param('emailfield');
  @bundeslaender = $q -> param('bundeslaender');
  ```

  Abhängig davon, ob das Formularfeld einen oder mehrere Werte beinhalten kann, wird ein Skalar oder ein Array zurückgeliefert. Ein Feld kann mehrere Werte haben, wenn zum Beispiel Auswahllisten oder Checkboxen verwendet werden.

  Neben lesendem Zugriff auf Formularfelder können diese auch modifiziert werden.

  ```
  $q -> param(-name=>'emailfield',-value=>'new@e.mail');
  ```

- Wird `param` kein Argument übergeben, liefert es eine Liste der Namen aller Formularfelder zurück.

```
@feldnamen = $q -> param;
```

- `Vars` liefert ein Hash zurück, wenn es im Listenkontext aufgerufen wird. Schlüssel sind die Namen der Formularfelder und Werte zu den Schlüsseln die Inhalte der Formularfelder.

```
%felder = $q -> Vars();
print $felder{'email'};
@values = split("\0",$felder{'bundeslaender'});
```

  Hat ein Feld multiple Werte, so werden die Werte in einem durch `"\0"` separierten String zurückgeliefert und können mit `split` in eine Liste extrahiert werden.

- Im skalaren Kontext aufgerufen, liefert `Vars` eine Referenz auf einen Hash zurück. Im Gegensatz zum Aufruf im Listenkontext können hier auch Parameter in der Instanz des `CGI`-Modules verändert werden.

```
$pfelder = $q -> Vars();
print $pfelder->{'email'};
$pfelder->{'email'} = "me\@warmemail.com";
print $q -> param('email'); # me@warmemail.com
```


14.4.5 Selbst referenzierende CGI-Skripte

Sicher ist Ihnen das auch schon passiert: Sie haben im Internet ein ellenlanges Formular mit vielen Feldern ausgefüllt. Nach dem Abschicken bekommen Sie eine Fehlerseite, bei der es heißt, Sie hätten vergessen, etwas in das Pflichtfeld *xyz* einzutragen. Nach dem Drücken des Backbuttons Ihres Browsers ist zwar das Formular wieder da, aber alle bereits ausgefüllten Felder sind leer. Passiert das mehrmals, verlässt der genervte Anwender sicherlich die Webseite. Um so etwas zu umgehen, bietet es sich an, das Formular gleich vom CGI-Skript selbst generieren zu lassen und die Eingabeparameter mit den Werten des letzten Aufrufs zu befüllen.

Zu Veranschaulichung soll ein Skript geschrieben werden, welches aus einem Formular Usernamen, Passwort und Passwortbestätigung entgegennimmt. Das Formular soll dabei vom Skript selbst erzeugt werden.

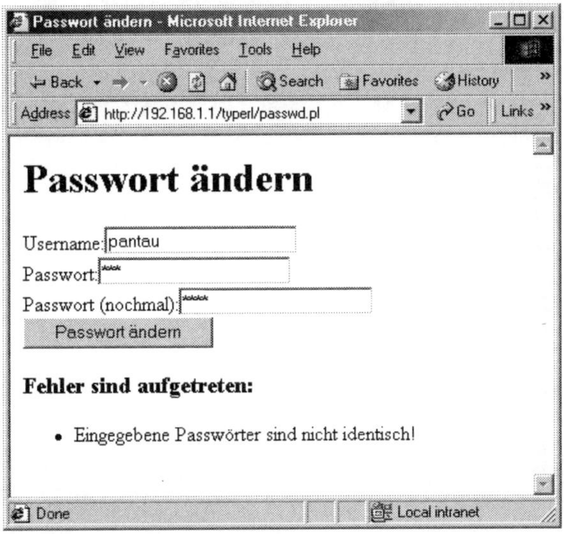

Bild 14.8: Aufruf von passwd.pl

Das Skript muss Folgendes leisten:

1. Überprüfung, ob das Skript das erste Mal aufgerufen wird. Wenn ja, muss das Formular zurückgeliefert werden.
2. Wurde das Skript nicht das erste Mal aufgerufen, ist davon auszugehen, dass der Benutzer Daten eingetragen hat. Diese Daten müssen geparst und auf Gültigkeit überprüft werden.
3. Sind die eingegebenen Daten in Ordnung, muss das Passwort geändert und eine Bestätigungsseite ausgegeben werden.
4. Waren die Daten nicht ok, muss das Formular erneut ausgegeben werden, wobei die bereits ausgefüllten Werte wieder vorgeblendet werden müssen. Zusätzlich muss angezeigt werden, welche Felder Probleme bereitet haben.

```
--- <passwd.pl> ----------------------------------------
#!/usr/bin/perl -w

use CGI;
my $q = new CGI;

```

```
if($q -> param) {  # Wurden Parameter übergeben?
  # Das Formular sollte bereits ausgefüllt sein
  my $perrortexts = parse_form();
  if(@$perrortexts) {
    print_form($perrortexts);
  } else {
    # change_password_somehow();
    print $q -> header,
          $q -> start_html('Passwort geändert'),
          $q -> h3('Ihr Passwort wurde geändert'),
          $q -> end_html();
  }
} else {
  # Das Skript wird das erste Mal aufgerufen
  $q -> param(-name=>'username',-value=>'');
  $q -> param(-name=>'passwd1', -value=>'');
  $q -> param(-name=>'passwd2', -value=>'');
  print_form();
}

sub parse_form {
  my @errors = ();
  if("" eq $q -> param('username')) {
    push @errors,"Username fehlt!";
  }
  if($q->param('passwd1') ne $q->param('passwd2')) {
    push @errors,"Eingegebene Passwörter sind ".
                 "nicht identisch!";
  }
  if("" eq $q->param('passwd1').$q->param('passwd2')) {
    push @errors,"Leeres Passwort ist nicht erlaubt!";
  }
  return \@errors;
}

sub print_form {
  $error = shift;
  print
    $q->header,
    $q->start_html('Passwort ändern'),
    $q->h1('Passwort ändern'),
    $q->start_form(-method =>  POST,
```

```
48                    -action =>  $q->url()),
49     "Username:",
50     $q->textfield(-name => 'username',
51                 -default => $q->param('username')),
52     $q->br(),
53     "Passwort:",
54     $q->password_field(-name => 'passwd1',
55                      -default => $q->param('passwd1')),
56     $q->br(),
57     "Passwort (nochmal):",
58     $q->password_field(-name => 'passwd2',
59                      -default => $q->param('passwd2')),
60     $q->br(),
61     $q->submit('Passwort ändern'),
62     $q->end_form();
63   if($error) {
64     print $q->h3('Fehler sind aufgetreten:');
65     print $q->ul($q->li($error));
66   }
67   print $q->end_html();
68 }
--- </passwd.pl> ------------------------------------------
```


Das abgebildete Skript erfüllt die Voraussetzungen. Wie wird dies erreicht?

1. Zeile 6 sieht nach, ob die Anzahl der geparsten Formularfelder größer als null ist. Ist das nicht der Fall, besetzen die Zeilen 20 bis 22 die Formularfelder `username`, `passwd1` und `passwd2` mit dem leeren String vor.

   Zeile 23 sendet das Formular das erste Mal an den Browser. Die Subroutine `print_form` nimmt als Argument eine Referenz auf ein Array. Dieses wird benutzt, um etwaig aufgetretene Fehler während des Parsens in einer Fehlermeldung auszugeben. Später dazu mehr.

   Zunächst wird der HTTP-Header und der ganze HTML-Tag-Vorspann ausgegeben. Nach der `H1`-Überschrift eröffnet `start_html` das `FORM`-Tag. Die mit Namen versehenen Parameter `-method` und `-action` definieren die Übertragungsmethode (`POST`) und die Action. Action bezeichnet das Skript, welches nach Drücken des Submitknopfes gestartet werden soll, um die Formulardaten auszuwerten. Da wir das selbst sind, nutzen wir die von `CGI.pm` zur Verfügung gestellte Methode `url()` um unsere eigene URL einzufügen.

Neben textuellen Ausgaben werden drei Eingabefelder in das Formular einfügt: `username`, ein Feld vom Typ `textfield` und `passwd1/passwd2` jeweils vom Typ `password_field`. Während beim Textfeld die vom Benutzer getippte Eingabe im Klartext sichtbar ist, wird beim Passwortfeld anstelle eines Zeichens der Stern (*) angezeigt, damit niemand mitlesen kann.

Jedem der Felder wird ein Defaultwert zugewiesen. Dieser Defaultwert wird vorgeblendet, wenn das Formular sichtbar wird. Wäre im Formular ein Resetknopf vorhanden, so könnten die Felder über ihn auf diese Defaultwerte zurückgestellt werden. Beim ersten Aufruf sind diese Defaultwerte natürlich die leeren Strings, weil wir die entsprechenden Parameter in den Zeilen 20 bis 22 entsprechend vorbelegt haben. Der vom Skript erzeugte HTML-Code, soweit er das Formular betrifft:

```
<form method="post"
      action="http://localhost/./passwd.pl"
      enctype="application/x-www-form-urlencoded">
  Username:<input type="text" name="username"  /><br />
  Passort:<input type="password" name="passwd1"  /><br />
  Passort (nochmal):
  <input type="password" name="passwd2"  /><br />
  <input type="submit" name="Passort ändern"
         value="Passort ändern" />
</form>
```

2. Wurde das Skript nicht das erste Mal aufgerufen, parst der Aufruf der Subroutine `parse_form` die übergebenen Formulardaten auf Gültigkeit.

   Die Zeilen 28 bis 37 implementieren die Überprüfung, ob ein Username eingeben wurde, ob die beiden Passworte übereinstimmen und dass nicht beide Passworte der Leerstring sind. Treten während der Untersuchung ein oder mehrere Fehler auf, wird das Array `@errors` mit entsprechenden Fehlermeldungen gefüllt. Letztendlich wird eine Referenz auf das Array zurückgeliefert.

3. Ist das Array, auf das die von `parse_form` zurückgegebene Referenz zeigt, leer, so wird in der Zeile 12 das Passwort geändert. Die entsprechende Subroutine ist hier auskommentiert, weil sie nicht implementiert ist :-).

   Zeile 13 bis 16 erzeugen eine Bestätigungsseite für den Benutzer. Würde dies unterbleiben, bekäme der Nutzer einen *500 internal error* des Webservers vorgeblendet, weil das CGI-Skript keinen Output liefert.

4. Waren die Daten nicht in Ordnung, wird `print_form` mit der Referenz auf das Array mit den Fehlermeldungen aufgerufen.

   Die Benutzereingaben der Felder bleiben erhalten, da die einzelnen Felder als `-default` die jeweiligen Formularfelder erhalten, die vorher geparst wurden.

   Zusätzlich werden in Zeile 65 eine unnummerierte Liste die von `parse_form` erzeugten Fehlermeldungen ausgegeben.

14.4.6 Fehlersuche in CGI-Skripten

Webserver protokollieren auftretende Fehler in der Regel in einer Logdatei mit. Auch wenn Sie Administrator sind und somit Zugriff auf diese Logdatei haben, kann die Fehlersuche in CGI-Skripten ausschließlich über dieses Medium recht zeit- und nervenraubend sein.

`CGI::Carp` erlaubt auf einfache Weise die Umleitung von Fehlermeldungen bei fatalen Fehlern an den Browser. Fatale Fehler sind solche, die entweder während der Laufzeit des CGI-Skriptes oder bereits bei dessen Kompilierung auftreten. Dazu zählen auch Fehler, bei denen das Programm mit `die "Message $!\n"` beendet wird.

Um fatale Fehler an den Browser weiterzuleiten reicht folgende Zeile in Ihrem CGI-Skript:

```
use CGI::Carp qw(fatalsToBrowser);
```

Daneben bietet das `CGI`-Modul Ihnen an, Ihre Skripten auch offline zu testen. Wenn keine Formulardaten an das Skript übergeben werden, kann man das Programm ganz normal von der Kommandozeile aus starten und bekommt die Ausgabe auf `STDOUT`, also normalerweise auf dem Bildschirm angezeigt. Das ist noch nichts Neues. Wenn solche

Formulardaten ausgewertet werden sollen, tut man sich da schon schwerer. Wie übergibt man diese korrekt an ein Skript, welches man in der Kommandozeile aufruft?

Die Formulardaten können mit dem `CGI`-Modul in der Kommandozeile in der Form `feldname=wert` angegeben werden. Das `passwd.pl`-Skript des vorhergehenden Abschnittes kann somit ohne Webserver auf Fehler untersucht werden:

```
./passwd.pl username=joe passwd1=abc passwd2=abc
```

Daneben können Sie mit dem Pragma `-debug`, welches das `CGI`-Modul definiert, das Skript dazu veranlassen, die Formulardaten auch von `STDIN` zu lesen. Jede eingegebe Zeile sollte dann auch wieder die Form `feldname=wert` haben.

```
use CGI qw/-debug/;
```

14.5 Sicherheit

Sicherheit, oder neudeutsch Security, ist heutzutage eines der zentralen Themen in der Computerwelt. Neben der Netzwerksicherheit wird auch immer mehr darauf geachtet, dass Applikationen, die auf firmeneigenen Computern laufen, als sicher einzustufen sind. Um so mehr, wenn es sich um Programme wie CGI-Skripte handelt, die Dienste für andere zur Verfügung stellen.

Dieser Abschnitt ist keinesfalls vollständig. Neben den Informationen aus `perldoc perlsec` sollten Sie sich auf jeden Fall zu diesem Thema ständig online oder in Zeitschriften auf dem Laufenden halten. Neben dem so genannten Taintmodus erfahren Sie hier, wie Ihnen das Modul `CGI::Safe` helfen kann, Ihre CGI-Skripten sicherer zu machen.

14.5.1 Der Taintmodus

Der Taintmodus wird durch den Kommandozeilenschalter `-T` aktiviert.[11] Sie sollten in jedem Ihrer CGI-Skripte den Taintmodus einschalten.

11. Der Taintmode wird unter UNIX übrigens automatisch aktiviert, wenn Perl feststellt, dass sich beim Skript *effective uid* und *real uid* unterscheiden.

Tainted kommt, wer hätte es gedacht, aus dem Englischen und bedeutet soviel wie *verdorben* oder auch *vergiftet*. Da sich dies in der deutschsprachigen Literatur so eingebürgert hat, werden wir im Folgenden den Begriff *vergiftete Daten* benutzen.

Was sind vergiftete Daten?

Ist der Taintmodus aktiviert, so betrachtet Perl alle Daten, die von außerhalb des Programmes stammen, als vergiftet. Dies können zum Beispiel Umgebungsvariablen, Kommandozeilenparameter, Daten aus Fileoperationen oder Eingaben aus Webseiten mit Formularfelder[12] sein.

Perl verbietet die Verwendung von vergifteten Daten bei Aufruf einer Subshell, außer bei `system` und `exec`.[13] Genauso wenig sind Operationen erlaubt, die Dateien/Verzeichnisse und andere Prozesse modizifieren. Auch hier gibt es wieder zwei Ausnahmen: `print` und `syswrite`.

Was kann an solchen Daten gefährlich sein? Ein einfaches Beispiel: Sie haben ein Webformular, bei dem der Nutzer Daten wie Vorname, Name und Emailadresse eintragen kann. Das dahinter stehende CGI-Skript soll, nachdem es den Nutzer beispielsweise als Kunde in eine Datenbank eingetragen hat, diesem Nutzer eine Willkommensemail schicken. Für den Mailversand wählen Sie folgende Konstruktion:

```
--- <tainted1.pl> --------------------------------------
#!/usr/bin/perl -w

use CGI;
my $q = new CGI;
$emailaddr = $q -> param('email');

# Andere Aktionen

open(MAILOUT,"|/bin/mail -sWillkommen $emailaddr")
  or die "Cannot call /bin/mail: $!";
print MAILOUT "Hallo neuer Kunde. Geld her.\n";
```

12. Auch Eingaben aus Formularfeldern werden, wie Sie ja wissen, über Umgebungsvariablen oder von `STDIN` an das CGI-Skript übergeben.
13. Ab Perlversion 5.8.0 geben Aufrufe von `system` und `exec` mit vergifteten Daten eine Warnung aus.

```
close(MAILOUT);

print "Content-type: text/html\n\nMail sent!\n";
--- </tainted1.pl> ------------------------------------
```

Trägt der brave Kunde seine Emailadresse ein, bekommt er eine nette Mail. Was aber, wenn er als Emailadresse Folgendes angibt:

```
ty@sbs.de;mail fakeuser4711@hotmail.com < /etc/passwd
```

Dann hat er Ihnen, ohne dass Sie das wahrscheinlich mitbekommen, Ihre Passwortdatei entlockt.

Natürlich können Sie argumentieren, dass mit der Verwendung von `Mail::Send` dies nicht passiert wäre, aber ich glaube, Sie erkennen, dass hier viel Gefahrenpotenzial steckt.

Der Taintmodus zwingt Sie dazu, alle Daten, die von außerhalb des Perlprogrammes kommen und außerhalb des Perlprogrammes verwendet werden sollen, zu entgiften. Geschieht dies nicht, bricht das Programm mit einer Fehlermeldung ab:

```
$ perl -Te '$a=<>;chmod(0755,$a);'
t.pl
Insecure dependency in chmod while running
with -T switch at -e line 1, <> line 1.
```

Was ist alles vergiftet? Verwenden Sie eine vergiftete Variable in einem Ausdruck wie `$untainted_data = $tainted_data + 1;`, so wird automatisch die Variable `$untainted_data` auch als vergiftet markiert. Um festzustellen, ob eine Variable vergiftet ist, schlägt die `perlsec`-Manpage folgende Subroutine vor:

```
sub is_tainted {
  return ! eval { join('',@_), kill 0; 1; };
}
```

Bei der Verwendung des Schalters `-w` gibt Perl bei dieser Subroutine allerdings eine Warnung aus. Das Modul `Scalar::Util` funktioniert auch mit `-w` und exportiert bei Bedarf die Subroutine `tainted`. Sie funktioniert jedoch nur mit Skalaren:

```
#!/usr/bin/perl -Tw

use Scalar::Util qw/tainted/;
```

```
$a=<>;
print tainted($a);
```

Die Entgiftung

Die Entgiftung von Daten passiert über einen Vergleich mit einem regulären Ausdruck, bei dem die in runden Klammern gefundenen Rückwärtsreferenzen der Variablen wieder zugewiesen werden:

```
#!/usr/bin/perl -Tw

$file_in_current_dir=<>;
chomp($file_in_current_dir);
if($file_in_current_dir =~ /^([\w._]+)$/) {
  $file_in_current_dir = $1;
} else {
  print "Cannot untaint \$file_in_current_dir. Exit.\n";
  exit;
}
chmod(0755,$file_in_current_dir);
```

Der reguläre Ausdruck muss überprüfen, ob es sich bei den übergebenen Daten um sichere Daten handelt. Im Beispiel werden nur Dateinamen zugelassen, die aus Wortzeichen, dem Punkt und dem Unterstrich bestehen. Wird ein anderer Dateiname übergeben, bricht das Programm ab.

Wenn Sie als regulären Ausdruck `/^(.*)$/` verwenden, wird jede Art von Daten als sicher betrachtet. Dann können Sie aber auch gleich den Taintmodus ausschalten :-).

Die PATH-Umgebungsvariable `$ENV{PATH}` wird als vergiftet betrachtet. Enthält die PATH-Variable tatsächlich einen Pfad, der in ein ungewolltes Verzeichnis zeigt, so könnte es passieren, dass Sie beim Aufruf von externen Kommandos nicht das von Ihnen gewünschte Kommando, sondern ein anderes erwischen. Vom sicherheitstechnischen Standpunkt ist dies natürlich ein Risiko. Setzen Sie deshalb Ihre Pfadangabe explizit auf sichere Werte und löschen Sie die gegebenenfalls vorhandene `BASH_ENV`-Umgebungsvariable:[14]

---

14. Welche Umgebungsvariablen noch als gefährlich einzustufen sind, entnehmen Sie bitte `perldoc perlsec`

```
$ENV{PATH} = '/bin:/usr/bin';
delete($ENV{BASH_ENV});
```

Für das Entgiften von Daten in CGI-Skripten bietet sich das CPAN-Modul `CGI::Untaint` von Tony Bowden an.[15]

```
--- <untaint_email.pl> ---------------------------------
#!/usr/bin/perl -Tw

use CGI qw/-debug/;
use CGI::Untaint;

$ENV{PATH} = '/bin:/usr/bin';
delete($ENV{BASH_ENV});

my $q = new CGI;
my $handler = CGI::Untaint->new($q->Vars);
my $emailaddr = $handler->extract(-as_email=>'email');

if(defined($emailaddr)) {
  # $emailaddr ist nun ein Objekt der
  # Klasse Mail::Address

  open(MAILOUT,"|/bin/mail -sWillkommen ".
               $emailaddr -> address())
    or die "Cannot call /bin/mail: $!";
  print MAILOUT "Hallo neuer Kunde. Geld her.\n";
  close(MAILOUT);

  print "Content-type: text/html\n\nMail sent!\n";
} else {
  print "Content-type: text/html\n\n";
  print "Invalid email address!\n";
}
--- </untaint_email.pl> --------------------------------
```


15. Das auf dem CPAN befindliche Modul `Untaint` ließ sich beispielsweise unter Redhat linux 7.0/perl 5.6.1 nicht automatisch installieren, weil einige Tests nicht erfolgreich durchgeführt werden konnten, weshalb es im Weiteren nicht mehr erwähnt wird.

Gleich vorneweg: Nutzen Sie wann immer es geht Standardmodule. Konstruktionen wie der Aufruf von `/bin/mail` funktionieren zwar, aber es besteht immer das Risiko, dass Sie etwas übersehen haben. Für ein reales CGI-Skript sollten Sie zum Beispiel `Mail::Send` aus den Mailtools (siehe CPAN) verwenden.

Dem `new`-Konstruktur von `CGI::Untaint` wird ein Hash von vergifteten Variablen übergeben. Hier verwenden wir den Hash `$q->Vars`, der alle Parameter aus einem HTML-Formular enthält.

Es wird ein Handler zurückgeliefert, mit dem dann aus beliebigen Variablen (aus `$q->Vars`) gültige Daten extrahiert werden können. Wird die Methode `extract` des Handlers aufgerufen, so extrahiert diese aus dem angegebenen Feld gültige und entgiftete Daten mit der angebenen Methode.

Im Beispiel wurde `CGI::Untaint::email` verwendet (muss extra vom CPAN installiert werden). Die Zeile

```
my $emailaddr = $handler->extract(-as_email=>'email');
```

macht `$emailaddr` zu einem Object der Klasse `Mail::Address`. Hierzu teilt man der Methode `extract` zunächst mit, wie die Daten überprüft werden sollen. Hier haben wir angegeben, dass es sich um eine Emailadresse handeln soll: `-as_email`. Durch die Angabe des Schalters `-as_email` haben wir festgelegt, dass die Prüfmechanismen aus `CGI::Untaint::email` verwendet werden sollen.

Als Wert zu diesem Schalter haben wir `extract` gesagt, es möchte bitte das Formularfeld `'email'` und seinen zugehörigen Wert aus `$q->Vars` auf Gültigkeit überprüfen.

Kann eine gültige Emailaddresse erkannt werden, so wird ein gültiges und unvergiftetes Objekt der Klasse `Mail::Address` zurückgeliefert, mit dem Sie weiter arbeiten können.

Die Handler `hex`, `integer`, `object` und `printable` sind im Modul `CGI::Untainted` mitgeliefert. Auf dem CPAN finden sich noch zusätzlich die externen Handler: `creditcard`, `date`, `email`, `isbn`, `uk_postcode` und `url`. Suchen Sie auf dem CPAN nach `CGI::Untainted::`*handler*, also zum Beispiel `CGI::Untainted::url`. Weitere Informationen zu den mitgelieferten Handlern und eine Anleitung, wie Sie eigene Handler schreiben können, finden Sie in `perldoc CGI::Untainted`.

14.5.2 CGI::Safe

Das CGI-Modul hat zwei Schwachstellen:

- Wie bereits angesprochen gibt es einige Umgebungsvariablen, die als gefährlich angesehen werden und somit im Taintmodus vergiftet sind. Diese sind bei Verwendung des Moduls CGI in unveränderter Form vorhanden.
- Dateiuploads sind standardmäßig nicht ausgeschaltet und erlauben Uploads in beliebiger Größe, was bösen Buben erlaubt mit einer sehr großen Datei Ihre Festplatte zu überfüllen. Man spricht hier auch von einem *Denial of Service-Attack*, also einem Versuch, den Webserver zum Erliegen zu bringen.

CGI::Safe (ein Modul von Curtis Poe) leitet sich aus der Klasse CGI ab und versucht diese Mängel zu beseitigen. Die in der perlsec-Manpage beschriebenen Umgebungsvariablen werden gelöscht beziehungsweise auf einen unvergifteten Wert gesetzt.

Daneben werden Dateiuploads zunächst abgeschaltet. Wenn der Benutzer Dateiuploads benötigt, kann er Sie explizit wieder einschalten. Standardmäßig wird die Uploadgröße auf 512 Kilobyte beschränkt, aber auch dieser Wert ist vom Benutzer veränderbar.

Um das CGI::Safe-Modul zu nutzen, müssen Sie anstelle von use CGI lediglich use CGI::Safe schreiben. Wie CGI beherrscht auch CGI::Safe sowohl die funktionsorientierte als auch die objektorientierte Verwendung:

```
#### Traditionelles Einbinden ####
use CGI::Safe qw/ :standard taint /;

#### Objektorientiertes Einbinden ####
my $q = CGI::Safe->new;

#### Traditionelles Einbinden ####
# Uploads erlauben und maximale Uploadgröße auf
# 1 Megabyte setzen:
use CGI::Safe qw/ :standard taint /;
$CGI::DISABLE_UPLOADS = 0;
$CGI::POST_MAX        = 1024 * 1024;
```

```
#### Objektorientiertes Einbinden ####
# Uploads erlauben und maximale Uploadgröße auf
# 1 Megabyte setzen:

use CGI::Safe qw/ taint /;
my $q = CGI::Safe->new(DISABLE_UPLOADS => 0,
                       POST_MAX        => 1024 * 1024);
```

Für zukünftige Versionen verspricht der Autor dieses Moduls, Curtis Poe, eine einfache Art der Entgiftung von vergifteten Daten aus Webformularen oder Cookies, die aber in der aktuellen Version 1.24 noch nicht implementiert ist. Damit, wie er schreibt, zukünftige Versionen von `CGI::Safe` auch problemlos funktionieren, sollten Sie immer das Symbol `taint` importieren.

Das `CGI::Safe`-Modul ist eines der Module, welches im ASPR derzeit zur Installation nicht angeboten wird. Die manuelle Installation des CPAN-Moduls funktioniert unter ActivePerl jedoch problemlos.

14.6 Ausblick

Es gibt richtig dicke Bücher über CGI-Programmierung. Klar, dass hier nur ein kleiner Teil beleuchtet werden konnte. Viele interessante Themen wie Fileuploads, Cookies, Sessionmanagement, Frames, Stylesheets, HTML-Templates und die vielen anderen Möglichkeiten des `CGI.pm`-Modules mussten aus Platzgründen leider dem Rotstift zum Opfer fallen. Dennoch soll noch ein kleiner Überblick über andere Möglichkeiten zur CGI-Programmierung beziehungsweise zur Programmierung dynamischer Webseiten gegeben werden.

Prinzipiell können CGI-Programme in jeder Programmiersprache geschrieben werden, die Umgebungsvariablen und von `STDIN` lesen und etwas auf `STDOUT` ausgeben können.

Sehr beliebt in diesem Umfeld ist PHP (*http://www.php.net*), bei dem eine Mischung aus HTML-Code und PHP-Code möglich ist. Syntaktisch sind sich Perl und PHP ähnlich und wie Perl unterstützt PHP auch Datenbankzugriffe.

`mod_perl` (*http://perl.apache.org/guide/*) ermöglicht es, Apache Module direkt in Perl zu schreiben. Vorteil zum gewöhnlichen CGI-Skript ist, dass der Perlinterpreter zum Aufrufzeitpunkt des Skriptes bereits geladen ist und so keine langen Startzeiten entstehen. Auch kann durch `mod_perl` direkt auf die Apache-Schnittstellen zugegriffen werden, was eine hohe Flexibilität der Module ermöglicht.

`ePerl` (*http://www.engelschall.com/sw/eperl/*) oder auch *embedded perl* filtert ASCII- oder auch HTML-Textdateien, wobei es normalen Text verbatim weitergibt und nur Perlcode innerhalb spezieller Tags (<: :>) ausführt. Es ermöglicht dadurch, ähnlich wie PHP, Code innerhalb von Webseiten-Templates zu haben, ohne dass diese in externen Dateien oder mittels `print` ausgegeben werden müssen.

`Embperl` *http://perl.apache.org/embperl/*) ist ein Apache-Modul auf der Basis von `mod_perl`, welches wiederum Perlcode direkt in der HTML-Datei auf dem Server erlaubt. Es bietet die volle Flexibilität normaler Perl-CGI-Skripte und sieht sich als vollständigste aller embedded-Perl-Lösungen.

`Apache::EP` (*http://search.cpan.org/search?dist=HTML-EP*) ist ein weiteres `mod_perl`-basiertes Modul, welches vergleichbar zu `Embperl` ist, aber Wert darauf legt, oft genutzte Funktionalität, wie Zugriffe auf Datenbanken und das Versenden von E-Mails, einfacher zur Verfügung zu stellen.

Mason (*http://www.masonhq.com*) ist auch ein Modul zum Einbinden von Perlcode in HTML, das aber im Unterschied zu den anderen wesentlich stärker objekt- und komponentenbezogen arbeitet. Aus Codestücken und Vorlagen lassen sich HTML- und XML-Seiten generieren. Mit wenigen Komponenten lassen sich auch größere Webpräsenzen ohne redundanten Code pflegen. Auf Mason baut das Content-Management-System Mason-CM auf, dessen Homepage unter *http://www.sourceforge.net/projects/mason-cm/* zu finden ist.

Wer sich nicht in ein komplettes Content-Management-System einarbeiten will, kann mit `HTML::Template` (*http://search.cpan.org/search?dist=HTML-Template*) HTML-Templates in CGI-Skripten einbinden. Dadurch erspart man sich Änderungen aller CGI-Skripte einer Website, wenn sich das Layout einmal ändern sollte.

15 Der Perlinterpreter

Das Kapitel zeigt die wichtigsten Parameter, die dem Perlinterpreter übergeben werden können, und in welchen Formen Perl aufgerufen werden kann. Weiterführendes findet sich unter `perldoc perlrun`.

15.1 Der Aufruf von Perl

`perlrun` zeigt alle Parameter, mit denen Perl aufgerufen werden kann:

```
perl [ -CsTuUWX ]       [ -hv ] [ -V[:configvar] ]
     [ -cw ] [ -d[:debugger] ] [ -D[number/list] ]
     [ -pna ] [ -Fpattern ] [ -l[octal] ] [ -0[octal] ]
     [ -Idir ] [ -m[-]module ] [ -M[-]'module...' ]
     [ -P ]      [ -S ]      [ -x[dir] ] [ -i[extension] ]
     [ -e 'command' ] [ -- ] [ programfile ] [ argument ]
```

Alle Möglichkeiten, dem Interpreter Perlcode zu übergeben, wurden bereits *en detail* im Kapitel *Überblick* erläutert. Hier noch mal eine Zusammenfassung:

- Der Perlinterpreter wird in der Shell oder der MS-DOS Eingabeaufforderung aufgerufen. Der Interpreter erwartet dann die Eingabe von Perlcode, der in mehreren Zeilen erfolgen darf.
- Ist die Eingabe des Codes komplettiert, muss das dem Interpreter mitgeteilt werden. Unter (Win-)DOS erfolge dies mittels `Ctrl-C`, UNIX erwartet `Ctrl-D`.
- Der Kommandozeilenparameter `-e` erlaubt Perl-Einzeiler. In Hochkommata eingeschlossen werden dem Interpreter Perlstatements übergeben, die dieser ausführt. Windows erwartet doppelte Hochkommata, UNIX erlaubt sowohl einfache als auch doppelte Hochkomata. Werden im Perlcode die gleichen Hochkommata verwendet wie die, die den Code einschließen, müssen die inneren mit \ gequotet werden.

  Vorteil dieser Vorgehensweise: Normalerweise erlauben moderne Shells beziehungsweise die MS-DOS-Eingabeaufforderung die Wiederholung des letzten Befehles. Haben Sie einen Syntaxfehler oder möchten Sie Ihren Code modifizieren, so genügen wenige Tastendrücke.

- Der Code wird in einer Datei gespeichert. Die Ausführung erfolgt dann über `perl dateiname.txt`.
- Die letzte Möglichkeit sieht auch Perlcode in einer eigenen Datei vor. Durch Angabe der so genannten Shebang-Zeile wird der explizite Aufruf von Perl in der Kommandozeile überflüssig. Die Shebang-Zeile definiert sowohl die Lage des Perlinterpreters (hauptsächlich unter UNIX wichtig), also auch Kommandozeilenparameter, die dem Interpreter übergeben werden sollen. Beispiel: `#!/usr/bin/perl -w` (UNIX) oder `#!perl -w` (Windows).

15.2 Kommandozeilenschalter -w

Einer der wichtigsten Schalter bei Perl. Nutzen Sie ihn! Wenn er gesetzt ist, warnt Sie Perl bei verschiedenen Dingen, die ihm spanisch vorkommen, zum Beispiel wenn eine Variable nur einmal verwendet wird (Hinweis auf einen möglichen Tippfehler) oder wenn Variablen verwendet werden, die bisher noch keinen Wert zugewiesen bekommen haben. Schreiben Sie `$var = @array;` und `@array` wurde vorher noch nicht benutzt, so wird eine Warnung ausgegeben.

Des Weiteren gibt es Warnungen, wenn Subroutinen ein zweites Mal definiert werden, wenn Sie `$var = @array[$i];` statt `$var = $array[$i];` schreiben oder wenn rekursive Funktionen die Rekursionstiefe von 100 überschreiten.

Darüber hinaus warnt Perl Sie noch bei zahlreichen anderen Gelegenheit. Ignorieren Sie diese Warnungen nicht. Im Allgemeinen ist ein Programm, das bei `-w` Warnungen produziert, nicht fehlerfrei.

15.3 Kommandozeilenschalter -c

Der Schalter führt das Perlprogramm nicht aus (bis auf etwaig vorhandene `BEGIN`- und `CHECK`-Blöcke). Es wird die Syntax des Programmes überprüft. Häufig wird der Schalter in Kombination mit `-w` verwendet: `perl -wc programm.pl`.

15.4 Kommandozeilenschalter -d

Der in Perl integrierte Debugger. Er erlaubt die Ausgabe von Variablen, das Setzen von Breakpoints und das schrittweise Durchlaufen des Perlprogrammes. Weitere Informationen finden Sie im Kapitel *Fehlersuche* oder unter *perldoc perldebug*.

15.5 Kommandozeilenschalter -n

Dieser Schalter bewirkt, dass das Programm in eine Schleife der Form

```
while(<>) {
   ...
}
```

gekapselt wird. Eine Beispielanwendung:

```
perl -ne 'print if /^$/;' file.txt
```

Jede Zeile, die von <> kommt wird in der Variablen $_ abgelegt. Es werden alle Zeilen aus file.txt ausgegeben, die keine Leerzeilen sind. -n druckt standardmäßig keine Zeilen aus. Siehe auch -p.

Bevor damit begonnen wird den Abschnitt <> Zeile für Zeile einzulesen, wird ein eventuell vorhandener BEGIN-Block evaluiert. Nachdem das letzte Datum von <> gelesen wurde, wird ein vorhandener END-Block ausgeführt. Ein Beispiel dazu zeigt der Schalter -a.

15.6 Kommandozeilenschalter -p

Auch -p kleidet das Programm in eine Schleife wie -n. Ebenso wird die Variable $_ mit jeder Zeile aus <> besetzt.

Im Gegensatz zu -n druckt -p jede Eingabezeile wieder aus. Mit perl -pe "" können Sie das kürzeste perllike cat beziehungsweise type implementieren. Wenn Sie die Ausgabe jedoch modifizieren wollen, sollten Sie in Ihrem Perlprogramm die Variable $_ verändern:

```
perl -pe 's/(marina sirtis)/uc($1)/ei;' /path/to/file.txt
```

Alle Vorkommen von "Marina Sirtis", unabhängig von Groß- und Kleinschreibung, werden in Großbuchstaben ausgegeben.

Bevor begonnen wird den Abschnitt <> Zeile für Zeile einzulesen, wird ein eventuell vorhandener BEGIN-Block evaluiert. Nachdem das letzte Datum von <> gelesen wurde, wird ein vorhandener END-Block ausgeführt. Ein Beispiel dazu zeigt der Schalter -a.

15.7 Kommandozeilenschalter -a

Der Schalter -a befüllt in Verbindung mit -n oder -p das Array @F. Es enthält alle durch Whitespaces getrennten Worte einer Eingabezeile. Vielleich denken Sie jetzt, awk ich hör Dir trapsen, und Recht haben Sie. Auch in awk befinden sich die Spaltenelemente in einem Array mit dem Namen F.

Dies ist ein durchaus nützlicher Schalter, wenn Sie auf die Schnelle spaltenorientierte Auswertungen machen möchten. Betreiben Sie einen Apache Webserver, können Sie mit dieser Zeile das aufsummierte Downloadvolumen des aktuellen Logfiles ermitteln:

```
# UNIX
perl -wane 'next if ($F[9] !~ /\d+/);
    $vol += $F[9]; END { print $vol,"\n";}' access_log

# Windows
perl -wane "next if ($F[9] !~ /\d+/);
    $vol += $F[9]; END { print $vol,\"\n\";}" access.log
```

15.8 Kommandozeilenschalter -i

Ein nützlicher und gefährlicher Schalter zugleich. Er ist hauptsächlich dazu gedacht, in Dateien Strings zu ändern. Er gibt an, dass die vom Angleoperator <> verarbeiteten Dateien direkt ediert werden sollen. In der Kommandozeile benutzt, sollten Sie immer -p zusätzlich verwenden, damit die modifizierten Zeilen auch wieder in die Dateien geschrieben werden.

```
perl -i -pe 's/MAIN/main/g' *.c
```

Benutzen Sie anstelle des Schalters -p den Schalter -n, müssen Sie selbst dafür Sorge tragen, dass die jeweilige Zeile auch wieder ausgegeben wird.

```
perl -i -ne 's/MAIN/main/g; print' *.c
```

Beide Beispiele modifizieren alle im aktuellen Verzeichnis befindlichen Dateien mit der Extension `.c`. In allen Dateien wird der String `MAIN` durch `main` ersetzt.

Wird dem Schalter eine Extension mitgegeben, so werden Sicherungskopien der jeweiligen Dateien gemacht:

```
perl -i.bak -pe 's/MAIN/main/g;' *.c
```

Die mitgegebene Extension gibt an, welcher String an den Dateinamen der Sicherungskopie angefügt werden soll. So wird zum Beispiel aus `regexp.c` die Datei `regexp.c.bak`

15.9 Kommandozeilenschalter -T

Der Taintmodus. Ist dieser Schalter aktiviert, verbietet Perl die ungefilterte Verwendung von Daten, die von außerhalb des Programms kommen (z.B. `STDIN`, Umgebungsvariablen), beim Aufruf einer Subshell oder der Modifikation von Dateien, Verzeichnissen oder anderen Prozessen. Siehe auch Kapitel *CGI* im Abschnitt *Der Taintmodus*.

15.10 Kommandozeilenschalter -v

Gibt die Version des verwendeten Perlinterpreters aus.

15.11 Kommandozeilenschalter -V

Listet eine Reihe von Konfigurationsdateien von Perl auf und zeigt den Wert der aktuellen `@INC`-Variablen.

15.12 Kommandozeilenschalter -M

Bevor das eigentliche Programm ausgeführt wird, wird ein Modul mit `use` eingebunden.

```
perl -MCGI -e ''
# äquivalent zu
perl -e 'use CGI;'
```

Wird nach dem Modulnamen noch ein = und eine durch Kommata getrennte Liste von Identifiern mitgegeben, so gilt diese Liste als Importliste.

```
perl -MCGI=header,h1 -e 'print header(),h1("text")'
# äquivalent zu
perl -e 'use CGI qw/header h1/;print header(),h1("text")'
```

15.13 Kommandozeilenschalter -I

Dieser Schalter erlaubt die zusätzliche Einbringung von Pfaden in das Array `@INC`, also den Suchpfad von Modulen und anderen Dateien, die zum Beispiel mit `require` eingebunden werden.

```
perl -I /home/rrklier/modules -I /another/module/path \
 -e 'require "required_file.pl";'
```

Wird der Schalter mehrfach angegeben, können `@INC` mehrere Pfade übergeben werden.

16 Fehlersuche

Brauen sich bei Ihnen auch manchmal unheilsschwer Unstimmigkeiten in Ihrem Quellcode zusammen um dann in einem Gewitter von Fehlermeldungen hernieder zu prasseln? Scheint es, als hätte sich der Programmiererhimmel von Ihnen abgewandt, wenn Sie bange Minuten oder Stunden nach Fehlern suchen? Keine Angst. Der Teufel hat selten die Hand im Spiel. Der Perlinterpreter macht zumeist genau das, was Sie ihm sagen.

Sind Sie sicher, dass nicht alles mit rechten Dingen zugeht, melden Sie den Fehler an `perlbug@perl.com`. Bevor Sie dies tun, sollten Sie jedoch die Checkliste unter *http://www.perl.com/pub/a/CPAN/misc/cpan-faq.html#How_report_bug_Perl* abgearbeitet haben. In mindestens 99,9 Prozent der Fälle liegt der Fehler beim Programmierer und nicht bei Perl.

Häufig hilft bei fehlerhaften Programmen nach Debugmarathons sich einfach zurücklehnen, Abstand gewinnen und vielleicht auch gar nicht drüber nachdenken. Manchmal kommt der entscheidende Geistesblitz, wenn man etwas ganz anderes macht. Ab und zu sieht man den Wald vor lauter Bäumen nicht mehr.

Dieses Kapitel gibt Ihnen Anhaltspunkte, wie Sie den Fehlerteufel austreiben beziehungsweise ihn in ein kleines Kästchen sperren können, in dem sein Aktionsradius überschaubar ist.

Zusätzliche Informationen finden Sie in den Hilfeseiten zu `perltrap`, `perldebug` und `perldebtut`.

Wertvolle Hinweise, was beim Schreiben portabler Perlprogramme zu beachten ist und welche Fehler bei der Portierung auftreten können, gibt `perldoc perlport`.

16.1 -w

`-w` ist Ihr Begleiter durch all Ihre Perlprogramme. Der Kommandozeilenparameter mault, wenn Sie Variablen verwenden, die nur einmal in Ihrem Programm vorkommen, meckert, wenn in Ausdrücken uninitialisierte Werte (`undef`) benutzt werden, und weiß auch sonst noch so manches zu Ihrem Programm. Läuft ein Programm mit `-w` nicht ohne Warnungen, so ist die Wahrscheinlichkeit groß, dass Sie etwas übersehen haben.

Die Bedeutungen der ausgegebenen Warnungen sind in `perldoc perldiag` näher erläutert.

16.2 use diagnostics

Sind Sie nicht vertraut mit den Warnungen, die `-w` ausgibt, so ist `use diagnostics` Ihr Freund. Mit diesem Pragma werden Fehlermeldungen ausführlicher. Perl gibt Ihnen dann Hinweise, welche möglichen Ursachen die Warnungen und Fehlermeldungen haben.

16.3 use strict

`perldoc strict` zeigt Ihnen die Varianten, in denen das Pragma `strict` verwendet werden kann. In der Form ohne Parameter zwingt es zur Disziplin: Alle verwendeten Variablen müssen dem Perlprogramm kundgetan werden. Ob dies über `my`, `our` oder Importlisten geschieht, ist egal, Hauptsache ist, dass Perl weiß, wovon Sie sprechen und welche Variablen Sie benutzen wollen.

16.4 Rückgabewerte

In Perl integrierte Systemfunktionen liefern häufig Rückgabewerte. Zumeist wird die Variable `$!` gesetzt, die im Fehlerfall die systemseitig gesetzte Fehlermeldung enthält. Werten Sie diesen Rückgabewert aus und geben Sie eine aussagekräftige Fehlermeldung aus:

```
open(IN,"filename.txt")
  or die "Could not open filename.txt. Reason: $!\n";
```

Lassen Sie `"\n"` am Ende von `die` weg, so werden Programmname und Zeilennummer ausgeben.

16.5 Fehlersuche außerhalb des Programmes

Verursacht das Programm trotz `use strict` und dem Schalter `-w` immer wieder einen Fehler, den Sie sich nicht erklären können, sollten Sie zunächst noch mal genau die Hilfeseiten zu den verwendeten Funktionen oder Modulen lesen.

Nächste Anlaufstelle sind die mitgelieferten FAQs. Suchen Sie dort nach Schlüsselwörtern wie zum Beispiel dem Namen einer verwendeten Funktion.

Haben Sie die aktuelle Perlversion installiert? Speziell Versionen, die älter sind als 5.6.0, beinhalten eine Reihe von Fehlern. Aktualisieren Sie Ihr Perl.

Nachdem(!) alle oben genannten Punkte ausgeschlossen wurden, können Sie sich auch an eine der einschlägigen Newsgruppen wie *news:de.comp.lang.perl.misc* oder *news:comp.lang.perl.misc* wenden und um Hilfe bitten. Die Aktiven in diesen Newsgruppen sind in der Regel sehr hilfsbereit, es sei denn, man dokumentiert durch seine Fragestellung, dass man keine Lust hatte, die entsprechende Dokumentation zu lesen und die jeweilige Newsgruppe als billiges Auskunftssystem missbrauchen möchte.

16.6 Variablenausgabe

Es bietet sich an, Variableninhalte zu Testzwecken einfach auf `STDOUT` oder `STDERR` auszugeben:

```
$var = myfunc();
print STDERR "*** \$var = $var ***\n";
```

Wenn die Ausgabe einer Variablen nichts hilft, lassen Sie sich mehrere ausgeben.

Verwenden Sie die Funktion `caller` um herauszufinden, von welcher Stelle aus Ihre Subroutine aufgerufen wurde. `caller` liefert den Packagenamen, den Dateinamen und die Zeilennummer, aus der die Subroutine aufgerufen wurde:

```
--- <debug3.pl> ---------------------------------------
#!/usr/bin/perl -w

func1(42);

sub func1 {
  APack::func2($_[0]);
}

package APack;

sub func2 {
  my $var = 0;

  $var = 4711*$_[0];

  my($package, $fname, $line) = caller;
  print "DEBUG: $package,$fname,$line: \$var: $var\n";
}
--- </debug3.pl> --------------------------------------
```

Die Ausgabe:

```
$ ./debug3.pl
DEBUG: main,./debug3.pl,6: $var: 197862
```

Verwenden Sie das Modul `Data::Dumper` um komplexere Datenstrukturen anzeigen zu lassen:

```
--- <debug4.pl> ---------------------------------------
#!/usr/bin/perl -w

use Data::Dumper;

$ref = { "a" => [1,2,7],
         "b" => "A string",
       };

print Dumper($ref);
--- </debug4.pl> --------------------------------------
$ ./debug4.pl
$VAR1 = {
          'a' => [
```

```
                1,
                2,
                7
              ],
    'b' => 'A string'
  };
```

16.7 Der Perldebugger

Perl liefert Ihnen frei Haus einen Debugger mit. Wird Perl mit dem Kommandozeilenschalter `-d` aufgerufen, wird dieser aktiviert.

Falls die Ausgabe eines beliebigen Debuggerbefehls nicht auf eine Seite passt, kann jedem Befehl das | vorangestellt werden. Die Ausgabe wird dann durch den Pager geschickt:

```
$ perl -de '$a=6;'
Default die handler restored.

Loading DB routines from perl5db.pl version 1.07
Editor support available.
Enter h or `h h' for help, or `man perldebug' for
more help.
main::(-e:1):   $a=6;
  DB<1> |h
```

Dies zeigt die Hilfe aller Debuggerbefehle an.

Ein Auszug aus dem Befehlssatz des Debuggers[1]:

16.7.1 Allgemeine Debuggerbefehle

Befehl	Beschreibung
`h [command]`	Gibt die Haupthilfeseite des Debuggers aus. Wird als Argument der Name eines Befehles angegeben, erscheint die Hilfe zu diesem Debuggerbefehl.
`q`	Verlässt den Debugger.
`R`	Startet den Debugger neu.

1. Die vollständige Beschreibung ist mit `perldoc perldebug` abrufbar.

Befehl	Beschreibung
`H`	Zeigt die Historie der vergangenen Debuggerbefehle an. Manche Befehle wie `s` (Einzelschrittsteuerung) oder `X` (Variablenausgabe eines Packages) werden nicht mit ausgegeben.
`! [number]`	Der Debuggerbefehl mit der Nummer `[number]` wird wiederholt.

Tabelle 16.1: Allgemeine Debuggerbefehle

16.7.2 Programmflusskontrolle

Befehl	Beschreibung
`s`	Einzelschrittsteuerung. Der aktuelle Befehl wird abgearbeitet. Handelt es sich bei dem aktuellen Befehl um einen Subroutinenaufruf, wird in die Subroutine gesprungen und dort der erste Befehl ausgeführt. Dies geschieht auch dann, wenn sich die Subroutine in einem anderen Package befindet. Damit können auch andere Packages auf Fehler untersucht werden.
`n`	Nächster Befehl. Subroutinenaufrufe werden aber im Gegensatz zum `s`-Befehl komplett abgearbeitet.
`[CR]`	Die Carriage-Return-Taste wiederholt den letzten `s`- oder `n`-Befehl.
`r`	Das Programm läuft so lange, bis die aktuelle Subroutine verlassen wird.
`b [linenumber] [expression]`	Ohne Argumente wird ein Breakpoint in der aktuellen Zeile gesetzt. Ein Breakpoint ist für den Debugger wie eine rote Ampel, die er nicht überfahren darf. Der Debugger stoppt die Ausführung des Programmes an einem Breakpoint. Wird eine Zeilennummer angegeben, wird ein Breakpoint in der entsprechenden Zeile gesetzt. Die Angabe von `[expression]` setzt einen Breakpoint, der von einer Bedingung abhängig ist: `b 200 $x > 20`

Befehl	Beschreibung
	In Zeile 200 wird ein Breakpoint gesetzt, bei dem nur dann angehalten wird, wenn `$x > 20`.
`b [subroutine] [expression]`	In der angegebenen Subroutine wird ein Breakpoint gesetzt. Die Angabe von `[expression]` macht das Anhalten wieder von der angegebenen Bedingung abhängig.
`L`	Gibt alle Breakpunkte für die aktuelle Datei aus.
`d [linenumber]`	Löscht einen Breakpoint.
`D`	Löscht alle Breakpoints.
`c [linenumber]`	Ohne `[linenumber]` läuft das Programm bis zum nächsten Breakpoint (so vorhanden). Wird eine Zeilennummer mit angegeben, setzt der Debugger einen einmaligen Breakpoint und setzt die Ausführung des Programmes fort, bis der nächste Breakpoint erreicht ist.

Tabelle 16.2: Programmflußkontrolle

16.7.3 Datenausgabe und -manipulation

Befehl	Beschreibung
`x [expression]`	Der angegebene Ausdruck wird evaluiert und ausgegeben. Am häufigsten wird der Befehl wohl dazu benutzt, sich den aktuellen Inhalt einer Variablen auszugeben: `x $var`. Verschachtelte Datenstrukturen werden rekursiv ausgegeben.
`V [package [vars]]`	Ohne Argumente aufgerufen gibt `V` alle Variablen eines Packages aus. Die Angabe eines Packages zeigt alle Variablen des entsprechenden Packages an. Der optionale Parameter `[vars]` spezifiziert, welche Variablen ausgegeben werden sollen. Dabei wird das Zeichen, welches den Variablentyp spezifiziert, weggelassen:

<table>
<tr><th>Befehl</th><th>Beschreibung</th></tr>
<tr><td></td><td>V main ENV # Druckt %ENV aus main
V main ~ab # Druck alle Variablen, die ein "ab" im
Variablennamen haben.
V main ~a|b # Druck alle Variablen, die ein
"a" oder ein "b" im
Variablennamen haben.
V main !ENV # Druck alle Variablen, die
kein "ENV" im Namen haben.</td></tr>
<tr><td></td><td>Wird dem [vars] ein ~ vorangestellt, so bewertet der Debugger die nachfolgende Zeichenkette als regulären Ausdruck, der auf Variablennamen passen muss, damit sie angezeigt werden. ! kehrt diese Auswahl um.</td></tr>
<tr><td>X [vars]</td><td>Abkürzung für V aktuellesPackage [vars].</td></tr>
<tr><td>p [expression]</td><td>[expression] wird evaluiert und das Ergebnis ausgegeben.</td></tr>
<tr><td>t [expression]</td><td>Der Tracemodus. Der angegebene Ausdruck wird bei jedem Programmschritt evaluiert und dessen Ergebnis ausgegeben. t $var druckt bei jedem Programmschritt den Inhalt der Variablen von $var aus, wenn der Tracemodus an ist.</td></tr>
<tr><td>t</td><td>Schaltet den Tracemodus ein und aus.</td></tr>
<tr><td>[command]</td><td>Der Befehl wird ausgeführt, als stünde er im Quellcode. Damit können Programmvariablen modifiziert werden:

DB<1> x $a
0 2 # $a hatte den Wert 2
DB<2> $a = 42; # $a wird auf 42 gesetzt
DB<3> x $a
0 42 # Das Programm arbeitet mit
$a == 42 weiter</td></tr>
</table>

Tabelle 16.3: Datenausgabe und -manipulation

16.7.4 Anzeige des Quellcodes

Befehl	Beschreibung
`l`	Gibt die nächsten Programmzeilen aus.
`l min-max`	Die Zeilen `min-max` werden angezeigt.
`l pos+number`	Gibt die Zeilen ab Zeile `pos` bis `pos+number` aus. Mit `l 3+2` werden die Zeilen 3-5 angezeigt.
`l subroutine`	Die ersten Zeilen der angegeben Subroutine werden angezeigt.
`-`	Gibt ein paar Zeilen vor der aktuellen aus.
`w [linenumber]`	Die Zeilen vor und nach der aktuellen Zeile werden ausgegeben. Das optionale Argument `[linenumber]` zeigt den Bereich um die angegebene Zeilenummer.
`.`	Den Debuggingzeiger an die zuletzt ausgeführte Zeile bringen und diese ausgeben
`/pattern/`	Vorwärts nach `pattern` suchen
`?pattern?`	Rückwärts nach `pattern` suchen
`f file`	Wechsle zur angegebenen Datei.

Tabelle 16.4: Anzeige des Quellcodes

Teil III

Go ahead!

17 Styleguide

Um Programme leicht pflegen zu können, muss der Code gut lesbar sein. Dies erreicht man durch einen guten Programmierstil. Unter der URL *http://www.perldoc.com/perl5.6.1/pod/perlstyle.html* findet man darum einen Styleguide für guten Perlprogrammierstil, der auch mittels `perldoc perlstyle` angezeigt werden kann. Wegen der grundlegenden Bedeutung folgt eine deutsche Übersetzung.

17.1 perlstyle

Jeder Programierer hat natürlich seine eigenen Vorstellungen bezüglich der Formatierung seines Quellcodes, aber es gibt ein paar allgemeine Leitlinien, welche es erleichtern, Ihre Programme zu lesen, zu verstehen und zu pflegen.

Das Wichtigste ist, dass Sie Ihre Programme immer mit dem `-w`-Flag ausführen lassen. Man kann, wenn es für einige Programmteile unbedingt notwendig ist, dieses Flag mittels des Pragmas `use warnings;` oder der `$^W`-Variablen explizit abschalten. Auch sollten Sie das Programm grundsätzlich mit `use strict;` laufen lassen, außer Sie wissen genau, warum Sie dies nicht tun wollen. Hilfreich können auch `use sigtrap;` und `use diagnositcs;` sein.

Bezüglich der Ästhetik des Codelayouts gibt es nur eines, worauf Larry Wall sehr großen Wert legt: Die schließende geschweifte Klammer eines mehrzeiligen Blockes sollte auf der gleichen Höhe sein wie das Schlüsselwort, das das Konstrukt eröffnet hat. Darüber hinaus gibt Larry noch andere, nicht so strenge Empfehlungen:

- Codeeinrückung (indent) auf vier Spalten.
- Die öffnende geschweifte Klammer sollte nach Möglichkeit in der gleichen Zeile wie das Schlüsselwort sein. Falls dies nicht möglich ist, sollte es auf gleicher Höhe sein wie das Schlüsselwort.
- Leerzeichen vor der öffnenden geschweiften Klammer eines mehrzeiligen Blockes

- Ein einzeiliger Block kann inklusive der geschweiften Klammern auch in einer Zeile stehen.
- Kein Leerzeichen vor dem Semikolon
- Bei einzeiligen Blöcken kann das Semikolon weggelassen werden.
- Leerzeichen vor und nach den meisten Operatoren
- Leerzeichen um einen komplexen Index (innerhalb der Klammern)
- Leerzeilen zwischen Codeteile, die verschiedene Funktionen haben
- `elsif`-Konstrukte entschachteln
- Kein Leerzeichen zwischen dem Funktionsnamen und seiner öffnenden Klammer.
- Leerzeichen nach jedem Komma
- Zeilenumbruch bei langen Zeilen nach einem Operator (außer `and` und `or`)
- Leerzeichen nach der letzten schließenden Klammer der aktuellen Zeile
- Korrespondierende Codefragmente sollten vertikal ausgerichtet sein.
- Solange die Verständlichkeit nicht darunter leidet, sollte man redundante Zeichensetzung weglassen.

Larry hat seine Gründe für all dies. Er behauptet aber nicht, dass andere Gehirne genauso arbeiten müssen wie seines.

Es gibt noch einige wesentlichere Stilfragen, die man bedenken sollte:

- Nur weil man etwas auf eine bestimmte Weise machen KANN, bedeutet das noch lange nicht, dass man es auch auf diese Weise tun SOLL. Perl ist so konzipiert, dass man etwas auf mehrere verschiedene Arten machen kann, also sollte man die wählen, die am besten lesbar ist. Beispielsweise ist

  ```
  open(FOO,$foo) || die "Can't open $foo: $!";
  ```

  besser als

  ```
  die "Can't open $foo: $!" unless open(FOO,$foo);
  ```

weil die zweite Art der Deklaration die Hauptfunktionalität der Anweisung in einer Modifikation versteckt.

Andererseits ist

```
print "Starting analysis\n"{} if $verbose;
```

besser als

```
$verbose && print "Starting analysis\n";
```

weil die Hauptsache nicht ist, ob der Benutzer `-v` getippt hat oder nicht.

Ebenso wenig sollten Sie Defaultargumente verwenden, nur weil ein Operator dies erlaubt. Die Defaults sind für faule Systemprogrammierer gedacht, die ein kurzfristig gebrauchtes „Einweg“-Programm schreiben wollen. Wenn Sie wollen, dass Ihr Programm lesbar ist, sollten Sie darüber nachdenken, das Argument anzugeben.

Genauso bedeutet, dass man in einer Zeile oft Klammern weglassen KANN nicht, dass Sie dies auch tun sollten:

```
return print reverse sort num values %array;
return print(reverse(sort num (values(%array))));
```

Im Zweifelsfall: Setzen Sie Klammern! Auch wenn Sie nicht zweifeln: Denken Sie an das geistige Wohl dessen, der den Code nach Ihnen pflegen muss und wahrscheinlich an der falschen Stelle eine Klammer setzen wird.

- Machen Sie keine eigenartigen Verrenkungen, um eine Schleife oben oder unten zu verlassen. Perl bietet Ihnen den `last`-Operator um Schleifen in der Mitte zu verlassen. Rücken Sie diesen Operator nur ein wenig aus, dann sieht man ihn besser:

```
LINE:
    for (;;) {
        statements;
      last LINE if $foo;
        next LINE if /^#/;
        statements;
    }
```

- Zögern Sie nicht, Schleifen-Label zu benutzen – sie verbessern die Lesbarkeit genauso, wie sie es erlauben, Schleifen auf verschiedenen Ebenen zu verlassen (Anm. d. Ü.: multilevel loop breaks).
- Vermeiden Sie die Verwendung von `grep()`, von `map()` oder von 'Backticks' (Anm. d. Ü.: z.B. `` `ls` ``) in einem leeren Kontext (Anm. d. Ü.: void context), das heißt, wenn Sie den Rückgabewert nicht verwenden wollen. Diese Funktionen liefern einen Rückgabewert, also nutzen Sie ihn! Verwenden Sie ansonsten stattdessen eine `foreach()`-Schleife oder die Funktion `system()`.
- Wenn Sie Konstrukte verwenden, die möglicherweise nicht auf jeder Maschine implementiert sind, erreichen Sie Portabilität, indem Sie sie mittels `eval` prüfen. Wenn Sie wissen, ab welcher Version oder ab welchem Patchlevel ein bestimmtes Feature implementiert wurde, können Sie durch Abfragen der Versionsvariable `$]` (oder `$PERL_VERSION`) feststellen, ob es verfügbar ist. Außerdem können Sie die bei der Installation von Perl vom Konfigurationsprogramm `Configure` gesetzten Werte mit dem `Config`-Modul abfragen.
- Benutzen Sie mnemonische Variablennamen. Wenn Sie sich nicht daran erinnern können, was mnemonisch heißt, haben Sie ein Problem.[1]
- Kurze Variablennamen wie `$gotit` sind wohl in Ordnung, aber Sie sollten Wörter mit Unterstrichen trennen. Es ist generell einfacher, `$var_names_like_this` als `$VarNamesLikeThis` zu lesen, besonders wenn man kein englischer Muttersprachler ist. Diese einfache Regel bleibt zudem auch bei `$VAR_NAMES_LIKE_THIS` konsistent.

  Package-Namen bilden manchmal eine Ausnahme von dieser Regel. Informell reserviert Perl Modulnamen mit Kleinbuchstaben für „pragma"-Module wie `integer` oder `strict`. Andere Module sollten mit einem Großbuchstaben beginnen und Groß- und Kleinbuchstaben gemischt verwenden. Jedoch sollten wegen der Beschränkungen bei manchen primitiven Dateisystemen bezüglich der Abbildung von Modulnamen auf Dateien, die in wenige Bytes passen müssen, keine Unterstriche benützt werden.

1. Also Variablennamen, bei denen Sie sich auch später vorstellen können, was die Inhalte der Variablen sind. Zum Beispiel ist `%parameterliste` besser als `%p`.

- Es kann helfen, durch die Groß-/Kleinschreibung die Variablenart oder ihren Gültigkeitsbereich zu kennzeichnen wie zum Beispiel:
  - `$ALL_CAPS_HERE`: nur Konstanten (Achtung! Vermeiden Sie Kollisionen mit Perlvariablen!)
  - `$Some_Caps_Here`: Package-weite Global- oder Static-Variable
  - `$no_caps_here`: Variablen mit Gültigkeitsbereich `my()` oder `local()`

  Funktions- und Methodennamen schreibt man am besten ganz in Kleinbuchstaben, z.B. `$obj->as_string()`.

  Mit einem Unterstrich am Anfang können Sie kenntlich machen, dass eine Variable oder Funktion nicht außerhalb des Packages benutzt werden soll, in dem sie definiert ist.
- Bei einem wirklich haarigen regulären Ausdruck sollten Sie den `/x`-Modifier benutzen und Whitespaces einfügen, damit er weniger unangenehm zu lesen ist. Verwenden Sie Schrägstriche nicht als Begrenzer, wenn Ihre Regexp Schrägstriche oder Backslashes beinhaltet.
- Verwenden Sie die neuen `and`- und `or`-Operatoren, damit Sie Listenoperatoren nicht mehr so viel klammern müssen und um die Zahl der Satzzeichenoperatoren wie `&&` und `||` zu senken. Rufen Sie Ihre Unterroutinen auf, als wären sie Funktionen oder Listenoperatoren, um zu viele Ampersands und Klammern zu vermeiden.
- Benutzen Sie HERE-Dokumente anstelle von mehreren `print()`-Anweisungen.
- Ordnen Sie Zusammengehöriges vertikal in Reihen an, insbesondere wenn es sowieso nicht in eine Zeile passen würde.[2]

```
$IDX = $ST_MTIME;
$IDX = $ST_ATIME       if $opt_u;
$IDX = $ST_CTIME       if $opt_c;
$IDX = $ST_SIZE        if $opt_s;
mkdir $tmpdir, 0700 or die "can't mkdir $tmpdir: $!";
chdir($tmpdir)      or die "can't chdir $tmpdir: $!";
mkdir 'tmp',   0777 or die "can't mkdir $tmpdir/tmp: $!";
```

2. Leider konnte darauf bei den Beispielen im Buch, aufgrund der beschränkten Spaltenbreite, nicht immer Rücksicht genommen werden.

- Überprüfen Sie immer den Rückgabewert von Systemaufrufen. Eine gute Fehlermeldung wird auf STDERR ausgegeben. Sie beinhaltet, welches Programm den Fehler verursacht hat, welcher Systemaufruf mit welchen Argumenten misslungen ist und (GANZ WICHTIG) die Standard-Systemfehlermeldung dafür, was falsch gelaufen ist. Hier ist ein einfaches, aber hinlänglich bekanntes Beispiel:

  ```
  opendir(D, $dir) or die "can't opendir $dir: $!";
  ```

- Formatieren Sie Transliterationen nach Spalten, wenn es sinnvoll ist:

  ```
  tr [abc]
     [xyz];
  ```

- Denken Sie über Wiederverwertbarkeit nach. Warum sollte man Hirnkapazität bei einem „Einweg"-Programm verschwenden, wenn man etwas Ähnliches vielleicht wieder braucht? Dabei sollten Sie darüber nachdenken, Ihren Code zu verallgemeinern, ein Modul oder eine Objektklasse zu schreiben und Ihren Code so zu gestalten, dass er auch mit use strict; und -w sauber läuft. Überlegen Sie, ob Sie Ihren Code weitergeben wollen. Denken Sie darüber nach, Ihre ganze Weltsicht zu ändern. Denken Sie darüber nach, ... oh, schon gut.
- Arbeiten Sie konsistent.
- Be nice.

18 Sprachreferenz

Dieses Kapitel soll zum Nachschlagen von Funktionen, Pragmas, Kontrollstrukturen und speziellen Variablen dienen, die in diesem Buch behandelt wurden.

18.1 Kontrollstrukturen

Kontrollstrukturen verändern den linearen Programmfluss. Sie integrieren Alternativen und Schleifen in den Programmablauf. Neben den hier ausführlich beschriebenen Kontrollstrukturen und Funktionen, die den Programmfluss beeinflussen, gibt es noch `do`, `dump` und `goto`.

18.1.1 caller

Syntax:

```
caller
caller AUSDRUCK
```

Beispiel:

```
my($package, $filename, $line) = caller;
print "Der Aufruf erfolgte von folgender Stelle:\n";
print "  Package: $package\n";
print "  Dateiname: $filename\n";
print "  Zeile: $line\n";
```

Beschreibung:

Liefert zurück, von welcher Stelle aus die aktuelle Stelle im Programm aufgerufen wurde. Kann dazu verwendet werden, in Subroutinen festzulegen, wer diese Subroutine aufrufen darf.

Wird `caller` mit einem Argument aufgerufen, legt das Argument fest, welchen Stackframe man betrachten möchte. Siehe `perldoc -f caller`.

18.1.2 continue

Wird bei `while` erklärt.

18.1.3 die

Syntax:

```
die
die LISTE
```

Beispiel:

```
# Programmabbruch, wenn das Dateiöffnen fehlschlägt
open(IN,$file) or die("Cannot open $file: $!");

# Verwendung von "die" in "eval"
eval { somecode() or die "Error: msg"; };
if($@) {
  print "Fehlfunktion!! Fehlfunktion!!\n";
  print $@;
}
```

Beschreibung:

Außerhalb von `eval` aufgerufen, druckt `die` die übergebende Liste aus (wenn vorhanden) und beendet das Programm mit dem numerischen Fehlercode der Variablen `$!`. Ist `$!` in den Strings, die in LISTE übergeben werden, eingefügt, wird die textuelle Repräsentation von `$!` ausgegeben.

War `$!` gleich 0, so wird mit `$? >> 8` abgebrochen. Ist `$? >> 8` gleich `0`, so lautet der Fehlercode `255`.

Innerhalb von `eval` aufgerufen, bricht das Programm nicht ab. In `$@` befindet sich der erzeugte Fehlertext.

18.1.4 eval

Syntax:

```
eval AUSDRUCK
eval BLOCK
```

Beispiel:

```
# Erzeuge dynamisch (zur Laufzeit)
# if(/(Amun)/ || ... || /(Re)/) { print "Found a god: $1\n"; }
# und führe den dynamischen Code in der Schleife aus
# Wesenlich schneller als if(/Amun|Anubis|Hathor|Horus|Re/) {
# Optimal wäre while(<>) in $code zu haben, dann wäre das Beispiel
```

```
# aber zu unübersichtlich

@gods = qw(Amun Anubis Hathor Horus Re);
$code = 'if(';
$code .= join(" || ",map { "/($_)/" } @gods);
$code .= ') { print "Found a god: $1\n"; }';
while(<>) {
  eval $code;
}

# Division/0 Fehlerroutine
eval { $div = $divident/$divisor; };
if($@) {
  print "Division durch 0 erkannt.\n";
}

# Erzeugt Fehler zur Kompilierzeit
eval { $div = };
```

Beschreibung:

`eval AUSDRUCK` kompiliert zur Laufzeit den Ausdruck in Perlcode und führt diesen aus.

`eval BLOCK` übersetzt den Block zur Kompilierzeit und bricht das Programm bei Fehlern ab.

Variablen, die in dem `eval` umgebenden Block sichtbar sind, sind auch in `eval` sichtbar und können modifiziert werden.

Tritt während der Evaluierung ein Fehler auf, wird die Fehlermeldung in `$@` an den aufrufenden Block übergeben und kann dort ausgewertet werden.

18.1.5 exit

Syntax:

```
exit
exit AUSDRUCK
```

Beispiel:

```
exit;
exit(2);
```

Beschreibung:

Ohne Parameter aufgerufen, beendet exit das Programm und liefert dem aufrufenden Programm den Fehlercode 0. Vorhandene END-Blöcke werden vorher ausgeführt. Wird ein Ausdruck als Argument übergeben, wird dessen Ergebnis als Fehlercode an das aufrufende Programm übergeben. Verwenden Sie die statt exit.

18.1.6 for

Syntax:

```
LABEL for(AUSDRUCK;AUSDRUCK;AUSDRUCK) BLOCK
LABEL foreach VARIABLE (LISTE) BLOCK
LABEL foreach VARIABLE (LISTE) BLOCK continue BLOCK
```

Beispiel:

```
# Temperaturumrechnungstabelle
for($c=-30; $c <= 40; $c += 5) {
  printf "%3d”C = %5.1f”F\n",$c,$c*9/5.0+32;
}

# Ausgabe des Alphabets
foreach $i ('a'..'z') {
  print "$i";
}

# Traversierung der sortierten Schlüssel eines Hashes
foreach $key (sort keys %myHash) {
  print "Schlüssel: $key  Wert: $myHash{$key}\n";
}

# Extraktion aller Zahlen eines Textes:
perl -ne 'foreach (/(\d+)/g) { print "$1\n";}'

# Alles im Array in Großbuchstaben umwandeln
@nephews = ("tick", "trick", "track");
foreach $nephew (@nephews) {
  $nephew =~ tr/a-z/A-Z/;
}
```

Beschreibung:

for und foreach sind Synonyme. Überall wo for steht, darf auch foreach verwendet werden.

In der traditionellen Form nimmt for zur Schleifensteuerung drei Ausdrücke, von denen jeder leer sein darf: Initialisierungsteil, Ausführungsbedingung und Reinitialisierungsteil. Die Schleife wird so lange ausgeführt, bis die Ausführungsbedingung falsch ist.

Wird foreach (oder for) eine Liste übergeben, so wird jedes einzelne Element der Liste pro Schleifendurchlauf der vorangestellten Laufvariablen übergeben. Eine Modifikation der Laufvariablen modifiziert die Liste, so es sich nicht um read-only-Werte handelt.

Der continue-Block wird immer am Ende eines Schleifendurchlaufes aufgeführt. Bei foreach findet dieser jedoch nicht sehr häufig Verwendung.

Beide Formen von for können durch ein Label kennzeichnet werden um gezielte Sprünge mit Schleifensteuerungsbefehlen wie last oder next bei geschachtelten Schleifen durchführen zu können.

18.1.7 foreach

Siehe for.

18.1.8 if

Syntax:

```
if(AUSDRUCK) BLOCK
if(AUSDRUCK) BLOCK else BLOCK
if(AUSDRUCK) BLOCK elsif (AUSDRUCK) BLOCK ... else BLOCK

ANWEISUNG if(AUSDRUCK);
ANWEISUNG1,ANWEISUNG2,... if(AUSDRUCK);
```

Beispiel:

```
if($var > 5) {
  print "\$var ist größer als 5.\n";
}

if($name eq "Zaphod") {
  print "Der Präsident des Universums.\n";
} else {
  print "Niemand von Bedeutung.\n";
}
```

```
if($name eq "Marvin") {
  print "Paranoider Android.\n";
} elsif($name eq "c3po") {
  print "Fortwährend jammernder, goldfarbener Blechhaufen.\n";
} elsif($name eq "Data") {
  print "Wie war das noch mal mit Emotionen?\n";
} else {
  print "Sie meinen sicher den brandneuen T1000er, oder?\n";
}

print "DEBUG: Hallo, ich lebe noch!\n" if($debug);
```

Beschreibung:

Die Kontrollstruktur `if` gehört zu den Alternativen und entscheidet abhängig von Ausdrücken, wie der Programmfluss weitergeht. In der Form `if(AUSDRUCK) BLOCK` wird der Block durchlaufen, wenn `AUSDRUCK` wahr ist. Ist ein `else`-Block vorhanden, wird dieser durchlaufen, wenn der Ausdruck falsch ist. Bei `if/elsif/elsif/else` wird der Block durchlaufen, bei dem der jeweilige Ausdruck das erste Mal wahr ist, ansonsten der `else`-Block.

Bei einem Block sind geschweifte Klammern Pflicht. Eine oder mehrere durch Kommata getrennte Anweisungen können `if(AUSDRUCK)` vorausgestellt werden.

Siehe auch `unless`.

18.1.9 last

Syntax:

```
last
last LABEL
```

Beispiel:

```
# Zählen der Worte in einem Text bis zum Schlüsselwort "Sommer"

OUTER: while(<>) {
 foreach (split) {
   $count++;
   if($_ eq "Sommer") {
```

```
        $found = 1;
        last OUTER;
      }
    }
  }
```

Beschreibung:

`last` verlässt die innerste Schleife sofort, ohne einen etwaig vorhandenen `continue`-Block auszuführen. Sind mehrere Schleifen geschachtelt und soll nicht der innerste verlassen werden, muss der Schleifenblock, der verlassen werden soll, ein Label tragen. Das Verlassen dieses Blocks geschieht dann mit `last LABEL;`.

18.1.10 next

Syntax:

```
next
next LABEL
```

Beispiel:

```
# einfache C++-Kommentarzeilen überspringen, ansonsten
# Quellcode ausgeben

while(<>) {
  next if(m;^\s*//;);
  print;
}
```

Beschreibung:

`next` veranlasst vorzeitig eine neue Schleifeniteration. Ein vorhandener `continue`-Block wird ausgeführt. Ein Beispiel zur Verwendung von Labels finden Sie unter `last`.

18.1.11 redo

Syntax:

```
redo
redo LABEL
```

Beispiel:

```
# Wenn in $_ MYVAR gefunden wird, ersetze dies
# durch $myvar und durchlaufe die Schleife
# erneut, ohne eine neue Zeile von <> zu holen

while(<>) {
 redo if(s/MYVAR/$myvar/);
 ...
}
```

Beschreibung:

Mit `redo` wird die Schleife erneut ausgeführt, ohne die Schleifenbedingung neu zu evaluieren. Ein eventuell vorhandener `continue`-Block wird nicht ausgeführt. Für ein Beispiel mit Labels siehe `last`.

18.1.12 return

Syntax:

```
return AUSDRUCK
return
```

Bemerkungen:

Eine Exception wird erzeugt. Diese kann mit `eval` abgefangen werden.

Beispiel:

```
sub fak {
    my $mynumber = shift;

    return 1 if($mynumber == 1);
    return $mynumber * fak($mynumber-1);
  }
}

sub numsort {
  return sort { $a <=> $b } @_;
}
```


Beschreibung:

Die aktuelle Subroutine wird an dieser Stelle verlassen. Wird `return` ein Ausdruck übergeben, so wird dieser in dem Kontext evaluiert, in dem die Subroutine selbst steht. Steht die Subroutine im Listenkontext, wird eine Liste zurückgegeben, im Skalarkontext wird ein Skalar zurück geliefert und im Voidkontext gar nichts.

Der Aufruf ohne Argumente liefert die leere Liste `()`, `undef` oder gar nichts, auch wieder abhängig vom Kontext.

Wird `return` außerhalb einer Subroutine, außerhalb von `eval` oder außerhalb von `do DATEI` aufgerufen, wird eine Exception generiert.

18.1.13 sub

Syntax:

```
# Deklarationen
sub NAME
sub NAME PROTOTYPEN
sub NAME ATTRIBUTE
sub NAME PROTOTYPEN ATTRIBUTE

# Definition mit Namen
sub NAME BLOCK
sub NAME PROTOTYPEN BLOCK
sub NAME ATTRIBUTE BLOCK
sub NAME PROTOTYPEN ATTRIBUTE BLOCK

# Definition mit namenloser Subroutine
sub NAME BLOCK
sub NAME PROTOTYPEN BLOCK
sub NAME ATTRIBUTE BLOCK
sub NAME PROTOTYPEN ATTRIBUTE BLOCK
```

Beispiel:

```
# Verwendung
subname;                # Subroutinenaufruf
&subname;               # dito
subname();              # dito
&subname();             # dito

subname("Apfel");       # Aufruf mit Übergabe von einem Argument
subname("a",2,@c);      # Aufruf mit Übergabe von drei Argumenten

&$subref("Apfel");      # Aufruf einer anonymen Subroutine
```

```
$subref->("Apfel");    # Selbes Ergebnis

$erg = mult(6,7);      # Ein Rückgabewert

($c,$d) = subname();   # Zwei Rückgabewerte
%hash   = subname();   # Rückgabe ist ein Hash

# Deklaration
sub subname;

# Deklaration und Definition
sub mult {
  # Suroutine mit dem Namen "mult"
  my($x,$y) = @_;
  return $x * $y;
}

$subref = sub { return $_[0] };
  # Anonyme Subroutine, die über die Referenz
  # $subref zugreifbar ist.
```

Beschreibung:

Subroutinen können Namen haben oder namenlos sein. Subroutinen mit Namen werden über diesen Namen, wie eine eingebaute Perlfunktion, angesprochen. Auf namenlose Subroutinen kann nur über die Referenz, die auf sie zeigt, zugegriffen werden.

Es ist egal, an welcher Stelle im Code eine Subroutine definiert ist. Nur bei der Aufrufform `subname;`, also ohne runde Klammern und ohne führendes `&`, muss sie vor der Verwendung deklariert sein.

Einer Subroutine kann, ob sie einen Namen hat oder auch nicht, eine Liste von Argumenten übergeben werden. Innerhalb der Subroutine stehen alle übergebenen Parameter in einem speziellen Array `@_`.

Die Parameterübergabe erfolgt im `call-by-reference`-Verfahren, weshalb die Modifikation der übergebenen Variablen über das Array `@_` möglich ist. Häufig werden deshalb die Werte aus `@_` in lexikalisch lokale Variablen kopiert. Dies geschieht durch direkten Zugriff auf die Elemente von `@_` oder durch `shift`. Übergebene Parameter werden durch Listflattening in eine große Liste umgewandelt. Beim Aufruf mysub(@a,@b) sind die Elemente von @a und @b in mysub ohne Trennung in @_. Verwenden Sie zur Parameterübergabe Referenzen auf die zu übergebenden Arrays/Hashes, wenn die Aufteilung erhalten bleiben soll.

Ein in einer Subroutine stehendes return verlässt diese an dieser Stelle. Hat return Argumente, so werden diese an den aufrufenden Kontext zurückgeliefert. Die Funktion wantarray ermittelt, in welchem Kontext sich die Subroutine befindet.

Für die Beschreibung von Prototypen und Attributen siehe perldoc perlsub.

18.1.14 unless

Syntax:

```
unless(AUSDRUCK) BLOCK
unless(AUSDRUCK) BLOCK else BLOCK

ANWEISUNG unless(AUSDRUCK);
ANWEISUNG1,ANWEISUNG2,... unless(AUSDRUCK);
```

Beispiel:

```
unless($var > 5) {
  print "\$var ist kleiner gleich 5.\n";
}
```

Beschreibung:

unless bietet syntaktisch die gleichen Formen wie if, jedoch wird der erste Block nur dann ausgeführt, wenn die Bedingung falsch ist.

Anstelle von if(not AUSDRUCK) sollten Sie unless(AUSDRUCK) verwenden.

18.1.15 until

Syntax:

```
LABEL until (AUSDRUCK) BLOCK
LABEL until (AUSDRUCK) BLOCK continue BLOCK
```

Beispiel:

```
$i=1;
until($i == 10) {
```

```
    $i++;
    ...
  }
```

Beschreibung:

`until` hat die gleiche Syntax wie `while`, jedoch wird die Schleife so lange ausgeführt, bis `AUSDRUCK` wahr ist. Siehe auch `while`.

18.1.16 wantarray

Syntax:

```
wantarray
```

Beispiel:

```
sub mysub {
  print "mysub called\n";
  if(defined(wantarray())) {
    if(wantarray()) {
      return (1,2,3,4);
    } else {
      return "A string\n";
    }
  }
}

mysub();       # Kein Rückgabewert
$c = mysub(); # "A string\n";
@d = mysub(); # (1,2,3,4)
```

Beschreibung:

Mit `wantarray` lässt sich feststellen, in welchem Kontext die Subroutine steht, in der `wantarray` aufgerufen wird. Abhängig vom Kontext können verschiedene Werte zurückgeliefert werden, wie dies beispielsweise die Funktionen `localtime` oder `reverse` tun.

`wantarray` kennt drei verschiedene Rückgabewerte:

- `undef`, wenn sich die Subroutine, in der `wantarray` aufgerufen wurde, im Voidkontext befindet, also keine Zuweisung gemacht wurde,
- "", wenn sie sich im skalaren Kontext befindet und
- `1` wenn der Listenkontext gefordert ist.

18.1.17 while

Syntax:

```
LABEL while (AUSDRUCK) BLOCK
LABEL while (AUSDRUCK) BLOCK continue BLOCK
```

Beispiel:

```
$i = 1;
while ($i < 10) {
  ...
} continue {
  $i++;
}
```

Beschreibung:

Der Block nach `while` wird so lange ausgeführt, wie `AUSDRUCK` wahr ist.

Ein vorhandener `continue`-Block wird immer vor der Evaluierung der Abbruchbedingung ausgeführt. Das Beispiel implementiert die gleiche Funktionalität wie `for($i=1;$i<10;$i++) { ... }`.

Labels werden beim Schleifensteuerungsbefehl `last` erklärt.

18.2 Pragmas

Neben den Funktionen gibt es eine Reihe von so genannten Pragmas, die zumeist das Verhalten des Perlinterpreters entweder zur Kompilierzeit oder zur Laufzeit verändern. Im Abschnitt *use* auf Seite 426 bei den *Funktionen in alphabetischer Reihenfolge* werden einige der Pragmas kurz angerissen. Dies ist die vollständige Liste aller Pragmas, zu denen Sie Informationen unter `perldoc` *PRAGMA* finden.

Pragma	Beschreibung
`attrs`	Holen und Setzen von Attributen einer Subroutine (veraltet)
`attributes`	Holen und Setzen von Attributen einer Subroutine
`autouse`	Das Laden eines Modules wird so lange hinausgezögert, bis eine Subroutine daraus benutzt wird.
`base`	Mit einer Klasse wird eine `isa` Beziehung hergestellt.

Pragma	Beschreibung
`blib`	Dient zum Testen von Programmen mit Verwendung von noch nicht installierten Modulen mit den Schalter `-M`.
`bytes`	Im Zusammenhang mit Unicode wird byteorientierte anstelle zeichenorientierte Semantik verwendet.
`charnames`	Erlaubt die Verwendung von Zeichennamen, die in `\N{named}` interpoliert werden.
`constant`	Definition von Konstanten
`diagnostics`	Warnungen werden mit Langtext ausgegeben.
`fields`	Deklariert Klassenfelder zur Kompilierzeit.
`filetest`	Das Verhalten von Filetest wird geändert.
`integer`	Anstelle von Fließkomma- wird Integerarithmetik verwendet.
`less`	Noch nicht implementiert. Es soll dem Programmierer die Möglichkeit gegeben werden zu spezifizieren, von welcher Ressource weniger als normal benutzt werden soll (CPU, Speicher, Plattenplatz, ...).
`lib`	Die `@INC`-Variable wird zur Kompilierzeit verändert.
`locale`	Interne Funktionen verhalten sich abhängig von Landeseinstellungen anders als normal.
`open`	Das Standardverhalten von Ein- und Ausgabe wird verändert.
`ops`	Beschränkung unsicherer Operationen zur Kompilierzeit
`overload`	Operatorenüberladung
`re`	Das Verhalten von regulären Ausdrücken wird verändert.
`sigtrap`	Einfache Signalbehandlung
`strict`	Unsichere Konstrukte im Quellcode werden unterbunden.
`subs`	Subroutinen können vordeklariert werden.
`utf8`	UTF-8 im Quellcode kann zugelassen oder verboten werden.

Pragma	Beschreibung
vars	Deklaration von Packagevariablen (veraltet)
warnings	Das Verhalten des Schalters -w kann modifiziert werden.

Tabelle 18.1: Pragmas

18.3 Funktionen in alphabetischer Reihenfolge

In diesem Buch konnten bei weitem nicht alle Funktionen und Pragmas besprochen werden, die Perl bietet. Der Umfang von Perl ist einfach zu groß, als dass in einem für Perl-Verhältnisse dünnen Buch alles abgedeckt werden könnte. Damit Sie eine vollständige Liste von Perl-Funktionen zur Hand haben, wurden hier alle Elemente aus perlfunc nach Themengebieten geordnet aufgelistet. Die wichtigsten Funktionen mit Kurzreferenz finden Sie im Anschluss. Ausgewählte Pragmas werden kurz bei der Funktion use beschrieben. Eine Übersicht über alle Perl-Pragmas zeigte der vorhergehende Abschnitt.

- **Funktionen für Skalare oder Strings**:

  `chomp, chop, chr, crypt, hex, index, lc, lcfirst, length, oct, ord, pack, q/STRING/, qq/STRING/, reverse, rindex, sprintf, substr, tr///, uc, ucfirst, y///`

- **Reguläre Ausdrücke und Pattern Matching**:

  `m//, pos, qr//, quotemeta, s///, split, study`

- **Numerische Funktionen**:

  `abs, atan2, cos, exp, hex, int, log, oct, rand, sin, sqrt, srand`

- **Funktionen für Arrays**:

  `pop, push, shift, splice, unshift`

- **Funktionen für Listen**:

  `grep, join, map, qw/STRING/, reverse, sort, unpack`

- **Funktionen für Hashes**:

  `delete, each, exists, keys, values`

- **Ein- und Ausgabefunktionen**:

  binmode, close, closedir, dbmclose, dbmopen, die, eof, fileno, flock, format, getc, print, printf, read, readdir, rewinddir, seek, seekdir, select, syscall, sysread, sysseek, syswrite, tell, telldir, truncate, warn, write

- **Funktionen für Daten mit fixer Länge oder Records**:

  pack, read, syscall, sysread, syswrite, unpack, vec

- **Funktionen für Filedeskriptoren, Dateien oder Verzeichnisse**:

  -X, chdir, chmod, chown, chroot, fcntl, glob, ioctl, link, lstat, mkdir, open, opendir, readlink, rename, rmdir, stat, symlink, umask, unlink, utime

- **Schlüsselworte, die den Gültigkeitsbereich von Variablen und Subroutinen beeinflussen**:

  caller, import, local, my, our, package, use

- **Funktionen, die in keine andere Kategorie passen**:

  defined, formline, reset, scalar, undef

- **Funktionen für Prozesse und Prozessgruppen**:

  alarm, exec, fork, getpgrp, getppid, getpriority, kill, pipe, qx/STRING/, setpgrp, setpriority, sleep, system, times, wait, waitpid

- **Alles für den Umgang mit Packages**:

  do, import, no, package, require, use

- **Klassenspezifisches und Schlüsselworte für die objektorientierte Programmierung**:

  bless, dbmclose, dbmopen, package, ref, tie, tied, untie, use

- **Funktionen für die Socketprogrammierung**:

  accept, bind, connect, getpeername, getsockname, getsockopt, listen, recv, send, setsockopt, shutdown, socket, socketpair

- **Funktionen zur Programmierung von IPC (Interprozesskommunikation)**:

  msgctl, msgget, msgrcv, msgsnd, semctl, semget, semop, shmctl, shmget, shmread, shmwrite

- **User- und Groupinformation**:

  endgrent, endhostent, endnetent, endpwent, getgrent, getgrgid, getgrnam, getlogin, getpwent, getpwnam, getpwuid, setgrent, setpwent

- **Netzwerkinformationen**:

  endprotoent, endservent, gethostbyaddr, gethostbyname, gethostent, getnetbyaddr, getnetbyname, getnetent, getprotobyname, getprotobynumber, getprotoent, getservbyname, getservbyport, getservent, sethostent, setnetent, setprotoent, setservent

- **Zeitoperationen**:

  gmtime, localtime, time, times

18.3.1 bless

Syntax:

```
bless REFERENZ, KLASSENNAME
bless REFERENZ
```

Bemerkungen:

- Eine Exception wird erzeugt, wenn ein übergebenes Argument nicht dem korrekten Typ entspricht.

Beispiel:

```
package Quadrat;

sub new {
  my $that  = shift;
  my $class = ref($that) || $that;
  my($left,$top,$right,$bottom) = @_;
  my $self = {
               left   => $left,
               right  => $right,
               top    => $top,
               bottom => $bottom
             };

  bless($self, $class);
  return $self;
}
```

Beschreibung:

Eine beliebige Methode/Funktion eines Packages liefert eine Referenz auf eine Datenstruktur (zumeist ein Hash), die mittels `bless` ab diesem Zeitpunkt als ein Objekt der Klasse *Klassenname* betrachtet wird.

Wird kein Klassenname spezifiziert, wird das aktuelle Package als Klasse verwendet.

Ist die Referenz keine echte Referenz, wird eine Ausnahme (Exception) erzeugt.

18.3.2 chomp

Syntax:

```
chomp
chomp LISTE
chomp VARIABLE
```

Bemerkungen:

- Wenn kein Argument übergeben wurde, wird `$_` verwendet.
- Eine Exception wird erzeugt, wenn versucht wird, ein read-only-Objekt zu modifizieren.

Beispiel:

```
chomp;
chomp($var);
chomp(@array);
chomp($str1,$str2);
```


Beschreibung:

Wird `chomp` ein String übergeben, überprüft die Funktion, ob sich am Ende des Strings ein `newline` befindet, und entfernt dieses. Genauer gesagt wird überprüft, ob das Ende des Strings dem Wert der Variablen `$/` entspricht, die standardmäßig auf `newline` eingestellt ist.

Erhält `chomp` eine Liste oder ein Array, so werden von allen Elementen der Liste oder des Arrays die `newlines` entfernt.

`chomp` liefert die Anzahl der entfernten Zeichen zurück.

18.3.3 chop

Syntax:

```
chop
chop LISTE
chop VARIABLE
```

Bemerkungen:

- Wenn kein Argument übergeben wurde, wird `$_` verwendet.
- Eine Exception wird erzeugt, wenn versucht wird, ein read-only-Objekt zu modifizieren.

Beispiel:

```
chop;
chop($var);
chop(@array);
chop($str1,$str2);
chop($line=<>);
```

Beschreibung:

`chop` löscht das letzte Zeichen in einem String. Im Gegensatz zu `chomp` wird das letzte Zeichen auf jeden Fall gelöscht. `chop` liefert das gelöschte Zeichen zurück.

Erhält `chop` eine Liste oder ein Array, so wird von allen Elementen der Liste oder des Arrays das letzte Zeichen entfernt.

18.3.4 chr

Syntax:

```
chr
chr ZAHL
```

Bemerkungen:

- Wenn kein Argument übergeben wurde, wird `$_` verwendet.

Beispiel:

```
print chr(10); # Gibt einen Zeilenvorschub aus.
```

Beschreibung:

`chr` liefert das ASCII-Zeichen zum übergebenen Argument zurück. Den ASCII-Code eines Zeichens kann man mit `ord()` ermitteln.

18.3.5 close

Syntax:

```
close
close FILEDESKRIPTOR
```

Bemerkungen:

- Schlägt der Aufruf fehl, wird `$!` gesetzt.
- Eine Exception wird erzeugt. Diese kann mit `eval` abgefangen werden.
- Eine Exception wird erzeugt, wenn ein übergebenes Argument nicht dem korrekten Typ entspricht.

Beispiel:

```
# Schließen des Filedeskriptors OUT
close(OUT);
# Schließen eines Filedeskriptors mit Fehlerüberprüfung
close(OUT) or die "Something went wrong: $! $?";
```

Beschreibung:

`close` schließt die mit dem Filedeskriptor verbundene Datei, Socket oder Pipe. Tritt dabei ein Fehler auf, liefert `close` den Wert `false`, ansonsten `true`.

Speziell nach dem Lesen oder Schreiben von oder in Pipes sollten Sie immer den Rückgabewert von `close` überprüfen. Liefert `close` in diesem Fall `false`, so ist davon auszugehen, dass der Client Probleme hatte und gegebenenfalls vorzeitig terminierte. Die Werte von `$!` und `$?` werden abhängig von der genauen Fehlerursache gesetzt. Siehe auch `perldoc -f close`.

18.3.6 closedir

Bemerkungen:

- Schlägt der Aufruf fehl, wird `$!` gesetzt.
- Eine Exception wird erzeugt, wenn ein übergebenes Argument nicht dem korrekten Typ entspricht.
- Eine Exception wird erzeugt, wenn die Funktion auf der aktuellen Plattform nicht implementiert ist.

Siehe `opendir`.

18.3.7 defined

Syntax:

```
defined
defined AUSDRUCK
```

Bemerkungen:

- Wenn kein Argument übergeben wurde, wird `$_` verwendet.

Beispiel:

```
if(defined($var)) { ...
while(defined($line = <IN>)) {
```

Beschreibung:

Die Funktion `defined` liefert zurück, ob ein Ausdruck einen Wert hat, der nicht `undef` ist. Viele Funktionen wie beispielsweise `pop` liefern den Wert `undef` zurück, wenn die Operation keine weiteren Ergebnisse liefert. Achtung: `false` ist nicht gleich `undef`!

18.3.8 delete

Syntax:

```
delete AUSDRUCK
```

Beispiel:

```
# Arrays
$geloeschtes_element = delete($array[$index]);
delete(@array[0,1,10]);

# Hashes
delete($hash{"key"});
delete(@hash{"key1","key2"});
```

Beschreibung:

`delete` löscht aus Hashes oder Arrays einzelne Elemente oder Slices. Die gelöschten Elemente bilden den Rückgabewert der Funktion.

Mit der Einführung von Perl 5.6 kann `delete` auch auf Arrays angewendet werden. Die angegebenen Elemente werden auf `undef` gesetzt.

Befinden sie sich am Ende des Arrays, wird das Array um die entsprechenden Elemente gekürzt.

18.3.9 each

Syntax:

```
each HASH
```

Beispiel:

```
# Listenkontext
while(($postleitzahl,$ort) = each %plz) {
  print "$postleitzahl => $ort\n";
}
# Skalarkontext
while($postleitzahl = each %plz) {
  print "$postleitzahl => $plz{$postleitzahl}\n";
}
```

Beschreibung:

Im Listenkontext aufgerufen liefert `each` Schlüssel/Werte-Paare aus dem übergebenen Hash zurück. Wurde das letzte Paar zurückgeliefert, erhält man die leere Liste.

Im skalaren Kontext liefert `each` die Schlüssel des Hashes. Wurden alle Schlüssel geholt, wird `undef` zurückgeliefert.

Eine erneute Iteration über den Hash kann durch einen weiteren Aufruf von `each` gestartet werden.

18.3.10 exists

Syntax:

```
exists AUSDRUCK
```

Beispiel:

```
if(exists($hash{$key})) {
  ...
}
```

Beschreibung:

Die Funktion überprüft, ob ein Schlüssel in einem Hash existiert. `exists` hat keine Autovivikation zur Folge.

18.3.11 format

Syntax:

```
format NAME =
FORMATBESCHREIBUNG
.
write
write FILEDESKRIPTOR
```

Beispiel:

```
format OUT_TOP =
Buch                                |ISBN            |Preis
------------------------------------+----------------+-------
.
format OUT =
@<<<<<<<<<<<<<<<<<<<<<<<<<<<<<<<<<< | @||||||||||||| |@###.##
$buch,                               $isbn,           $preis
.
open(OUT,">buecher.txt") or
  die "Cannot write to buecher.txt: $!";
while(<DATA>) {
  ($buch,$isbn,$preis) = split(/,/,$_);
  write OUT;
}
close(OUT);
```

Beschreibung:

`format` definiert ein Format, mit dem es einfach ist, eine formatierte Ausgabe zum Beispiel für Berichte zu generieren. Der übergebene Name entspricht normalerweise dem Namen des Filedeskriptors, den `write` später zur Ausgabe verwendet.

Für eine Ausgabezeile und den Seitenkopf muss ein gesondertes Format definiert werden. Der Name der Ausgabezeile ist normalerweise der Name des Filedeskriptors, den `write` später zur Ausgabe verwendet. Dem zugehörigen Namen der Seitenkopfes wird der String `_TOP` angehängt.

Sind die entsprechenden Formate definiert, kann mit der Funktion `write` eine Ausgabezeile erzeugt werden. Wenn nötig, generiert `write` auch Seitenköpfe an den entsprechenden Stellen.

Die Details sind im Kapitel *IO* beschrieben.

18.3.12 grep

Syntax:

```
grep BLOCK,LISTE
grep AUSDRUCK,LISTE
```

Beispiel:

```
# Alle Zahlen größergleich 1000
@numbers = (1000, 85, 700, 1230, 5000);
@bignumbers = grep { $_ >= 1000 } @numbers;
# Alle Zeilen von <>, die den String "ABC" enthalten.
@abc = grep /ABC/,<>;
```

Beschreibung:

Diese Funktion dient zur Selektion von Daten aus Listen. Häufig soll eine bestimmte Teilmenge der Daten weiterverarbeitet werden. Alle Elemente der übergebenen Liste werden in einer impliziten Schleife durchlaufen. In der Schleife enthält die Variable `$_` das jeweilige Element. Liefert der Schleifenrumpf `true`, kommt das entsprechende Element in die Ergebnisliste.

Im skalaren Kontext liefert `grep` die Anzahl der passenden Elemente.

18.3.13 int

Syntax:

```
int
int AUSDRUCK
```

Bemerkungen:

- Wenn kein Argument übergeben wurde, wird `$_` verwendet.

Beispiel:

```
$fast_eins = int(0.99);      # 0
$fast_eins = int(1.11);      # 1
$negativ   = int(-6.34);     # -6
$division  = int(6.34/1.11); # 5
```

Beschreibung:

`int` schneidet den dezimalen Teil einer positiven oder negativen Gleitkommazahl ab und liefert den Ganzzahlenteil zurück.

18.3.14 join

Syntax:

```
join AUSDRUCK,LISTE
```

Beispiel:

```
@fields = qw(a b cc);
$string = join('::',@fields);
# "a::b::cc"
```

Beschreibung:

Die Funktion fügt alle Elemente der übergebenen Liste zusammen. Das erste Argument dient dabei als Trennstring. `join` liefert einen Skalar zurück.

18.3.15 keys

Syntax:

```
keys HASH
```

Beispiel:

```
foreach $postleitzahl (keys %plz) {
  print "$postleitzahl => $plz{$postleitzahl}\n";
}
```

Beschreibung:

Die Funktion `keys` liefert eine Liste der Schlüssel des übergebenen Hashes zurück. Sie ist unsortiert.

18.3.16 lc

Syntax:

```
lc
lc AUSDRUCK
```

Bemerkungen:

- Wenn kein Argument übergeben wurde, wird `$_` verwendet.

Beispiel:

```
$klein = lc($str);
$kleiner = lc("Mo di MI"); # mo di mi
$kleinst = lc("We"."Ich"); # weich
```

Beschreibung:

`lc` konvertiert die Buchstaben eines Strings in Kleinbuchstaben (Englisch: lowercase). `lc` entspricht der `\L`-Escape-Sequenz im interpolativen Stringkontext. Bezüglich Sonderzeichen wie den deutschen Umlauten ist `use local;` zu verwenden, Genaueres siehe Abschnitt *Pragmas* und in `perldoc perllocale`.

18.3.17 lcfirst

Syntax:

```
lcfirst
lcfirst AUSDRUCK
```

Bemerkungen:

- Wenn kein Argument übergeben wurde, wird `$_` verwendet.

Beispiel:

```
$str1 = lcfirst($str);
$str2 = lcfirst("AAA");      # aAA
$str3 = lcfirst("BB"."BB"); # bBBB
```

Beschreibung:

18 Nitty Gritty • Go ahead!

`lcfirst` konvertiert den ersten Buchstaben eines Strings in Kleinbuchstaben (Englisch: lowercase). `lcfirst` entspricht der `\l`-Escape-Sequenz im interpolativen Stringkontext. Bezüglich Sonderzeichen wie den deutschen Umlauten ist `use local;` zu verwenden, Genaueres siehe Abschnitt *Pragmas* und in `perldoc perllocale`.

18.3.18 length

Syntax:

```
length
length AUSDRUCK
```

Bemerkungen:

- Wenn kein Argument übergeben wurde, wird `$_` verwendet.

Beispiel:

```
if(length($passwd) < 6) {
  print "Das Passwort muss mindestens 6 Zeichen lang sein!\n";
}
```

Beschreibung:

Liefert die Anzahl der Zeichen im übergebenen String zurück.

18.3.19 local

Syntax:

```
local AUSDRUCK
```

Beispiel:

```
our $var = "packagevar";
print "$var\n";        # "packagevar"
{
  local $var;
  $var = "localvar";
  print "$var\n";      # "localvar"
}
print "$var\n";        # "packagevar"
```

Beschreibung:

`local` weist einer Packagevariablen (also keiner mit `my` deklarierten lexikalischen Variablen) einen dynamischen Gültigkeitsbereich zu. Die originäre Packagevariable wird versteckt und eine neue Variable mit dem gleichen Namen und dem Wert `undef` initialisiert.

Wird in einer Subroutine eine Packagevariable mit `local` deklariert, so ist der Wert dieser Variablen in anderen von der Subroutine aufgerufenen Subroutinen sichtbar, was zu Problemen führen kann.

Vermeiden Sie `local`. Nutzen Sie stattdessen `my`.

Lokale Filedeskriptoren müssen mit `local` deklariert werden.

18.3.20 m

Syntax:

```
$var =~ m;PATTERN;gimosx
$var =~  /PATTERN/gimosx
$var !~ m;PATTERN;gimosx
$var !~  /PATTERN/gimosx
m/PATTERN/gimosx
/PATTERN/gimosx
```

Bemerkungen:

- Wenn kein Argument übergeben wurde, wird `$_` verwendet.

Beispiel:

```
if(m;windows;i) {
  # Der String "windows" wurde in $_ gefunden, unabhängig
  # von Groß- und Kleinschreibung und der Position
  # in $_
}
if($line !~ /microsoft/) {
  # wahr, wenn in $line "microsoft" nicht vorkommt
}
# Sucht nach einem Zeitstring
if(/Zeit: (..):(..):(..)/) {
  $stunden  = $1;
  $minuten  = $2;
  $sekunden = $3;
}
# Druckt alle Vorkommen von Zahlen in $_
while(/\b(\d+)\b/g) {
  print "Zahl: $1\n";
}
# Druckt: 1,2,3
$a = "1 2 a 3";
@b = $a =~ /\b(\d+)\b/g;
print join(",",@b);
```


Beschreibung:

Der `m//`-Operator weist in Verbindung mit dem so genannten Musterbindungsoperator `=~` Perl an, in der Variablen `$var` nach dem regulären Ausdruck `PATTERN` zu suchen. Wird `PATTERN` in der Variablen gefunden, liefert der Ausdruck `wahr` zurück, andernfalls `falsch`. Der negierte Musterbindungoperator `!~` liefert `wahr`, wenn das `PATTERN` nicht enthalten ist.

Die Bedeutung der Modifier:

Modifier	Beschreibung
g	Globale Suche. Finde alle Vorkommen.
i	Ignoriere Groß- und Kleinschreibung.
m	Mehrzeilen Modus. Das ^ passt auf den Anfang jeder logischen Zeile und das $ auf jedes logische Zeilenende (vor jedem `newline` mitten im String).
o	Kompiliere Muster nur einmal.
s	Behandle String wie eine einzige Zeile.
x	Verwende erweiterte reguläre Ausdrücke.

Tabelle 18.2: Modifier

18.3.21 map

Syntax:

```
map BLOCK,LISTE
map AUSDRUCK,LISTE
```

Beispiel:

```
@computer = ('H','A','L');
@bigblue = map { $_++; $_;} @computer;
print @bigblue,"\n"; # IBM
```

Beschreibung:

Die Funktion nimmt eine Liste, operiert auf allen Elementen und generiert eine neue Liste.

Alle Elemente der `map` übergebenen Liste werden in einer impliziten Schleife durchlaufen. In der Schleife enthält die Variable `$_` das jeweilige Element. `$_` kann in der Schleife modifziert werden. Das Ergebnis der letzten Operation im Block oder des letzten Ausdrucks bestimmt, welche Elemente in die Ausgabeliste gelangen.

18.3.22 my

Syntax:

```
my AUSDRUCK;
```

Beispiel:

```
my $var;
my $var = 10;
my @authors;
my @authors = ("Wall","Christiansen","Orwant");
```

Beschreibung:

Eine oder mehrere Variablen werden lexikalisch deklariert und gegebenenfalls definiert. Der Gültigkeitsbereich der Variablen endet

- mit dem Ende des Blockes, in dem die Variable deklariert wurde, oder
- mit dem Ende der Datei, in der sie steht, oder
- mit dem Ende der `eval`-Anweisung, in der sie steht.

Die Variable ist außerhalb des Gültigkeitsbereiches nicht sichtbar. Wenn Sie sich nicht sicher sind, verwenden Sie lieber `my` statt `our` oder `local`. Weitere Verwendungszwecke finden Sie unter `perldoc -f my`.

18.3.23 no

Syntax:

Beispiel:

Beschreibung:

Wird bei `use` erklärt.

18.3.24 open

Bemerkungen:

- Schlägt der Aufruf fehl, wird `$!` gesetzt.
- Eine Exception wird erzeugt, wenn ein übergebenes Argument nicht dem korrekten Typ entspricht.
- Eine Exception wird erzeugt, wenn die Funktion auf der aktuellen Plattform nicht implementiert ist.
- Eine Exception wird erzeugt, wenn „vergiftete“ (tainted) Daten übergeben werden.

Beispiel:

```
# Lesen aus einer Datei
open(AUTOE,'c:\autoexec.bat')
  or die "Cannot open c:\autoexec.bat: $!";
while(<AUTOE>) {
  print;
}
close(AUTOE);

# Schreiben in eine Datei
open(OUT,">$file") or die "Cannot open $file for writing: $!";
print OUT "Somedata: $var1\n";
close(OUT);

# Ausgabe eines anderen Programmes lesen
open(IN,"ls -l |") or die "Cannot fork: $!";
# Einem anderen Programm Daten senden
open(OUT,"| /home/user/bin/prg.pl") or die "Cannot fork: $!";
```

Beschreibung:

Die Funktion `open` erlaubt den Zugriff auf Dateien und kann andere Prozesse starten, von denen gelesen oder auf die geschrieben werden kann. Sie liefert `true` oder `false`, je nachdem ob das Öffnen erfolgreich war oder nicht. Überprüfen Sie auf jeden Fall den Rückgabewert von `open`. War `open` nicht erfolgreich, wird `$!` gesetzt.

Wegen der Komplexität von `open` sei für die Details auf das Kapitel *IO* verwiesen.

18.3.25 opendir

Syntax:

```
opendir DIRHANDLE, AUSDRUCK
readdir DIRHANDLE
closedir DIRHANDLE
```

Bemerkungen:

- Schlägt der Aufruf fehl, wird `$!` gesetzt.
- Eine Exception wird erzeugt, wenn ein übergebenes Argument nicht dem korrekten Typ entspricht.

- Eine Exception wird erzeugt, wenn die Funktion auf der aktuellen Plattform nicht implementiert ist.
- Eine Exception wird erzeugt, wenn „vergiftete“ (tainted) Daten übergeben werden.

Beispiel:

```
$dir = 'C:\windows';
opendir(IN,$dir) or die "Cannot open directory $dir: $!";
@files=grep {/\.dll$/i} readdir(IN);
print "$_\n" foreach (@files); # Ausgabe aller DLL-Dateien
closedir(IN);
```

Beschreibung:

`opendir` öffnet ein Verzeichnis zum Lesen der Verzeichniseinträge. Die Funktion liefert zurück, ob das Öffnen erfolgreich war. Das Lesen selbst erfolgt über die Funktion `readdir`. Im Listenkontext liefert sie eine Liste mit den gefundenen Verzeichniseinträgen. Im skalaren Kontext wird der nächste Verzeichniseintrag zurückgeliefert. Häufig wird `readdir` wie im Beispiel mit `grep` verwendet um nur bestimmte Verzeichniseinträge zurückgeliefert zu bekommen.

`closedir` schließt den vorher benutzten Dirhandle und liefert zurück, ob die Operation erfolgreich war.

Siehe auch `perldoc -f seekdir`, `perldoc -f telldir` und `perldoc -f rewinddir`.

18.3.26 ord

Syntax:

```
ord
ord AUSDRUCK
```

Bemerkungen:

- Wenn kein Argument übergeben wurde, wird `$_` verwendet.

Beispiel:

```
print ord("A");       # ASCII-Code von A: 65
print ord("ASCII");   # ASCII-Code des ersten Zeichens: 65
print ord("\n");      # ASCII-Code des Zeilenvorschubs: 10
print ord("\+");      # ASCII-Code des Pluszeichens: 43
```

Beschreibung:

ord liefert den ASCII-Code des übergebenen Arguments zurück. Nur das erste Zeichen eines übergebenen Strings wird verarbeitet.

18.3.27 our

Syntax:

```
our AUSDRUCK
```

Beispiel:

```
our $var;
our($var,@array);
our $var = "A string";
```

Beschreibung:

our deklariert eine oder mehrere Variablen als globale Variablen. Häufig wird dieses Konstrukt genutzt um use strict; mundtot zu machen. Der Gültigkeitsbereich dieser Variablen endet mit dem Ende des Blockes, der Datei oder dem eval-Konstrukt, in dem sie deklariert ist. Unabhängig vom Gültigkeitsbereich ist sie nach außen hin sichtbar.

Generell gilt, dass Sie *globale* Variablen vermeiden sollten, da bei Ihnen häufig Seiteneffekte auftreten können, die die Fehlersuche recht zeitintensiv werden lassen können.

18.3.28 package

Syntax:

```
package NAMESRAUM
package
```

Beispiel:

```
package A;
$var = 7;
sub suba {
  return "Ich bin eine Subroutine im Package A\n";
}

package B;
```

```
$var = 6;
print $A::var;   # -> 7
print $var;      # -> 6
print A::suba(); # -> "Ich bin eine Subroutine im Package A\n";
```

Beschreibung:

Mit package können eigene Namensräume definiert werden. Sie verhindern die Kollision von Variablen- und Subroutinennamen, wenn andere Module verwendet werden.

Der Gültigkeitsbereich einer package-Deklaration erstreckt sich wie bei my bis zum Ende des aktuellen Blockes, bis zu einer erneuten package-Deklaration auf gleicher Ebene, bis zum Ende der aktuellen Datei und auf das Ende der eval-Anweisung, in der sie steht. Der Namensraum wird hierbei für alle globalen Variablen und Subroutinen festgelegt, nicht aber für lexikalische Variablen.

Der Zugriff auf Variablen und Subroutinen anderer Packages erfolgt, wenn sie vom aktuellen Package nicht importiert werden, über $Package::var oder Package::sub().

Wird der package-Anweisung kein Argument übergeben, so müssen alle Variablen lexikalisch deklariert und alle Subroutinen voll qualifiziert angegeben werden.

18.3.29 pop

Syntax:

```
pop ARRAY
pop
```

Beispiel:

```
#!/usr/bin/perl -w
$arg    = pop;          # Aus @ARGV
$skalar = pop(@array);  # Aus @array
mysub("Arg1","Arg2");

sub mysub {
  my $var = pop;        # Aus @_
  # ...
}
```

Beschreibung:

Aus dem übergebenen Array wird von rechts her ein Element entnommen (und aus dem Array gelöscht) und dem skalaren Kontext übergeben. Im Normalfall ist dies eine Skalarvariable.

Wird `pop` kein Argument übergeben, nimmt `pop` innerhalb von Subroutinen und Formaten das Array `@_`. Außerhalb davon nimmt `pop`, wenn keine Argumente angegeben werden, `@ARGV`.

18.3.30 print

Syntax:

```
print
print LISTE
print FILEDESKRIPTOR LISTE
```

Bemerkungen:

- Wenn kein Argument übergeben wurde, wird `$_` verwendet.
- Schlägt der Aufruf fehl, wird `$!` gesetzt.
- Eine Exception wird erzeugt, wenn ein übergebenes Argument nicht dem korrekten Typ entspricht.

Beispiel:

```
print('String: ',$skalar," Array: @arr\n");
print 'String: ',$skalar," Array: @arr\n";
open(OUT,">/tmp/file.txt") or die "Cannot open: $!";
print OUT 'String: ',$skalar," Array: @arr\n";

print "Haus",$c=3 if($var > 5); # Vermutlich falsch.
                                # Gedruckt wird "Haus3"
```

Beschreibung:

`print` nimmt eine Liste von Argumenten und druckt diese ohne Zwischenraum aus. Standardmäßig erfolgt die Ausgabe dabei auf `STDOUT`. Es kann aber ein anderer Filedeskriptor angegeben werden, der zum Schreiben geöffnet sein muss.

Es kann leicht zu Problemen kommen, wenn die Klammerung um die Argumente weggelassen wird. Setzten Sie Klammern, wenn Sie unsicher sind, welche Operatorenvorränge gültig sind.

Die Funktion liefert `true` zurück, wenn die Ausgabe erfolgreich war, ansonsten `false`.

Falls sie gesetzt ist, wird der Inhalt der speziellen Variablen `$\`, also des so genannten *output record separator*, am Ende der Liste ausgegeben. Siehe auch `perldoc perlvar`.

18.3.31 printf

Syntax:

```
printf FORMAT,LISTE
printf FILEDESKRIPTOR FORMAT,LISTE
```

Bemerkungen:

- Wenn kein Argument übergeben wurde, wird `$_` verwendet.
- Schlägt der Aufruf fehl, wird `$!` gesetzt.
- Eine Exception wird erzeugt, wenn ein übergebenes Argument nicht dem korrekten Typ entspricht.

Beispiel:

```
$class = "Galaxy";
$crew = 1500;
printf "Klasse: %-9s Besatzung: %5d\n",$class,$crew;
# Klasse: Galaxy    Besatzung:  1500
```


Beschreibung:

Gibt einen formatierten String an `STDOUT` oder – wenn angegeben – an einen Filedeskriptor aus. Dazu muss `printf` mitgeteilt werden, wie das Format aussehen soll. Dies geschieht im sogenannten Formatstring. Im Formatstring stehen Platzhalter für Variablen, gemischt mit normalen druckbaren Zeichen. Nach dem Formatstring kommen die Variablen, die die Platzhalter im Formatstring ausfüllen sollen.

Die Tabellen 7.1 und 7.2 listen Platzhalter und deren Modifikatoren auf. Mit den Modifikatoren kann das Verhalten der Platzhalter verändert werden, so dass Texte zum Beispiel linksbündig oder nur mit einer bestimmten Länge ausgegeben werden.

Da `printf` im Vergleich zu `print` nicht sonderlich effizient ist, sollten Sie es nur benutzen, wenn es wirklich nötig ist.

18.3.32 push

Syntax:

```
push ARRAY,LISTE
```

Beispiel:

```
# Am Ende des Array @array wird der String "Haus" eingefügt.
push @array, "Haus";

# Am Ende des Array @array1 werden alle Elemente von
# @array2 eingefügt.
push @array1, @array2;
```

Beschreibung:

In das übergebene Array werden alle Elemente der übergebenen Liste am Ende eingefügt. `push` liefert die neue Anzahl der Elemente im Array zurück.

18.3.33 rand

Syntax:

```
rand AUSDRUCK
```

Beispiel:

```
$wuerfel = int(rand(6)) + 1;
$null_bis_fast_eins = rand;
```

Beschreibung:

Die Funktion `rand` ermittelt eine Zufallszahl, die größergleich null und kleiner als `AUSDRUCK` ist. Entfällt AUSDRUCK, wird 1 als obere Grenze genommen.

Siehe auch `perldoc -f srand`.

18.3.34 readdir

Bemerkungen:

- Schlägt der Aufruf fehl, wird `$!` gesetzt.
- Zurückgelieferte Daten sind „vergiftet“ (tainted).

- Eine Exception wird erzeugt, wenn ein übergebenes Argument nicht dem korrekten Typ entspricht.
- Eine Exception wird erzeugt, wenn die Funktion auf der aktuellen Plattform nicht implementiert ist.

Beschreibung:

Siehe `opendir`.

18.3.35 ref

Syntax:

```
ref AUSDRUCK
ref
```

Bemerkungen:

- Wenn kein Argument übergeben wurde, wird `$_` verwendet.

Beispiel:

```
use CGI;

$str = "Jabba";
$r1 = \$str;
$r2 = [ 1,2,3 ];
$r3 = { 'a' => 1 };
$r4 = sub { 1; };
$r5 = new CGI;
print ref($r1),"\n"; # SCALAR
print ref($r2),"\n"; # ARRAY
print ref($r3),"\n"; # HASH
print ref($r4),"\n"; # CODE
print ref($r5),"\n"; # CGI
```

Beschreibung:

`ref` liefert zurück, von welchem Typ eine Referenz ist, oder `undef`, falls es sich um keine Referenz handelt.

18.3.36 require

Syntax:

```
require VERSION
require AUSDRUCK
require
```

Bemerkungen:

- Wenn kein Argument übergeben wurde, wird `$_` verwendet.
- Schlägt der Aufruf fehl, wird `$!` gesetzt.
- Eine Exception wird erzeugt. Diese kann mit `eval` abgefangen werden.
- Eine Exception wird erzeugt, wenn „vergiftete“ (tainted) Daten übergeben werden.

Beispiel:

```
require 5.6.0;
require Getopt::Long;
require "myfile.pl";
```

Beschreibung:

Alle Aufrufe von `require` werden im Gegensatz zu `use` zur Laufzeit ausgeführt.

Wird `require` ein Versionsstring übergeben, so prüft es nach, ob der Perlinterpreter die geforderte Versionsnummer hat. Ist dies nicht der Fall, bricht das Programm ab.

Erhält `require` einen nicht gequoteten String, so interpretiert es das Argument als Namen eines installierten Moduls und versucht dieses zu laden, wenn es noch nicht geladen ist. Es sucht das Modul in den im Array `@INC` angegebenen Verzeichnissen. Schlägt das Laden fehl, bricht das Programm ab.

Wird ein Skalar oder ein gequoteter String übergeben, wird dies als Dateiname interpretiert und die Datei wird eingebunden und ausgeführt. Schlägt das Laden fehl, bricht das Programm ab.

18.3.37 reverse

Syntax:

```
reverse LISTE
```

Beispiel:

```
$drom = reverse "ti","er"; # $drom hat den Wert "reit".
$palin = reverse $drom;    # Nur ein String als Argument
                           # $palin hat den Wert "tier".
@palindrom = reverse $palin, $drom;
print "@palindrom";        # Gibt reit tier aus.

@array = reverse @array;
%eindeutig = reverse %eindeutig; # Geht nur bei eindeutigen
                                 # Werten!
```

Beschreibung:

Im Listenkontext werden die Argumente der übergebenen Liste in umgekehrter Reihenfolge sortiert und zurückgegeben. Wenn ein Hash eindeutige Werte hat, kann `reverse` auch auf den Hash angewendet werden. Damit werden Schlüssel und Werte des Hashes vertauscht.

Im Skalarkontext werden die Elemente der Liste zu einem String zusammengefügt und dieser dann Zeichen für Zeichen umgekehrt. Achtung: `print reverse ("abc");` dreht nicht den String um, da reverse hier im Listenkontext steht.

18.3.38 s

Syntax:

```
$var =~ s/PATTERN/Ersatztext/egimosx
s/PATTERN/Ersatztext/egimosx
```

Bemerkungen:

- Wenn kein Argument übergeben wurde, wird `$_` verwendet.

Beispiel:

```
$a="w1 w2";$a=~s/^\w+\s+//g;     # $a: "w2"
s/Lora/Lara/g;                   # Ersetzt in $_ alle Lora durch Lara
s/Login: $old/Login: $new/;      # Mit Interpolation
s/(\d+)/\1 \1/;                  # Verdopple alle Zahlen in $_
```

```
  $/=undef;                             # Ersetze alle Whitespace von <>
$all_lines=<>;                        # (inklusive Zeilenumbrüchen)
$all_lines=~s/\s+/:/g;                # und ersetze sie durch das
print $all_lines;                     # : Zeichen

$salary = "Gehalt: 2400 EUR";
$salary =~ s/(\d+)/$1*3/e;            # $salary: "Gehalt: 7200 EUR"
print $salary;                        # Wenn's so schnell ginge :-)
```

Beschreibung:

Bei der durch den Musterbindungsoperator =~ an den Ausdruck gebundenen Variablen `$var` werden alle Vorkommen von `PATTERN` durch den Ersatztext ersetzt. Wird =~ nicht verwendet, arbeitet `s///` auf `$_`. Gültige Modifier sind:

Modifier	Beschreibung
g	Globale Suche. Finde alle Vorkommen.
i	Ignoriere Groß- und Kleinschreibung.
m	Mehrzeilen-Modus. Das ^ passt auf den Anfang jeder logischen Zeile und das $ auf jedes logische Zeilenende (vor jedem Newline mitten im String).
o	Kompiliere Muster nur einmal.
s	Behandle String wie eine einzige Zeile.
x	Verwende erweiterte reguläre Ausdrücke.
e	Evaluiere die rechte Seite als Ausdruck.

Tabelle 18.3: Modifier

18.3.39 scalar

Syntax:

```
scalar AUSDRUCK
```

Beispiel:

```
$name = "Deanna Troi";
print "Umgedrehter Name: ",scalar reverse ($name),"\n";
```

Beschreibung:

`scalar` zwingt einen Ausdruck in den skalaren Kontext. Dies ist hilfreich, wenn Funktionen wie `reverse` nicht das gewünschte Ergebnis liefern, weil sie selbst, wie hier bei `print`, im Listenkontext stehen.

18.3.40 shift

Syntax:

```
shift ARRAY
shift
```

Beispiel:

```
#!/usr/bin/perl -w
$arg    = shift;          # Aus @ARGV
$skalar = shift(@array); # Aus @array
mysub(15);
  sub mysub {
  my $var = shift;        # Aus @_
  # ...
}
```

Beschreibung:

Aus dem übergebenen Array wird von links her ein Element entnommen (und aus dem Array gelöscht) und dem skalaren Kontext übergeben. Im Normalfall ist dies eine Skalarvariable.

Wird `shift` kein Argument übergeben, nimmt `shift` innerhalb von Subroutinen und Formaten das Array `@_`. Außerhalb davon operiert `shift`, ohne Parameter aufgerufen, auf `@ARGV`.

18.3.41 sort

Syntax:

```
sort LISTE
sort BLOCK LISTE
sort SORTIERSUB LISTE
```

Beispiel:

```
# Ausgabe des sortierten Arrays @array
foreach $element (sort @array) {
  print "$element\n";
```

```
}
# Sortiert eine Liste von Zahlen numerisch absteigend
# und weist sie einem Array zu
@countdown = sort { $b <=> $a } (5, 6, 1, 2, 3, 4, 0);

# Sortiert ein Hash nach den Werten numerisch
# aufsteigend mithilfe einer Sortiersubroutine
foreach $auto (sort pricesort keys %verkaufspreis) {
  print "$auto $verkaufspreis{$auto}\n";
}

sub pricesort {
  return $verkaufspreis{$a} <=> $verkaufspreis{$b};
}
```

Beschreibung:

`sort` sortiert die übergebene Liste. Wird nichts anderes angegeben, wird die Liste alphabetisch aufsteigend sortiert.

Über eine Sortierroutine kann das Verhalten von `sort` verändert werden. Diese Sortierroutine kann sowohl als Inlineblock als auch als separate Subroutine notiert werden.

Innerhalb der Sortierroutine existieren zwei Variablen: `$a` und `$b`. Diesen Variablen werden von `sort` sukzessiv Elemente der zu sortierenden Liste übergeben. Auf diesen beiden Variablen, deren Namen unveränderlich festgelegt sind, erfolgt dann der Vergleich der beiden Listenelemente.

Für Stringvergleiche wird üblicherweise der `cmp`-Operator verwendet. Für numerische Vergleiche steht der `<=>`-Operator zur Verfügung.

18.3.42 splice

Syntax:

```
splice ARRAY                        (Form 1)
splice ARRAY, OFFSET                (Form 2)
splice ARRAY, OFFSET, LÄNGE         (Form 3)
splice ARRAY, OFFSET, LÄNGE, LISTE  (Form 4)
```

Bemerkungen:

- Eine Exception wird erzeugt. Diese kann mit `eval` abgefangen werden.

Beispiel:

```
@abc = qw/a b c d e/;
splice @a,0,2;             # @abc: ('c','d','e');

@xyz = qw/x y z/;
@abc = qw/a b c d e/;
splice(@abc, 1, 2, @xyz); # @abc: ('a','x','y','z','d','e');
```

Beschreibung:

`splice` nimmt bis zu vier Parameter. Aufgabe der Funktion ist das Löschen von Elementen aus Arrays. Wenn gewünscht kann `splice` auch Elemente einfügen oder gelöschte Elemente durch andere ersetzen.

Semantik zu den verschiedenen Aufrufformen:

- *Form 1*: Das übergebene Array wird komplett geleert.
- *Form 2*: Das übergebene Array wird ab der Position des Offsets geleert.
- *Form 3*: Ab dem Offset werden so viele Elemente gelöscht, wie im Parameter `LÄNGE` angegeben werden.
- *Form 4*: Ab dem Offset werden so viele Elemente durch die Liste ersetzt, wie im Parameter `LÄNGE` angegeben werden. Die Liste muss dabei nicht notwendigerweise die gleiche Anzahl an Elementen haben wie der zu ersetzende Bereich.

18.3.43 split

Syntax:

```
split
split /PATTERN/
split /PATTERN/, AUSDRUCK
split /PATTERN/, AUSDRUCK, LIMIT
```

Bemerkungen:

- Wenn kein Argument übergeben wurde, wird `$_` verwendet.

Beispiel:

```
# Der Standard: Aufteilung in Worte, also Leerzeichen
# am Anfang der Zeile ignorieren, ein Wort entspricht
# all dem, was zwischen Whitespaces liegt.
```

```
while(<>) {
  @fields = split; # Alle Worte der Zeile sind in @fields
}

# Aufteilung nach Kommata, Zuweisung an Liste
$str="OO Programmieren mit Perl,D. Conway,3-82731-812-2,44.95";
($title,$author,$isbn,$price) = split(/,/,$str);
```

Beschreibung:

Mit `split` kann ein String anhand bestimmter Merkmale aufgeteilt werden. Die einzelnen Teile werden dann in einer Liste zurückgeliefert. Diese Merkmale werden bei `split` durch einen regulären Ausdruck beschrieben, der `split` als erstes Argument übergeben wird. Als zweites Argument nimmt `split` den String, der aufgeteilt werden soll. Die aufgeteilten Fragmente der Strings werden in einer Liste zurückgeliefert. Das Trennkriterium, also der reguläre Ausdruck, ist nicht mehr Bestandteil der zurückgelieferten Liste. Als dritter Parameter kann `split` mitgeteilt werden, wieoft maximal aufgeteilt werden soll.

Wird nur ein Pattern übergeben, operiert `split` auf `$_`. Wird auch das Pattern nicht angegeben, so verwendet `split` das Pattern `/\s+/`, schneidet in `$_` dabei aber führende Whitespaces ab.

18.3.44 sprintf

Syntax:

```
sprintf FORMAT,LISTE
```

Beispiel:

```
$line = sprintf "%5d: %20.20s", $number, $string;
```

Beschreibung:

Die Funktion liefert einen formatierten String zurück. Ähnlich `printf` muss dazu ein Formatstring angegeben werden. Im Formatstring stehen Platzhalter für Variablen, gemischt mit normalen druckbaren Zeichen. Nach dem Formatstring kommen die Variablen, die die Platzhalter im Formatstring ausfüllen sollen.

Die Tabellen 7.1 und 7.2 listen Platzhalter und deren Modifikatoren auf.

Anders als `printf` wird der Rückgabewert jedoch nicht sofort ausgegeben, sondern kann zum Beispiel einem Skalar zugewiesen werden.

18.3.45 substr

Syntax:

```
substr AUSDRUCK, OFFSET
substr AUSDRUCK, OFFSET, LÄNGE
substr AUSDRUCK, OFFSET, LÄNGE, ERSETZUNG
```

Bemerkungen:

- Eine Exception wird erzeugt. Diese kann mit `eval` abgefangen werden.
- Eine Exception wird erzeugt, wenn ein übergebenes Argument nicht dem korrekten Typ entspricht.
- Eine Exception wird erzeugt, wenn versucht wird, ein read-only-Objekt zu modifizieren.

Beispiel:

```
$str = "schifffahrt\n";
substr($str, 0, 0) = "Donau"; # Bei langem Teilstring eine
                              # übersichtliche Alternative zu
                              # $str = "langer String" . $str;
substr($str,5,0,"dampf");     # Einfügen nach dem 5. Zeichen
substr($str, -1, 1, "skapitän\n");  # Ersetzt \n bei $str durch
                                    # den Teilstring.
substr($str, 5, 5, "elektromotor"); # Ersetzt dampf durch
                                    # elektromotor, substr ist
                                    # umweltfreundlich :-)

# Formatierung von Strings auf gleiche Länge:

$jahr = substr("0" x 4 . $jahr, -4); # $jahr ist immer vierstellig.
```

Beschreibung:

`substr` schneidet einen Teilstring aus dem in `AUSDRUCK` angegebenen String und liefert den Teilstring zurück. Mit `OFFSET` gibt man an, ab welchem Zeichen der Teil ausgeschnitten werden soll. Wenn Sie die Variable `$[` nicht verändert haben (was Sie auch nicht tun sollten), ist die erste Stelle des Strings die `0`. Möchten Sie also beispielsweise einen Teilstring ab dem dritten Zeichen von links haben, ist der Offset `2`.

Das Ende eines Strings erhält man, indem man den Offset von rechts aus angibt. Das letzte Zeichen hat den Offset `-1`, das vorletzte `-2` und so weiter.

Normalerweise wird der Rest des Strings ab dem Offset als Teilstring zurückgeliefert. Mit `LÄNGE` kann man festlegen, wie viele Zeichen ausgeschnitten werden. Hat `LÄNGE` einen negativen Wert, werden `LÄNGE`-Zeichen vom Stringende weggelassen.

`substr` ist ein Lvalue, wenn `AUSDRUCK` ein gültiger Lvalue ist. Man kann deshalb mit `substr($lvalue, OFFSET[, LÄNGE]) = "Ersatzstring";` einen String in den Ausdruck `$lvalue` einfügen. Für die Ersetzung eines Teilstrings gibt es auch eine Kurzschreibweise. Man gibt einfach den neuen String als viertes Argument bei `substr` an.

18.3.46 tr///

Syntax:

```
tr/SUCHLISTE/ERSETZUNGSLISTE/cds
 y/SUCHLISTE/ERSETZUNGSLISTE/cds
```

Bemerkungen:

- Wenn kein Argument übergeben wurde, wird `$_` verwendet.
- Eine Exception wird erzeugt, wenn versucht wird, ein read-only-Objekt zu modifizieren.

Beispiel:

```
# Alle Buchstaben des Alphabets werden in $var in Großbuchstaben
# konvertiert.
$var =~ tr/a-z/A-Z/;
$var =~ tr[a-z][A-Z];
# Alle Zeichen, die keine Ziffern sind, werden in Leerzeichen
# umgewandelt:
$var =~ tr/0-9/ /c;
# Alle Ziffern werden gelöscht:
$var =~ tr/0-9//d;
# Mehrfache Vorkommen von Ziffern auf ein #-Zeichen reduzieren
$_="Gehalt Hr. Meier: EUR 7300, Gehalt Fr. Selb: EUR 8600";
$_=~tr/0-9/#/s;
# $_: "Gehalt Hr. Meier: EUR #, Gehalt Fr. Selb: EUR #"
# Anzahl der Buchstaben in $var
$anzahl = $var =~ tr/a-zA-Z/a-zA-Z/;
```

Beschreibung:

In der mit dem Musterbindungsoperator =~ an den Transliterationsoperator gebundenen Variablen werden alle Zeichen aus der Suchliste in die korrespondierenden Zeichen der Ersetzungsliste umgewandelt. In beiden Listen können Folgen von Zeichen, ähnlich den Zeichenklassen der regulären Ausdrücke, durch das Minuszeichen gekennzeichnet angegeben werden. `0-3` spezifiziert die Zeichen `0`, `1`, `2` und `3`.

Die Funktion `tr` liefert als Ergebnis die Anzahl der ersetzten oder gelöschten Zeichen zurück. Sie kennt drei Schalter:

- `c`: Dieser Schalter bewirkt, dass das Komplement der Suchliste gebildet wird und dieses Komplement als Suchliste verwendet wird.
- `d`: Gefundene, aber nicht ersetzte Zeichen werden gelöscht.
- `s`: Mehrfache Vorkommen von ersetzten Zeichen werden auf ein Zeichen reduziert.

`y///` verhält sich wie `tr///`.

18.3.47 uc

Syntax:

```
uc
uc AUSDRUCK
```

Bemerkungen:

- Wenn kein Argument übergeben wurde, wird `$_` verwendet.

Beispiel:

```
$str = uc($str);
$gross = uc("unix");    # UNIX
$dev = uc("Cd"."_Rom"); # CD_ROM
```

Beschreibung:

`uc` konvertiert die Buchstaben eines Strings in Großbuchstaben (Englisch: uppercase). `uc` entspricht der `\U`-Escape-Sequenz im interpolativen Stringkontext. Bezüglich Sonderzeichen wie den deutschen Umlauten ist `use local;` zu verwenden, Genaueres siehe Abschnitt *Pragmas* und in `perldoc perllocale`.

18.3.48 ucfirst

Syntax:

```
ucfirst
ucfirst AUSDRUCK
```

Bemerkungen:

- Wenn kein Argument übergeben wurde, wird `$_` verwendet.

Beispiel:

```
$str = ucfirst($str);
$substantiv = ucfirst("hauptwort"); # Hauptwort
$ausdruck = ucfirst("aus"."druck"); # Ausdruck
```

Beschreibung:

`ucfirst` konvertiert den ersten Buchstaben eines Strings in Kleinbuchstaben (Englisch: lowercase). `ucfirst` entspricht der `\u`-Escape-Sequenz im interpolativen Stringkontext. Bezüglich Sonderzeichen wie den deutschen Umlauten ist `use local;` zu verwenden, Genaueres siehe Abschnitt *Pragmas* und in `perldoc perllocale`.

18.3.49 unshift

Syntax:

```
unshift ARRAY,LISTE
```

Beispiel:

```
@peoples = ('Inka');
unshift @peoples,'Kelten';
# @peoples: ('Kelten','Inka')
unshift @peoples,'Babylonier','Nubier';
# @peoples: ('Babylonier','Nubier','Kelten','Inka')
```

Beschreibung:

`unshift` fügt die übergebene Liste (oder auch einzelne Skalare) am Anfang des Arrays ein.

18.3.50 use

Syntax:

```
use VERSION
use Modul VERSION
use Modul LISTE
use Modul VERSION LISTE
use PRAGMA
```

Bemerkungen:

- Schlägt der Aufruf fehl, wird `$!` gesetzt.
- Eine Exception wird erzeugt. Diese kann mit `eval` abgefangen werden.

Beispiel:

```
use 5.6.1;
use CGI;
use CGI qw(table sup $var);
use CGI ();
use CGI qw(/frame/);
use CGI 2.54 qw(table);

use constant PI => 4*atan2(1,1);
use diagnostics;
use integer;
use strict;
use vars qw/$var1 @var2/;
use warnings "io";

use locale;
@a = ("Bäcker","Bauer","Baal");
@b = sort @a;

use integer;
$var = 5+3.14;    # $var == 8
no integer;
$var += 3.14;     # $var == 11.14
```

Beschreibung:

Alle Aufrufe von `use` werden im Gegensatz zu `require` zur Compilezeit ausgeführt. Bei auftretenden Fehlern während des Kompilierens bricht das Programm ab. Dies ist der Grund, warum `use` der Verwendung von `require` vorzuziehen ist.

Wird `use` ein Versionsstring übergeben, so prüft es nach, ob der Perlinterpreter die geforderte Versionsnummer hat. Ist dies nicht der Fall bricht das Programm ab.

Erhält `use` einen Modulnamen als Argument, wird versucht dieses Modul einzubinden. Scheitert das Einbinden, bricht der Kompilierlauf ab. Bereits eingebundene Module werden nicht noch mal eingebunden.

Die Angabe eines Versionsstrings als zweites Argument bewirkt, dass das Modul nur dann eingebunden wird, wenn es mindestens die geforderte Version hat.

Wird nach dem Modulnamen eine Liste angegeben, so werden alle darin angegebenen Symbole aus diesem Modul importiert. Die entsprechenden Variablen und Subroutinen können dann so benutzt werden, als wären sie im aktuellen Programm definiert.

Wird die leere Liste übergeben, werden keine Symbole importiert.

Daneben kennt Perl noch eine Reihe von Pragmas, die das Verhalten des Perlinterpreters verändern. Hier eine Übersicht über die meistverwendeten Pragmas.

- `constant`: Dieses Pragma erlaubt die Deklaration von Konstanten. Üblicherweise sollten die Namen der Konstanten in Großbuchstaben notiert werden. Intern wird die Konstantendefinition über Subroutinen realisiert, denen keine Parameter übergeben werden können.
- Mit `use constant` können neben Skalaren auch Listen und Hashes deklariert werden. Da in den Skalaren auch Referenzen beinhaltet sind, sind auch Deklarationen von Referenzen auf Arrays, Hashes und sogar Code möglich.
- Für jede Konstante muss eine eigene `use constant ...` Zeile geschrieben werden.
- `diagnostics`: Normale Fehlermeldungen und Warnungen werden mit hilfreichen Erklärungen ausgegeben. Wenn Sie mit den Warnungen des Schalters `-w` und deren möglichen Fehlerursachen noch nicht so vertraut sind, können die zusätzlichen 5-10 Zeilen

Fehlerbeschreibung durchaus hilfreich sein. Erwarten Sie jedoch keine detaillierte Problemanalyse Ihres speziellen Codes. Lediglich die Warnungen, die `-w` ausgibt, werden erklärt.

- `integer`: Ab dem Punkt, an dem das Pragma im Code steht, werden alle Operationen wie `+ - * /` oder Vergleichsoperatoren im ganzzahligen Bereich durchgeführt. Dies passiert so lange, bis entweder der Block endet, in dem das Prama steht oder bis ein Anweisung `no integer;` folgt.
- `locale`: Für eingebaute Funktionen wird der Interpreter angewiesen, die Operation gemäß dem lokal eingestellten Zeichensatz durchzuführen. Im obigen Beispiel wird "`Bäcker`" zwischen "`Baal`" und "`Bauer`" eingefügt, ohne `use locale;` stünde es ganz hinten im Array `@b`.
- `strict`: Perl zwingt Sie damit, alle Variablen, die Sie verwenden wollen, zu deklarieren (zum Beispiel mit `our` oder `my`). Dies ist ein Pragma, welches Sie in jedem Programm verwenden sollten, da so viele Fehler vermieden werden können.
- `vars`: Dieses Pragma wurde früher benutzt um Packagevariablen dem Interpreter bei `use strict;` bekannt zu machen. Es wurde von der `our`-Deklaration abgelöst.
- `warnings`: Mit diesem Pragma können Sie detailliert spezifizieren, welche Warnungen von `-w` ausgegeben werden sollen und welche nicht. Es bietet wahrlich eine Vielzahl an Möglichkeiten. Siehe `perldoc warnings`.
- Im Code können die meisten Pragmas mit `no` *PRAGMA* wieder aufgehoben werden. Im obigen Beispiel wird die Operation auf `$var` zunächst unter dem Pragma `integer` ausgeführt, welches danach aber mit `no integer;` wieder abgeschaltet wird.

Weitere Informationen zu Pragmas finden Sie mit `perldoc PRAGMA`, also zum Beispiel mit `perldoc constant`.

18.3.51 values

Syntax:

```
values HASH
```

Beispiel:

```
foreach $preis (values %verkaufspreis) {
  $preis -= 500;
}
```

Beschreibung:

Die Funktion `values` liefert eine Liste der Werte des übergebenen Hashes zurück. Sie ist unsortiert. Wird `values` wie im Beispiel verwendet, können durch Modifikation der Laufvariablen der `foreach`-Schleife die Werte im Hash verändert werden.

18.3.52 write

Siehe `format`.

18.3.53 y

Siehe `tr`.

18.4 Spezielle Variablen

Spezielle Variablen sind vordefinierte, reservierte Variablen, die Informationen über den Systemzustand liefern und mit denen man teilweise auch Systemzustände steuern kann.

Die ausführliche Berschreibung aller verfügbaren reservierten Variablen findet sich in `perldoc perlvar`.

Es gibt eine Kurz-, Mittel- und Langform der Schreibweise von reservierten Variablen. Die Langform kann man verwenden, wenn das Pragma `use english;` eingesetzt wird.

kurz	mittel	lang	Beschreibung
`$_`		`$ARG`	Eine Variable, die sehr häufig von Funktionen genutzt wird, wenn keine Argumente übergeben werden (Beispiele: `print`, `chomp`, `split`, `s///`...) In einer `while`-Schleife wird `$_` vom Angleoperator `<>` befüllt, wenn das Ergebnis keinem anderen Skalar zugewiesen wird.
`$&`		`$MATCH`	Enthält die Zeichenkette, die beim letzten erfolgreichen Vergleich mit einem regulären Ausdruck gefunden wurde. Diese Variable sollte mit Bedacht eingesetzt werden, da sie spürbare Performanzeinbußen mit sich bringt.
``$` ``		`$PREMATCH`	Enthält die Zeichenkette, die beim letzten erfolgreichen Vergleich mit einem regulären Ausdruck vor der gefundenen Zeichenkette steht. Auch diese Variable bringt Performanzeinbußen mit sich.
`$'`		`$POSTMATCH`	Enthält die Zeichenkette, die beim letzten erfolgreichen Vergleich mit einem regulären Ausdruck nach der gefundenen Zeichenkette steht. Auch hier wieder: Performanzeinbußen.
`$.`	`$NR`	`$INPUT_LINE_NUMBER`	Enthält die Anzahl der Zeilen, die vom aktuellen Filedeskriptor eingelesen wurden. Dabei gilt als Zeile, was von `$/` als Zeile definiert wird. Ein explizites `close` setzt diese Variable zurück.

<table>
<tr><th>kurz</th><th>mittel</th><th>lang</th><th>Beschreibung</th></tr>
<tr><td>$/</td><td>$RS</td><td>$INPUT_RECORD_
SEPARATOR</td><td>Diese Variable definiert, wie weit der Angleoperator <> (oder readline) lesen soll, wann also eine Zeile zu Ende sein soll. Standardmäßig ist diese Variable auf newline gesetzt. Man liest demnach bis zum Ende einer echten Zeile.
Wird der Wert der Variablen auf undef gesetzt, liest sie bis zum Ende der Datei.</td></tr>
<tr><td>$|</td><td></td><td>$OUTPUT_
AUTOFLUSH</td><td>Normalerweise werden Ausgaben, die zum Beispiel mit print erzeugt werden, gepuffert ausgegeben. Das heißt, jede Zeile wird nicht sofort ausgegeben, sondern erst dann, wenn sich eine gewisse Anzahl von Zeilen angesammelt haben. Wird $| auf 1 gesetzt, erfolgt diese Pufferung nicht und es wird sofort geschrieben.</td></tr>
<tr><td>$"</td><td></td><td>$LIST_SEPARATOR</td><td>Im interpolativen Kontext werden Listen und Arrays durch den von $" bestimmten Wert getrennt.</td></tr>
<tr><td>$%</td><td></td><td>$FORMAT_PAGE_
NUMBER</td><td>Wird bei Formaten benutzt. Die Variable enthält die aktuelle Seitenzahl.</td></tr>
<tr><td>$=</td><td></td><td>$FORMAT__LINES_
PER_PAGE</td><td>Wird bei Formaten benutzt. Die Variable enthält die maximale Anzahl von Zeilen pro Seite. Der Variablen kann ein anderer Wert zugewiesen werden. Voreingestellt sind 60 Zeilen.</td></tr>
</table>

kurz	mittel	lang	Beschreibung
$?		$CHILD_ERROR	Nach der Kommunikation mit einem geforkten Prozess (wie bei der Verwendung von Pipes in open oder Backtics) enthält $? einen Fehlercode, der von close zurückgeliefert wird. Ist dieser ungleich null, lag ein Kommunikationsfehler mit dem Kindprozess vor, beispielsweise wenn dieser vorzeitig terminiert.
$!	$ERRNO	$OS_ERROR	Tritt ein Fehler zum Beispiel während einer IO-Operation wie open auf, wird $! gesetzt. Im numerischen Kontext enthält die Variable den Wert von errno, im Stringkontext kann damit die vom System zurückgelieferte Fehlermeldung ausgegeben werden.
$@		$EVAL_ERROR	$@ ist gesetzt, wenn die letzte eval-Anweisung nicht fehlerfrei durchgeführt werden konnte. Sie enthält die von Perl gesetzte Fehlermeldung.
$0		$PROGRAM_NAME	In $0 ist der aktuelle Programmname gespeichert.
$^O		$OSNAME	$^O gibt das Betriebssystem aus, unter dem Perl kompiliert wurde. Unter Windows ist dieser String MSWin32.
$ARGV			Bei der Verwendung von <> enthält es den aktuellen Dateinamen.
@ARGV			@ARGV enthält die Kommandozeilenparameter, die dem Perlprogramm übergeben wurden.

kurz	mittel	lang	Beschreibung
@INC			Das Array enthält die Pfade, unter denen Perl Module oder Dateien sucht, die beispielsweise mit use eingebunden werden sollen. Zwar kann das Array @INC modifiziert werden, aber es ist besser, das Pragma lib zu verwenden.
@_			Innerhalb von Subroutinen enthält @_ die an die Subroutine übergebenen Parameter. Durch Modifikation dieses Arrays werden die Variablen, die die Aufrufparameter repräsentieren, verändert.
%INC			Der Hash %INC beinhaltet die Namen und Pfade der Module, die in das aktuelle Programm mit use, require oder do eingebunden wurden. Mithilfe von %INC kann somit vermieden werden, dass Module und andere Dateien doppelt geladen werden.
%ENV			Enthält die Umgebungsvariablen, die dem Perlprogramm übergeben wurden.
%SIG			Dieser Hash enthält Signalhandler, mit denen das Verhalten der Programms verändert werden kann, wenn es Signale erhält. Weitere Informationen zu Signalen finden Sie unter perldoc perlipc.

Tabelle 18.4: Spezielle Variablen

19 Online-Ressourcen

Hier finden Sie nochmal alle im Buch genannten Onlineresourcen im Überblick.

19.1 Perl

URL	Beschreibung
http://perl.apache.org/	mod_perl, ermöglicht es, Apache Module direkt in Perl zu schreiben.
http://perl.apache.org/embperl/	Embperl ist ein Apache-Modul auf der Basis von mod_perl, bei dem Perl-Code in HTML eingebettet werden kann
http://perl.apache.org/guide/	mod_perl Guide
http://search.cpan.org	Suchmaschine für Perl-Module
http://search.cpan.org/search?dist=HTML-EP	Apache::EP, ähnlich wie bei Emperl kann Perl-Code in HTML eingebettet werden
http://search.cpan.org/search?dist=HTML-Template	HTML::Template erlaubt das Einbinden von HTML-Templates in CGI-Skripten
http://www.activestate.com/ActivePerl/download.htm	Downloadseite zu ActivePerl
http://www.activestate.com/Products/ActivePerl/	ActivePerl. Eine Perldistribution für Linux, Windows und Solaris
http://www.cpan.org	Comprehensive Perl Archive Network. Viele Module und auch Perl-distributionen
http://www.cpan.org/modules/01modules.index.html	ALLE CPAN-Module. Stand 03/2002: zirka 3150 Stück
http://www.engelschall.com/sw/eperl/	ePerl: embedded perl erlaubt das Einbetten von Perl-Code in HTML.
http://www.masonhq.com	Mason

URL	Beschreibung
http://www.perl.com	DIE Perlseite. (Fast) alles, was es über Perl in der Welt gibt, findet sich hier.
http://www.perl.com/CPAN/ports/	Perl Portierungen für verschiedene Plattformen
http://www.perl.com/CPAN/src/stable.tar.gz	Die offizielle Perlsourcedistribution für alle Plattformen
http://www.perldoc.com	Die gesammelte Dokumentation zu Perl inklusive Suchmaschine
http://www.sourceforge.net/projects/mason-cm/	Mason-CM
http://www.winzip.com	Winzip. Programm zum Packen und Zusammenfassen von mehreren Dateien zu einem Archiv

Tabelle 19.1: Perl

19.2 Programme

URL	Beschreibung
ftp://ftp.microsoft.com/Softlib/MSLFILES/nmake15.exe	`make` für Windows
ftp://ftp.uni-erlangen.de/pub/gnu	Mirror von Software, die der GNU General Public License unterliegt
http://httpd.apache.org	Apache HTTP Daemon. Einer der meistverbreiteten Webserver
http://httpd.apache.org/dist/httpd/binaries/	Binärdistributionen des Apache HTTP Daemons
http://virtunix.itribe.net/mystuff.html	Portierungen bekannter UNIXtools wie `gzip` oder `tar`
http://www.gnu.org/software/emacs/	Emacs, ein Texteditor
http://www.gnu.org/software/emacs/windows/ntemacs.html	Emacs unter Windows

URL	Beschreibung
http://www.php.net	PHP, eine Programmiersprache
http://www.vim.org	VI IMproved. Erweiterte Version des vi, eines Texteditors für UNIX und Windows

Tabelle 19.2: Programme

19.3 Newsgruppen

URL	Beschreibung
http://groups.google.com/googlegroups/basics.html	Einführung in usenet-Newsgruppen
news:comp.lang.perl.announce	Offizielle Ankündigungen zu Perl-Modulen und -Distributionen (englisch)
news:comp.lang.perl.misc	Alles zu Perl (englisch)
news:comp.lang.perl.moderated	Eine moderierte Perlnewsgruppe (englisch)
news:comp.lang.perl.modules	Perlmodule (englisch)
news:comp.lang.perl.tk	Tk-Programmierung unter Perl (englisch)
news:de.comp.lang.perl.cgi	CGI-Programmierung unter Perl (deutsch)
news:de.comp.lang.perl.misc	Alles zu Perl, außer CGI-Programmierung unter Perl (deutsch)

Tabelle 19.3: Newsgruppen

19.4 Andere Dokumentationen und Standards

URL	Beschreibung
ftp://ftp.isi.edu/in-notes/rfc2396.txt	RFC 2396. Offizielle Definition von URIs
ftp://ftp.isi.edu/in-notes/rfc2616.txt	RFC 2616. Offizielle Definition des HTTP-Protokolls

URL	Beschreibung
http://hoohoo.ncsa.uiuc.edu/cgi/	Beschreibung des Common Gateway Interface Standards (CGI)
http://httpd.apache.org/docs/	Dokumentation zum Apache HTTP Daemon
http://www.isi.edu/in-notes/iana/assignments/media-types/media-types	Auflistung aller offiziell anerkannten Medientypen
http:// www.perldoc.com/perl5.6.1/pod/perlstyle.html	Perl Styleguide
http://www.w3.org/Addressing/schemes	Welche Ausprägungen können URIs annehmen
http://www.w3c.org	World Wide Web Consortium. Alles zu HTTP, HTML, XML und verwandte Themen

Tabelle 19.4: Andere Dokumentationen und Standards

20 Literaturverzeichnis

- [RBKC00] Rich Bowen, Ken Coar, *apache und CGI*, Markt+Technik Verlag, München first edition, 2000. ISBN 3-8272-5824-3,
- [CONW00] Damian Conway, *Object Oriented Perl*, Manning Publications Co., Greenwich, first edition, 2000. ISBN 1-884777-79-1,
- [FRIE98] Jeffrey Friedl, *Reguläre Ausdrücke*, O'Reilly Verlag, Köln, first edition, 1998. ISBN 3-930673-62-2,
- [SCHO95] Uwe Schöning, *Theoretische Informatik - kurzgefasst*, Spektrum - Akademischer Verlag, Heidelberg, Berlin, Oxford, fourth edition, 2001. ISBN 3-82741-099-1

Stichwortverzeichnis

Symbole

A

B

C

D

E

F

G

H

I

J

K

L

M

N

O

P

Q

R

S

Z